DAS
ARBEITSRECHT DER BÜHNE

Systematische Darstellung
der Rechtsprechung des Bühnenoberschiedsgerichts

von

DR. JUR. BERNHARD RIEPENHAUSEN
Rechtsanwalt und Notar in Bad Nauheim

ERGÄNZUNGSBAND 1965

BERLIN 1965
WALTER DE GRUYTER & CO.
vormals G. J. Göschen'sche Verlagshandlung · J. Guttentag, Verlagsbuchhandlung
Georg Reimer · Karl J. Trübner · Veit & Comp.

Dieser Band ergänzt die 1956 erschienene 2. Auflage des Werkes.

Archiv Nr. 24 88 65 1

Satz und Druck: H. Heenemann KG, Berlin 31 —

MEINEN ELTERN
ZUM GEDÄCHTNIS

Aus dem Vorwort zur 1. Auflage 1943

Kein Jurist wird Dinge der Bühnenrechtsgestaltung einer maßgebend abschließenden, rechtlichen Beurteilung unterziehen dürfen, ohne daß hierbei der Berufsmann selbst mitgewirkt hat, wie das bei der Auswertung von Schiedssprüchen gewahrt bleibt.

Aus dem Vorwort zur 2. Auflage 1956

Darüber hinaus haben sich in benachbarten Gebieten (Film, Funk, auch Artistik) Erscheinungen gebildet, die vielfach mit dem Maß des herkömmlichen Arbeitsrechts der Bühne gemessen und erfaßt werden müssen. Das Bühnenrecht erscheint sozusagen als Urrecht der darstellenden, künstlerischen Berufe von individueller Prägung.

. . . . .

Es ist nicht die Absicht, die verschiedenartigen Rechtsauffassungen der Wissenschaft zum allgemeinen Arbeitsrecht mit den Ergebnissen dieser Schiedsgerichtsbarkeit in Vergleich zu setzen. Die einzelnen Sprüche und ihre systematische Erörterung bringen zwar oft entsprechende Berührungen und Hinweise, zielen aber keineswegs auf eine erschöpfende Rechtsvergleichung und Begriffsangleichung, die ohnehin noch in der Entwicklung ist, ab.

Vorwort zum Ergänzungsband 1965

I.

Seit der 2. Auflage 1956 ist die Rechtsprechung des Bühnenoberschiedsgerichts bis heute in ihren Themen systematisch erweitert und durch zwei Ereignisse akzentuiert worden:

Der langjährige, seit 1948 tätig gewesene Vorsitzende, ehemaliger Vizepräsident des Landesarbeitsgerichts in Frankfurt am Main, Hermann K a u f f m a n n hat aus Altersgründen sein Amt im Frühjahr 1963 niedergelegt. Sein schiedsrichterliches Wirken ist mit dem Spruch 12/62 abgeschlossen. Nachfolger ist der frühere Präsident des Bundesarbeitsgerichts, Prof. Dr. Dr. h. c. Dr. h. c. Dr. h. c. Hans Carl N i p p e r d e y, dessen erste Schiedssprüche (ab 1/63) bereits ausgewertet werden konnten.

Ein zweiter wichtiger Vorgang ist die Anerkennung der Bühnenschiedsgerichtsbarkeit als einer dem Gesetz entsprechenden Einrichtung durch das Bundesarbeitsgericht in seinem Urteil vom 31. 10. 1963 (5 AZR 283/62). Darin wird die innere Rechtfertigung einer umfassenden Schiedsgerichtsklausel mit den Worten belegt:

„Es wäre schlechterdings unverständlich, wollte man aus der hier in Frage stehenden Formulierung des § 101 Abs. 2 Satz 1 ArbGG 1953 den Willen des Gesetzgebers entnehmen, die von ihm als notwendig angesehene Bühnenschiedsgerichtsbarkeit zu spalten und für Bühnendienstverträge, die dem ‚Normalvertrag' entsprechen, die Schiedsgerichtsbarkeit zuzulassen, dagegen Streitigkeiten aus den auch einer freieren Gestaltung zugänglichen Gastspielverträgen, die eine typische Vertragsart innerhalb des Bühnenrechts darstellen und mindestens die gleiche, wenn nicht noch eine größere Kenntnis der Bühnenverhältnisse voraussetzen, der berufsständischen Gerichtsbarkeit zu entziehen und sie der mit den Besonderheiten des Bühnenrechts nicht in diesem Maße vertrauten und in der Regel nicht mit sachverständigen Beisitzern besetzten Arbeitsgerichtsbarkeit zuzuweisen."

Diese Einstellung erscheint auch deshalb geboten, weil das Bundesarbeitsgericht angesichts einer Stagnation in der Weiterentwicklung tarifrechtlicher Vertragstypen (Gastspiel- und Stückdauerverträge) im gleichen Urteil gewisse Möglichkeiten einer außertariflichen Entwicklung des Engagementsrechtes einräumt, die in ihrer schwer zu übersehenden Auswirkung zur Wahrung des bühnenarbeitsrechtlichen Gesamtgefüges durch die Bühnenschiedsgerichtsbarkeit, soweit sie durch Tarifgebundenheit oder einzelvertraglich zum Zuge kommen kann, kontrolliert werden sollten, so wie dies in derartigen Fällen zwecks Fortbildung des Arbeitsrechts die Aufgabe der Gerichte ist. Darüber wacht letzten Endes das im Aufhebungsverfahren der Schiedsgerichtsbarkeit nunmehr auch in der Sache selbst entscheidende höchste Arbeitsgericht. Dies fühlt sich dabei aber wiederum an die fachlichen Grundlagen sachverständiger Schiedsgerichtsbarkeit gebunden, wenn es im Urteil des Bundesarbeitsgerichts vom 23. 8. 1963 (1 AZR 469/62) heißt,

„... daß die beim Schiedsgericht vorauszusetzende besondere Sachkunde in aller Regel bereits in dessen erster Entscheidung, soweit es auf sie nach den Besonderheiten des Einzelfalles ankommt, ihren Niederschlag finden wird. Dadurch wird dem staatlichen Gericht bei seiner Entscheidung der von besonderer Sachkunde getragene Teil des Schiedsspruchs bekannt. Es kann sich somit dieser Sachkunde bedienen und wird das im Zweifelsfall auch tun."

Eine Verfassungsbeschwerde gegen das Urteil des Bundesarbeitsgerichts über die Bühnenschiedsgerichtsbarkeit (5 AZR 283/62) ist beim Bundesverfassungsgericht inzwischen gescheitert (2 BvR 631/63).

II.

Die seit der 2. Auflage vergangenen Jahre haben den Verfasser nicht veranlaßt, an dem System des Buches etwas zu ändern. Im Vordergrund bleibt die Absicht, eine übersichtliche, die inneren Zusammenhänge aufdeckende und vollständige Dokumentation der Rechtsprechung des Bühnenoberschiedsgerichts zu geben. Dies war schon die Absicht der 1. Auflage 1943 gewesen. Mit ihr sollte die Kenntnis der seit einem Jahrzehnt nicht veröffentlichten, jedoch in der Tradition des Bühnenrechts wurzelnden Schiedssprüche, deren Texte alsdann dem Bombenkrieg zum Opfer fielen, festgelegt werden. Die Rechtsprechung nach 1945 konnte hieran anknüpfen. Daß der Verfasser bei der unvermeidlichen Auswahl der Textstellen der vollständig berücksichtigten Schiedssprüche nach objektiver Zuverlässigkeit in der Sache selbst gestrebt hat, ist wohl selbstverständlich. Vereinzelte kritische Stellungnahmen zu Schiedssprüchen sind als Anregungen und nicht als Versuche, mit erschöpfenden Begründungen zu anderen Ergebnissen zu gelangen, gedacht. Das würde über das Ziel, das sich der Verfasser von Anfang an gesetzt hat, hinausgehen. Doch sind die Tatbestände in noch größerem Umfang als früher durch weniger Einschränkungen bei den Zitaten der Schiedssprüche wiedergegeben worden, um einerseits die nuancierte Vielfältigkeit des Tatsächlichen und Fachlichen und andererseits die Grundlagen für eine juristische Überprüfung der Sprüche offenzulegen.

III.

Im Anhang ist u. a. die jetzt gültige Schiedsgerichtsordnung von 1948 mit Hinweisen auf die wissenswerte Entstehung der einzelnen Abänderungen und auf die frühere, seit 1846 begonnene Geschichte der Bühnenschiedsgerichtsbarkeit – als die Theaterveranstalter noch allein unter sich ohne Beteiligung der Künstler um deren Köpfe stritten – wiedergegeben.

Dem Verlag Walter de Gruyter & Co. in Berlin, der sich immer wieder dem Thema des Buches widmet, muß sehr gedankt werden. Er trägt dazu bei, daß eine Zusammenfassung deutschen Bühnenarbeitsrechts mit dem Nachweis seiner praktischen Handhabung allgemein zur Kenntnis genommen werden kann.

Bad Nauheim, im Oktober 1964

Bernhard Riepenhausen

Inhalt

Das Arbeitsrecht der Bühne

(Die Einteilung entspricht derjenigen des Hauptbandes. Soweit der Ergänzungsband keine Neuerungen bringt, wird auf den Hauptband 2. Auflage 1956 verwiesen.)

Schrifttum

Die Übersicht betrifft nur die im Hauptband 1956 noch nicht berücksichtigte bühnenarbeitsrechtliche und schiedsgerichtliche Literatur, nicht die allgemeinarbeitsrechtliche, jeweils nur im Text zitierte.

Felisch und Leander, Die Rechtsprechung des deutschen Bühnenschiedsgerichts, 1911, 2. Aufl.

Hubmann, Der Schutz des ausübenden Künstlers nach geltendem Recht, 1959.

Hueck, Die Tariffähigkeit des Deutschen Bühnenvereins, Recht der Arbeit, 1956, S. 45 ff.

— Die Zulässigkeit der Bühnenschiedsgerichtsbarkeit in Einzelstreitigkeiten, Recht der Arbeit, 1962, S. 132 ff.

Kauffmann, Arbeitsrecht und Leistungsschutz des ausübenden Bühnenkünstlers, Der Betrieb, 1963, S. 202 ff.

— Leistungsschutz des Bühnenkünstlers und Bühnenarbeitsrecht, Archiv für Urheber-Film-Funk- und Theaterrecht (Ufita), Bd. 41, S. 279 ff.

Maurer, Arbeitsrechts-Blattei, Künstlerische Tätigkeit II.

Möhring, Die internationale Regelung des Rechts der ausübenden Künstler und anderer sogenannter Nachbarrechte, 1958.

Neumann, Zur Anfechtung von Schiedssprüchen nach § 110 Arbeitsgerichtsgesetz, Recht der Arbeit, 1958, S. 379 ff.

Neumann-Duesberg, Rechtsschutz der Leistung des ausübenden Künstlers, 1959.

— Probleme des Theaterarbeitsrechts, Archiv für Urheber-Film-Funk- und Theaterrecht (Ufita), Bd. 39, S. 236 ff.

Nipperdey, Der Leistungsschutz des ausübenden Künstlers, 1959.

Rehbinder, Zur Kompetenz der Bühnenschiedsgerichte und zur Abgrenzung der Vertragstypen im Bühnenarbeitsrecht, Archiv für Urheber-Film-Funk- und Theaterrecht (Ufita), Bd. 41, S. 291 ff.

Riepenhausen, Grundzüge des Arbeitsrechts der Bühnenkünstler, Archiv für Urheber-Film-Funk- und Theaterrecht (Ufita), Bd. 24, S. 27 ff. (auch in der Schriftenreihe der Genossenschaft Deutscher Bühnen-Angehörigen).

— Bühnenrecht, Handwörterbuch der Sozialwissenschaften, 1959, S. 377 ff.

Schwarze, Der Beschäftigungsanspruch der Bühnenmitglieder in der Rechtsprechung des Bühnenoberschiedsgerichts, Archiv für Urheber-Film-Funk- und Theaterrecht (Ufita), Bd. 16, S. 252 ff.

Ulmer, Der Rechtsschutz der ausübenden Künstler, der Hersteller von Tonträgern und der Sendegesellschaften, 1957.

W l o t z k e , Zur gerichtlichen Nachprüfung von Schiedssprüchen über die Auslegung von Tarifnormen, Recht der Arbeit, 1960, S. 211 ff.

E n t s c h e i d u n g e n : Die Schiedssprüche des Bühnenoberschiedsgerichts in Frankfurt am Main, bzw. in Berlin für Solo, Chor und Tanz ab Aktenzeichen 4/55 bis 18–21/63, unter Berücksichtigung der bisherigen Schiedssprüche des Oberschiedsgerichts für Opernchöre in Köln 1/61 bis 3,4/62. Die Kennbuchstaben „O." oder „OSch." oder „BOSch." vor den Ziffern der Aktenzeichen sind fortgelassen. Es wurden die vom Oberschiedsgericht amtlich ausgefertigten Schiedssprüche benutzt. Veröffentlichungen finden sich insbesondere im Nachschlagewerk des Bundesarbeitsgerichts von H u e c k - N i p p e r d e y - D i e t z (Arbeitsrechtliche Praxis – AP –), ferner im Archiv für Urheber-Film-Funk- und Theaterrecht (Ufita) sowie in den nachgenannten Fachzeitschriften. Die Genossenschaft Deutscher Bühnen-Angehörigen hat mit der Herausgabe des Wortlauts der Schiedssprüche unter dem Titel „Urteile des Oberschiedsgerichts", Oktober 1963, begonnen.

Die für das Bühnenarbeitsrecht einschlägigen Urteile der staatlichen Gerichte, vor allem der Arbeitsgerichtsbarkeit sind berücksichtigt.

A n m e r k u n g e n zu Entscheidungen von B o d e n , H e r s c h e l , K a u f f m a n n , N e u m a n n - D u e s b e r g , S c h w a b in verschiedenen, im Text zitierten jur. Fachblättern und in AP.

F a c h z e i t s c h r i f t e n : Die Deutsche Bühne (Organ des Deutschen Bühnenvereins), Die Bühnengenossenschaft (Organ der Genossenschaft Deutscher Bühnen-Angehörigen) mit Beiträgen von B o d e n , C r i s o l l i , R a e d e r , R i e p e n h a u s e n , W a s c h m a n n , jeweils im Text zitiert.

Abkürzungen

Die Übersicht betrifft nur die Abkürzungen des Haupttextes, nicht auch der Schiedsspruch-Zitate.

AGG	=	Arbeitsgerichtsgesetz
AP	=	Arbeitsrechtliche Praxis
AZO	=	Arbeitszeitordnung
BAG	=	Bundesarbeitsgericht
BAT	=	Bundesangestelltentarifvertrag
BGB	=	Bürgerliches Gesetzbuch
BGBl	=	Bundesgesetzblatt
BGHZ	=	Bundesgerichtshof-Entscheidungen in Zivilsachen
BOSchG	=	Bühnenoberschiedsgericht
BSchGO	=	Bühnenschiedsgerichtsordnung
BUG	=	Bundesurlaubsgesetz
BVG	=	Betriebsverfassungsgesetz
CT	=	Chor und Tanz
DBV	=	Deutscher Bühnenverein
DOV	=	Deutsche Orchestervereinigung
GDBA	=	Genossenschaft Deutscher Bühnen-Angehörigen
GewO	=	Gewerbeordnung
GG	=	Grundgesetz
GVG	=	Gerichtsverfassungsgesetz
KSchG	=	Kündigungsschutzgesetz
LAG	=	Landesarbeitsgericht
NJW	=	Neue Juristische Wochenschrift
NV	=	Normalvertrag
RVO	=	Reichsversicherungsordnung
StVG	=	Straßenverkehrsgesetz
TVG	=	Tarifvertragsgesetz
VDO	=	Vereinigung deutscher Opernchöre
ZPO	=	Zivilprozeßordnung

Die Hinweise im Text auf den „H a u p t b a n d“ betreffen „Das Arbeitsrecht der Bühne“, 2. Auflage 1956.

DAS ARBEITSRECHT DER BÜHNE

Einleitung: Rechtsgrundlagen

1. Materielles Recht

a) Tarifverträge, gesetzliches Arbeitsrecht

Zur Geltung des Tarifrechtes ist im Hauptband S. 2 die Auffassung vertreten worden, daß die Erklärung des Deutschen Bühnenvereins (für die Theaterveranstalter) und der Genossenschaft Deutscher Bühnen-Angehörigen (für die Bühnenmitglieder) vom 22./23. 8. 1947 über die „Anerkennung" der seit dem Dritten Reich als Tarifordnung fortgeltenden Tarif- und Normalverträge von 1924 in der Fassung vom 20. 1. 1933 (Solo) und 19. 6. 1924 (Chor und Tanz) nicht als Abschluß eines neuen Tarifvertrages gelten, sondern nur deklaratorische Bedeutung rechtstatsächlicher Art haben dürfte. Danach würde eine gesetzliche, allgemeinverbindliche und auch Nichtmitglieder der Verbände erfassende Fortgeltung jenes Tarifordnungsrechtes im Sinne des § 9 TVG ohne Neubegründung von Tarifvertragsrecht vorliegen. Dies hat das Oberschiedsgericht nunmehr in seinem Schiedsspruch 8/58–3/59 anläßlich der Überprüfung der Gültigkeit der Bühnenschiedsgerichtsbarkeit (S. 153) bestätigt:

„Nun ist aber die fortbestehende Tarifordnung durch eine ausdrückliche Erklärung der Sozialpartner vom 22./23. 8. 1947 durch die Feststellung, daß der Normalvertrag zwischen Theater und Bühnenmitglied unverändert in Geltung ist, anerkannt worden. Wenn auch diese protokollarische Anerkennung nicht als echter Tarifvertrag im rechtlichen Sinne anzusehen ist, so ergibt sich doch hieraus, daß die Verbände sich auf den Boden der bisherigen Regelung tatsächlich gestellt haben. (Vgl. Riepenhausen, ‚Das Arbeitsrecht der Bühne' 2. Aufl. S. 2.) Inzwischen haben nun darüber hinaus die Sozialpartner durch eine Anzahl weiterer echter Tarifverträge das Arbeitsverhältnis der Bühnenangehörigen ergänzend geregelt (so durch Tarifvertrag vom 4. 7./17. 8. 1951 betr. Bühnenschiedsgerichte[1]), vom 10. 2. 1949 durch das Abkommen über Anfängerfragen und Prüfungszwang, vom 15. 9. 1955 betr. Bezüge und Zuschüsse im Krankheitsfall unter Änderung normalvertraglicher Bestimmungen). Insoweit trifft sicher zu, daß auch heute das Arbeitsverhältnis der Bühnenangehörigen, wenn auch nicht ausschließlich, durch Tarifvertrag geregelt wird. Aus § 101 (2) AGG ist keinesfalls zu entnehmen, das Arbeitsverhältnis müsse ausschließlich durch Tarifvertrag geregelt sein. Das widerspräche der ganzen Tarifentwicklung seit 1945, die zwangsläufig durch das Nebenein-

[1]) Einführung der Bühnenschiedsgerichtsbarkeit von 1948 in West-Berlin.

anderbestehen von vorläufig weiter geltenden Tarifordnungen und neuen Tarifverträgen gekennzeichnet und durch das allmähliche Ablösen der ersteren durch letztere im Sinne des § 9 TVG zur Vermeidung tarifloser Verhältnisse bestimmt ist."

Hiernach kann keine Rede davon sein, daß das umfassende Normalvertragsrecht für Solo, Chor und Tanz im ganzen bereits durch neue Tarifverträge gemäß § 9 TVG verdrängt und ersetzt worden sei[1]). Das mag nur für Teile gelten, soweit sich altes und neues, nun kündbares Recht sachlich überschneidet und ablöst, wie z. B. hinsichtlich der Regelung über die Fortzahlung der Gage im Krankheitsfall oder bezüglich des Urlaubsrechtes. Insbesondere ist eine solche Verdrängung nicht dadurch erfolgt, daß auf dem Gebiete des Chores neuerdings neben der Genossenschaft Deutscher Bühnen-Angehörigen (als altkonzessioniertem Verein und als Gewerkschaft im Deutschen Gewerkschaftsbund) die Vereinigung deutscher Opernchöre e. V. (als Gewerkschaft in der Deutschen Angestellten-Gewerkschaft) in Erscheinung getreten ist und an der Gestaltung neuen Chor-Tarifvertragsrechtes mitwirkt[2]). Durch die bisherige Wahrung der sachlichen Kongruenz bei Neuregelungen der beteiligten Organisationen ist das fortgeltende alte Tarifvertrags-, dann Tarifordnungsrecht nach § 9 TVG nicht etwa von dieser Konkurrenz-Organisation des Chores her aus der Welt geschafft worden. Diese hat sich vielmehr durch Tarifverträge mit dem Deutschen Bühnenverein vom 1. 6. 1960 (Tarif Reg.-Nr. XXX/Ü/11/cc) pauschal auf den Boden des bisherigen Tarifrechtes gestellt, ohne daß man wird sagen dürfen, allein die Umformung in die tarifvertragliche Form neueren Rechtes bedeute trotz Anerkennung der bisherigen Regelungen sachlicher Art eine Verdrängung des alten Tarifrechtes im Sinne des § 9 TVG. Wenn jene neue Chor-Organisation diese Tarifvertrags-Anerkennung gegenüber dem Deutschen Bühnenverein inzwischen wieder gekündigt hat, dürfte selbst für ihre Mitglieder nach wie vor das alte, weil sachlich nicht verdrängte Tarifrecht gesetzliche Gültigkeit behalten haben.

Die im Hauptband S. 3, 4 gegebene Zusammenstellung des materiellen Tarifrechts vor und nach 1945 ist wie folgt zu ergänzen:

Das gesamte im Hauptband S. 3 ff. dargestellte Tarifrecht gilt im S a a r l a n d auf Grund des Gesetzes zur Einführung von Bundesrecht auf den Gebieten der Arbeitsbedingungen und des Familienlastenausgleichs im Saarland vom 30. 6. 1959 (BGBl. I S. 361) in Verbindung mit dem hierdurch im Saarland eingeführten Tarifvertragsgesetz und der entsprechenden Ausdehnung des Tätigkeitsbereiches der Tarifvertragsverbände des Bundesgebietes (Deutscher Bühnenverein und Genossenschaft Deutscher Bühnen-Angehörigen), die im Saarland allerdings schon vor dem Stichtag der Ein-

---

[1]) BAG – 1 AZR 559/55 vom 12. 4. 1957 in AP Nr. 3 zu § 9 TVG: Wenn das gesamte Tarifordnungsrecht verdrängt werden soll, dies also der klaren Absicht der Parteien entspricht, so ist es gleichgültig, ob Teilgebiete in der Neuregelung ausgelassen sind. Es ist dann alles verdrängt. Der Umkehrschluß hieraus liegt auf der Hand.

[2]) Bezüglich der Bühnentänzer vgl. S. 12 Anm. 1.

gliederung (6. 7. 1959) gewirkt hatten. Die alte Rechtseinheit auf dem Gebiet des Bühnenwesens hat praktisch – von den durch die vorübergehende französische Zuständigkeit bedingten Besonderheiten abgesehen – auch nach dem zweiten Weltkrieg fortbestanden (Hauptband S. 314), bis sie mit der gebietlichen Wiedereingliederung formal erneut vollzogen wurde[1]).

Die tariflichen Zusatz- und Neuregelungen zu dem Tarifrecht aus der Zeit vor 1945 sind mit Wirkung für das Bundesgebiet einschl. West-Berlin seit Abschluß des Hauptbandes (1955) durch mehrere, früheres Tarifordnungsrecht teilweise verdrängende Tarifverträge wesentlich bereichert worden. Es sind dies – soweit inzwischen nicht bereits wieder überholt, ausdrücklich außer Kraft gesetzt oder ohne allgemeinere Bedeutung – die Tarifverträge (mit Nr. des Bundes-Tarifregisters):

1. über die Freistellung der Privattheater von Arbeitgeberanteilen zur Versorgungsanstalt der deutschen Bühnen vom 5. 6. 1959 (XXX/Ü/11/x),
2. über die Erhöhung der Altersversorgungsabgabe vom 1. 10. 1959 (XXX/Ü/10/a),
3. über die Zahlung von Bezügen und Zuschüssen im Krankheitsfall vom 14. 4. 1961 (XXX/Ü/11/gg und gg/l bzw. mm),
4. für technische Angestellte mit künstlerischer oder überwiegend künstlerischer Tätigkeit an Bühnen (Bühnentechnikertarifvertrag – BTT –) vom 25. 5. 1961 (XXX/Ü/11/ii),
5. für technische Angestellte mit teilweise künstlerischer Tätigkeit an Landesbühnen – BTTL – vom 3. 11. 1961 (XXX/Ü/11/kk),
6. über die Gagenanpassung vom 5. 7. 1962 (XXX/Ü/11/oo),
7. zur Durchführung der Gagenanpassung vom 12. 9. 1962 (XXX/Ü/11/pp),
8. über die Fortzahlung der Gage an Hinterbliebene (Sterbegeld) vom 12. 9. 1962 (XXX/Ü/11/rr),
9. über erweiterten Mutterschutz vom 12. 9. 1962 (XXX/Ü/11/ss),
10. über den Erholungsurlaub der Bühnenmitglieder vom 1. 4. 1960 (XXX/Ü/11/aa), 25. 5. 1961 (XXX/Ü/11/ii) und 12. 9. 1962 (XXX/Ü/11/tt und tt/1),
11. über Chorgagenklassen vom 11. 6. 1963 (XXX/Ü/11/uu und uu/1),
12. über die Anpassung der Ballettgagen an die Chorgagen vom 11. 6. 1963 (XXX/Ü/11/vv),
13. zur Durchführung der Gagenanpassung vom 11. 6. 1963 (XXX/Ü/11/ww),
14. über die Verbesserung der Alters- und Hinterbliebenenversorgung von Bühnenangehörigen vom 11. 6. 1963 (XXX/Ü/11/xx).

---

[1]) Zwischen der Stadt Saarbrücken und dem „Landesverband Bühnengenossenschaft Saar“ hat eine Tarifvereinbarung über die Schiedsgerichtsbarkeit vom 7. 12. 1950 bestanden, die anläßlich der Einbeziehung des Saarlandes in die allgemeine Bühnenschiedsgerichtsbarkeit des Bundesgebietes durch Tarifvertrag vom 5. 6. 1959 mit Wirkung ab 1. 7. 1959 aufgehoben worden ist.

Diese Tarifverträge sind von dem Deutschen Bühnenverein mit der Genossenschaft Deutscher Bühnen-Angehörigen und zu 3., 8. bis 11. auch mit der Vereinigung deutscher Opernchöre abgeschlossen worden. Einige Tarifverträge sind im Anhang (S. 187 ff.) abgedruckt.

Bemerkenswert an der allgemeinen Entwicklung ist, daß durch die wiederholte Anhebung des Preis- und Lohnniveaus der Gedanke im Bühnentarifrecht Eingang gefunden hat, eine systematische Anpassung der Gagen an die sich verändernden Verhältnisse sicherzustellen[1]) und außerdem für Chor und Ballett gewisse Mindestgagensätze nach Ortsklassen variiert festzulegen, also in teilweiser Abkehr vom reinen Individualvertrag, der auf dem – vielfach scheinbaren – Prinzip persönlicher Aushandlung auch seitens des Bühnenmitglieds beruht. Das neue Urlaubsrecht hat das bisher als Tarifordnung fortgeltende Urlaubsrecht von 1940 nur z. T.[2]) abgelöst, während die Regelung der Gagenfortzahlung im Krankheitsfall eine erneute Änderung des Tarifvertragsrechts von 1955 (mit schon damaliger Teilverdrängung des tarifordnungsmäßigen Normalvertragsrechts) bedeutet. Das Abkommen für technische Bühnenvorstände von 1924 (Hauptband S. 289) dürfte trotz der neuen Tarifverträge für die künstlerische Technik noch bei Privattheatern als Tarifordnung weitergelten. Über Ansätze zur Regelung der Weihnachtszuwendungen vgl. S. 9.

Irgendeine Allgemeinverbindlicherklärung nach § 5 TVG ist zu keinem der neuen Tarifverträge erfolgt[3]). Ein neues, allgemeines Normalvertrags-Tarifrecht würde in seiner Bedeutung allerdings sehr geschwächt erscheinen, wenn die Allgemeinverbindlicherklärung nicht sichergestellt werden könnte. Man denke an die Gesichtspunkte, die z. B. in Österreich zur Schaffung des Schauspielergesetzes von 1922 als Grundlage zusätzlicher Kollektivverträge geführt haben (Hauptband S. 317 ff.).

Eine gewisse Beharrlichkeit des tariflichen Rechtszustandes nach den alten Normalverträgen kennzeichnet das Bühnenwesen, das weniger zum Streikrecht als zum Rechtsstreit neigt. Von seinen Fachschiedsgerichten erhofft es,

---

[1]) Zunächst wiederholte Klauseln wie in den Tarifverträgen für Chor und Ballett vom 21. 9. 1957 und 10. 12. 1958: „Bei unerwartetem Eintritt wesentlicher Veränderungen der allgemeinen wirtschaftlichen Verhältnisse verpflichten sich die Tarifvertragsparteien, über Änderungen dieses Tarifvertrages zu verhandeln." Dann das an die Veränderung der Gehälter der BAT-Angestellten angelehnte Gagenanpassungs-Tarifrecht vom 5. 7. 1962 für Solo und Technik mit jeweiligen Durchführungs-Tarifverträgen zu den erforderlichen Zeitpunkten.

[2]) Nicht für Privattheater, da der neue Tarifvertrag sich auf öffentlich-rechtliche beschränkt, also eine Totalverdrängung des alten Urlaubsrechts, das günstiger als dasjenige des Bundesurlaubsgesetzes von 1962 geblieben ist, nicht gewollt ist, vgl. S. 2 Anm. 1 und S. 204 Anm. 2.

[3]) Herschel, Zur Rechtsnatur der Allgemeinverbindlicherklärung eines Tarifvertrages, Recht der Arbeit 1959 S. 361. Bettermann, Die Allgemeinverbindlichkeit eines Tarifvertrages: Rechtsschutz, Rechtskontrolle und Rechtsnatur, Recht der Arbeit 1959 S. 245.

wenn der Tarifvertrags„kampf" stagniert[1]), im Rahmen der allgemeinen Entwicklung des Arbeitsrechts Fortschrittlichkeit. So selten auch trotz grundsätzlicher Streikbereitschaft nur eine bloße Streikandrohung ist (6/57, S. 129), so bedeutsam ist, was das Oberschiedsgericht von seiner Möglichkeit, das Arbeitsrecht der Bühne fortzubilden, selbst sagt. Es bekennt sich zur Notwendigkeit, das Arbeitsrecht der Bühne bei tarifvertraglichen Lücken, soweit sie auslegungs-systematisch schließbar erscheinen, durch die Rechtsprechung zu ergänzen, worin angesichts der fachlichen Feinnervigkeit des Arbeitsrechts der Bühnenkünstler eine besondere Aufgabe und Rechtfertigung der Bühnenschiedsgerichtsbarkeit liegt[2]). Das Gericht führt hierzu in 5/57 aus:

„Das Bühnen-Oberschiedsgericht geht bei seiner Entscheidung davon aus, daß der NV Chor vom 19. 6. 1924 eine Vertragslücke enthält, die im Wege der Auslegung ergänzungsbedürftig ist. Das BAG hat in seinem Urteil vom 9. 10. 1956 (AP zu § 1 TVG Auslegung Nr. 2 = Betrieb 1957 Heft 1 S. 24) anerkannt, daß auch Tarifverträge bei nachträglicher Änderung ihrer Grundlagen auslegungs- und ergänzungsbedürftig sein können. Es hat folgendes ausgeführt:

‚Nach neuerer Rechtsprechung ist es Aufgabe der Gerichte, gesetzliche Bestimmungen den in tatsächlicher oder rechtlicher Hinsicht veränderten wirtschaftlichen und sozialen Verhältnissen anzupassen, ihnen, wenn die bisherige Auslegung damit nicht mehr im Einklang steht, einen den neuen Verhältnissen entsprechenden Inhalt zu geben. Sie sind auch befugt, dabei von dem Wortlaut der gesetzlichen Bestimmungen abzuweichen, da höher als der Wortlaut der Sinn und Zweck der Bestimmung selbst steht. (RG 142,40; BGHZ 2,184; 17,276 u. a.; BVerfG 3,243; BAG 1,279.) Das muß auch bei der Auslegung tariflicher Normen gelten (§ 1 TVG). Gewiß obliegt es in erster Linie den Tarifvertragsparteien, die tariflichen Bestimmungen den veränderten Verhältnissen anzupassen. Geschieht das aber nicht, weil sie die Notwendigkeit der Änderung einer einzelnen Bestimmung nicht erkannten, sich über diese Änderung nicht einigen konnten und können, auch die eine oder die andere Tarifvertragspartei wegen einer einzelnen nicht mehr zeitgemäßen Bestimmung nicht den ganzen Tarifvertrag kündigen und damit einen tariflosen Zustand herbeiführen kann und will, so müssen die Gerichte, ebenso wie bei gesetzlichen Bestimmungen, die überholte Bestimmung mit den übrigen veränderten tariflichen Bestimmungen in Einklang bringen, falls die bisherige Auslegung entsprechend dem Wortlaut zu offenbar unbilligen Ergebnissen führt.‘

---

[1]) Hueck, Die Tariffähigkeit des Deutschen Bühnenvereins, Recht der Arbeit 1956 S. 45. „In Wahrheit sind die Intendanten gar nicht als Arbeitnehmer anzusehen", sondern „gerade umgekehrt zu den Arbeitgebern zu rechnen", da sie die „oberste Befehlsgewalt im Betrieb" ausüben („konkreter Principal"). (Wenngleich hiernach nicht „Partei", so bleibt offen, ob sie im Prozeß der Schiedsgerichtsbarkeit „Partei" sind und nicht Zeuge sein können, weil die ZPO nach § 39 BSchGO nur „entsprechend" anwendbar ist und es um eine Einschränkung, nicht Erweiterung der Zeugenstellung gehen würde; dies als Ergänzung zum Hauptband S. 11 Anm. 3). Reichel, Die Tariffähigkeit in der neuesten Rechtsprechung, Recht der Arbeit 1963 S. 300. Er äußert Bedenken gegen die Arbeitskampfbereitschaft als Voraussetzung der Tariffähigkeit. So inzwischen das Bundesverfassungsgericht zu 1 BvR 79/62 vom 6. 5. 1964 – Der Betriebs-Berater 1964 S. 594.

[2]) Dietz, Zehn Jahre Arbeitsgerichtsgesetz, Recht der Arbeit 1963 S. 361, betont die Fortbildung des Rechts als besondere Aufgabe der Arbeitsgerichte nach § 45 II AGG.

Das Bühnen-Oberschiedsgericht stellt sich voll und ganz auf den Boden dieser Entscheidung."

Vgl. die Fortsetzung dieses Zitats auf S. 143.

Doch schließt das Oberschiedsgericht tarifrechtliche Lücken nur mit Vorsicht, jedenfalls nicht gegen eine offenbar erschöpfende Regelung im Normalvertrag. So 14/57:

„Schließlich ist auch, wie die erste Instanz bereits ausgeführt hat, nicht aus Billigkeitsgründen ein Diätenanspruch zuzusprechen, wenn ein solcher Anspruch weder in dem Dienstvertrag noch in dem Normalvertrag festgelegt ist. Denn die Regelung im NV muß als eine erschöpfende Regelung dieser Frage angesehen werden. Es steht nichts entgegen, daß in einem Dienstvertrag diese Frage vertraglich geregelt wird und bei einem Gemeinschaftstheater die für den Bühnenkünstler erwachsenen besonders erhöhten Mehrauslagen und seine Mehrbeanspruchung in der Höhe der Gagen oder durch Zulagen besonders berücksichtigt wird. Das Bühnen-Oberschiedsgericht hält allerdings eine angemessene Berücksichtigung solcher Mehraufwendungen entweder im Dienstvertrag oder durch allgemeine Regelung der Sozialpartner für angebracht. Ein Rechtsanspruch hieraus steht dem Kläger dagegen nicht zu, da in seinem Fall eine vertragliche Grundlage hierfür fehlt."

Vgl. hierzu S. 75.

Soweit tarifrechtliche Normen der Auslegung bedürfen, hält sich das Oberschiedsgericht hierzu im Verhältnis zum Tarifausschuß für zuständig (Hauptband S. 251) und im übrigen im Sinne der Arbeitsgerichtsbarkeit[1]) an folgende Grundsätze (8/60):

„Nach allgemeinen Auslegungsbestimmungen ist eine Tarifbestimmung, ebenso wie ein Gesetz, nicht nach dem Wortlaut, sondern nach dem wirklichen Willen und dem Sinn und Zweck der Bestimmung auszulegen (§§ 133, 157 BGB). Die Auslegung hat also nach dem wirtschaftlichen und sozialen Zweck unter Berücksichtigung des Willens der Tarifpartner, wie er durch die Regelung zum Ausdruck gekommen ist, zu erfolgen. (Vgl. Hueck-Nipperdey, Lehrbuch 6. Aufl. Bd. 2, § 18 V S. 272 und Nikisch, Arbeitsrecht 2. Aufl. S. 357.)"

Zur Frage der Abdingbarkeit einer Tarifnorm 1/62:

„Eine Tarifnorm, die nicht ausdrücklich eine Abweichung gestattet, ist nur dann als nachgiebig anzusehen, wenn sich ein entsprechender Wille der Tarifparteien

---

[1]) BAG – 1 AZR 573/59 vom 2. 6. 1961, Der Betrieb 1961 S. 1167. Für die Auslegung sind nicht die Grundsätze des Vertragsrechts, sondern der Gesetzesauslegung maßgeblich. Bei Beachtung von Sinn und Zweck gilt der gewollte Inhalt nur, wenn er im Wortlaut auch für Dritte erkennbar enthalten ist. G. Müller, Die Auslegung des normativen Teils eines Tarifvertrags nach der Rechtsprechung des Bundesarbeitsgerichts, Der Betrieb 1960 S. 119 und S. 148. Abändernde Auslegung bei veränderten Verhältnissen und Grundlagen auch gegen Wortlaut (BAG in AP Nr. 2 zu § 1 TVG „Auslegung"). Ausfüllung sog. unechter (versehentlicher) Lücken (BAG in AP Nr. 3 zu § 9 TVG); die betonte Zurückhaltung des BAG ist im Bühnenrecht vielleicht weniger geboten, da das Tarifvertragsrecht hier mehr als sonst von der Rechtsprechung erwartet (S. 4). Tarifrechtlich erworbene Positionen sind durch Auslegung im Zweifel nie zu beseitigen (BAG in AP Nr. 4 zu § 1 TVG „Auslegung").

mit Sicherheit aus dem Inhalt und Zweck der Norm entnehmen läßt (Nikisch, Arbeitsrecht 2. Aufl. § 81 I, 2 S. 410; Nipperdey in Hueck-Nipperdey, Lehrbuch des Arbeitsrechts 6. Aufl. Bd. II S. 401; Hueck-Nipperdey-Tophoven, a. a. O. Anm. 64 zu § 4)."

Hierbei ist der Blick zugleich auf andere Tarifnormen oder außertarifliche Abreden zu richten, die mit der strittigen in innerem Zusammenhang stehen und den sog. Günstigkeitsvergleich betreffen (S. 73, 81). Das Oberschiedsgericht lehnt aber grundsätzlich Auslegungsstützen aus dem Bundesangestelltentarif (BAT) ab (14/61):

„Völlig abzusehen ist jedoch von einem Vergleich mit der Regelung in § 47 BAT. Denn es ist anerkannte Rechtslehre, daß aus einem unstreitig nicht anwendbaren Tarifvertrag – BAT findet auf Bühnenkünstler nach § 3 c) keine Anwendung – nicht Regelungen übernommen werden können, die für einen ganz anderen Tarifvertrag nicht vorgesehen sind (vgl. Hueck-Nipperdey, Lehrbuch des Arbeitsrechts § 18 IV 2b S. 270)."

Ob Lücke im Tarifrecht oder Auslegbarkeit einer Tarifnorm, ist bei Wortbegriffen, deren Inhalt sich unvorhergesehen geändert hat, oft die Frage. Beispiele zur Theaterveranstaltung in Verbindung mit Rundfunk und Fernsehen, zum Gesamtgastspiel, Musical, zur Verpflichtung an ortsverschiedene Theater desselben Rechtsträgers vgl. S. 93, 143, 39, 52, 38.

Hinsichtlich sonstiger Rechtsgrundlagen ist aus der neueren Rechtsprechung des Oberschiedsgerichts zu vermerken:

Ministerialerlasse in bezug auf die Führung der Staatstheater sind regelmäßig keine selbständige Rechtsquelle mit unmittelbar verändernдem Einfluß auf die rechtliche Gestaltung der Arbeitsverhältnisse, sondern können allenfalls als Grundlage einer innerbetrieblichen Normsetzung für die Gleichbehandlung der Mitglieder dienen (S. 128). Es heißt in 10/61:

„Mit Recht hat das Bezirks-Bühnenschiedsgericht den Ministerialerlaß als eine für den internen Dienstbetrieb bestimmte Anordnung angesehen. Er ist an die drei Staatstheater gerichtet und als einseitiger Verwaltungsakt im internen Dienstbetrieb zu qualifizieren, durch welchen vom staatlichen Aufsichtsorgan die Ermächtigung zu einer entsprechenden Erhöhung der Gagen in bestimmtem Umfang nach einer gewissen Regelung erteilt wird. Dieser Erlaß hat schon mangels Befugnis des Ministers zu einer Rechtssetzung Dritten gegenüber nicht den Charakter einer Rechtsverordnung. Durch einen derartigen Erlaß ist ein Eingriff in bestehende Dienstverträge mit rechtlicher Wirkung für die Vertragsparteien weder zugunsten noch zuungunsten der einen oder der anderen Partei möglich. Es entspricht anerkanntem und unbezweifeltem Grundsatz, daß Gehaltsansprüche der im öffentlichen Dienst stehenden Angestellten, zu denen auch das Personal der Staatsbühnen gehört, unabhängig vom Staatshaushalt und der zu seiner Festlegung getroffenen staatlichen Regelungen sind. Ausschließlich sind die Ansprüche dieser Bediensteten, die gegenüber einer Behörde in einem Arbeitsvertrag stehen, nach arbeitsrechtlichen Grundsätzen zu beurteilen."

Ist allerdings in den Einzelverträgen vereinbart, daß eine jeweilige staatliche Regelung für das Engagementsverhältnis maßgeblich sein soll – wie z. B. zeitweise in Bayern in historisch entwickelter Form für Singchor und Tanz –, so ergibt sich die Verbindlichkeit aus dieser pauschalen Verankerung in den Einzelverträgen, so formal dies ist und so wenig es als Ergebnis einer Vertragsverhandlung erscheint. Es bleibt zu prüfen, ob sich die entsprechenden Verwaltungsakte im Rahmen der Gesetze bewegen, was gelegentlich in 6/57 wegen Verstoßes gegen den Grundsatz der Gleichberechtigung von Mann und Frau verneint wird (S. 136).

b) Bühnenbräuche

Der Hinweis im Anschluß an die Entscheidung 11/53 (Hauptband S. 6), daß ein Bühnenbrauch neben einer tarifvertraglichen und daher kündbaren Regelung selbständig-dauernde Bedeutung haben und behalten kann, ist inzwischen durch den Schiedsspruch des Oberschiedsgerichts 7/61 gerade zu dem Thema der Nichtverlängerungs-Mitteilungspflicht (Tarifvertrag mit der Feststellung eines diesbezüglichen Bühnenbrauchs vom 10. 10. 1947, Hauptband S. 310) bestätigt worden, zu dem er an dieser Stelle gegeben worden war. In dem zur Entscheidung gelangten Fall war es die Bühne, die dem Deutschen Bühnenverein als Tarifvertragsverband der Rechtsträger nicht angehörte und daher nicht der Tarifregelung zur Mitteilungspflicht unterlag, diese Regelung also trotz immerhin Zugehörigkeit des Bühnenmitglieds zur Genossenschaft Deutscher Bühnen-Angehörigen als seinem Tarifvertragsverband nicht zur tarifrechtlichen Wirkung kam. Gleichwohl erkennt das Gericht die Mitteilungspflicht kraft Bühnenbrauchs und damit unabhängig vom Tarifrecht an (7/61):

„Der Erstrichter ist mit Recht davon ausgegangen, daß der beklagte Verein, der nicht Mitglied des Deutschen Bühnenvereins ist, an dem Tarifabkommen über die Mitteilungspflicht vom 10. 10. 1947 als Partei nicht beteiligt und deshalb nicht tarifgebunden ist. Er hat jedoch rechtlich den Beklagten für verpflichtet erachtet, die Mitteilung der Nichtverlängerung bei Annahme einer mehr als zehnjährigen Beschäftigungszeit auf Grund des in der Rechtsprechung festgestellten Bühnenbrauchs rechtzeitig auszusprechen. (Vgl. hierzu Riepenhausen „Das Arbeitsrecht der Bühne“ S. 162 ff.) Zur Ergänzung kann hierzu vorgetragen werden, daß das BOSch nach 1945 durch Schiedssprüche vom 4. 11. 1948 (i. S. F. ./. Neue Schauspielhaus GmbH. H. – O.Sch. 3/48 und i. S. P. ./. Neue Schauspiel GmbH. H. – O.Sch. 2/48) diesen Bühnenbrauch festgestellt hat und zum Ergebnis gekommen ist, daß die Nichtverlängerung eines Engagements bei mehr als zehnjähriger Beschäftigungszeit jedenfalls nicht später als 31. Juli mitgeteilt werden müsse.“

Mögen sich die Spruchzitate des Gerichts auf Fälle aus der Zeit vor dem 10. 10. 1947 als Datum des Tarifvertrages über die Mitteilungspflicht beziehen, so entscheidet der Spruch 7/61 eindeutig einen Fall aus der Zeit nach diesem Stichtag. Darin liegt seine Bedeutung. Über die Nachwirkung von außer Kraft gesetzten Tarifnormen im Sinne des § 4 V TVG hinaus heißt das: Auch im Falle einer Kündigung eines Tarifvertrages würde dieser Bühnenbrauch zunächst einmal in Geltung bleiben, solange das Bühnenwesen sich dieses Gewohnheitsrechtes nicht eindeutig und im Bewußtsein der beabsichtigten Rechtsveränderung allgemein entwöhnt hat[1]). Es bliebe dann nur die Frage, inwieweit die tarifrechtlich ausgebildeten Besonderheiten (Fristen und automatische Vertragsverlängerung bei unterlassener Nichtverlängerungsmitteilung) bereits als Ergänzung dieses Bühnenbrauchs festzustellen sein würden. Andererseits könnte das Problem der Unabdingbarkeit eines derart fundamentalen Bühnenbrauchs, der ein Surrogat für das System eines Kündigungsschutzes ist, auftreten (S. 126, Hauptband S. 6)[2]). Es droht Sittenwidrigkeit nach § 138 BGB (S. 20).

Die Aufzählung der Möglichkeiten der Entstehung eines Bühnenbrauchs (Hauptband S. 7–8) ist durch den Beschluß des Deutschen Bühnenvereins vom 28. 11. 1962 über Weihnachtszuwendungen seitens staatlicher und städtischer Bühnen bereichert worden. Hier wird ausdrücklich mit „vereinsrechtlicher Verbindlichkeit" die Anpassung an die Zuwendungspraxis gegenüber den Angestellten der betreffenden Rechtsträger „in gleicher Höhe und nach den gleichen Grundsätzen" zugunsten der Bühnenmitglieder statuiert. Allerdings wird man hieraus nicht unmittelbar klagbare Rechte für diese herleiten können, zumal der Beschluß hervorhebt, daß durch die Zahlungen keine gewohnheitsrechtlichen Ansprüche entstehen sollen. Immerhin ist ein solcher und sind ähnliche Beschlüsse des Tarifverbandes der Arbeitgeber für die Beurteilung der Fürsorgepflicht und Gleichbehandlung aller Arbeitnehmer der Rechtsträger nicht ohne jede bühnenbräuchliche Bedeutung. Gelegentlich wird ein Vereinsbeschluß auch gerichtlich bekämpft, wie beim Höchstnormenbeschluß, der die Mitglieder des Deutsen Bühnenvereins zwingen soll, gewisse Höchstgagen nicht zu über-

---

[1]) Über die „Rücknahme der Kündigung" der Mitteilungspflicht-Vereinbarung der Verbände durch den Deutschen Bühnenverein 1955 Hauptband S. 3 Anm. 2. Das dort zitierte Schreiben des DBV vom 11. 3. 1955 an das Bundes-Tarifregister über die Kündigungsrücknahme enthält den für die Beurteilung des Abkommens als Feststellung eines selbständigen Bühnenbrauchs wesentlichen Hinweis, „daß u. E. die Vereinbarung vom 10. 10. 1947 trotz ihrer Anmeldung zum Tarifregister nicht den Charakter eines Tarifvertrages gehabt hat". (gez. Scheffels, Vorstand.) Wenn der DBV gleichwohl durch die „Kündigung" eine verwirrende Lage geschaffen hatte, dürfte dies, wie das nachträgliche Eingeständnis ergibt, keinen rechtlichen Gesichtspunkten entsprochen haben.

[2]) Dietz, Zehn Jahre Arbeitsgerichtsgesetz, Recht der Arbeit 1963 S. 364: Trotz des „Monopols des Gesetzgebers" sei nicht außer acht zu lassen, „daß es neben dem gesetzten Recht auch ein Gewohnheitsrecht gibt, das nicht durch den Gesetzgeber geschaffen ist. Das Gewohnheitsrecht kann auch gesetztes Recht aufheben und abändern, und das Gewohnheitsrecht kommt gerade dadurch zur Verwirklichung, daß es vom Gericht angewandt wird. Die Fortentwicklung des Rechts durch das Gericht ist sicher etwas anderes als die Anerkennung eines bereits bestehenden Gewohnheitsrechts. Aber auch dieses hält sich noch im Rahmen des Rechts, zwar nicht im Rahmen des einzelnen Gesetzes, aber im Rahmen der Rechtsordnung."

schreiten[1]). Es sind also nicht nur die Empfehlungen, sondern auch die vereinsverbindlichen Beschlüsse dieses Tarifverbandes, die arbeitsrechtliche Aufmerksamkeit verdienen.

Über das Verfahren des Oberschiedsgerichts zwecks Feststellung eines Bühnenbrauchs vgl. S. 168.

Bei allem darf nicht in Vergessenheit geraten, daß gerade die Schiedsgerichtsbarkeit selbst die Grundlagen für neues Gewohnheitsrecht schaffen kann[2]).

c) Einzelvereinbarungen

Wenn keiner der am Engagementsvertrag Beteiligten oder nur einer von ihnen einem Tarifvertragsverband angehört und wenn daher neues Tarifrecht außerhalb der Fortwirkung alten Tarifrechts nach § 9 TVG (S. 1) nicht zwingend einwirkt (mangelnde Tarifgebundenheit), so wird das neue Tarifrecht vielfach durch vereinbarte Bezugnahme zum Bestandteil des Engagementsvertrages erklärt. Meist lautet eine solche Klausel: „Im übrigen gelten die Bestimmungen des Normalvertrages." Ein Abdruck davon wird beigefügt oder nicht. Er enthält gegebenenfalls den Wortlaut des einschlägigen Normalvertrages mit Zusatzregelungen über die Mitteilungspflicht bei Nichtverlängerung des Vertrages oder dgl. mehr. Die vertragliche Bezugnahme ist rechtlich nur für die Bestimmungen relevant, die nicht ohnehin im Sinne des vorerwähnten § 9 TVG zwingend fortgelten, also für die Tarifverträge nach 1945, die sämtlich nicht für allgemeinverbindlich erklärt worden sind (§ 5 TVG, S. 4) und die für ihre Anwendung entweder die mitgliedsmäßige Tarifgebundenheit oder die einzelvertragliche Bezugnahme im Engagementsvertrag voraussetzen. Im Streitfall kann es unklar sein, wie weit diese Bezugnahme wirkt und welche Tarifbestimmungen neueren Datums sie erfassen soll[3]). Jene pauschale Klausel mit dem Hinweis auf „die Bestimmungen des Normalvertrages" wird vom Oberschiedsgericht dahin ausgelegt, daß damit nicht nur speziell der Normal-

---

[1]) Kreis, Die Zulässigkeit von Höchstarbeitsbedingungen, Recht der Arbeit 1961 S. 97. – Ein Prozeß der GDBA und der DOV gegen den DBV beim Arbeitsgericht Köln wegen Unzulässigkeit des Höchstgagen-Beschlusses des DBV ist z. Z. noch nicht rechtskräftig abgeschlossen (2 Ca 261/63, bzw. LAG Düsseldorf 3 Sa 55/64).

[2]) Felisch und Leander, Die Rechtsprechung des deutschen Bühnenschiedsgerichts, 1911, 2. Aufl., Einleitung S. 17: „Die Schiedssprüche ergeben nämlich die noch heute maßgebenden Gepflogenheiten des Bühnenlebens und zugleich das Theatergewohnheitsrecht." Oberschiedsgericht vom 13. 11. 1928 in Ufita II S. 113 lt. AR-Blattei, Künstl. Tätigkeit II B: „Es wird vermutet, daß die Parteien bei ihren Geschäften das Gebräuchliche wollen. Die Übung muß den beteiligten Kreisen aber bekannt sein und von ihnen gebilligt werden." Maurer, AR-Blattei a. a. O. zu C: „Ständige Rechtsprechung gleichartiger Fälle kann zu ‚Gewohnheitsrecht durch Gerichtsgebrauch' führen." (Dietz a. a. O. auf S. 5 Anm. 2.)

[3]) LAG Düsseldorf – 1 Sa 352/62 vom 25. 10. 1962, Der Betrieb 1962 S. 1647. Die pauschale Bezugnahme auf einen Tarifvertrag genügt. Die Erwähnung einzelner Bestimmungen ist nicht erforderlich.

vertrag gemeint ist, sondern auch „grundlegende Bestimmungen", die zu seiner Ergänzung erfolgt sind, wie etwa die der Mitteilungspflicht im Tarifvertrag vom 10. 10. 1947. Es heißt in 7/61 (in welchem Fall die Bühne nicht tarifgebunden war):

„Abgesehen von diesem rechtlichen Gesichtspunkt ist aber auch die Verpflichtung des Beklagten zur Einhaltung dieser Frist auf Grund der Tarifvereinbarung vom 10. 10. 1947 vertraglich begründet. Denn in dem Dienstvertrag vom 1. 8. 1960 hatten sich die Parteien darauf geeinigt, daß im übrigen die Bestimmungen des Normalvertrags Geltung haben sollten. Zu dem Normalvertrag gehört aber unter den heutigen Verhältnissen auch die Einhaltung des Tarifabkommens vom 10. 10. 1947, das eine grundlegende Bestimmung über die Beendigung des Dienstvertrags enthält."

Vgl. hierzu auch S. 124.

2. Verfahrensrecht

Der Tarifvertrag für die Bühnenschiedsgerichte (Bühnenschiedsgerichtsordnung) vom 1. 10. 1948 ist in West-Berlin durch Tarifvertrag vom 4. 7./17. 8. 1951 (Tarif-Reg. Nr. 2745 XXXII 10 beim Senator für Arbeit und Sozialwesen) eingeführt und neuerdings für das Bundesgebiet mit West-Berlin vom Bundesarbeitsgericht anerkannt worden (S. 133). Die Schiedsgerichtsordnung hat durch Tarifvertrag vom 5. 6. 1959 (Tarif-Reg. Nr. XXX/Ü/1/d) in § 4 eine Erweiterung durch Einbeziehung des Saarlandes in die Zuständigkeit des Bühnenschiedsgerichts (1. Instanz) Frankfurt (Main) mit dem Bühnenoberschiedsgericht daselbst erfahren. Ferner ist durch Tarifvertrag vom 1. 6. 1960 (Tarif-Reg. Nr. XXX/Ü/1/f) eine Änderung des § 37 dahin erfolgt, daß die Vollstreckbarkeitserklärung aller Schiedssprüche und Vergleiche nicht mehr ausschließlich beim Arbeitsgericht Frankfurt (Main), sondern bei dem für das Arbeitsverhältnis jeweils zuständigen Arbeitsgericht zu beantragen ist. Die frühere Regelung widersprach der zwingenden Vorschrift des § 109 I AGG. Bei der ausschließlichen Zuständigkeit des Arbeitsgerichts Frankfurt (Main) für Aufhebungsklagen nach § 110 AGG ist es, da zulässig, geblieben (§ 38 BSchGO, S. 179). Die Bühnenschiedsgerichtsordnung in der jetzt gültigen Fassung ist im Anhang abgedruckt (S. 209 ff.)

Die Schiedsgerichtsklausel ist neuerdings in § 12 des Tarifvertrages für technische Bühnenvorstände vom 25. 5. 1961 zusätzlich verankert (S. 192).

Die neben der Genossenschaft Deutscher Bühnen-Angehörigen und deren Chorgruppe seit kurzem bestehende Vereinigung deutscher Opernchöre hat im Anschluß an den Anerkennungs-Tarifvertrag vom 1. 6. 1960 mit dem Deutschen Bühnenverein (S. 2) unter dem 17. 2. 1961 einen selbständigen Tarifvertrag mit diesem Tarifverband über die Bühnenschiedsgerichtsbarkeit geschlossen (Tarif-Reg. Nr. XXX/Ü/11/dd)[1]). Er stimmt mit demjenigen der Genossenschaft Deutscher Bühnen-Angehörigen vom 10. 10. 1948 verfahrensrechtlich überein. Doch besteht hier – gegenüber 5 Bühnenschiedsgerichten der Bühnengenossenschaft – nur eine 1. Instanz, nämlich das Chor-Bühnenschiedsgericht in Köln für das Bundesgebiet und West-Berlin. Das Bühnenoberschiedsgericht ist ebenfalls in Köln. Man hat vorgesehen, es an das andere Bühnenoberschiedsgericht in Frankfurt (Main) anzuschließen, sobald – wie es in einer Protokollnotiz heißt – „die technischen Voraussetzungen hierfür vorliegen". Es ist derzeit in Personalunion mit dem Vorsitzenden des Bühnenoberschiedsgerichts der Genossenschaft Deutscher Bühnen-Angehörigen in Frankfurt (Main) besetzt, ohne daß hierzu eine tarifvertragsmäßige Übereinkunft beider Gewerkschaftsverbände mit dem Deutschen Bühnenverein vorliegt. Die Verbindung ist eine rein tatsächliche. Die Beisitzer der Arbeitnehmerseite sind nach § 7 der beiden gleichlautenden Bühnenschiedsgerichtsordnungen von den „beteiligten Verbänden" zu den einzelnen Sitzungen heranzuziehen, also jeweils von demjenigen Verband, der das betreffende Schiedsgericht mit dem Deutschen Bühnenverein trägt. Über die Probleme einheitlicher Rechtsprechung auf dem Gebiet des Chores vgl. S. 147, Anm. 1.

Zum Verhältnis zwischen Schiedsgerichtsbarkeit und A r b e i t s g e r i c h t s b a r k e i t (Hauptband S. 8, 9) hat sich in der Rechtsprechung des Oberschiedsgerichts Neues ergeben:

Eine scheinbar doppelte „V e r w e i s u n g" eines Rechtsstreits vom Arbeitsgericht an das Bühnenschiedsgericht und anschließend von diesem zurück an das Arbeitsgericht hat im Fall 7/62 stattgefunden und war eine einfache, wiederholte Aktenabgabe, als eine Seite nachträglich die Erstattung außergerichtlicher Kosten des schiedsgerichtlichen Verfahrens vom Gegner verlangte, die mangels Klage bei diesem Gericht nach § 271 ZPO in 1. Instanz als nicht erstattungsfähig bezeichnet worden waren. Das Oberschiedsgericht lehnt diesen Gesichtpunkt in der Beschwerdeinstanz nicht ab, sondern läßt ihn offen, entscheidet aber im Ergebnis ebenso, wenn auch unter Bezugnahme auf einen späteren Kostenvergleich der Parteien vor dem Arbeitsgericht. Nach der Entscheidung des Oberschiedsgerichts 13/57 ist eine

---

[1]) R a e d e r, Chorsänger vor den Arbeitsgerichten? Die Deutsche Bühne 1960 S. 61, hatte, da die VDO die Arbeitsgerichtsbarkeit mit der Forderung nach Kündigungsschutz propagiert hatte, die rechtlich unhaltbare Meinung vertreten, daß teilweise zur VDO übergetretene Chormitglieder der GDBA weiterhin an die Bühnenschiedsgerichtsbarkeit der GDBA mit dem DBV gebunden seien. Doch hat es der DBV nicht auf eine Entscheidung hierzu ankommen lassen, sondern schließlich erkannt, daß er zur Vermeidung der Arbeitsgerichtsbarkeit den Weg der zweigleisigen Schiedsgerichtsbarkeit für eine einheitliche Berufsgruppe beschreiten mußte, nachdem er die VDO einmal als Tarifpartner angenommen hatte – ein in der Geschichte des Bühnenrechts neuartiger und kaum ersprießlicher Vorgang. Vgl. als Beispiel S. 147 Anm. 1. Ob sich eine solche Spaltung bei den Bühnentänzern der GDBA wiederholt, bleibt abzuwarten. Wegen einer diesbezüglichen Erweiterung der Namensgebung der VDO schwebt derzeit ein Zivilprozeß mit der GDBA beim Landgericht in Köln (8. O. 466/62).

verbindliche Verweisung des Rechtsstreits vom Arbeitsgericht an das Schiedsgericht auch dann nicht möglich, wenn das Schiedsgericht gesetzlich, also nicht nur tariflich, vorgeschrieben wäre. In der gleichen Entscheidung räumt jedoch das Gericht ein, daß eine zunächst beim Arbeitsgericht erhobene Klage im Einverständnis aller Beteiligten als Schiedsgerichtsklage benutzt werden kann, also im Falle der Aktenabgabe vom Arbeitsgericht an das Schiedsgericht bei diesem nicht nochmals neu formuliert eingereicht werden muß. Das Einverständnis wird aber dann nicht unterstellt, wenn die Klage beim Arbeitsgericht förmlich zurückgenommen worden war (Zitat zu 13/57 S. 167).

3. Schiedssprüche, Urteile

Bei dem im Hauptband S. 13 begründeten Entschluß, hier nur Schiedssprüche des Bühnen*ober*schiedsgerichts darzustellen und systematisch aufzugliedern, nicht aber auch Schiedssprüche der 5 Bezirksschiedsgerichte als erster Instanzen (Bühnenschiedsgerichte), wird verblieben. Mögen viele Schiedssprüche in 1. Instanz rechtskräftig werden, so hat sich immer wieder erwiesen, daß sie bei grundsätzlicher Bedeutung in irgendwelchen Zusammenhängen alsdann doch in die Spruchtätigkeit des Bühnenoberschiedsgerichts einbezogen worden sind. Sich durchweg mit und nur mit allen Sprüchen des Oberschiedsgerichts zu befassen, statt eine Auswahl hieraus und aus den Sprüchen der 1. Instanzen vorzunehmen oder sich auch nur bei letzteren auf eine Auswahl zu beschränken, dürfte im Interesse der hier verfolgten Lückenlosigkeit der Darstellung abschließend maßgeblicher Ergebnisse der Bühnenschiedsgerichtsbarkeit liegen.

Zu dem umfassenden Bühnenoberschiedsgericht des Deutschen Bühnenvereins und der Genossenschaft Deutscher Bühnen-Angehörigen ist für das Teilgebiet des Chores seit kurzem ein Bühnenoberschiedsgericht des Deutschen Bühnenvereins und der Vereinigung deutscher Opernchöre getreten, dessen Schiedssprüche – bisher drei (S. 151, 152) – ebenfalls berücksichtigt werden. Um die Zersplitterung der Rechtsprechung beider Oberschiedsgerichte in gleichen Fachfragen des Chores zu bannen, besteht derzeit eine unverbindliche Personalunion zwischen ihren richterlichen Vorsitzenden (S. 12).

Urteile der Arbeitsgerichtsbarkeit sind in gelegentlich durchgeführten Aufhebungsverfahren nach § 110 AGG ergangen, insbesondere auch durch das Bundesarbeitsgericht. Sie sind sowohl prozeß- als auch materiellrechtlich von erheblicher Bedeutung und in den sachlichen Zusammenhängen jeweils berücksichtigt (S. 19, 47, 153, 193 u. a. m.). Zu den im Hauptband S. 14 erwähnten Urteilen der Arbeitsgerichtsbarkeit außerhalb solcher Aufhebungsverfahren, etwa wegen mangelnder mitgliedsmäßiger Tarifgebundenheit an die Schiedsgerichtsklausel, sind nachzutragen die Urteile des LAG Stuttgart Sa 52/48 über die Kündigung im Probearbeitsverhältnis und das Betriebsrisiko[1]), des LAG Berlin 2 Sa 753/57 über die Vorstellungsgarantie bei Stückdauerverträgen[2]) und des LAG Berlin 2 Sa 55/60 über den Beschäftigungsanspruch des Regisseurs und den Widerruf ehrverletzender Behauptungen[3]).

---

1) Urteil vom 30. 6. 1948, Recht der Arbeit 1948 S. 196 mit Anmerkung von Boden.
2) Urteil vom 28. 11. 1957, Ufita Bd. 25 S. 586.
3) Urteil vom 4. 5. 1961, Ufita Bd. 37 S. 241. Hierzu Neumann-Duesberg, Probleme des Theaterarbeitsrechts, Ufita Bd. 39 S. 236.

1. Teil

ARBEITSRECHT DES SOLOPERSONALS

I. Anwendung des Normalvertrages

1. Bühnendienstvertrag

a) Rechtsnatur, Zweckbestimmung

Erneut hat sich das Oberschiedsgericht im Zusammenhang mit Aussagegenehmigungen für Bühnenmitglieder als Zeugen im Prozeß mit der Frage befaßt, ob das Bühnendienstverhältnis bei Theatern der öffentlichen Hand öffentlicher Dienst ist. Wenn dies im Sinne des Bundes-Angestellten-Tarifvertrages (BAT) im Einzelfall zu bejahen ist, so gilt dessen § 9, wonach die vorgesetzte Dienststelle das Recht der Erteilung oder Verweigerung der Aussagegenehmigung hat (mag sie im Verweigerungsfall auch umständlich erzwingbar sein oder zu prozessualen Beweisnachteilen der betreffenden Bühne führen). Im Zwischenschiedsspruch 4/62 sagt das Oberschiedsgericht hierzu:

„Es kann, soweit sich die öffentliche Hand auf dem Gebiet des Privatrechts betätigt, nicht aus dieser Tatsache allein gefolgert werden, daß der hierfür bestellte Angestellte um deswillen Angestellter des öffentlichen Dienstes ist, weil etwa der Rechtsträger der Bühne ein öffentlicher Rechtsträger ist. Es kommt deshalb vielmehr darauf an, ob der Angestellte, der für den Theaterbetrieb als solcher eingesetzt ist, nach dem Inhalt seines Dienstvertrags den Regeln entweder des Beamtenrechts oder des Angestelltenrechts des öffentlichen Dienstes (derzeit BAT) unterworfen ist.

Auf Grund der übereinstimmenden Erklärung beider Parteien steht fest, daß der Zeuge Verwaltungsoberinspektor S. Beamter im Sinne des Hess. Beamtengesetzes ist und dementsprechend als solcher behandelt werden muß. Weiterhin steht fest, daß der Beleuchtungsinspektor R., der Requisitenverwalter G. und der nachträglich benannte Malsaalvorstand H. Angestellte nach den Regeln des BAT sind, weil sie zwar beim Theater angestellt, nach § 2 h BAT in Verbindung mit Sonderregelung jedoch nicht überwiegend künstlerisch beschäftigt und deshalb nicht nach NV angestellt sind. In bezug auf den Zeugen S. bedarf es deshalb einer Genehmigung eines Dienstvorgesetzten nach § 75 Abs. 2 HBG und bezüglich der Zeugen R., G. und H. nach § 9 BAT.

Der Zeuge Dr. Sch. ist auf Grund eines privaten Dienstvertrages angestellt gewesen; die Zeugen Dr. D. und M. sind NV-Angestellte."

Das Gericht verneint demgemäß die Notwendigkeit einer Aussagegenehmigung für die vorgenannten Zeugen, die nach allgemeinem Dienstvertragsrecht (Intendant) oder nach Normalvertrag (Techn. Assistent, Bühnenbildner) angestellt sind.

Gleichwohl kommt diesem Schiedsspruch zum öffentlichen Dienst keine abschließend negative Wirkung zu. Verschiedene Bühnen haben in gewissen Zusammenhängen und für besondere Zwecke das Merkmal des öffentlichen Dienstes bei einzelnen Beschäftigungsgruppen nach Normalvertrag (z. B. Chor) gelegentlich bejaht. Das hängt von der Entschließung der Rechtsträger einzelner Bühnen ab. Eine allgemeine Regelung außerhalb des BAT fehlt, ist insbesondere vom Oberschiedsgericht nicht in bezug genommen worden. An der Herrschaft des einschlägigen Normalvertrages ist bei jenen Sonderentschließungen der Rechtsträger nicht gerüttelt worden (vgl. hierzu § 3c BAT).

Vor Engagementsantritt, also vor Eingliederung in den Betrieb als Rahmen der persönlichen Abhängigkeit, bestehen auf Grund des Vertrages nur die üblichen schuldrechtlichen Beziehungen. Dies kann von differenzierender Bedeutung werden, wenn nachträglich gewährte Vergünstigungen (z. B. Teuerungszuschläge) nur diejenigen Mitglieder begünstigen sollen, die sich zu einem Stichtag bereits im „Normalvertragsverhältnis" befunden haben. Das Oberschiedsgericht trennt die Begriffe in 10/61:

„Nach der arbeitsrechtlich anerkannten Begriffsbestimmung hat ein Arbeitsverhältnis erst dann bestanden, wenn eine Eingliederung in den Betrieb stattgefunden hat, wodurch die arbeitsrechtlichen Wirkungen eintreten. Das Arbeitsverhältnis des Klägers begann in diesem Sinne am 1. 8. 1959. Vorher bestand lediglich ein schuldrechtlicher Vertrag, der zwar für beide Teile bindend war, aber die Einstellung an der Bühne erst am 1. 8. 1959 verwirklichen sollte."

Zum Vorvertrag ist im Hauptband S. 18 die Entscheidung 6/51 erwähnt worden, daß zu seiner Gültigkeit bereits eine Einigung über den wesentlichen Inhalt des endgültigen Vertrages, dessen weitere Einzelheiten hiernach zumindest bestimmbar sein müssen, vorausgesetzt wird. Das bedeutet im Tarifrecht praktisch, daß ein Vorvertrag im Sinne einer unvollständigen Vertragsgrundlage, die eine Realisierung des immerhin bruchstückartig Vereinbarten gefährdet oder gar ausschließt, kaum denkbar ist. Denn bei Vereinbarung der maßgeblichen Punkte ist – ganz unabhängig von offenen Nebenfragen – bereits ein endgültiger Engagementsvertrag zustandegekommen[1]). Tarifrechtlich etwa wesentliche Bedingungen werden kraft Normalvertrages in den sog. Vorvertrag hineininterpretiert und das Tarifrecht etwa verletzende Abreden aus dem Vertrag eliminiert, um zugunsten des sozial Schwächeren, des Mitglieds, einen zuverlässigen Vertrag zugrunde legen zu können (Hauptband S. 60, 63). So lehnt das Oberschiedsgericht einen angeblich „unvollständigen Vorvertrag" in 8/58–3/59 mit den Worten ab:

---

[1]) BAG – 5 AZR vom 6. 9. 1962 in Ufita Bd. 39 S. 303. Wenn Filmvorvertrag nicht durch Abschluß endgültigen Vertrages erfüllt wird, so Schadensersatzanspruch. Vgl. S. 32.

„Der Beklagte meint zwar, daß sich die Parteien nicht über alle Punkte geeinigt hätten, über die eine Einigung hätte erzielt werden müssen. Er will damit einen offenen oder versteckten Dissens behaupten und verweist in diesem Zusammenhang auf die angeblich fehlende Terminierung, auf die fehlende Vereinbarung über die Nennung des Künstlers in der Propaganda, auf seine Herausstellung bei der Ankündigung des Stückes und auf die fehlende Festlegung der mitwirkenden Darsteller und des Regisseurs. Demgegenüber hat das Schiedsgericht zutreffend festgestellt, daß das Abkommen vom 10. 4. 1958 alles Wesentliche eines Bühnenengagements enthält: die Bezeichnung der Rolle, die Bestimmung der Gage, die Umrahmung der Vertragsdauer."

Vgl. hierzu auch S. 33.

b) Grenzfälle

Zum Hauptband S. 18–20 keine Ergänzungen.

c) Gastspiel- und Stückdauervertrag

Der in § 20 I NV erwähnte und tarifbegrifflich definierte Gastspielvertrag ist wiederholt Gegenstand neuer Entscheidungen des Oberschiedsgerichts geworden. Dabei bildet die im Hauptband S. 21 getroffene Feststellung, daß der Gastspielvertrag nicht Werkvertrag, sondern Dienst- und Bühnenarbeitsvertrag ist, die Grundlage der weiteren Schiedssprüche.

In 8/58–3/59 beurteilt das Oberschiedsgericht den auf S. 32 wiedergegebenen Vertrag nicht als Gastspielvertrag:

„Ein solcher setzt nach § 20 NV voraus, daß der Unternehmer ‚zur Ergänzung seines ständigen Personals' ein nicht ständiges Mitglied anstellt. Wie dem BOSCH bekannt ist, verfügt das Theater am Kurfürstendamm im wesentlichen nicht über ein ‚ständiges Personal', sondern stellt jeweils für das Stück sein Ensemble zusammen."

Auch in 4/61 entscheidet das Gericht mit grundsätzlichen Hinweisen auf die strengen und engen Voraussetzungen des Gastspielbegriffes negativ:

„In der Tat sprechen die offengelassene Zahl der Aufführungen der ‚Medea' und beabsichtigte Übersiedlung nach Stuttgart allein noch nicht entscheidend gegen die Annahme eines Gastspielvertrags. Es muß aber davon ausgegangen werden, daß ein Gastspielvertrag nach der Systematik der tariflichen Bestimmungen über den Normalvertrag einen Ausnahmefall darstellt. Denn nach § 20 NV finden die §§ 1–19 NV beim Gastspielvertrag keine Anwendung, und damit entfallen wesentliche Schutzbestimmungen, die der NV für den Bühnenkünstler festlegt. Es müssen deshalb grundsätzlich strenge Anforderungen an den Nachweis eines Gastspielvertrags gestellt werden.

... Das Wesentliche ist danach neben dem Zweck, das ständige Personal zu ergänzen und den Spielplan auszugestalten, für den gastspielweise engagierten Bühnenkünstler, daß er nicht als ständiges Mitglied angestellt wird, sondern nur zur Mitwirkung für eine bestimmte Anzahl von Aufführungen. Das bedeutet in diesem Zusammenhang insbesondere, daß die Verpflichtung des gastweise angestellten Bühnenkünstlers entfällt, der Bühne nach § 4 NV ständig für alle Veranstaltungen der Bühne zur Verfügung zu stehen. Der gastweise angestellte Bühnenkünstler ist also in bezug auf seine Tätigkeit insoweit völlig frei und kann andere Engagements eingehen, soweit sie nicht der Verpflichtung für bestimmte Aufführungen entgegenstehen. Dem Bühnenkünstler muß also bei dem Engagement eindeutig klargemacht werden, daß er im übrigen für andere Engagements frei ist. Im vorliegenden Fall ist eine erforderliche Klarheit in dieser Hinsicht nach den festgestellten Tatumständen nicht geschaffen worden. Zunächst ist das Engagement für drei Monate fest abgeschlossen worden, was an und für sich schon auf einen reinen Zeitvertrag hindeutet. Wenn auch in dem Vertrag die Rolle der ‚Medea' genannt worden ist, so ist diese Beschränkung dadurch hinfällig geworden, daß der Zeuge H. nach seiner schriftlichen Aussage der Klägerin gegenüber bei den Verhandlungen erklärt hat, sie solle sich auch bei der Kurzfristigkeit des Vertrages als Mitglied des Ensembles ansehen und könne, wenn sich die Gelegenheit ergebe, auch um die Übernahme einer kleineren Rolle gebeten werden. Der Zeuge hat dies dahin erläutert, daß er ein solches Ansinnen an jedes nicht ganzjährig engagiertes Mitglied gestellt habe, um bei der Fülle kurzfristiger Verträge im Ensemble keine Spaltung zwischen Festengagierten und Gästen aufkommen zu lassen. Allerdings sei diese Äußerung nur gesprächsweise gemacht worden, um sich der Bereitschaft der jeweiligen Schauspieler zu versichern. Durch diese Äußerung mußte aber die Klägerin in den Glauben versetzt werden, daß sie, wie sie sagt, ins Ensemble kam, d. h. für die wenn auch kurze Vertragszeit die Rechte und Pflichten der ständigen Ensemblemitglieder erlangte. Gerade das aber widerspricht dem Wesen des Gastspielvertrags, bei dem der einzelne Gast in seiner künstlerischen Tätigkeit nur auf die gastweise übernommenen Rollen beschränkt sein muß."

Hier und wiederholt ist erkennbar, daß das Oberschiedsgericht den beherrschenden Vertragstyp des Normalvertrages auch bei unklaren Formulierungen der Parteien im Zweifel zur Anwendung bringt.

Bei echten Gastspielen ist es gelegentlich umstritten, ob ein abhängiger Dienstvertrag im Sinne des A r b e i t s v e r h ä l t n i s s e s oder ein unabhängiger Dienstvertrag vorliegt, eine Unterscheidung, die von Bedeutung sein könnte. Denn für den unabhängigen Dienstvertrag würde nicht die Arbeits- und somit auch nicht die Bühnenschiedsgerichtsbarkeit, sondern die ordentliche Gerichtsbarkeit zum Zuge kommen und möglicherweise soziales Berufsunfallrecht (von anderen Rechtsnachteilen im sozialen Bereich abgesehen) ausscheiden. Das Oberschiedsgericht hat sich – wohl grundsätzlich – für die Bejahung des Abhängigkeitscharakters des Dienstvertrages auch bei Gastspielen entschieden, ohne eine zeitliche Mindestdauer zu erörtern, also bei jedem Gastspiel schlechthin, das in bühnentypischer Weise im Ensemble-Rahmen stattfindet. Es heißt in 5/59:

„Mit Recht geht der angefochtene Schiedsspruch davon aus, daß der zwischen den Parteien geschlossene Gastspielvertrag nach der heute herrschenden Ansicht nicht als Werkvertrag, sondern als Dienstvertrag anzusehen ist (ebenso Nipperdey bei Staudinger-Nipperdey BGB 11. Aufl. Vorbem. 255 vor § 611 und Finkelstein,

„Das Recht des Bühnen- und Filmschauspielers auf Beschäftigung" § 4 S. 26). Die früher einmal bestrittene rechtliche Beurteilung eines Bühnengastspielvertrags (vgl. Aßmann, „Die Verträge des Künstlers im Theater-, Konzert- und Kabarettleben" S. 16; Marwitz, „Der Bühnenengagementsvertrag" 1902 S. 67 und Opet, „Theaterrecht" aus 97 S. 162) ist nach der ständigen Rechtsprechung des Bühnen-Oberschiedsgerichts überholt. Auch der Gastspielvertrag ist ein echter Arbeitsvertrag, durch welchen sich der Bühnenkünstler, wenn auch nur für bestimmte Aufführungen, zur Leistung fremdbestimmter Arbeit unter Eingliederung in den Bühnenbetrieb verpflichtet. Durch den tariflichen Normalvertrag ist lediglich in § 20 bestimmt, daß auf den Gastspielvertrag die §§ 1–19 des NV keine Anwendung finden. Im übrigen kommen aber alle tariflichen Vorschriften des Bühnenrechts, soweit sie nicht dem Wesen des Gastspielvertrags widersprechen, zum Zuge, insbesondere fällt darunter die tarifliche Schiedsgerichtsklausel. Letztere setzt das Bestehen eines Arbeitvertrages voraus."

Dies alles ist im Sinne persönlicher Abhängigkeit gemeint. Bei nur wirtschaftlicher Abhängigkeit würde immerhin der arbeitsrechtliche Rahmen nach § 5 AGG und § 2 BUG gegeben sein.

Daß das Mitglied in der freien Zeit zwischen einzelnen Gastspielen (oder Proben hierzu) der Bühne nicht zur Verfügung zu stehen braucht, ohne das Merkmal der Abhängigkeit aufzugeben, ergibt sich aus dem Zitat 4/61 (S. 17).

Das Oberschiedsgericht darf sich in seiner Auffassung durch das Urteil des Bundesarbeitsgerichts (5 AZR 283/62) bestätigt sehen, das die Gastspielverträge ebenfalls der Bühnenschiedsgerichtsbarkeit zuweist (S. 154). Diese Abgrenzung im Sinne arbeitsvertraglicher Abhängigkeit kann auch für anderweitige Tätigkeit der Bühnenmitglieder, etwa in Rundfunk und Fernsehen, von Wichtigkeit sein oder werden, übrigens bereits vorgezeichnet durch die tarifrechtliche Regelung der meist kurzfristigen (manchmal nur tageweisen) Arbeitsverhältnisse der Filmschaffenden und Artisten. Hier werden gemäß der allgemeinen Berufsausübung nacheinander wechselnde Abhängigkeiten eingegangen.

Ein Gastspielvertrag in der Form des Stückdauer- oder Serientheater-Vertrages wird vom Oberschiedsgericht in 8/58–3/59 bei dem gleichen Vertragsbeispiel wie S. 32 verneint:

„Ein Stückdauer-Vertrag, der bei den Serientheatern großer Städte durch Bühnenbrauch sich herausgebildet hat, ist trotz seiner Unbestimmtheit mit den sozialen Schutzbestimmungen versehen und unterliegt den allgemeinen Grundsätzen des Verbots einseitiger Bindungen. (Vgl. Riepenhausen, Das Arbeitsrecht der Bühne, S. 67 und BOSCH 6/39.) Beim Stückdauer-Vertrag in der üblichen Form wird von vornherein eine bestimmte Zahl der Aufführungen garantiert mit der Möglichkeit, beiderseits den Vertrag zu verlängern. Auch diese Voraussetzung ist bei dem vorliegenden Vertrag nicht gegeben gewesen."

Das Bundesarbeitsgericht hat in seiner diesen Fall betreffenden Entscheidung (5 AZR 283/62) im Gegensatz zum Oberschiedsgericht keinen

Engagementsvertrag nach Normalvertrag angenommen, sondern offenlassen können, welcher Vertragstyp vorliegt. Mit Rücksicht auf bühnenbräuchlich oder gar tarifrechtlich noch nicht klar abgegrenzte Begriffsvorstellungen zum Stückdauervertrag[1]) erwähnt es die Möglichkeit eines Bühnendienstvertrages eigener Art (sui generis), der nicht etwa nach § 134 BGB wegen Verstoßes gegen tarifrechtliche Mindestbedingungen nichtig ist, für den aber, wie das Bundesarbeitsgericht einräumt, Grenzen nach § 138 BGB wegen evtl. Sittenwidrigkeit gezogen sein können (Hauptband S. 67). Man wird diesen vertraglichen Behelfstyp sicherlich nur sehr vorsichtig verwenden dürfen. Denn hier sind die elementaren Bindungen des Normalvertrages (§§ 1–19) wie beim Gastspiel- und Stückdauervertrag ausgeschaltet und können die Freizügigkeit der vertraglichen Gestaltung nur im Rahmen eben des § 138 BGB beschränken. Immerhin trägt diese Rechtsprechung dazu bei, trotz Fehlens etwa aller ausdrücklich vorgesehenen Vertragstypen des Tarifrechts einschl. des § 20 NV zur positiven Vertragsverbindlichkeit und Schiedsgerichtsbarkeit zu gelangen, wenn die Parteien sich wirklich außerhalb dieser Grenzen, soweit zulässig, haben binden wollen. Daß hierzu außerordentliche, atypische Voraussetzungen gegeben sein müssen, ist klar. Sonst würde das Tarifrecht mit seinem sozial-ordnendem Sinn in Frage gestellt werden. Es ist verständlich, daß das Oberschiedsgericht in diesem Fall eher einen Normalvertragsfall zu unterstellen bereit war, als einen Weg in unbegrenztes Neuland zu eröffnen. Man kann der Schiedsgerichtsbarkeit nicht Opfer bringen, die auf Kosten der sozialbedingten Vertragssystematik des Bühnenrechts gehen (S. 155, 156)[2]).

Die Praxis neigt durchaus dazu, auch bei Unterschreitung der Ziffer von 72 Gastspielen gemäß § 20 II NV, Gastspielverträge „nach Normalvertrag“ abzuschließen, wenn die Bühne an einer Bindung des etwa prominenten Mitglieds mit allen Folgen der Pflicht zur Nichtverlängerungsmitteilung usw. interessiert ist. Hierbei wird das einzelne Gastspielhonorar zwar für jedes Auftreten vorweg allgemein festgelegt, aber meist in monatlicher Auszahlung mit den entsprechenden Abzügen als laufende Gage gewährt. Üblich ist die Bestimmung einer Mindestanzahl von Gastspielen mit Premierenbindung, Benachrichtigungsfristen und den unvermeidbaren Fachbezeichnungen. Das Oberschiedsgericht hat sich in 4/63 mit der allgemeinen

---

[1]) In dem auf S. 14 Anm. 2 zitierten Urteil des LAG Berlin zu 2 Sa 753/57 wird die Garantie von 5 Aufführungen bei 10 bis 15 vorgesehenen dahin ausgelegt, daß bei Mangel einer diesbezüglichen Vertragsabrede der Bühne nach der fünften Aufführung kein Besetzungswechsel eintreten darf. Für Stückdauer-Verträge in Berlin hatte die Reichstheaterkammer mit Rundschreiben vom 22. 6. 1937 eine Regelung mitgeteilt, die sich damals bühnenbräuchlich entwickelt hatte. Hierbei waren gewisse Fristen gesetzt, um rechtzeitige Klarheit über die evtl. Vertragsverlängerung zu gewinnen. Abgedruckt in der 1. Auflage 1943 dieses Buches, S. 228.

[2]) Rehbinder, Zur Kompetenz der Bühnenschiedsgerichte und zur Abgrenzung der Vertragstypen im Bühnenarbeitsrecht, Ufita Bd. 41 S. 291. Kauffmann kritisiert das BAG-Urteil in AP Nr. 11 zu § 101 ArbGG 1953; desgl. Schwab a. a. O.

Auslegung eines solchen Gastspielvertrages beschäftigt und führt zur Bedeutung der G a r a n t i e einer Mindestzahl von Gastspielen aus:

„Nach Ziffer 2 des zwischen den Parteien abgeschlossenen Vertrages vom 12. 10. 1960 sind dem Kläger innerhalb der Spielzeit 1961/1962 vierzig Vorstellungen garantiert. Diese Garantie hat eine dreifache Folge. Einmal bedeutet sie nach Sinn und Wortlaut, daß der Kläger mit einem Gesamthonorar von 40 000,– DM rechnen durfte entsprechend Ziffer 3 des Vertrages, wonach die Beklagte für jede Vorstellung ein Honorar in Höhe von 1000,– DM zahlt. Zum andern bedeutet sie, daß die Beklagte für den Fall eines Nichtangebotes von insgesamt 40 Vorstellungen gleichwohl zur Zahlung eines Gesamthonorars von 40 000,– DM verpflichtet ist. Und schließlich ist aus dieser Garantie im Zusammenhang mit den Grundsätzen, die über die Zumutbarkeit einer Leistung (§ 242 BGB) gelten, zu entnehmen, daß die angebotenen Partien dem Kläger auch tatsächlich zumutbar sein und daß ihm im Falle der Nichtzumutbarkeit andere zumutbare Partien angeboten werden müssen."

Selbst bei Rücknahme einer von dem Gastspielkünstler zunächst zum Studium übernommenen Partie bleibt die Verpflichtung zur Erfüllung der zugesagten Anzahl der Gastspiele bestehen:

„Dabei kann dahingestellt bleiben, ob die Partie des ‚Stolzing' dem Kläger im Hinblick auf sein Fachgebiet auch wirklich nicht zumutbar war. Denn die Parteien waren nachträglich darüber einig, daß die Partie für den Kläger nach den gegebenen Umständen ausscheiden sollte. Wenn der Intendant die Partie des ‚Stolzing' zurücknahm und dabei wußte, daß sich der Kläger zu Hause vergeblich – und wie er behauptet monatelang – um diese Partie bemüht hatte, so kann das nur den Sinn haben, daß auch er – wenn auch nachträglich und widerwillig – diese Partie als für den Kläger zu schwierig ansehen mußte. Dann aber mußte er dem Kläger andere Partien anbieten. Das ist nicht geschehen. Im Hinblick auf die Garantie der 40 Vorstellungen muß die Beklagte daher an ihn die fehlenden acht Vorstellungen vergüten."

Allerdings gilt nicht die umgekehrte Garantie, daß der Künstler die von ihm übernommene Partie auch auf Gedeih und Verderb im Sinne einer vertraglichen Gewährleistung durchzuführen hat (4/63):

„Die Annahme, daß derjenige, der sich zu einer Leistung verpflichtet, mit der Verpflichtung zugleich die Gewähr dafür übernehme, daß er diese Verpflichtung auch erfüllen werde und daher auch im Falle der unverschuldeten Nichterfüllung das Risiko zu tragen habe, also hier trotz der Garantie kein Honorar erhalte, ist mangels einer ausdrücklichen so weitgehenden Vereinbarung nicht begründet."

Das ist eine wesentliche, auch für das sonstige Beschäftigungsrecht der Bühnenmitglieder bedeutsame Formulierung. Vgl. S. 51.

Zur Frage der K r a n k h e i t s g a g e bei Gastspielverträgen vgl. 5/59, S. 69.

2. Unternehmer (Theaterveranstalter)

Der heutige Theaterveranstalter privater Hand ist weiterhin nicht an konzessionsrechtliche Bestimmungen gebunden, da § 32 GewO durch die Außerkraftsetzung des Theatergesetzes vom 15. 5. 1934 (Kontrollratsgesetz Nr. 191) nicht wieder zur Geltung gelangt ist[1]). Um so wichtiger sind die Fragen erschöpfender Vertragsgestaltung und richtiger Typisierung der Unternehmer geworden.

Die Unterscheidung zwischen stehenden Theatern und Wanderbühnen, die normalvertraglich z. B. für die angemessene Beschäftigung von Bedeutung sein kann (S. 51), ist Gegenstand der Entscheidung 6/59. Das Oberschiedsgericht lehnt eine allgemeine Gleichsetzung der Begriffe Wanderbühne und Landesbühne ab, die nicht aus dem Tarifabkommen über die technischen Bühnenvorstände vom 4. 10. 1956 und auch nicht aus einem Vertrag des Deutschen Bühnenvereins mit dem Verband deutscher Bühnenschriftsteller und Bühnenkomponisten vom 3. 5. 1956 hergeleitet werden könne[2]). Es sagt vielmehr:

„Angesichts dieses Grundsatzstreits muß das BOSCH den Begriff der Wanderbühne aus dem allgemeinen Sprachgebrauch und dem sonstigen aus der allgemeinen Gesetzgebung sich ergebenden Sinn dieses Begriffs gewinnen.

Es kann kein Zweifel darüber bestehen, daß im Bühnenleben von jeher zwischen sog. stehenden Theatern und Wanderbühnen begrifflich unterschieden wurde. Die unterscheidenden Merkmale sind ähnlich, wie bei der Unterscheidung zwischen stehendem Gewerbe und Wandergewerbe, im konkreten Fall aus der tatsächlichen Betriebsgestaltung zu entnehmen. Ein stehendes Gewerbe ist in der Regel dann anzunehmen, wenn ein Gewerbetreibender an dem betreffenden Ort ein zu dauerndem Gebrauch für seinen Gewerbebetrieb eingerichtetes, beständig oder doch in regelmäßiger Wiederholung von ihm im wesentlichen benutztes Gewerbelokal zum Mittelpunkt seines Gewerbebetriebes macht (vgl. Landmann-Rohmer-Eyermann-Fröhlich, GewO 11. Aufl. Anm. 5 zu § 55). Hiermit werden auch die Gesichtspunkte angesprochen, die ein stehendes Theater von der Wanderbühne unterscheiden. Auch der Betrieb eines Theaterunternehmens kann als Gewerbebetrieb im Umherziehen ausgeübt werden. Letzteres ist nicht schon dann anzunehmen, wenn das Theater an einem bestimmten Ort seinen ständigen Sitz hat, den es zum Mittelpunkt seiner Vorstellungen macht, daneben aber auch an anderen Orten unständig spielt. Im Gegensatz hierzu ist die Wanderbühne ein Theaterunternehmen, das zwar ein festes Personal und eigene Bühnendekorationen besitzt, aber nicht in dem bestimmten Theater eines bestimmten Gemeindebezirks seine Vorstellungen veranstaltet, sondern ganz oder mindestens überwiegend seine Tätigkeit an den verschiedensten Orten ausübt (Dienstag/Elster, Handbuch des deutschen Theater-, Film-, Musik- und Artistenrechts 1932 S. 278, 288).

---

[1]) Hierzu Riepenhausen, Bühnenrecht, Handwörterbuch der Sozialwissenschaften 1959 S. 377.

[2]) Waschmann, Zum Thema Oberschiedsgericht, Die Bühnengenossenschaft 1960 S. 220.

Daß es sich bei der beklagten Landesbühne um eine Wanderbühne in diesem Sinne handelt, entnimmt das BOSCH aus den Daten des deutschen Bühnenjahrbuchs 1959. Dort ist ersichtlich, daß die Beklagte insgesamt an 20 Orten außerhalb des Gemeindebezirks Wilhelmshaven spielt und selbst das Stadttheater Wilhelmshaven, das z. Z. kein eigenes Ensemble hat, bespielt. Das Ensemble der Beklagten beschäftigt nur 18 männliche Mitglieder. Der Dienstvertrag des Klägers ist vorwiegend abgestellt auf die Mitwirkung an auswärtigen Spielorten, wobei der Kurort Norderney besonders hervorgehoben wird, weil dort auch in der üblichen Urlaubszeit gespielt werden soll. Bei dieser Sachlage ist festzustellen, daß die Landesbühne Niedersachsen-Nord GmbH – die Beklagte – weit überwiegend ohne ortsfestes Theater zum Mittelpunkt ihrer Betätigung Aufführungen an wechselnden Spielorten macht. Das Bestehen eines Standorts allein für gewisse Verwaltungsgeschäfte beeinträchtigt den Charakter der Wanderbühne nicht, wie sich schon aus dem Abkommen zwischen DBV, der Vereinigung gemeinnütziger Wanderbühnen e. V. und der GDBA über die Betriebsordnung für die Wanderbühnen vom 19. 11. 1929 ergibt, wo von einer Geschäftsstelle und einem Standort im Gegensatz zum Spielort die Rede ist (vgl. §§ 3, 5, 7, 9).

Auf die Beklagte findet deshalb das Wanderbühnenabkommen vom 19. 4. 1924 Anwendung."

Besondere Probleme werden mit sog. Gemeinschafts- oder Städtebundtheatern geschaffen, wenn keine selbständige Rechtsperson, z. B. eine G. m. b. H., hierzu ins Leben gerufen wird. Die Rechtsträgerschaft wird durch die Beteiligten, etwa mehrere Städte, in Form einer Gesellschaft des bürgerlichen Rechts, also in voller Haftung der Gesellschafter, gebildet. Solche Gründungen sind mit der Deutschen Oper am Rhein in Rechtsträgerschaft der Städte Düsseldorf und Duisburg sowie in der Theater- und Orchestergemeinschaft der Städte Krefeld und Mönchengladbach schiedsgerichtlich in Erscheinung getreten. Das Oberschiedsgericht hat sie unter verschiedenen Gesichtspunkten in 14/57 (Diäten, Residenzpflicht, S. 75, 91) und in 8/60 (Ruhezeiten, S. 87) behandelt. In 14/57 betont es in Verbindung mit tarifrechtlichen Auslegungsfragen:

„Es ist auch unrichtig, daß im Zeitpunkt des Abschlusses des Tarifvertrages Gemeinschaftstheater nicht bestanden haben. Auch damals gab es bereits Städtebundtheater (vgl. Kutzer a. a. O. S. 197 und 200). Das ergibt sich auch eindeutig aus den vom Kläger selbst überreichten Verträgen aus 1920 und 1922. Wenn also der damalige Tarifvertrag, der den Normalvertrag festlegte, hinsichtlich der Diäten bei einem Gemeinschaftstheater keine Bestimmung aufnahm, so kann daraus nicht gefolgert werden, daß die Sozialpartner diese Tatsache nicht berücksichtigen konnten."

Das Versteckspiel von Städten, Gemeinden und kommunalen Zweckverbänden mit der verselbständigten Rechtsform der G. m. b. H., um im Falle von finanziellen Mißerfolgen die Gläubiger auf die Haftungsbegrenzung der Gesellschaft verweisen zu können, ist durch die grundlegende Entscheidung des Oberschiedsgerichts 4/58 zwecklos geworden, wenn vielleicht auch noch nicht alle Konsequenzen hieraus gezogen worden sind. Anläßlich einer tarifvertraglichen Regelung, nach der Bühnenmitglieder Kinderzuschläge erhalten sollten, wenn auch „Verwaltungsangestellte des jeweiligen Rechtsträgers" nach den einschlägigen Bestimmungen hierauf Anspruch hätten, weigerte sich eine derartige Theater-G. m. b. H., deren eigene Verwaltungsangestellte allerdings keine Kinderzuschläge zu beanspruchen hatten, solche an die Bühnenmitglieder zu zahlen. Andererseits war unstreitig, daß die Verwaltungsangestellten der Städte und des Bezirksverbandes, die die Gesellschafter der G. m. b. H. waren, Kinderzuschläge bezogen. Das Oberschiedsgericht ermittelt den Inhalt des im Tarifvertrag gebrauchten Wortes „Rechtsträger" nach dem üblichen Sinn des Begriffes, da die Auskünfte der Tarifvertragsparteien ergeben hatten, daß dieser Begriff nicht Gegenstand der Verhandlungen gewesen, sondern als gegeben vorausgesetzt worden war. Es verweist sodann auf die Satzung des Deutschen Bühnenvereins in den Fassungen vom 18. 9. 1955 und 2. 10. 1957, die in § 11 insgesamt fünf Gruppen von Mitgliedern vorsieht, und fährt fort (4/58):

„Dabei wird der Begriff des Rechtsträgers in folgender Richtung näher gekennzeichnet:

‚a) Die Rechtsträger der ganz oder überwiegend von einem Lande wirtschaftlich oder rechtlich getragenen Theater (Staatstheater-Gruppe).

b) Die Rechtsträger der ganz oder überwiegend von einer Stadt oder mehreren Städten oder von einem Gemeindeverband wirtschaftlich oder rechtlich getragenen Theater (Stadttheater-Gruppe).

c) Die Unternehmer und die früheren Leiter nach § 3 Abs. 1 Ziff. 1 c) und d) der weder von Ländern noch Kommunen ganz oder überwiegend wirtschaftlich oder rechtlich getragenen Theater (Privattheater-Gruppe).

d) Die Unternehmen der Landesbühnen (Landesbühnen-Gruppe).

e) Die Rundfunk-Gruppe.

f) Die Intendanten-Gruppe.'

Nach dieser Gliederung ergibt sich eindeutig, daß der Begriff des Rechtsträgers nicht nur streng juristisch verstanden wird als diejenige Person, die Vertragspartner des Bühnenmitglieds ist, sondern als diejenige, die auch wirtschaftlich als Träger des Theaters betrachtet wird. Daher die Unterscheidung zwischen Staatstheater- und Stadttheater-Gruppe auf der einen und Privattheater-Gruppe auf der anderen Seite.

Im vorliegenden Fall kann kein Zweifel darüber bestehen, daß wirtschaftlicher Träger des Theaters und damit Rechtsträger neben der GmbH die verschiedenen Städte der Pfalz, vorab die Stadt Kaiserslautern, sind, welche Anteile des Stammkapitals übernommen haben und wesentliche Subventionen zahlen. Alle, die hiernach wirtschaftliche Träger des Theaters sind, gehören zum Kreis der öffentlichen Hand, kein Privatunternehmer ist dabei mitbeteiligt."

Nach Erörterung der sich hieraus ergebenden Folgen für die Kinderzuschläge kommt das Gericht nochmals auf die entscheidenden Voraussetzungen für die Ausweitung des Rechtsträgerbegriffes zu sprechen, insbesondere darauf, daß die kommunalen Gesellschafter hier den „wirtschaftlich oder rechtlich bestimmten Einfluß auf diese Kapitalgesellschaft" ausüben, wozu auch z. B. gehört, daß das Theater im Eigentum einer Gesellschafter-Stadt steht und von dieser an die G. m. b. H. vermietet ist. Es schließt seinen Spruch mit den wichtigen Sätzen:

„Alle Voraussetzungen des Betriebsvermögens sind somit in der öffentlichen Hand. Es ist deshalb nicht zu verkennen, daß die formale Bildung einer Gesellschaft mit beschränkter Haftung lediglich der Tatsache Rechnung trägt, daß der Funktionsbereich der Verwaltung, der sich auf die Kulturpflege erstreckt, sich erweitert und den herkömmlichen Typ der Funktionsform verlassen hat. Es kann der öffentlichen Verwaltung nicht gestattet sein, durch eine bloße Auswechslung der Rechtsform ihrer spezifischen Verantwortung auszuweichen. (Vgl. Forsthoff, Lehrbuch des Verwaltungsrechts, Allgem. Teil 5. Aufl. S. 64)."

Auch im neueren Tarifvertragsrecht hat dieser Rechtsträgerbegriff seinen ausdrücklichen Niederschlag gefunden, z. B. im Tarifvertrag für Technische Bühnenvorstände vom 18. 2. 1955 und später vom 25. 5. 1961, in deren §§ 1 von „ganz oder überwiegend wirtschaftlich oder rechtlich" von Gebietskörperschaften „getragenen Theatern" die Rede ist[1]).

3. Bühnenmitglieder

Tanzmeister (Ballettmeister) sind in § 1 II NV Solo ausdrücklich diesem, nicht dem Chor- und Tanztarifrecht unterworfen. Solotänzer sind nicht gesondert erwähnt, weder hier, noch dort. Sie könnten als „Einzeldarsteller" im Sinne des § 1 II NV grundsätzlich unter das Solo-Recht fallen. Oft wird die Soloverpflichtung als Zusatz eines Gruppentanz-Engagements oder umgekehrt bedungen. Kommt auch der etwaigen Bezugnahme im Dienstvertrag auf das hauptsächlich oder ausschließlich gedachte Tarifrecht besondere Bedeutung zu (22/57), so gilt in jedem Fall dasjenige Tarifrecht, das durch die Art der vertraglich oder über den Vertrag hinaus erbrachten Leistung überwiegend berührt wird. Doch können nach 11/56 echte Überschneidungen innerhalb der verschiedenen Tarifrechte vorliegen:

„Geht man vom Normalvertrag für Solisten aus, so spricht dieser in § 1 von „Einzeldarsteller", der Normalvertrag für Chor in § 1 von „Chormitgliedern" und in § 5 (1) von „Chordiensten", die jedoch erweitert sind auf die „Übernahme kleinerer Rollen und Partien". Hier überschneiden sich Aufgaben der Solisten und der Chormitglieder. Daraus muß entnommen werden, daß nach den zugrunde liegenden Normalverträgen gewisse Grenzgebiete vorhanden sind, in denen sowohl der

[1]) Umgekehrt werden „Privattheater" im Tarifvertrag über ihre Freistellung von Arbeitgeberanteilen zur Altersversorgung vom 5. 6. 1959 bezeichnet als „Bühnen, die weder von den Ländern noch von den Städten noch von sonstigen Körperschaften des öffentlichen Rechts überwiegend rechtlich oder wirtschaftlich getragen werden." Also eine noch umfassendere Formulierung als in der Satzung des DBV gemäß Zitat im Schiedsspruch 4/58.

Einsatz von Solisten wie auch von Chormitgliedern mit dem Normalvertrag zu vereinbaren wäre."

In 8/63 – der neuesten Entscheidung hierzu – wird der Bestimmung im Engagementsvertrag über das anzuwendende Tarifrecht maßgeblicher Wert beigelegt:

„Allein die Anwendbarkeit des Normalvertrages Solo scheidet hier deshalb aus, weil in § 7 des Dienstvertrages der Klägerin auf den Normalvertrag Chor und Tanz verwiesen und dieser dem Dienstvertrag als Anlage beigefügt ist."

II. Abschluß des Arbeitsvertrages

1. Schriftformfragen

a) Vertrag als ganzer

Der schriftlich beiderseits bestätigte Engagementsvertrag – in der Regel auf dem üblichen Vertragsformular der Tarifvertragsverbände – hat die Vermutung der Vollständigkeit und Richtigkeit seines Inhalts für sich. Sie kann durch den Nachweis ergänzender Vertragsabreden, die gleichzeitig, früher oder später erfolgt sind, widerlegt werden. Das Oberschiedsgericht wägt in 5/55 vorausgegangene, sogar schriftliche Zusagen, die in der anschließenden Vertragsurkunde keinen Niederschlag finden, gelegentlich negativ ab (S. 27). Ausnahmen werden anerkannt, wenn die behaupteten Zusatzabreden keiner besonderen Schriftlichkeit bedürfen (wie bei der Schriftform für Rollenzusagen, § 5 VI und § 6 III NV, Hauptband S. 30) und wenn sie inhaltlich mit dem sonstigen Inhalt der Vertragsurkunde in Einklang zu bringen sind. Dann entfallen strengere Beweisgrundsätze etwa in dem Sinne, daß man nicht nur die Zusatzabrede, sondern auch noch die Umstände beweisen muß, warum die Vertragsurkunde unvollständig geblieben ist (S. 29, Hauptband S. 37).

b) Sondervereinbarungen

Die zahlreichen Besonderheiten der teilweise mit Schriftformzwang erschwerten Vereinbarungen über Nebenbestimmungen des in den Hauptpunkten durch § 2 I NV festzulegenden und insoweit auch bereits mündlich gültigen Engagementsvertrages sind durch die weitere Spruchtätigkeit des Bühnenoberschiedsgerichts mit charakteristischen Tatbeständen ergänzt worden.

Eine scheinbare, sich als trügerisch erweisende Schriftform für die Zusage bestimmter Rollen nach § 5 VI und § 6 III NV kann eine – an sich nach § 127 BGB ausreichende – beiderseitige Korrespondenz darstellen, wenn sie zwar eine solche spezielle Rollenzusage enthält, aber in dem anschließend formulierten Engagementsvertrag, obwohl er nur bestätigenden Charakter hat und in § 2 II NV lediglich als Soll-Vorschrift geregelt ist (S. 28), nicht in bezug genommen oder die Zusage nicht ausdrücklich wiederholt wird. Das Oberschiedsgericht spricht dies allerdings in 5/55 nur für den Fall aus, daß ein einseitiges Schreiben der Bühne mit der Rollenzusage dem später ausgefertigten Vertragsformular, das diese Zusage nicht wiederholte, vorausgegangen war und die Künstlerin es ihrerseits nicht schriftlich bestätigt hatte, sondern meinte – wohl recht verständlich –, die einseitige Vorbenachrichtigung der Bühne genüge und gelte in jedem Fall als Ergänzung des späteren Formularvertrages:

„Unstreitig ist eine Vereinbarung über die Zuteilung der Rolle der ‚Patty' im Dienstvertrag nicht enthalten. Wenn demgegenüber die Klägerin sich zunächst darauf beruft, daß eine schriftliche Zusage in der Karte vom 16. 6. 1953 enthalten sei, so ist damit das Erfordernis der Schriftform nicht erfüllt. Denn nach § 127 BGB ist auch die gewillkürte Schriftform, wie sie in dem NV festgelegt ist, nur dann gewahrt, wenn entweder die Unterzeichnung beider Parteien auf derselben Urkunde erfolgt oder jede Partei die für die andere Partei bestimmte Urkunde unterzeichnet oder endlich auch ein bloßer Schriftwechsel. Keine dieser Voraussetzungen sind erfüllt. Sie wäre nur dann erfüllt, wenn die Klägerin im Anschluß an die Karte vom 16. 6. 1953 der Beklagten in einem weiteren Schriftwechsel ihrerseits die Übertragung der Rolle der ‚Patty' bestätigt und diese Bestätigung unterzeichnet hätte. Da es hieran fehlt, braucht nicht weiter geprüft zu werden, ob, wie die Beklagte außerdem geltend macht, es sich nach dem Inhalt der Karte vom 16. 6. 1953 und dem von ihr ausgedrückten Willen nur um eine unverbindliche Inaussichtstellung der Rolle handelte, wie sie allerdings vielfach bei Vorverhandlungen über einen Engagementsabschluß vorkommen."

Ob aber nicht dasselbe zu gelten hätte, wenn die Künstlerin auch ihrerseits die Rollenzusage zunächst einmal schriftlich bestätigt hätte, wenngleich sie im Vertragsformular nicht mehr zusätzlich wiederholt worden wäre, muß entgegen allem Vertrauen, das hier nicht enttäuscht werden sollte, befürchtet werden. Denn das Gericht mißt im gleichen Spruch 5/55 der schriftlichen Vollziehung der Gesamt-Vertragsurkunde als Bestätigung des zuvor Vereinbarten entscheidende Bedeutung zu:

„Da unstreitig die angebliche Zusage der Rollenzuteilung v o r Abschluß des Dienstvertrags gemacht worden ist, hätte sie bei der Zusammenfassung aller Vertragsbedingungen in den schriftlichen Dienstvertrag aufgenommen werden müssen, wenn beide Parteien über diese Bedingung endgültig einig geworden sind. Da dies nicht der Fall war, kann die Klägerin sich auf die dem Abschluß des Dienstvertrages zeitlich vorangehende Karte vom 16. 6. 1953 nicht berufen, weil ihr Inhalt nicht zum Gegenstand des schriftlichen Dienstvertrags gemacht worden ist."

Das bezieht sich auf die Unmaßgeblichkeit alles – auch beiderseits – Vorvereinbarten schlechthin, wenn es nicht seinen Niederschlag in der nachfolgenden Vertragsausfertigung findet (falls sie erfolgt, was geschehen „soll", aber nicht „muß", vgl. Hauptband S. 27). Immerhin schließt die Vermutung der Vollständigkeit und Richtigkeit einer Vertragsurkunde nicht den Beweis aus, daß zusätzlich doch etwas vereinbart ist, was nicht in die Urkunde aufgenommen worden ist. Sonst erhält die Soll-Vorschrift des § 2 II NV für Vertragsbestätigungen gegenüber dem für die Gültigkeit von Bühnendienstverträgen als Ausdruck des Vertrauens geltenden Grundsatz der Mündlichkeit ein Gewicht, das seine Bedeutung aufhebt. Um so mehr sollten sogar schriftförmlich erfüllte Vorausabreden außerhalb der abschließenden Vertragsurkunde bei Vereinbarkeit mit dieser gültig sein können. Denn § 2 II 2 NV bezieht sich nicht unbedingt nur auf gleichzeitige oder spätere Ergänzungen und Änderungen des Dienstvertrages.

Bei Festlegung einer Klausel über Art und Umfang der Dienstleistungen ist die Schriftform des § 5 VI NV nicht geboten, wenn keine bestimmten Rollen oder Partien zugesagt und damit keine Fragen der angemessenen Beschäftigung festgelegt werden (S. 26, Hauptband S. 31). Das darf bei Erörterung des § 5 VI und § 6 III NV nie unerwähnt bleiben. Ein solcher Fall (7/56) stellt nur die einfache Beweisfrage der mündlichen Abrede (S. 29).

c) Vereinbarte Schriftform

Die Klausel im Vertrag, daß „etwaige Nachträge oder Ergänzungen zu ihrer Rechtsgültigkeit der Schriftform bedürfen“, wird in 10/62 als gültig zugrunde gelegt. Allerdings hat das Oberschiedsgericht die Mündlichkeit des erstmals abgeschlossenen Engagementsvertrages als unabdingbar bezeichnet, so daß ein Schriftformzwang hierfür nicht eingeführt werden kann, jedenfalls nicht einseitig wie durch Anschlag am schwarzen Brett (Hauptband S. 35, 36). Jene Formel in einem Erstvertrag bedeutet, daß die Parteien nichts anderes als das schriftlich Fixierte gelten lassen wollen, wobei der Vertrag selbst, sein Abschluß, bereits gegeben ist, und ferner, daß das im Anschluß an ihn Vereinbarte der Klarheit halber der Schriftform unterworfen wird, andernfalls es nicht gelten soll. Das vom Mündlichkeitsgrundsatz des Tarifrechts geschützte Hauptvertragswerk als Grundlage der erstmaligen Eingliederung in den betreffenden Theaterbetrieb wird durch solche Zusatzklauseln ebensowenig gefährdet wie durch vereinbarten Schriftformzwang für spätere Vertragsverlängerungen, soweit nicht die Verlängerungsautomatik nach dem Tarifvertrag über die Mitteilungspflicht anderes bedingt und die sog. „Ablaufklauseln“ verbietet (Hauptband S. 36).

2. Beweis des Vertragsabschlusses

a) Vertragsurkunde, Korrespondenz

Nebenabreden, die tarifrechtlich zur Gültigkeit der Schriftform bedürfen (z. B. § 5 VI und § 6 III NV), sind besonderen Beweisschwierigkeiten ausgesetzt, wenn sie in der abschließenden Vertragsurkunde nicht erwähnt werden. Das trifft selbst bei vorausgegangener Korrespondenz über eine Rollenzusage zu. Auf das hierzu erläuterte Beispiel (S. 27) sei verwiesen.

Die Besonderheit, daß derjenige, der eine nicht im schriftlichen Vertrag enthaltene Abrede behauptet, nicht nur diese selbst, sondern auch beweisen muß, warum sie nicht in den Vertrag aufgenommen worden ist, läßt manches Vorbringen, das hierzu nicht einmal in Form einer Behauptung schlüssig vorgetragen werden kann, von vornherein scheitern. Dabei sollte allerdings zum Beweis, warum die beiderseitige Vertragsurkunde die Zusatzabrede nicht enthält, schon die etwa sogar schriftlich bewiesene Zusage des Bühnenleiters genügen, wenn er die Ausfertigung des Vertrages ohne die Abrede alsdann veranlaßt hat. Hier spielt das Vertrauen auf einseitige Erklärungen nach § 151 BGB hinein, das mangels des Schriftformzwanges für die Verträge (§ 2 II NV) gerechtfertigt bleiben sollte.

In 7/56 bedeutet die für einen ersten Solorepetitor und Korrepetitor mit Dirigierverpflichtung vertraglich eingeräumte Klausel:

„Das Mitglied ist zur Bedienung der Tasteninstrumente, auch in öffentlichen Veranstaltungen des Theaters, und zum Bühnendienst verpflichtet."

hinsichtlich der Mitwirkung am Klavierpart im Orchester bei den Orffschen Werken „Mond" und „Kluge" nicht schon ohne weiteres,

„daß hierunter die verlangten pianistischen Leistungen während der Aufführung um deswillen nicht zu verstehen seien, weil diese das übliche Maß solcher Mitwirkung in den hier fraglichen Opern überschritten haben. Mit Recht hat die I. Instanz darauf hingewiesen, daß der Vertrag im Jahre 1955 abgeschlossen worden ist, zu einer Zeit also, als nicht nur die fraglichen Opern bereits geschaffen und ihre Gestaltung bekannt war, sondern auch zahlreiche andere moderne Opern über die Bühne gegangen waren, in denen zum Unterschied von den klassischen Opern die Tasteninstrumente eine durchdringende Rolle spielen. Wenn man von dieser den Parteien bekannten Tatsache ausgeht, dann muß der Vertrag nach Treu und Glauben dahin ausgelegt werden, daß auch solche Opern von § 4 des Vertrags erfaßt wurden."

Der vom Oberschiedsgericht geforderte Beweis einer zusätzlichen mündlichen Abrede über die hier anfallende Sondervergütungen für außervertragliche Leistungen scheiterte an dem Grundsatz der Vollständigkeit und Richtigkeit einer Vertragsurkunde:

„Wäre, wie der Kläger behauptet, für eine pianistische Mitwirkung eine Sondervergütung vereinbart worden, dann hätte diese Vereinbarung in den Dienstvertrag aufgenommen werden müssen. Denn dieser hat die Vermutung der Vollständigkeit für sich, und es genügt nicht, wenn der Kläger behauptet, daß ihm eine entsprechende Zusage gemacht worden sei . . .

Jedenfalls müßte aber der Kläger dartun und beweisen, weshalb die von ihm behauptete Zusage nicht in den schriftlichen Dienstvertrag aufgenommen wurde.

Er ist insoweit beweisfällig geblieben. Es muß deshalb von dem Inhalt des Dienstvertrags allein ausgegangen werden."

Voraussetzen wird man aber für derartige Konsequenzen stets, daß ein schon äußerlich vollständig erscheinender Vertrag vorliegt, nicht nur eine die wesentlichen Merkmale eines Normal-Engagementsvertrages angebende Vertragsskizze, wie etwa im Telegrammstil oder dgl., die durch Tarifbestimmungen ergänzbar ist. Hier ist die Vollständigkeit aller Abreden nicht in einem Sinne verdächtig, daß man nicht nur die etwaigen Nebenabreden dartun und beweisen, sondern dies auch noch dafür tun müßte, weshalb man sie nicht schriftlich festgelegt hat. Hierzu auch S. 29.

Bei Auslegungsfragen im Rahmen der §§ 133, 157 BGB, die aus einer schriftlichen Vertragsfixierung entstehen, ist zu beachten, wer von den Parteien für die Formulierung verantwortlich ist. Das entspricht allgemeinen Grundsätzen und wird in 4/55 betont:

„Das Bühnen-Oberschiedsgericht vermag nicht der Auffassung beizutreten, daß nach der gemäß Treu und Glauben auszulegenden Vereinbarung (§§ 133, 157 BGB) sog. Übernahmen auf die vier Rollen nicht angerechnet werden sollten. Wenn irgendwelche Zweifel in dieser Richtung bestehen sollten, so müssen diese zu Lasten der Bekl. gehen, die die Formulierung des Abkommens vorgenommen hat. Jedenfalls konnte der Kl. mit einer solchen Auslegung, wie sie die Bekl. für richtig hält, nicht rechnen. Noch weniger entspricht es dem Bühnenbrauch, unter ‚Fachrollen' nur solche zu verstehen, die in Neueinstudierungen gespielt werden."

b) Mündlichkeit, schlüssige Handlung

Zu S. 39–43 des Hauptbandes keine Ergänzungen.

3. Vertragsabschluß durch Vertreter

a) Theaterveranstalter

Zu S. 43–48 des Hauptbandes keine Ergänzungen.

b) Bühnenmitglieder

Von praktischer Bedeutung ist die gelegentliche Einschaltung der Obmänner der Lokalverbände der Bühnengenossenschaft im Verlauf irgendwelcher Verwicklungen vertraglicher Art, die alle Mitglieder angehen. Hier sondiert das Oberschiedsgericht die Vertretungsbefugnisse genau nach den Gundsätzen der §§ 164 ff. BGB und geht keineswegs von einer bühnenbräuchlichen Vertretungsbefugnis der Obmänner in derart allgemeinen Engagementsfragen, geschweige denn in individuellen, aus, auch nicht bei Kollektiven wie Chor und Tanz, sondern wahrt in jedem

Fall – selbst bei einer ausdrücklichen Bevollmächtigung – den Vorrang der Willenserklärung des Mitglieds selbst, das vielleicht mit dem Intendanten gesondert verhandelt. Das hat das Gericht schon früher zum Ausdruck gebracht (Hauptband S. 219) und erneut in 1/60 (einem nur aus anderen Gründen vom Bundesarbeitsgericht aufgehobenen Schiedsspruch, S. 47) bestätigt. Hier hatten Bühnenmitglieder anläßlich der Gagenumstellung von Francs auf Deutsche Mark (Saargebiet) Zusatzverträge unterschrieben, nachdem der Obmann der Bühnengenossenschaft einen allgemeinen Vorbehalt für alle zu erwartenden Unterschriften angemeldet hatte. Der Beweis für diese zeitliche Abfolge glückte nicht, vielmehr sprach für die umgekehrte die Vermutung aus den Daten der Zusatzverträge. Aber – so heißt es in diesem Schiedsspruch (1/60):

„Ganz abgesehen davon würde selbst im Falle des Nachweises in diesen oder anderen Fällen nach den bereits früher vom BOSCH (in 11/53) aufgestellten Grundsätzen der Vorbehalt eines Obmanns, selbst wenn er hierzu vom Mitglied bevollmächtigt war, nicht eine vorbehaltlose Unterzeichnung durch ein Mitglied rechtlich ausschließen, denn die Mitglieder sind in ihrer Geschäftsfähigkeit nicht beschränkt und in der Lage, auf Grund eigener Entschließung Abkommen zu schließen. Sie mußten deshalb im Interesse der Klarheit bei der Unterschrift einen besonderen Vorbehalt erklären."

Die Bühnenmitglieder hätten also nur unterschreiben sollen „unter Bezugnahme auf den Vorbehalt des Obmannes der GDBA" oder eben unter eigenem Vorbehalt, um ihn wirksam werden zu lassen. Der nachträglich persönlich mitgeteilte Vorbehalt nach Vertragsvollzug war gemäß der Gerichtsentscheidung zu spät und konnte den vorbehaltslos geschaffenen Zustand nicht mehr ändern. Er kam allerdings auf andere Weise aus der Welt (S. 47).

Soll ein Vorbehalt, insbesondere auch bei Vertretung der Mitglieder durch den Obmann ihrer Organisation, im Zusammenhang mit Vertragsabreden weitergehende Rechte ankündigen oder wahren, so ist ein solcher Vorbehalt ohnehin nur von Bedeutung, wenn solche Rechte entweder bereits bestehen oder aber mit dem Vertrag begründet werden. Sonst ist der einseitige Vorbehalt wirkungslos. Das betont das Oberschiedsgericht in 14/57 anläßlich der Diätenfrage bei Gemeinschaftstheatern (S. 75). Nur einseitige Rechtsgeschäfte, wie Kündigungen oder Anfechtungen, nicht aber vertraglich gemeinte Willenserklärungen sind bei Abgabe durch einen Bevollmächtigten sofort gültig, wenn sie von der anderen Seite unter Rüge des Vollmachtsmangels nicht sofort zurückgewiesen werden (§ 174 BGB). Für vertragliche Willenserklärungen in Obmann-Vollmacht der Mitglieder ist vor allem in den Kollektivgruppen Chor und Tanz, aber auch bei den Solisten, z. B. wegen der Reisediäten, Raum im Sinne bühnenbräuchlicher Gewohnheiten, auf die es im Vollmachtsrecht durchaus ankommen kann (§§ 167, 171 BGB, Beispiele S. 73, Hauptband S. 112).

4. Verschulden bei Vertragsverhandlungen

a) Haftungsgrundsatz

b) Tatbestände

c) Mitverschulden

d) Schadenshöhe

Zu S. 48–59 des Hauptbandes keine Ergänzungen. Bezüglich des Verhandlungsverschuldens bei der Nichtverlängerung von Verträgen vgl. S. 118 dieses Bandes.

III. Inhalt des Arbeitsvertrages

1. Vertragsnotwendige Abreden

Das allgemeine Prinzip, im Falle beiderseitigen Willens und Bewußtseins, einen Engagementsvertrag abzuschließen, hierbei offengelassene oder unklare Vertragspunkte im Rahmen des vertragsnowendigen Inhalts nach § 2 I NV notfalls durch Schiedsspruch zu ergänzen, ist für das gesamte Bühnenrecht von großer Bedeutung (Hauptband S. 60). Sehr deutlich hebt sich diese Handhabung bei der Erörterung eines scheinbaren sog. Vorvertrages ab, wozu an anderer Stelle Ausführungen erfolgt sind (S. 16, 19). Das dort beurteilte, von beiden Seiten unterzeichnete Vertragsbestätigungsschreiben der Bühne hatte folgenden charakteristischen Wortlaut (8/58–3/59):

„Wir verpflichten Sie durch einen Gastspielvertrag auf Stückdauer für die Rolle des Prospero in der von uns beabsichtigten Aufführung von Shakespeares „Sturm“. Die Proben sollen am 21. August d. J. beginnen, die Premiere ist für den 25. September vorgesehen. Es wird beabsichtigt, das Stück dann en suite bis etwa Mitte November zu spielen. Der genaue Termin der letzten Vorstellung wird Ihnen spätestens am 1. Oktober bekanntgegeben. Sie stellen sich uns für die ganze Dauer der Aufführungen zur Verfügung.

Eine Probenvergütung entfällt. Für jede Abendvorstellung, in der Sie mitwirken, erhalten Sie eine Vergütung von 200,– DM, für jede zusätzliche Nachmittagsvorstellung ein Honorar von 150 DM. Mit diesen Zahlungen sind auch bereits etwaige Urlaubsansprüche abgegolten.

Wir freuen uns, usw.“

Das Oberschiedsgericht erkennt hier einen Engagementsvertrag nach Normalvertrag an, also weder einen Vorvertrag mit unvollständiger Verbindlichkeit noch einen Gastspiel- oder Stückdauervertrag. Es ersetzt die am Schluß des Vertrages getroffenen Regelungen über den Wegfall der Vorprobenvergütung und Abgeltung des Urlaubsanspruchs innerhalb der Gage wegen Tarifwidrigkeit (S. 6) kurzerhand durch Statuierung eines möglicherweise zusätzlichen Zahlungsanspruchs des Künstlers, während es die unzureichende zeitliche Festlegung der Vertragsdauer (S. 41), nämlich deren Ende, zwar erwähnt, aber nicht in konstruktiver Vertragsauslegung ergänzt. Dazu sieht es sich vielleicht deshalb nicht veranlaßt, weil der Künstler das Engagement seinerseits vertragswidrig nicht angetreten hatte und seine Dauer für die Entscheidung praktisch nicht bedeutsam wurde. Doch sei erwähnt, daß das Bundesarbeitsgericht, das mit diesem Fall im Aufhebungsverfahren befaßt wurde (5 AZR 283/62, S. 153), keinen Engagementsvertrag nach Normalvertrag angenommen hat, weil die Parteien in der Vorkorrespondenz den Normalvertrag gerade ausgeschaltet hatten, so daß das Vereinbarte zwar kein unvollständiger Vorvertrag war, aber entweder ein Gastspielvertrag oder Stückdauervertrag oder Vertrag eigener Art (sui generis, S. 20). Das Bundesarbeitsgericht nahm von einer endgültigen Klassifizierung Abstand, weil es nur darauf ankam, daß überhaupt ein gültiger Bühnendienstvertrag zustandegekommen war, den das Mitglied zu Unrecht nicht erfüllt hatte. Außerhalb des Normalvertrages aber waren nach Meinung dieses Gerichtes die im Vorvertrag vorgesehenen, sonst tarifwidrigen Abreden ausreichend und zulässig, wie insbesondere auch das Vertragsende „bis etwa Mitte November" im Rahmen der sonst nach § 11 II Ziff. 2 NV einseitig unzulässigen Bestimmungsbefugnis des Bühnenleiters zeitlich genügend und nicht zu offen abgegrenzt. Vgl. die Kritik hierzu S. 153 Anm. 1.

In diesem Zusammenhang darf jedoch die grundlegende Auffassung des Oberschiedsgerichts zur Frage, inwieweit Meinungsverschiedenheiten der Parteien bei Eingehung des Vertrages über N e b e n p u n k t e trotz Einigung über die tarifrechtlich wesentlichen Bedingungen überhaupt noch zur Feststellung eines offenen oder versteckten D i s s e n s e s (§§ 154, 155 BGB) mit der Folge vertraglicher Unverbindlichkeit führen können (Hauptband S. 63, 40, 17), als vom Bundesarbeitsgericht bestätigt angesehen werden, wenn es in jenem Urteil (5 AZR 283/62) heißt:

„Das Vorliegen eines offenen oder versteckten Dissenses hat das BOSchG zu Recht verneint. Die vom Kläger vorgebrachten Einwendungen, es sei wegen mangelnder Einigung kein endgültiger Vertrag, sondern nur ein Vorvertrag zustandegekommen, der Schiedsspruch beruhe insoweit auf einem logischen Widerspruch, greifen nicht durch. Der Kläger begründet seine Ansicht damit, die Vereinbarung vom 10. April 1958 enthalte nicht über alle Bestimmungen des ‚Normalvertrages' eine Regelung und sei deshalb lückenhaft. Hierbei übersieht der Kläger, daß die Einordnung der Vereinbarung vom 10. April 1958 als Normalvertrag, Gastspielvertrag, Stückdauervertrag bei Serientheatern oder Vertrag sui generis eine Frage der Auslegung nach den §§ 133, 157 BGB, nicht aber eine solche des Zustandekommens des Vertrages ist. Ein Rechtsfehler liegt deshalb der Annahme des BOSchG, zwischen den Parteien sei nicht nur ein vollständiger Vorvertrag, sondern ein beide Teile verpflichtender endgültiger Engagementsvertrag zustande gekommen, nicht zugrunde."

Sind also die tarifrechtlich wesentlichen Bestimmungen vertraglich berücksichtigt, bedarf es gemeinhin besonderen Nachweises, daß die Parteien wegen sonstiger Punkte wirklich noch keine Vertragsverbindlichkeit schaffen und jene offenen Fragen nicht nur der Vertragsauslegung oder -ergänzung überlassen wollten.

a) Kunstgattung, Kunstfach

Wenn es in § 2 I Ziff. 1 NV heißt, daß „die Kunstgattung" im Vertrag angegeben sein muß, also anscheinend nur eine einzige gemeint ist (im Gegensatz zu § 2 I Ziff. 2 NV: „das oder die Theater"), so schließt das die Möglichkeit einer Verpflichtung für mehrere, und zwar nicht nur für zwei (Oper, Operette), sondern auch für drei Kunstgattungen (mit Schauspiel) nicht aus. Was das Oberschiedsgericht bezüglich einer Chorverpflichtung in 9/57 sagt, gilt allgemein:

„Die Erstreckung auf Oper, Operette und Schauspiel ist besonders an kleineren Bühnen, an denen mehrere Kunstgattungen gepflegt werden, keine Seltenheit. Der § 2 des NV (Chor) steht dem nicht entgegen. Dort ist lediglich vorgeschrieben, daß Kunstgattung und Kunstfach im Dienstvertrag angegeben sein müssen. Diese Bestimmung soll verhindern, daß auf dem Wege des Direktionsrechts über den Inhalt des Vertrages hinaus von dem Bühnenleiter Leistungen verlangt werden, zu denen der Künstler sich vertraglich nicht verpflichtet hat. Wenn aber auf Grund der Vertragsfreiheit der Inhalt des Vertrages in der Weise bestimmt wird, daß der Künstler sich für mehrere Kunstgattungen und Kunstfächer verpflichtet, die im einzelnen genau abgegrenzt sind, so kann die Bühnenleitung nicht auf Grund eines erweiterten Direktionsrechts, sondern auf Grund der freiwillig eingegangenen Verpflichtungen entsprechende Leistungen verlangen. Die hier vereinbarte festbestimmte Begrenzung der Aufgaben ist etwas ganz anderes, als die unbestimmte und unzulässige Vereinbarung einer Verwendung als ‚utilité' oder ‚nach Individualität'. Für ein so weitgehendes Verbot mehrerer Kunstgattungen oder Kunstfächer ist in § 2 NV kein Anhalt vorhanden."

Ein besonderes Anwendungsgebiet für derartige Totalengagements in allen Kunstgattungen ist das sog. Musical geworden. Das Oberschiedsgericht verneint nicht etwa eine eigene, nicht in die Kunstgattungsbegriffe des Normalvertrages hineinpassende Kunstform des Musical, grenzt sie aber mit dem Leistungsvermögen des darstellenden Künstlers gemäß seiner Kunstfachverpflichtung ab. Ihr Begriff ist derzeit tarifrechtlich nur in dieser Beziehung eingliederungsfähig und bedeutsam. Mag es im Vertrag heißen, daß das Mitglied als Schauspieler „für alle Kunstgattungen und im Bedarfsfall auch zur Übernahme von Sprechrollen in Oper und Operette engagiert" ist, so liegen die Schranken der Mitwirkungspflicht dort, wo das schauspielerische Element als Wirkungsgrundlage zugunsten des musikalischen in den Hintergrund tritt. Das alles gilt auch umgekehrt im Verhältnis der sängerischen Verpflichtung zur schauspielerischen Mitwirkung. Über das Musical äußert sich das Oberschiedsgericht in 15/56 („Feuerwerk") wie folgt[1]):

„Wie das Bühnen-Oberschiedsgericht im Schiedsspruch vom 6. 9. 1956 (O.Sch. 10 u. 11/56) ausgeführt hat, kommt es bei der Vielfalt künstlerischer Gestaltungsmöglichkeiten vor, daß Leistungsgebiete vom Stück her gesehen nicht eindeutig in die herkömmlichen Kunstgattungsbegriffe „Oper, Operette und Schauspiel" eingeordnet werden können. Als neuartige Kunstform ist neben dem schon früher bestehenden Schauspiel oder der Posse ‚mit Musik' die ‚musikalische Komödie' oder das ‚musical' aufgekommen. Das sind Mischformen. In dem von dem Beklagten überreichten Aufsatz von Samuel und Bella SPEWACK wird unterschieden zwischen Spiel mit Musik, Schauspiel oder Posse mit Musik, musikalische Komödie und Operette. Bei den letzteren beiden Arten wird nach Ansicht der Verfasser die Handlung oder story durch Lieder weitergeführt, während es bei den ersteren beiden Gattungen nicht der Fall sei. Aber auch in der musikalischen Komödie dienten die Lieder gelegentlich nur dazu, eine Stimmung auszudrücken. Wie man sich auch zu dieser Eingruppierung stellen mag, jedenfalls hat in den Dienstverträgen der deutschen Bühnen bisher das ‚musical' oder die ‚musikalische Komödie' als selbständige typische Kunstform noch keinen allgemein gültigen Niederschlag gefunden. Es würde aber dem Grundsatz von Treu und Glauben widersprechen und für die Fortentwicklung der Bühnenkunst ein unbefriedigendes Hemmnis bedeuten, wenn man aus dem Fehlen der ausdrücklichen Aufnahme der Kunstform ‚musical' oder ‚musikalische Komödie' in dem Dienstvertrag schon allein die Rechtsfolgerung ziehen wollte, daß diese Kunstform nicht in das Leistungsgebiet des Bühnenkünstlers falle. Fehlt, wie hier, diese Bezeichnung im Dienstvertrag, so kann es nur jeweils Vertragsauslegung im einzelnen sein, ob das Bühnenmitglied nach dem speziellen Vertragsinhalt an dem konkreten Stück in einer Rolle mitzuwirken hat."

Das Oberschiedsgericht lehnt in 6/58 („Meine Nichte Susanne") ausdrücklich die Auffassung ab,

„daß das ‚Musikalische Lustspiel' nach den bisherigen Anschauungen grundsätzlich als Schauspiel zu betrachten sei, und daß nicht ausschlaggebend sei, wie das Stück aufgeführt und inszeniert werde. Aus der Mischform ergibt sich vielmehr, daß im Einzelfall die musikalische Seite stärker in Erscheinung treten kann, so daß ein Stück mehr nach der Seite der Operette zuneigt als nach dem Schauspiel zu."

Das Gericht empfiehlt eine tarifvertragliche oder jeweils einzeldienstvertragliche Klärung, andernfalls es bei dem Ausgangspunkt, nämlich der Beurteilung der Mitwirkungspflicht vom betreffenden Kunstfach her, bleiben muß (6/58):

„Im Einzelfall kann es zweifelhaft sein, ob die zugedachte Partie in das vertragliche Rollenfach des Bühnenkünstlers fällt, wenn das Stück nicht eindeutig in die herkömmliche Gattung Oper, Operette oder Schauspiel einzureihen ist. Das

[1]) Waschmann, Feuerwerk um Kunst und Recht, Die Bühnengenossenschaft 1957/58 S. 241.

Aufkommen der neuzeitlichen Gattung des ‚musical' macht es dringend erforderlich, daß auch hierüber durch Tarifvereinbarung oder mindestens im Dienstvertrag eine klare, den Vertragsumfang regelnde Vereinbarung getroffen wird. Solange dies nicht geschieht, wird es Aufgabe des Schiedsgerichts sein, unter Beachtung der allgemeinen Vertragsauslegung die Grenzen abzustecken."

Ob diese Ordnung kurzerhand dadurch geschaffen werden kann, daß man z. B. einen Schauspieler mit dem Kunstfach „Père noble" dienstvertraglich auch unter den Kunstformbegriff des Musical stellt, er also zu gesanglichbetonten Leistungen herhalten muß, wird sich trotz aller Wortbildungen wohl immer nur nach den Voraussetzungen des betreffenden Schauspielers richten können, es sei denn, man würde zugleich ein neues Kunstfach des vertraglichen „Musical-Spielers" einführen. Man erkennt, daß die Begriffe Kunstgattung und Kunstfach sich gegenseitig ergänzen müssen.

Eine Frage bleibt, ob und inwieweit die Beschäftigung im Musical den Anspruch auf Beschäftigung innerhalb des speziellen vertraglichen Kunstfachs überhaupt zu erfüllen vermag. Das wird ebenso abzulehnen sein, wie es das Oberschiedsgericht bei einer „musikalischen Legende" in 3/62 tut, die es nicht zur Kunstgattung Oper zählt (Martins „Zaubertrank").

Die H ä u f u n g verschiedener K u n s t f ä c h e r innerhalb einer Kunstgattung ist ein tarifrechtlich zulässiges, oft praktiziertes Vorkommnis, obwohl in § 2 I Ziff. 1 NV wie bei der Kunstgattung nur von der Einzahl die Rede ist. Denn diese ist die ursprüngliche künstlerische Norm, die in der Individualität verankert und nach Typmerkmalen zu bezeichnen ist. Sie bildet zugleich die tarifliche Mindestnorm. Man muß dies im Auge behalten, wenn man die Versuche verfolgt, die Kunstfächer mit Rücksicht auf die immer zahlreicheren Mischtypen oder Besonderheiten, die sich aus modernen Bühnenwerken ergeben, tarifrechtlich abzuschaffen, zu spalten oder zu kombinieren. Begriff und Sinn des Kunstfaches umreißt das Oberschiedsgericht in 18/57:

„Unter Kunstfach versteht man im Bühnenwesen Typen von menschlichen Charakteren und Typen von menschlichen Gestalten, die in den jeweils aufgeführten Werken häufiger vorkommen und daher die Aufgabengebiete zu verzeichnen vermögen, zu deren Übernahme sich ein Bühnenkünstler verpflichtet hat. Leitend ist dabei der Gedanke, daß der Bühnenkünstler für eine bestimmte Art menschlicher Charaktere sich besser eignet oder sich geeignet glaubt als für eine andere, oder daß er gerade diese darzustellen besondere Neigung besitzt, während andere Aufgaben ihm fern liegen, so daß deren Übernahme seiner künstlerischen Entwicklung oder seinem künstlerischen Ruf oder auch seiner Neigung Abbruch tun kann. (Kutzer, ‚Das Dienstrecht der Bühnenmitglieder' § 59,2 S. 188.)."

Beschäftigungsrechtlich ist es unmöglich, auf k u n s t f a c h l i c h e A b g r e n z u n g e n zu verzichten. Notfalls müßte es möglich werden, Fachbezeichnungen in charakterisierender Form zu ändern, wenn dazu ein Bedürfnis besteht und sich übereinstimmende, neue Begriffe bilden sollten, so alt, bewährt und elastisch die heutigen sind. Gelegentlich gehen solche Definitionen verfängliche Wege, wenn z. B. ein Engagement als „Liebhaber- und Charakterliebhaber“ vorliegt, was beschäftigungsmäßig nach 20/57 in Wirklichkeit nur als ein einziges, wenn auch besonders geartetes Rollengebiet angesehen werden kann (S. 57).

Umgekehrt können besondere Umstände offenbaren, daß in einer vertraglich scheinbar eindeutigen Fachbezeichnung mehrere Fachbegriffe stecken, so nach 3/56:

„Mit Recht ist das Schiedsgericht von dem Dienstvertrag für die Spielzeiten 1953/55 vom 26. 11. 1952 ausgegangen, in welchem die Klägerin für das Kunstfach ‚als 1. Altistin für die Oper‘ angestellt worden ist. Nach dem eindeutigen Willen beider Parteien ist dieser Kunstfachbegriff jedenfalls für die Vertragszeit auf Grund der nachfolgenden Korrespondenz vom 5./12. 5. 1954 (Bl. 27/28 d. A. I.) dahin auszulegen, daß hierunter die Aufgaben sowohl der dramatischen wie der Spielaltistin verstanden werden sollten.“

Wie die sog. Kunstfachbezeichnung „Utilité“[1]) ist die bloße „Beschäftigung nach Individualität“ gemäß 9/57 an sich unzulässig (S. 34). Wird der Begriff der Individualität oder des „Persönlichkeitsgebietes“ aber in Ergänzung zu einem bestimmten Kunstfach (Charakterschauspieler) genannt, wenn auch etwa in der anhängenden Form „und Rollen nach Individualität“, so ist die fachliche Leistungsgrundlage ausreichend klar (Persönlichkeitsgebiet innerhalb des Faches als „1. Charakterschauspieler und Charakterliebhaber“ in 4/55).

Die Beziehung der Individualität zum eigentlichen Kunstfach wird lediglich in 3/63 ungeprüft gelassen, jedenfalls der Formulierung nach:

„Anders verhält es sich mit der Rolle des Baron de Filippon (Bernard de Filippon) in der Komödie ‚Bluff im Schloß‘. Zwar ist der Kläger hier der Ansicht, daß diese Rolle keine Rolle als bürgerlicher Vater gewesen sei. Aber in seinem Dienstvertrag ist als Kunstfach angegeben: ‚Bürgerlicher Vater und Rollen nach Individualität‘. Wenn diese Rolle keine Rolle als bürgerlicher Vater gewesen ist, so ist doch festzustellen, daß es sich hier, wie auch die Kritiken ergeben haben, um eine individuell ausgesuchte Rolle handelt, die eben deshalb als Fachrolle zu bewerten ist.“

Daß in dieser neuen Entscheidung einem selbständigen Fach der Rollen „nach Individualität“ ohne fachlich klaren Zusammenhang mit dem vertraglichen, ausdrücklichen Kunstfach ein Weg gewiesen werden soll, ist nach der historisch erkämpften Bedeutung des Kunstfach-Begriffs und seiner Anerkennung in der Rechtsprechung nicht anzunehmen, hier um so weniger, als die umstrittene Rolle außerdem gesanglich unterstützt war und das beschäftigungsrechtlich zweifelhafte Sondergebiet des Musical streifte, ein Umstand, den der Schiedsspruch nicht erörtert (S. 36).

[1]) Boden, Grand Utilité – Grenzen des Kunstfachs, Die Bühnengenossenschaft 1957/58 S. 333.

Bei der mißbräuchlichen Fachbezeichnung lediglich mit Individualität fällt es dem Oberschiedsgericht nach herkömmlicher Rechtsprechung niemals schwer, das richtige Fach aus den tatsächlich übernommenen, charakteristischen Rollen zu entnehmen (Hauptband S. 88). Neuerdings in 6/59:

„Das Bezirks-Schiedsgericht hat in seiner Entscheidung nicht anerkannt, daß der Kläger eine außervertragliche Leistung durch die Übernahme der Rolle des Aaron in ‚Herodes und Marianne' erbracht habe, die er besonders honoriert verlangen könne. Es ist zwar in Übereinstimmung mit dem Kläger davon ausgegangen, daß die Kennzeichnung des Kunstfaches durch den Ausdruck ‚Rollen nach Individualität' im schriftlichen Dienstvertrag ohne Bedeutung und nur dahingehend zu verstehen sei, daß der Kläger für das Kunstfach als ‚schwerer Charakterspieler' angestellt sei mit dem Recht und der Verpflichtung, im Rahmen dieses Kunstfaches entsprechend seiner individuellen Eignung sachgerecht eingesetzt zu werden. Dieser Ausgangspunkt der vertraglichen Auslegung der vom Kläger im Dienstvertrag übernommenen Leistungspflicht ist nicht zu beanstanden.
Das Bezirks-Schiedsgericht hat weiterhin auf Grund des Verzeichnisses der vom Kläger in der Spielzeit übernommenen Rollen wie Peter Couchon in ‚Heilige Johanna', Attinghausen in ‚Wilhelm Tell', die nach der eigenen Auffassung des Klägers bis Mitte Januar 1959 eine vertragsgemäße Beschäftigung darstellen, gefolgert, daß es sich auch bei den weiteren Rollen um solche handele, die in sein Kunstfach fielen. Auch sei bei den Engagementsverhandlungen von der beabsichtigten Rolle des ‚Attinghausen' und des ‚Couchon' die Rede gewesen."

Auf dieser Basis wägt das Gericht dann ab, ob die Rolle des Aaron in „Herodes und Mariamne" zum Kunstfach des schweren Charakterspielers gehört oder nicht.

b) Theater

§ 2 I Ziff. 2 NV bezieht den Engagementsvertrag auf „das oder die Theater". In 14/57 bestätigt das Oberschiedsgericht seine Auffassung von der Zulässigkeit des Engagements an ortsverschiedenen, mehreren Theatern desselben Rechtsträgers innerhalb eines einheitlichen Vertrages und begründet diese – auch für die Frage der Residenzpflicht, Ruhezeiten und Diäten (S. 91, 88, 75) – wichtige Entscheidung:

„Aus der Gesamtheit der Bestimmungen des Tarifvertrages ergibt sich, daß dem Wohnsitz des Bühnenmitglieds nach dem Tarifvertrag keinerlei rechtliche Bedeutung zukommt. Vielmehr ist es tariflich zulässig, ohne Rücksicht auf den Wohnsitz des Bühnenmitglieds, ein Engagement an mehreren Theatern einzugehen. Dies ergibt sich eindeutig aus § 2 NV, wo bestimmt ist, daß im Dienstvertrag das oder die Theater angegeben sein müssen, für welche das Mitglied angestellt wird. In Großstädten mit mehreren Bühnen desselben Unternehmers ist das auch praktisch vielfach der Fall, ohne daß jemals diese Übung als tarifwidrig angesehen wurde. Die Tätigkeit an diesen vertraglich vereinbarten Theatern kann niemals eine auswärtige Dienstleistung sein. Aus dem § 4 (1) NV ergibt sich vielmehr, daß der Begriff der ‚auswärtigen Dienstleistung' um deswillen tariflich näher erfaßt ist, weil die Verpflichtung des Mitglieds zur vertraglich übernommenen Tätigkeit an dem oder den gemäß § 2 bezeichneten Theatern sich grundsätzlich nur auf alle Veranstaltungen der gemäß § 2 Ziff. 2 bezeichneten Theater erstreckt. Im Gegensatz hierzu wird darüber hinaus in den folgenden Abstäzen des § 4 das Direktionsrecht der Bühnenleitung insofern erweitert, als die Verpflichtung zur Tätigkeit des Bühnenkünstlers, soweit im Dienstvertrag nichts anderes vereinbart ist, auch ‚auswärtige Gesamtgastspiele' dieses Theaters einschließt. Ebenso erweitert sich die Verpflichtung u. U. auch auf Theater, die der Unternehmer ‚erst nach Abschluß des Dienstvertrages in Betrieb nimmt'. Gegenüber dieser Erweiterung des Direktionsrechts zum Nachteil des Bühnenkünstlers statuiert der § 4 in Abs. 6 zum Ausgleich einen Anspruch des Bühnenmitglieds auf angemessene Entschädigung für seine Mehrauslagen durch Ersatz der Fahrtkosten und Gewährung von Tagegeldern bei auswärtigen Dienstleistungen, weil er diese nicht vorher in die Gage einkalkulieren kann. Unter ‚auswärtigen Dienstleistungen' sind also nach Sinn und Zweck des NV solche zu verstehen, die auf Grund der vorgenannten Erweiterung des Direktionsrechts außerhalb derjenigen Theater verlangt werden, für welche sich der Bühnenkünstler verpflichtet hat.

Das Gericht stellt hierzu fest, daß es schon im Zeitpunkt des Tarifvertrages von 1924 Gemeinschaftstheater der in Rede stehenden Art eines kommunalen Zusammenschlusses gegeben hat, und verweist auf die damaligen Städtebundtheater. Die Sozialpartner des damaligen Tarifvertrages hätten daher, so meint das Gericht, derartige Tatbestände durchaus berücksichtigen können und seien nicht etwa als unbekannt gewesen zu unterstellen.

Ob Gesamtgastspiele im Ausland unter § 4 II NV fallen und damit § 2 I Ziff. 2 NV ohne besondere Erwähnung im Vertrag ergänzen, ist anläßlich einer Reise der Deutschen Oper in Berlin nach Tokio einmal wieder streitig geworden. Das Oberschiedsgericht bejaht dies in 15/63 und gibt zugleich Hinweise zur Auslegung des nun schon alten Tarifrechts in Anpassung an die weitere Entwicklung der Verhältnisse, ein weiteres Beispiel für die auf S. 7 erläuterten Grundsätze:

„Wenn man zunächst den Wortlaut des § 4 Ziff. 2 des Normalvertrages Solo ins Auge faßt, so ergibt sich, daß unter dem Begriff des auswärtigen Gesamtgastspieles jedes Gesamtgastspiel fällt, das die entsendende Bühne veranstaltet, ohne Rücksicht darauf, ob das Gesamtgastspiel im Inland oder Ausland stattfindet. Für eine Begrenzung dieses Begriffes auf Gastspiele in der Bundesrepublik Deutschland oder im nähergelegenen Ausland oder in Europa bestehen keine genügenden Anhaltspunkte. Das Bühnenoberschiedsgericht hat bereits in Schiedssprüchen vom 4. 10. 1927 und vom 28. 10. 1930 – selbst für die damalige Zeit – entschieden, daß die vom Geltungsbereich des Normalvertrages Solo erfaßten Bühnenmitglieder auch zur Teilnahme an Gesamtgastspielen im Ausland verpflichtet sind. Dann aber müssen unter Berücksichtigung der modernen technischen Hilfsmittel, die heute eine Überwindung von größten Entfernungen in kürzester Zeit ermöglichen, auch solche Gesamtgastspiele im Ausland unter § 4 Ziff. 2 des Normalvertrages Solo fallen, die räumlich weit entfernt veranstaltet werden.

Es ist richtig, daß die Tarifvertragsparteien im Jahre 1924 bei dem Abschluß des Normalvertrages Solo mit einer technischen Entwicklung des Verkehrs, insbesondere des Luftverkehrs, wie sie heute eingetreten ist, nicht gerechnet haben. Aber jede Norm unterliegt insoweit einem Sinn- und Bedeutungswandel, als sie den im Laufe der Zeit veränderten tatsächlichen und soziologischen Verhältnissen durch entsprechende Auslegung angepaßt werden muß. Wollten die Tarifvertragsparteien diese Frage generell einschränkend regeln, so müßten sie die Bestimmung des § 4 Ziff. 2 des Normalvertrages Solo entsprechend neu fassen."

Hiernach erkennt das Oberschiedsgericht offenbar keine Lücke im Tarifrecht an. Wenn feststünde, daß die Tarifparteien damals unter den Gesamtgastspielen nur solche innerhalb Deutschlands oder allenfalls solche ausländischen verstanden haben sollten, die noch nicht im Zeichen der interkontinentalen Flugzeugreichweite und -gefahr standen, so würde der tarifvertragliche Ausdruck kaum gedeckt sein und möglicherweise eine Lücke vorliegen. Eine solche hat das Oberschiedsgericht z. B. im Zusammenhang mit der Rundfunk- und Fernsehentwicklung eingeräumt, wonach technische Übertragungen und Weitergaben von Bühnenaufführungen nicht einfach als „Theaterveranstaltungen" gelten und nicht vom Tarifrecht erfaßt sind (S. 93, 143). Würde man jedoch bei einer Diskrepanz zwischen Ausdruck und gewolltem Ausdrucksinhalt beim Gesamtgastspiel gerade wegen der Nichtvoraussehbarkeit der sich zukünftig entwickelnden äußeren Verhältnisse, die unbedingt zusätzliche Regelungen erheischen, eine Lücke im Tarifrecht feststellen, so müßte der Einzelfall aus anderen, im allgemeinen Bühnen- oder Arbeitsrecht verankerten Grundsätzen entschieden werden. Auch dies ist vom Oberschiedsgericht in anderen Fällen, die nicht nur Fragen der Auslegung, sondern der Tarifergänzung durch Lückenschließung betrafen (S. 52, 38), praktiziert worden.

Immerhin hebt das Oberschiedsgericht in 15/63 hervor, daß die Parteien des Einzelvertrages Ausmaß und Entfernung von beabsichtigten Gesamtgastspielen des Theaters im Ausland einvernehmlich festlegen können:

„Die Annahme, daß unter den Begriff des auswärtigen Gesamtgastspieles i. S. des § 4 Ziff. 2 des Normalvertrages Solo sämtliche auswärtigen Gesamtgastspiele fallen – auch dann, wenn sie im Ausland stattfinden –, führt auch zu keinem ungerechten Ergebnis. Wie sich gerade aus § 4 Ziff. 1 und 2 des Normalvertrages Solo ergibt, haben auch die Parteien des einzelnen Arbeitsvertrages die Möglichkeit, die Verpflichtung zur Teilnahme an auswärtigen Gesamtgastspielen einzelvertraglich zu regeln oder zu begrenzen. Es ist also z. B. denkbar, daß mit einem Künstler sowohl zeitlich wie auch entfernungsmäßig eine besondere Begrenzung vereinbart wird. Solange das aber nicht der Fall ist – und im vorliegenden Rechtsstreit scheidet eine solche Vereinbarung aus –, steht das Bühnenoberschiedsgericht auf dem Standpunkt, daß die vom Geltungsbereich des Normalvertrages erfaßten Bühnenmitglieder zur Teilnahme an Gesamtgastspielen im Ausland generell verpflichtet sind."

Man darf dabei nicht übersehen, daß solche Vereinbarungen nur beim Abschluß des ursprünglichen Engagementsvertrages selbst möglich und gegebenenfalls erforderlich sind[1]). Ist der Vertrag ohne Klärung der Auslandsgastspielfrage bereits abgeschlossen, entfällt die Möglichkeit einer wirklich freien Vereinbarung und das Mitglied muß von der Mitwirkungspflicht ausgehen. Es ist dasselbe Problem wie bei sonstigen neuralgischen Punkten des Engagementsvertragsrechts, etwa der Mitwirkung bei Rundfunk- und Fernsehübertragungen oder der Auswertung der Vertragsleistung über den Vertragsrahmen hinaus usw. Der Bühnenkünstler, der in den Vertragsverhandlungen meist der unterlegene zu sein pflegt, kann diese Dinge dabei schon deshalb nicht gut ansprechen, weil er gar nicht weiß, was die Bühne plant. Daher sollte der Bühnenleiter für die Erörterung solcher Fragen bei den Vertragsverhandlungen die fürsorgepflichtige Initiative haben und sich das ausdrücklich sichern, was er in Abweichung vom Üblichen und Erwarteten zusätzlich braucht. Vgl. hierzu S. 92.

Daß das Oberschiedsgericht dem Bühnenmitglied besondere Rechte zur Sicherung seiner Person und Familie und die Möglichkeit der Nichtteilnahme am Auslandsgastspiel bei persönlicher Unzumutbarkeit einräumt (S. 132, 133), ist eine andere, die Vertragsabwicklung, nicht die -eingehung betreffende Angelegenheit. Man sieht, daß eine tarifliche Wortlaut-Maßgeblichkeit des Gesamtgastspiels schlechthin unzureichend ist. Die Vertragseingehung erheischt gleichwohl nach dem Spruch 15/63 keine diesbezügliche vertragsnotwendige Abrede im Sinne des § 2 I Ziff. 2, bzw. § 4 I,II NV. Ob die Tarifvertragsparteien die Aufforderung des Gerichts, diese Dinge zu regeln, befolgen, bleibt abzuwarten.

Zum allgemeinen Begriff des Gesamtgastspiels der Bühne vgl. den Schiedsspruch 8/63 im Chor- und Tanzrecht S. 145.

c) Zeitdauer

Die terminliche Begrenzung des Engagements ist tarifrechtlich in § 2 I Ziff. 3 NV vorgeschrieben und im Verbot einseitiger Verlängerungsvorbehalte der Bühne in § 11 II Ziff. 2 NV besonders abgesichert, also von großer Bedeutung. Das Bundesarbeitsgericht hatte im Urteil zu 5 AZR 283/62 Gelegenheit, die Möglichkeit von Stückdauerverträgen anzuerkennen oder abzulehnen. Es hat in diesem Zusammenhang ohne erschöpfende Beurteilung dieses Vertragstyps immerhin zum Ausdruck gebracht, daß eine ungefähre Umschreibung des Vertragsendes genügen kann,

[1]) Felisch und Leander, Die Rechtsprechung des deutschen Bühnenschiedsgerichts, 1911 2. Aufl. S. 165 zitieren aus einem Schiedsspruch um 1900: „Gastspielreisen müssen deshalb als Leistungen angesehen werden, welche wegen ihres von der gewöhnlichen Tätigkeit des Mitglieds abweichenden Charakters der ausdrücklichen Vereinbarung bedürfen ... Bei der in die künstlerischen und wirtschaftlichen Verhältnisse des Mitglieds unter Umständen tief einschneidenden Natur der Gastspiele ist es durchaus erforderlich, daß diesbezügliche Verpflichtungen ausdrücklich vereinbart werden." Eine Reisekostenbestimmung im Vertrage, so heißt es weiter, bedeute noch nicht eine allgemeine Mitreiseverpflichtung. Damals handelte es sich um ein Gastspiel der Bühne in Rußland.

ohne mit § 138 BGB (Sittenwidrigkeit) als der Verbotsnorm, die vom Tarifrecht nicht geregelte Möglichkeiten und Notwendigkeiten zu begrenzen vermag, zu kollidieren (S. 20).

Im übrigen hat sich an den Ausführungen zu diesem Kapitel auf S. 64–68 des Hauptbandes nichts geändert. Der Begriff des terminisierten Zeitvertrages wird vom Bundesarbeitsgericht für Bühnenkünstler auch in der Entscheidung des Großen Senats vom 12. 10. 1960 zu GS 1/59 als Beispiel zulässiger Art genannt. Die Rundfunk- und Fernsehanstalten bemächtigen sich seiner in oft zweifelhafter Weise.

d) Gage

Die Gage gilt die Regelleistungen des Bühnenmitglieds ab, nicht auch die vertraglichen Sonderleistungen, für die tariflich oder gewohnheitsmäßig zusätzliche Vergütungen gezahlt werden (S. 72). Anläßlich der Teuerung sind verschiedentliche Gagenerhöhungen durch Tarifvertrag, Einzelvereinbarungen oder betriebliche Normensetzung erfolgt, die das Oberschiedsgericht mehrfach beschäftigt haben (Hauptband S. 203).

Über das Wesen und den regelmäßigen Inhalt der Gagenvereinbarung, nämlich die beiderseitige Vorstellung von der zu bewertenden Leistung und den Lebenshaltungskosten in komplexer Zusammenfassung – eine für die Rechtssetzung und -findung sehr wesentliche Grundlage –, äußert sich das Oberschiedsgericht in 10/61:

„Sicher ist, daß bei der Vereinbarung individueller Gagen sowohl die Leistung wie auch der Stand der Lebenshaltungskosten für die Bemessung der Gagenhöhe von Einfluß sind. Es läßt sich solchenfalls nicht zwischen einem Teil der Gage, der eine Teuerungszulage, und einem anderen, der eine Leistungszulage enthält, unterscheiden, sofern nicht im Vertrag eine ausdrückliche Bezeichnung eines Teils als Leistungszulage vereinbart ist. Nur im letzteren Fall wäre eine ziffernmäßige Aufspaltung möglich. Werden Gagen zwischen Bühnenleitung und Bühnenmitglied ausgehandelt, dann wird deren Höhe in aller Regel ohne eine derartige Differenzierung festgelegt."

Dem Problem der Trennung teuerungs- und leistungsmäßiger Gesichtspunkte bei der Gagenerhöhung hat nach Erschöpfung der Empfehlungsstrategie des Deutschen Bühnenvereins gegenüber den Bühnenleitern der schließlich abgeschlossene Gagenanpassungs-Rahmentarifvertrag vom 5. 7. 1962 mit seinen bisher zwei Durchführungstarifverträgen (S. 198) durch Berücksichtigung des Zeitpunktes und des Inhaltes einer zwischen den Parteien des Engagementsvertrages vorweg vereinbarten Gagenerhöhung entsprechen wollen. Unter Ausschaltung einiger hier nicht zu erörternder Sonderfälle, die vom Tarifvertrag schlechthin ausgeschlossen worden sind, soll die Masse der üblichen Verträge an der tariflichen Erhöhung, die jeweils an die des öffentlichen Dienstes nach BAT anzulehnen ist, nur dann teilnehmen, wenn Bühne und Bühnenmitglied im Einzelfall nicht innerhalb eines Jahres vor Beginn der Spielzeit, mit der die Erhöhung wirksam werden soll, bereits selbst eine Gagenerhöhung neu vereinbart haben, ohne dabei ausdrücklich festzulegen, daß sie gleichwohl an einer etwa folgenden Tariferhöhung teilnehmen soll, die Vorwegerhöhung also etwa leistungsmäßig bedingt erscheint (Vorbehalt des Leistungsgrundsatzes im Individualvertrag). Danach werden regelmäßig die mehr als ein Jahr alten Gagenerhöhungen einzelvertraglicher Art sowie vor allem die Vertragsgagen, die unverändert geblieben sind, der tariflichen Erhöhung zugeführt. Das Oberschiedsgericht hat in 9–14/63 und 18–21/63 verschiedene Auslegungsfragen hierzu geklärt. Zur Geltung einzelvertraglicher Erhöhungen vor Inkrafttreten des Gagenanpassungstarifrechtes mit günstigerer Gagenaufstockung als in der minderen Vorwegabrede vgl. S. 47. Im übrigen:

Der Anpassungstarifvertrag versteht unter neu vereinbarten Gagen im Sinne der vorerwähnten Einschränkungen nur solche, die eine Erhöhung, nicht aber auch solche, die eine Herabsetzung der Gage bedeuten (9-14/63 und 18-21/63):

„So schließen einzelvertragliche Gehaltsherabsetzungen – sie liegen hier nicht vor – die Teilnahme an der tariflichen Aufbesserung der Gehälter nicht aus. Dies deshalb, weil nach § 2 Abs. 1 des Anpassungsrahmentarifvertrages dieser Tarifvertrag von einer Angleichung der Bezüge der Bühnenmitglieder an Gehaltserhöhungen nach dem Bundesangestelltentarifvertrag – und damit von Gehaltserhöhungen überhaupt – ausgeht. Daher ist anzunehmen, daß die Tarifparteien auch nur neue einzelvertragliche Gehaltserhöhungen gemeint haben, die die tarifliche 5%-Erhöhung ausschließen sollten."

Zusätzlich kann auf den Ausdruck im Tarifvertrag vom 5. 7. 1962 selbst verwiesen werden, dessen § 2 II b) nur von einer „Erhöhung gemäß Abs. 1 Satz 2" spricht und diese damit als Grundlage des Anpassungsrechtes deutlich absteckt. Daher können neue Vereinbarungen der Gage allein in diesem Sinne verstanden werden. Auch stillschweigende Vertragsverlängerungen durch Unterlassen der Nichtverlängerungsmitteilung zu den Terminen der Tarifvereinbarung vom 10. 10. 1947 können keine neuen Vereinbarungen im Sinne des Gagenanpassungsrechtes sein, obwohl die Vertragsverlängerung als vermutete, beiderseitige Vereinbarung der Verlängerung zu den bisherigen Bedingungen gilt (Hauptband S. 175). Es ist gleichgültig, ob eine solche Vertragsverlängerung innerhalb der Jahresfrist vor Beginn der neuen Spielzeit oder ohnehin früher, wie es beim frühesten Nichtverlängerungstermin des 31. 7. der vorangegangenen Spielzeit in Betracht kommt, erfolgt ist, und es ist ebensowenig von Bedeutung, wenn immerhin die schriftliche Vertragsausfertigung des stillschweigend verlängerten Vertrages in jene Jahresfrist fällt, die an sich nach dem Anpassungsrecht eine alsdann erfolgende tarifliche Erhöhung ausschließen könnte. Nicht der Zeitpunkt, sondem der Inhalt der Neuvereinbarung hat Vorrang. Sie muß eine Erhöhung darstellen. Dann erst wird die Terminfrage akut[1]).

Andererseits braucht die neue Einzelvereinbarung der Gagenerhöhung nicht erkennbar ausgehandelt zu sein, denn es reicht aus, wenn sie schließlich im schriftlichen Vertrag mit beiderseitiger Unterzeichnung vorliegt (9-14/63 und 18-21/63):

„Der Begriff der Neuvereinbarung setzt nicht notwendig mündliche Vorverhandlungen voraus; es genügt vielmehr, daß die Kläger durch die Unterzeichnung ihr freies Einverständnis bekundet haben."

Nicht nur die ziffernmäßige Gagenerhöhung, sondern auch eine sonstige, sofern sie wirtschaftlich durch ziffernmäßig bewertbare Änderung von Vertragsbestimmungen mit Verbesserung für das Mitglied greifbar wird, fällt in wohl richtiger Begrenzung des Wortlauts des Schiedsspruchs unter den Begriff der einzelvertraglichen Neuvereinbarung im Sinne des Anpassungsrechtes. So bei nunmehr mit längerer Frist gewährtem und bezahltem Gastspielurlaub, dessen Gagenwert von zwei Wochen rd. 76 DM monatlich (2/52 oder 1/26 der Monatsgage von 2000 DM) als Erhöhung berechnet und auf die tarifliche Zulage von später 5 v. H. der Gage angerechnet worden ist:

„Die Zulage mindert sich um den Wert des bereits vertraglich vereinbarten Gastierurlaubs."

Weitere Hinweise zur begrifflichen Abgrenzung gibt das Gericht dabei nicht.

Da die Tarifvertragsparteien bei der Schaffung des Anpassungsrechtes von einer linearen Automatik im Verhältnis zum Wertmesser einer Durchschnittserhöhung der Gehälter nach BAT abgesehen und sich für jeden Fall der Gagenveränderung durch Tarifvertrag den Abschluß von Durchführungstarifverträgen vorbehalten haben, scheiden Bedenken gegen die getroffene Regelung aus der Tarifautonomie, die nicht in unselbständige Abhängigkeit von anderen Tarifvertragsverbänden geraten darf, und aus § 3 des Währungsgesetzes (Genehmigungsvorbehalt) aus.

Einer falschen Auslegung der früheren Entscheidung 1/33 über die Einbeziehung der Vorprobengage in die Hauptgage (Hauptband S. 71) wirkt das Oberschiedsgericht in 8/58–3/59 entgegen, in welchem Fall die

---

[1]) Die Anordnung des Hess. Ministers der Finanzen vom 30. 10. 1962 (StAnz. 47/1962 S. 1573) lautet demgegenüber: „Unter einer Neuvereinbarung ist ein neuer Vertragsabschluß zu verstehen, durch den ein gleiches oder anderes festes Gehalt vereinbart worden ist." Das Bühnenschiedsgericht Frankfurt (Main) hat dies im Schiedsspruch 6/63 mit der Maßgabe ausdrücklich abgelehnt, daß es sich nur um eine Gagenerhöhung handeln könne. Hierzu Riepenhausen, Zum Gagenanpassungs-Tarifrecht, Die Bühnengenossenschaft 1964 S. 188. Crisolli, Gagenanpassung durch Tarifvertrag, Die Deutsche Bühne 1962 S. 164 ff. gibt ein entsprechendes Beispiel S. 166 (a), kritisiert aber die Schiedssprüche a. a. O. 1964 S. 173 ff.

Parteien als Vertragsgage während der Aufführungen des Stückdauervertrages die höchste an dieser Bühne übliche Gage, wie es in der Vereinbarung hieß, vereinbart hatten; sie stellte sich mit 200,– DM täglich heraus. Hier bemerkt das Gericht zu der von den Parteien beabsichtigten Einbeziehung der unterbliebenen Vorprobenvergütung in diese Vertragsgage:

„Voraussetzung ist dabei jedoch, daß die Vorprobenvergütung der Höhe nach den vollen Vertragsbezügen entspricht oder wenigstens eine angemessene Vergütung darstellt. Hiergegen bestehen um deswillen im vorliegenden Fall Bedenken, weil nach den insoweit unstreitigen Vorverhandlungen, auf die später noch mit Rücksicht auf die Anfechtung des Vertrags einzugehen sein wird, auch nach Angabe der Klägerin der Beklagte die an der Bühne übliche und für diese Aufführung bezahlte Höchstgage von 200,– DM erhalten sollte. War der Betrag von 200,– DM die Höchstgage, so mußten daneben die Proben zusätzlich vergütet werden, da sie anderenfalls die Höchstgage verringert hätten oder im Ergebnis unvergütet blieben. Der Zeuge Dr. N. hat auch eingeräumt, daß gelegentlich neben der Höchstgage auch Proben gesondert vergütet wurden. Ebenso erhielt auch der als Ersatz angestellte Rudolf F. noch eine zusätzliche Probenvergütung von 3000,– DM. Es entsprach deshalb nicht der unabdingbaren Bestimmung des § 3 Abs. 8 NV, wenn dem Beklagten eine zusätzliche Vergütung für die Vorproben nicht ausgeworfen wurde, obwohl dies bei dem zu unterstellenden tariftreuen Willen der Parteien hätte geschehen müssen. Das gleiche gilt von der Urlaubsvergütung, da diese jedenfalls rechtlich nicht durch die Höchstgage abgedungen werden konnte."

2. Sonstige Abreden

a) Vorbehaltene Vertragsgültigkeit

Zum Hauptband S. 73–74 keine Ergänzungen.

b) Bedingte Vertragsgeltung

Das Rechtsinstitut der Geschäftsgrundlage stempelt diejenigen tatsächlichen Voraussetzungen des Vertrages zu beiderseits zugrunde gelegten Bedingungen, bei deren späterem Wegfall, Nichteintritt oder irrtümlicher Annahme, sie seien bei Vertragsabschluß vorhanden, beide Seiten – nicht nur eine – vom Vertrag zurücktreten können, falls die Vertragsfortsetzung unzumutbar ist. Dabei liegt es im Sinne des Verbotes einseitiger Rechte des Unternehmers (§ 10, § 11 II u. a. NV), daß scheinbar zweiseitige Bedingungen in Wahrheit einseitige und daher unzulässige sein können, wenn für ihren Eintritt oder Nichteintritt das Verhalten des Unternehmers allein ursächlich ist oder sein kann. Dafür bietet die Rechtsprechung des Oberschiedsgerichts neue Beispiele.

Anläßlich der Umstellung der saarländischen Theatergagen von Francs auf Deutsche Mark 1959 waren Zusatzverträge geschlossen worden, in denen die DM-Gagen auf der Grundlage eines vom Bühnenleiter in gutem Glauben als maßgeblich erklärten Umstellungskurses vereinbart wurden. Dieser war unzutreffend. Die Bühne wollte die Mitglieder an den Zusatzverträgen gleichwohl festhalten, scheiterte damit aber vor dem Oberschiedsgericht in 1/60:

„Im vorliegenden Fall führt bereits die Anwendung der für die Berücksichtigung von Treu und Glauben im redlichen Geschäftsverkehr entwickelten Grundsätze über die wesentliche Veränderung der Geschäftsgrundlage zu dem Ergebnis, daß es der Beklagten versagt sein muß, die Kläger an dem auf einer falschen Berechnung beruhenden Zusatzvertrag festzuhalten. Eine wesentliche Änderung der Geschäftsgrundlage kann nach der von Oertmann begründeten und in der Folgezeit von Schrifttum und Rechtsprechung bis heute anerkannten Lehre dazu führen, daß eine Berufung auf einen Vertrag wegen wesentlicher Änderung der Geschäftsgrundlage unzulässig ist. (Vgl. Palandt BGB § 119 Anm. 9 und § 242 Anm. 6 c; Erman BGB Anm. 9 zu § 242.) Allerdings ist zuzugeben, daß bei dem Fehlen oder späteren Wegfall der Geschäftsgrundlage in dem Verhalten des durch den Vertrag begünstigten Teiles, der den Gegner an dem Vertrag festhalten will, nur dann eine unzulässige Rechtsausübung erblickt werden kann, wenn die Einhaltung des Vertrags für den Gegner unzumutbar ist, weil sie zu schlechterdings untragbaren Ergebnissen führen müßte. Eine solche Unzumutbarkeit wird also in der Regel nur dann anzunehmen sein, wenn der unter den irrigen Voraussetzungen zustande gekommene Vertrag ein grobes Mißverhältnis zwischen Leistung und Gegenleistung erkennen läßt. Im Einzelfall kann aber die unzulässige Rechtsausübung auch dann angenommen werden, wenn das Festhalten an dem Vertrag, auch ohne daß ein grobes Mißverhältnis der beiderseitigen Leistungen vorzuliegen braucht, mit Treu und Glauben nicht mehr vereinbar ist (vgl. Soergel-Siebert, BGB 9. Aufl. § 242 Nr. 243; Larenz a. a. O. S. 171 ff. und insbes. Urteil des BGH v. 12. 4. 1960 – VIII ZR 157/59 – zitiert in DB 1960 S. 576). Das kann auch beim Arbeitsvertrag zutreffen (siehe Galperin in Betr. Verf. 1958, 41, 61).

Auf Grund der Beweisaufnahme war im vorliegenden Fall festzustellen, daß bei der durch die Verhandlungen zwischen den Parteien vorgenommenen vertraglichen Umstellung von einem angeblich notwendigen Umstellungskurs von 129,5 : 1 DM ausgegangen wurde. Der Zeuge S. hat bekundet, diese Basis beruhe auf einer Mitteilung eines Bundestagabgeordneten, der der Theaterkommission angehörte. Objektiv hatte dieser Umstellungskurs keine gesetzliche Grundlage...

Objektiv ist sonach festzustellen, daß von beiden Parteien bei den angestellten Berechnungen von falschen Grundlagen ausgegangen wurde. Hinzu kommt, daß nach dem ganzen Inhalt der Besprechungen sich ergab, daß die vereinbarten Zusatzverträge ihrer Natur nach nur vorläufig sein sollten; denn von dem Intendanten wurde den Bühnenmitgliedern davon gesprochen, daß ein Härteausgleich in Aussicht gestellt sei und es versucht werden sollte, mit dem neuen Intendanten zu neuen Ergebnissen zu kommen. Tatsächlich wurden also die Verträge unter der clausula rebus sic stantibus abgeschlossen, so daß die Berufung auf Unabänderlichkeit der Zusatzverträge mit dem Sinn dieser Abkommen und ihrer provisorischen Natur nicht im Einklang steht."

Es ist dabei nur von theoretischer Bedeutung, ob man der Bühne es hier versagt hat, sich auf die Zusatzverträge zu berufen, oder ob man eine ausdrückliche Rücktrittserklärung der Mitglieder, die jedenfalls nachträglich Einwendungen gegen die Verbindlichkeiten der Zusatzverträge erhoben hatten, voraussetzen muß, um sie von solchen Verträgen freistellen zu können. Wenn dieser Schiedsspruch auch durch das Bundesarbeitsgericht im Aufhebungsverfahren nach § 110 AGG wegen der für die Berechnung der Umstellungsgagen maßgeblichen Grundsätze außer Kraft gesetzt worden ist (S. 182), so jedoch nicht in dieser Frage, deren Beantwortung durch das Oberschiedsgericht vielmehr die Billigung des Bundesarbeitsgerichts (5 AZR 366/61) gefunden hat:

„Diese mit Inkrafttreten des GEAF somit für die Zukunft gegebene ungewisse Gesamtsituation in bezug auf die demnächstige Entwicklung der Kaufkraft der neuen DM-Arbeitseinkommen muß auch berücksichtigt werden, wenn Arbeitnehmer, die, wie die Schiedskläger, nicht auf einen entsprechenden Schutz und eine entsprechende Orientierung durch künftige neue Tarifverträge rechnen konnten, dem Zwang der neuen Gesamtverhältnisse folgten und aus Anlaß der Währungsumstellung und des durch § 5 Abs. 1 Satz 1 GEAF geschaffenen teilweisen Wechsels der Rechtsordnung einzelvertraglich die Umstellung ihrer Arbeitseinkommen mit dem Arbeitgeber neu regelten. Eine solche Handhabung enthielt nach den Auslegungsmaßstäben von §§ 133, 157, 242 BGB, denen der Arbeitgeber aus dem Gesichtspunkt der Fürsorgepflicht Rechnung tragen mußte, selbstverständlich den Vorbehalt, daß die betreffenden Arbeitnehmer sich damit nicht der Möglichkeit begeben wollten, innerhalb der durch § 5 Abs. 1 Satz 3 GEAF geregelten 6-Monatsfrist seit dem Ende der Übergangszeit dennoch auf das Verbesserungsrecht des § 5 Abs. 1 Satz 1 GEAF zurückzugreifen, wenn die zunächst geschehene vertragliche Regelung der Folgen der Währungsumstellung und der sonstigen in § 5 Abs. 1 Satz 1 GEAF geregelten Umstände sich als unzutreffend erwies und sich trotzdem eine wesentliche Kaufkraftdifferenz in dem oben erörterten Sinne von § 5 Abs. 1 Satz 1 GEAF ergab."

Ebenfalls ein gagenrechtlicher Vorgang hat die subjektive Geschäftsgrundlage der Vereinbarungen berührt, die im Zeichen der allgemeinen Anhebung des Preis- und Lohnniveaus eine Gagenerhöhung noch vor dem Inkrafttreten des Gagenanpassungs-Rahmentarifvertrages vom 5. 7. 1962 nebst 1. Durchführungstarifvertrag vom 12. 9. 1962 (S. 199) betrafen. Soweit eine solche einvernehmliche, vorweggenommene Erhöhung ungünstiger war als die später tarifliche und soweit sie innerhalb der Jahresfrist vor Anlauf der neuen Spielzeit, in der die vereinbarte Erhöhung wirksam werden sollte, festgelegt worden war, also nach § 2 II des Rahmentarifvertrages scheinbar nicht mehr an der nachfolgenden Tariferhöhung teilnehmen konnte, sie vielmehr auszuschließen schien, erkennt das Oberschiedsgericht die Hinfälligkeit der unzureichenden, einvernehmlichen Erhöhung an und billigt die tarifliche Erhöhung unter Anrechnung der minderen, vereinbarten in den insoweit gleichlautenden Schiedssprüchen 9-14/63 und 18-21/63 zu:

„Als Grundlage der einzelvertraglichen Gehaltserhöhungen war für die Willenserklärungen beider Vertragspartner mitbestimmend die gemeinsame Erwartung, daß eine tarifvertragliche Teuerungszulage für die Spielzeit 1962/63 nicht erfolgen würde. Ohne diese Erwartung hätten die Vertragsparteien ihre Willenserklärungen nicht mit dem vorliegenden Inhalt abgegeben. Es liegt also ein Fall der sogenannten ‚subjektiven Geschäftsgrundlage' vor. Beide Parteien ‚hätten nicht gewollt, wenn sie gewußt hätten'. Die Lehre von der Geschäftsgrundlage als immanente Schranke des Gebots der Vertragserfüllung ist heute allgemein anerkannt. Fehlen die Voraussetzungen, von denen die Parteien bei Vertragsschluß ausgegangen sind, oder ändern sie sich wesentlich, so kann die Folge sein, daß der Vertrag keine angemessene Ordnung der Beziehungen zwischen den Vertragspartnern enthält. Der Vertrag muß dann den veränderten Umständen angepaßt werden. Diese Anpassung ist kein von außen kommender vertragsfremder Eingriff in die privaten Rechtsbeziehungen. Sie ist vielmehr durch das Vertragsrecht selbst gerechtfertigt. Der Vertrag ist das von der Rechtsordnung anerkannte Gestaltungsmittel der Parteien zur Schaffung einer vernünftigen Ordnung ihrer Rechtsbeziehungen. Er hat die Sozialfunktion, einen sinnvollen Austausch und Ausgleich der Interessen zu ermöglichen. Das Rechtsband des Vertrages darf daher nicht benutzt werden, um die nachteiligen Folgen von Irrtümern oder unerwarteten Ereignissen abzuwälzen. Die Vertragswirkungen müssen entfallen, wenn die vertragliche Ordnung durch Irrtümer oder Änderung der Verhältnisse ihren Sinn und ihre Rechtfertigung verloren hat. Nicht der Wortlaut, sondern die Funktion des Vertrages muß Umfang und Schranken seines Wirkungsbereichs bestimmen. So mit Recht: Siebert bei Soergel, BGB-Kommentar, Bd. I, 9. Aufl., 1959, § 242 Erl. 227 ff.

Die Rechtsfolge dieses Wegfalls der subjektiven Geschäftsgrundlage ist im vorliegenden Fall, daß die Kläger sich von der arbeitsvertraglich vereinbarten Gehaltserhöhung lossagen konnten, was sie getan haben, so daß die tarifvertragliche Regelung in vollem Umfange Platz greift. Denn der Ausnahmefall des § 2 Abs. 2 lit. b) des Anpassungsrahmentarifvertrages vom 5. 7. 1962 ist dann nicht gegeben. Die Kläger können daher die tarifliche Zulage in Höhe von 5 v. H. des festen Gehalts beanspruchen. Die Zulage mindert sich um die bereits gewährten geringeren Zulagen."

Diese Entscheidung wird dem Übergangszustand der Zeit vor und nach dem ersten Anpassungstarifvertrag sicherlich gerecht. Die Parteien konnten den Tarifvertrag nicht voraussehen. Wenn aber persönliche Neuvereinbarungen der Beteiligten des Arbeitsverhältnisses zeitlich erst nach dem Tarifvertrag getroffen worden sind oder künftig getroffen werden, so werden diese bei Abschluß innerhalb der Jahresfrist vor der neuen Spielzeit als Termin der Gagenerhöhung eine spätere, bessere tarifliche Erhöhung ausschließen, wie das Tarifrecht, das nun bekannt ist, es vorsieht. Sollte aber eine solche tarifliche Erhöhung wiederum weit über die Erwartungen bei der Einzel-Vorwegabrede hinausgehen, so muß auch dies wieder im Sinne des Schiedsspruches fraglich werden. Hierin liegt vielleicht ein ständiger Vorbehalt des Anpassungs-Tarifvertrages.

Wegen der weiteren Auswertung dieser Schiedssprüche zur Gagenanpassung vgl. S. 43. Zur Kritik an ihnen vgl. S. 44 Anm. 1 a. E.

Zu den durch die §§ 10, 11 NV vor allem zugunsten der Bühnenmitglieder festgelegten Verboten einseitiger Bindungen und Bedingungen, die im Hauptband S. 74 ff. eingehend erläutert worden sind, liegt nur eine neue Entscheidung des Oberschiedsgerichts vor. Die für Ausländerengagements prekäre Sprach-Klausel, die den Bestand des Engagements von der Beherrschung der deutschen Sprache im Interesse der Bühne abhängig machen soll und gelegentlich (3/60) lautet:

„Das Mitglied ist verpflichtet, sich um eine den Bühnenaufgaben entsprechende Beherrschung der deutschen Sprache zu bemühen. Es hat sich bis zum 30. 4. 1959 darum noch einmal der Intendanz vorzustellen. Die Bühnen der Stadt Essen haben das Recht, bis zu diesem Datum von dem Vertrag zurückzutreten, wenn die sprachlichen Fortschritte keine Gewähr bieten für die zukünftige notwendige Dialog- und Textbeherrschung."

erklärt das Oberschiedsgericht als Verstoß gegen § 10 III NV, gleichviel, ob sie den Vertrag aufschiebend oder, wie es annimmt, auflösend bedingen soll:

„Es kann kein Zweifel darüber bestehen, daß es nach dem Sinn und Willen der in der Klausel niedergelegten Vereinbarung ausschließlich der Entscheidung der Bühnenleitung vorbehalten war, ob sie die sprachlichen Fähigkeiten der Künstlerin nach Ablauf der vorgesehenen Frist als ausreichend ansah, um ihre Fähigkeit zur Verwendung auf der Bühne als gegeben festzustellen. Diese einseitige Beurteilung ist vom Schiedsspruch erster Instanz mit Recht als eine gegen das Verbot des § 10 Abs. 3 NV verstoßende Vereinbarung angesehen worden. Aus diesem Grunde kann unterstellt werden, daß der Vertrag vom Generalintendanten am 2. 5. 1959 annulliert worden ist. Wird diese Behauptung unterstellt, so ist sie belanglos, weil die Bühnenleitung sich auf dieses Rücktrittsrecht nicht berufen kann."

Die Rettung dieser als einseitig unzulässig diskriminierten Sprach-Klausel unter dem Gesichtspunkt der beiderseitigen Geschäftsgrundlage mit der Möglichkeit des Wegfalls des Vertrages, wie es die Bühne wünschte, schneidet das Oberschiedsgericht in 3/60 ab:

„Gegen diese Auslegung spricht der Inhalt des Vertrages und die Tatsache, daß auch ein ausländischer Bühnenkünstler mit mangelnder Beherrschung der deutschen Sprache durchaus bühnenfähig sein kann, wie schon die Tatsache beweist, daß die Klägerin in der ‚Maske in Blau' eine Rolle wahrnahm und vorher im Raimund-Theater in Wien tätig gewesen ist. Im übrigen hat sich auch das Gericht durch die persönliche Vernehmung der Klägerin davon überzeugt, daß der ausländische Akzent ihrer Sprechweise sie keinesfalls als völlig ungeeignet für ein Auftreten auf einer deutschen Bühne erscheinen läßt. Eine Unmöglichkeit der Vertragserfüllung ist deshalb nicht gegeben."

Das Gericht gibt damit zugleich eine Probe unmittelbar fachgerechter, schiedsgerichtlicher Beurteilung der Leistungsfähigkeit eines Bühnenmitglieds.

c) Verlängerungs- und Kündigungsklauseln

Zum Hauptband S. 79–81 keine Ergänzungen.

d) Leistungspflichten, Beschäftigungsanspruch

Der Beschäftigungsanspruch[1]), der bereits bei Vertragsabschluß Gegenstand rechtlicher Formulierungen sein kann (§ 5 VI, § 6 II, III NV), hat rechtlich vielseitige Inhalte und berührt die Interessen des Bühnenmitglieds und der Bühne derart folgenreich, daß man ihn am besten mit der Rechtsprechung zu seiner Erfüllung und zu den Schadensfolgen bei seiner Verletzung erläutert (S. 62 ff., Hauptband S. 91 ff., 105 ff.). Erneut in 4/55 charakterisiert das Oberschiedsgericht seine Bedeutung kurz wie folgt:

„Deshalb muß es bei der Entscheidung der Frage, was unter angemessener Beschäftigung zu verstehen ist, sich richten nach der Eigenart des bühnenkünstlerischen Berufs, insbesondere im Hinblick auf das weitere Fortkommen des Künstlers und seiner Beurteilung."

Eine eigenartige, das Ausmaß der Beschäftigung näher regelnde Vereinbarung wird in 4/55 unbeanstandet gewertet:

„Hier haben sich die Parteien über ein bestimmtes Ausmaß der Beschäftigung geeinigt. Wenn in dem Abkommen nur eine bestimmte Zahl tragender Rollen vom Kl. dargestellt werden sollte, so war damit offensichtlich eine Beschränkung seiner Beschäftigung aus bestimmten Gründen bezweckt, die vom Kl. näher dargelegt worden sind. Im übrigen können die Gründe dahingestellt bleiben."

Dieser Fall ist allerdings von der eigentlichen Tarifproblematik insofern entschärft, als er eine Einschränkung der Beschäftigung nach oben, nicht nach unten betrifft, den Künstler also vor Zuvielbeschäftigung schützen soll und insofern eine Begrenzung des Direktionsrechtes der Bühnenleitung darstellt, die eine abredewidrige Mehrbeschäftigung als vertragsfremde erscheinen lassen würde (S. 54). So betont das Oberschiedsgericht in dieser Entscheidung ausdrücklich, daß die Frage der angemessenen Beschäftigung, die auf das künstlerische Fortkommen zu beziehen ist (S. 64), mit jener Sonderabrede „nichts zu tun" habe.

Über Komplikationen bei Beschäftigungsabreden durch Erfordernisse der Schriftform vgl. S. 26.

---

[1]) Zur allgemeinen Beschäftigungspflicht vgl. BAG – 2 AZR 591/54 vom 10. 11. 1955 in AP Nr. 2 zu § 611 BGB. Schwarze, Der Beschäftigungsanspruch des Bühnenmitglieds in der Rechtsprechung des Bühnenoberschiedsgerichts, Ufita Bd. 16 S. 252.

IV. Erfüllung und Verletzung des Arbeitsvertrages

1. Beschäftigung

a) Vertragsfremde Beschäftigung

Die vertragsmäßig nicht immer klar festgelegte Fachbeschäftigung wird vom Oberschiedsgericht unter Heranziehung besonderer Umstände, insbesondere des bisherigen Repertoires des Künstlers ermittelt, um Unklarheiten nicht zu seinen Ungunsten ausschlagen zu lassen. Die im Hauptband S. 88 erwähnten Beispiele sind zu ergänzen. Vgl. hierzu S. 38.

Wenn nach § 5 II des in Ergänzung zum Normalvertrag geltenden Abkommens über die Wanderbühnen vom 19. 4. 1924 das Mitglied zur Aufrechterhaltung des Betriebes ausnahmsweise auch Rollen übernehmen muß, die außerhalb seines vertraglichen Fachgebietes liegen, also fachfremd sind, so setzt das Oberschiedsgericht für die Handhabung dieser ungewöhnlichen Möglichkeit in 6/59 voraus, daß die Rolle

„nicht sein künstlerisches Fortkommen schädigt und die Aufrechterhaltung des Betriebes es erforderte."

Das Gericht begründet den Anwendungsfall im einzelnen:

„Die Notwendigkeit ergab sich aus der großen Anzahl der für das Stück vorgeschriebenen männlichen Rollen und der geringen Anzahl der zur Verfügung stehenden Kräfte des Ensembles. Die von der ersten Instanz herausgehobene Bedeutung der Rolle läßt auch zweifellos erkennen, daß die Rolle dem Kläger künstlerisch nicht zum Schaden gereichen konnte."

Hieran schließt sich die Darlegung des Gerichts, daß die Rollenübernahme trotz des geringen Umfanges zumutbar war (S. 53). Über den Begriff der Landesbühnen im Verhältnis zu Wanderbühnen vgl. S. 22.

In 8/58–3/59 nimmt das Oberschiedsgericht im Zusammenhang mit einer Vertragsanfechtung seitens eines Hauptdarstellers wegen etwa unzumutbarer Mitwirkung bei völliger Umarbeitung eines klassischen Stückes eingehend zur Abgrenzung der Zumutbarkeit einer Rolle, bezogen auf eine bestimmte Inszenierung, Stellung, erkennt also erneut die Überprüfbarkeit dieses Gesichtspunktes an. Näheres S. 102. Vgl. auch S. 21.

Zu möglicherweise fachnahen Aufgaben, die von Solisten bei Gefahrlosigkeit künstlerischer Schädigung übernommen werden müssen (Hauptband S. 90), rechnet das Oberschiedsgericht z. B. in 10/56 und 11/56 die „vier Liebespaare" der Oper „Romeo und Julia" von Sutermeister, die in der Partitur als Madrigalchor bezeichnet, aber nach fachmännischer Meinung und einer gewissen Übung bevorzugt von Solisten, nicht Chormitgliedern besetzt werden. Sicherlich interessieren einmal wieder die speziell fachlichen Ausführungen, die wie so oft die tragende Grundlage der

Schiedssprüche sind und hier außerdem an ein Sachverständigengutachten anknüpfen. Es heißt in den beiden Schiedssprüchen übereinstimmend:

„Der Madrigal-Chor der ‚vier verliebten Paare' trägt zwar äußerlich nach dem Druck des Klavierauszugs und der Aufnahme der Werkteile in die Chorstimmen sowie nach dem Personenverzeichnis, wo die ‚verliebten Paare' an letzter Stelle nach den ‚Kleinen Partien' aufgeführt sind, gewisse Züge einer Chorleistung. Diese äußeren Anzeichen können aber nicht allein entscheidend sein, zumal die Druckweise aus Übersichtsgründen gewählt sein kann. Von der musikalischen und darstellerischen Seite her gesehen, hat der Madrigal-Chor mehr den Charakter einer einzeldarstellerischen Leistungsaufgabe. Nach dem Gutachten des Sachverständigen Generalmusikdirektors Sch. nämlich hat sich der Begriff des Madrigal-Chors im Laufe der Zeit gewandelt. Es ist denkbar, daß ein Komponist einen Madrigal-Chor einfacher Art schreibt, der ohne weiteres auch vom Opernchor gesungen werden kann. Der Madrigal-Chor in ‚Romeo und Julia' hat indessen einen besonderen Charakter; der enorme Schwierigkeitsgrad der Komposition bedingt ausgesuchte Kräfte mit hervorragender Technik, wie man sie von guten Solisten erwartet, vom Chorsänger aber nicht ohne weiteres verlangen kann. Dazu kommt noch, daß hier Aussehen und darstellerische Gewandtheit der betreffenden Künstler eine gewisse Rolle spielen. Die Komposition ist achtstimmig durchgeführt, vielfach so aufgeteilt, daß jede Stimme nur einmal vertreten ist. Der Sachverständige kommt deshalb zum Ergebnis, daß der Madrigal-Chor vom künstlerischen Standpunkt aus von Solisten gesungen werden sollte, und daß man beim Einsatz von Chormitgliedern diesen ein besonderes Honorar bezahlen muß. Diese gutachtliche Stellungnahme erklärt zwanglos die Tatsache, daß nach den von der Beklagten eingeholten privaten Auskünften nicht nur nach dem Wunsch des Komponisten, sondern auch in der Praxis die Rollen der ‚vier verliebten Paare' regelmäßig Solisten anvertraut zu werden pflegten oder für Solisten als geeignet bezeichnet werden. Wenn hieraus auch noch kein Bühnenbrauch festgestellt werden kann, so wird dadurch das Gutachten bestätigt, wonach vom künstlerischen Standpunkt aus ein Bedürfnis zur Besetzung mit Solisten besteht."

Die Abgrenzung zur Frage der etwaigen künstlerischen Schädigung nimmt das Gericht hier, da es um kleine Partien geht, kurzerhand nach dem Wortlaut des Dienstvertrages vor. Die Pflicht zur Mitwirkung wird im Fall einer Soubrette und Koloratursoubrettensängerin (mit Rollen nach Individualität) in 10/56 als „zu weit liegend" und im Dienstvertrag nicht nach § 5 V NV vereinbart verneint, jedoch im Fall einer 1. dramatischen und Spielaltistin, die die Übernahme auch kleiner Partien dienstvertraglich eingeräumt hatte, „nach Treu und Glauben" in 11/56 bejaht.

Ein weites Feld für die Beurteilung fachnaher oder fachfremder Aufgaben ist das sog. M u s i c a l , über dessen systematische Eingliederung unter, genauer: zwischen die herkömlichen Kunstgattungsbegriffe schon an anderer Stelle die Auffassung des Oberschiedsgerichts dargelegt worden ist (S. 34) und das nicht eine Angelegenheit des sog. Zwischenfaches ist (Hauptband S. 88), sondern eine Kunstgattungsfrage aufwirft. In 15/56 steht die meist vorherrschende Frage der sängerischen Mitwirkung von zwei Schauspielern (der umgekehrte Fall ist im Musical wohl seltener) zur Diskussion. Im Rahmen seiner Grundsätze führt das Oberschiedsgericht (zu „Feuerwerk") aus:

„Die Entscheidung spitzt sich deshalb auf die Frage zu, inwieweit die den Klägern zugeteilten Rollen aus dem Rahmen des üblicherweise einem Schauspieler obliegenden Kunstfachs herausfallen und inwieweit sie darunter zu rechnen sind. Bei Prüfung dieser Frage, die an Hand des Klavierauszugs und der Sachkenntnis des Bühnen-Oberschiedsgerichts vorgenommen wurde, ergibt sich für die Klägerin R., daß ihre Rolle als ‚Iduna' in solchem Maße musikalische Leistung erfordert, daß sie nicht mehr als schauspielerische Aufgabe angesprochen werden kann. Sie hat besonders durch die ihr obliegenden Lieder (Pony-Lied und ‚O, mein Papa') eine musikalische Sonderleistung zu erbringen, die über den Rahmen einer schauspielerischen Leistung hinausgeht und in ihrer besonderen Zugkraft für das Stück als dessen wesentlicher Bestandteil in die künstlerische Erscheinung tritt. Durch diese Lieder soll die Herkunft der ‚Iduna' aus dem Zirkus-Milieu ihres Vaters im Gegensatz zu dem bürgerlichen Milieu der Geburtstagsfeier dargestellt und so die ‚Handlung oder story' weitergeführt werden im Gegensatz zu den in manchen Schauspielen vorkommenden eine Stimmung wiedergebenden Volksliedern (z. B. Gretchen im ‚Faust', Klärchen im ‚Egmont').

Im Gegensatz hierzu überschreitet die vom Kläger F. geforderte gesangliche Leistung nicht die Grenzen des schauspielerischen Kunstfachs. Hier trifft das zu, was Burkhard im Vorspruch zu seinem Werk selbst ausführt und wie er die Stellung des Schauspielers auffaßt: ‚Die Musik trägt die Worte, schafft die Stimmung, befiehlt, wo die Worte zerdehnt, beschleunigt, wo es zart sein soll.' Hier handelt es sich im wesentlichen um Sprechgesang. Daß diese Leistung eine schauspielerische trotz Zuziehung einer musikalischen Begleitung, bestehend aus zwei Klavieren, Gitarre, Schlagbaß und Schlagzeug, bleibt, steht im Einklang mit der Tatsache, daß für diese Rolle auch anderwärts Schauspieler herangezogen werden, ohne daß ihnen ein Sonderhonorar zugebilligt wird."

Ob derartige Aufgaben im Falle der Übernahmepflicht zur angemessenen Beschäftigung beitragen, ist eine andere Frage (S. 36).

Die Rechtsprechung zur Übernahme kleinerer Rollen und Partien innerhalb des Vertragsfaches ist dahin festgelegt, daß auch unabhängig von einer ausdrücklichen Vertragsbestimmung nach § 5 V NV eine Pflicht hierzu bestehen kann, wenn es sich um Einzelaufgaben handelt und eine künstlerische Schädigung nicht zu besorgen ist (Hauptband S. 90, vgl. auch obige Fälle 10/56 und 11/56). Diese Linie hält das Gericht in dem neuen Schiedsspruch 6/59 ein und hebt weitere Gesichtspunkte hervor, die für die Pflicht zur Übernahme kleiner Rollen und Partien ohne Anspruch auf ein Sonderhonorar Voraussetzung sind, falls keine Mitwirkungspflicht vertraglich festgelegt ist, nämlich

„daß auch für erste Rollen engagierte Kräfte sich nicht schlechthin auf das Fehlen schriftlicher Verpflichtung zur Übernahme kleiner Rollen berufen können, sondern deren Übernahme nicht verweigern dürfen und solchenfalls aus der

Übertragung solcher Rollen keine Ansprüche auf ein Sonderhonorar herleiten können, wenn und soweit die Möglichkeit einer Aufführung hiervon abhängt oder in Fällen, in denen die betreffende kleinere Rolle im Zusammenhang des Stücks von besonderer Bedeutung ist und daher aus künstlerischen Gründen nicht jedem beliebigen Schauspieler übertragen werden kann. (Vgl. OSCH vom 13. 1. 1920 NW 1920, 122; OSCH v.7. 6. 1920 NW 1920, 596; u. v. 24. 10. 1921 NW 1922, 38; OSCH 8/39 zit. bei Riepenhausen, ‚Das Arbeitsrecht der Bühne' 2. Aufl. S. 90, Finkelstein, ‚Das Recht des Bühnen- und Filmschauspielers auf Beschäftigung' 1930 § 14 S. 81.) Auch vom Standpunkt des Bühnenkünstlers bedeutet diese insoweit eingeschränkte Verpflichtung keine unangemessene Belastung, da oft an ihn bei derartigen Rollen sehr hohe Anforderungen in künstlerischer Beziehung gestellt werden."

Sehr wesentlich ist der Zusatz:

„Voraussetzung ist dabei, daß das Stück, in dem er eine kleine Rolle übernehmen soll, keine Fachrolle für ihn enthält, und daß er in seinem Fach im übrigen ausreichend beschäftigt wird. Die schriftliche Fixierung einer Verpflichtung zur Übernahme kleinerer Rollen ist deshalb in erster Linie eine Frage angemessener Beschäftigung und die Verpflichtung selbst nicht ausschließlich von einer ausdrücklichen Vertragsregelung abhängig, jedenfalls soweit es sich hierbei um Einzelaufgaben handelt."

Wegen Sondervergütungen in diesem Zusammenhang vgl. S. 72, 79.

Die vertragsfremde Beschäftigung ist gelegentlich das Ergebnis einer vertraglichen Einschränkung des Direktionsrechts der Bühnenleitung nach § 5 I NV (Hauptband S. 91). Ein neuer Fall dieser Art liegt in der Abrede vor, daß ein Künstler „nur" eine bezifferte Zahl von „ersten Rollen seines Persönlichkeitsgebietes" zu spielen braucht und die Übernahme weiterer Rollen seines Einverständnisses bedarf. Diese Klausel legt das Oberschiedsgericht in 4/55 als zulässig zugrunde, ohne eine besondere Rechtfertigung zu fordern (S. 50). Bei Beschäftigung über den verabredeten Rahmen hinaus würde, wenn kein Einverständnis des Künstlers vorliegt, eine vertragsfremde, wenn auch gegebenenfalls fachgerechte Leistung verlangt werden.

Ein Fall vertragsfremder Beschäftigung liegt auch bei Überschreitung des in § 4 II NV festgelegten Begriffs der Mitwirkungspflicht bei auswärtigen Gesamtgastspielen, Festspielen, Werbeveranstaltungen, Bunten Abenden, Morgenfeiern, funkgesendeten Veranstaltungen vor. Zu letzteren vgl. S. 92. Zum Begriff des Gesamtgastspiels der Vertragsbühne sei auf die im Chor- und Tanzrecht erfolgte Entscheidung 8/63 (S. 146) verwiesen. Die dort verlangte Voraussetzung, daß es sich um eine Repräsentation des betreffenden Theaters selbst, nicht nur um eine Zurverfügungstellung von Kräften in anderweitigem Rahmen handeln muß, dürfte auch für die anderen, in § 4 II NV Solo, aber nicht in § 4 II NV Chor und Tanz als älter formuliertem Tarifrecht, erwähnten Veranstaltungsarten gelten. Wegen der Gesamtgastspiele einer Bühne im Ausland vgl. S. 39, 146.

b) Angemessene Beschäftigung

Abmachungen über Art, Umfang, bestimmte Rollen und Partien im Zusammenhang mit der von den Vertragsschließenden gedachten angemessenen Beschäftigung setzen zur Gültigkeit Schriftform voraus, wie dies in der Abgrenzung zu derartigen Abreden außerhalb der Regelung der angemessenen Beschäftigung in der Rechtsprechung des Oberschiedsgerichts festliegt (also Gültigkeit mündlicher Abreden lediglich zur Charakterisierung des Kunstfachs, Typs usw., S. 26, Hauptband S. 30–33). So erneut in 20/57:

„Maßgebend für die Angemessenheit der Beschäftigung ist allein § 6 des NV. Wenn eine darüber hinausgehende erhöhte Beschäftigung vereinbart worden wäre, so hätte diese nach § 5 Abs. 6 des NV in dem Vertrag schriftlich festgelegt werden müssen.

Schriftformzwang besteht zwar nicht für die Vereinbarung über die Art der Rollen, wohl aber, wenn die Frage der Angemessenheit ausdrücklich berührt wird."

Auch auf den Fall 4/55 mit der Abrede einer Höchstbeschäftigung im Interesse des Mitglieds sei verwiesen (S. 50). Der Grundsatz, daß zur angemessenen Beschäftigung in einer Spielzeit mindestens zwei Fachpartien gehören (Hauptband S. 93), wird in der neueren Rechtsprechung des Oberschiedsgerichts aufrechterhalten. So faßt sich das Gericht in 3/56 kurz:

„Die Beschäftigung in der Rolle der ‚Gräfin' fand objektiv jedenfalls in zweiter Besetzung statt. Nach feststehender Rechtsprechung des Bühnen-Oberschiedsgerichts ist als angemessen diejenige Beschäftigung anzusehen, die sich im Rahmen des vertraglichen Rollengebietes hält, wenn Gelegenheit gegeben worden ist, in zwei Rollen des betreffenden Kunstfachs aufzutreten. Regelmäßig ist auch das Auftreten in zwei Rollen des betreffenden Kunstfachs in Premieren zu verlangen, wenn nicht in anderer Weise, z. B. durch Wiederaufnahme mit Presse (13/52), eine besondere Herausstellung erfolgt."

Dabei ist jedoch hinsichtlich der Entscheidung 13/52, die hier zitiert ist, zu bemerken, daß die in ihr erwähnte Wiederaufnahme mit Presse neben zwei Premieren zusätzlich und nicht als Ersatz einer Premiere bewertet worden ist (Hauptband S. 93). Wie es sich mit den heute gelegentlich anzutreffenden „Zweiten Premieren" (in Doppel-, nicht 2. Besetzung) verhält, hatte das Gericht bisher nicht zu entscheiden. In 3/62 wird der allgemeine Grundsatz erneut und einschränkungslos erhärtet:

„Der ersten Instanz ist dahin zuzustimmen, daß als Richtlinie für eine angemessene Beschäftigung üblicherweise die Beschäftigung in mindestens zwei Premieren des Kunstfachs des Künstlers anzusehen ist."

In der neuen Entscheidung 3/63 wird unter Bezugnahme auf die bisherige Rechtsprechung die Beschäftigung weiterhin „in der Regel“ nur dann als angemessen angesehen, „wenn das Bühnenmitglied in einer Spielzeit in mindestens zwei Fachrollen in Premieren beschäftigt wurde“.

Die Beschäftigung in zwei „halben“ 1. Fachpartien bei Kurzopern (Blachers „Flut“ und Orffs „Kluge“) in einer einheitlichen Aufführung an einem Abend wird im Schiedsspruch 3/62 als eine ganze 1. Fachpartie gewertet.

Wenn Übernahmen oder Wiederaufnahmen aus der vorigen Spielzeit gemeinhin keine Premiere aufwiegen, so hat das Oberschiedsgericht in dem besonderen Fall, daß ein Schauspieler nur eine bestimmte Anzahl erster Rollen in einer Spielzeit durchzuführen hatte (4/55, S. 50), nicht den Schluß gezogen, daß die Wiederaufnahme einer Rolle aus der vorigen Spielzeit für die neue Spielzeit nicht anrechnungsfähig und in diesem Zusammenhang der Begriff „erste Rolle“ nicht gleichbedeutend mit „Neuinszenierung“ sei. Weil hier eine Umkehrung des Normalfalles vorliegt, nämlich der vertragliche Ausschluß der Mehrbeschäftigung vom Interesse des Künstlers aus, bedeutet diese Entscheidung keinen Widerspruch zu der sonstigen Rechtsprechung.

Der Streit über den Umfang der Beschäftigung kann bei mehrjährigen Engagements allerdings mitunter durch den Rückblick auf die Beschäftigung in einer vorausgegangenen Spielzeit geklärt werden, wie in 3/56:

„Es kann nun, wie das Schiedsgericht weiter festgestellt hat, nicht bezweifelt werden, daß die Beschäftigung der Klägerin in der Spielzeit 1954/55 nicht entfernt das Maß ihrer Beschäftigung in der vorhergehenden Spielzeit, nicht einmal das Mindestmaß der Beschäftigung in ihrem Kunstfach erreicht hat.“

Im übrigen ist nach 18/57 die Neu-Herausstellung, nicht die Wiederholung, für die angemessene Beschäftigung entscheidend:

„Hinsichtlich der Zahl der Aufführungen bestehen in dieser Beziehung keine Bedenken, da immerhin die Zahl der Aufführungen der Klägerin ein 60maliges Auftreten ermöglichte, wenn man ihr eigne Darstellung, die geringfügig von der Zahlenangabe der Beklagten abweicht, zugrunde legt. Nun kommt es allerdings auf die Zahl der Aufführungen für die hier zur Entscheidung stehende Frage keineswegs an, sondern vielmehr auf die Bewertung der Partien.“

Beim Engagement in mehreren Kunstfächern innerhalb einer Kunstgattung (Schauspiel, Oper, Operette) oder gar in verschiedenen Kunstgattungen wird in 18/57 die Rechtsprechung als „feststehend“ bezeichnet, die bereits in 7/38 vorliegt (Hauptband S. 94), nämlich daß die Beschäftigung nicht auf einen Teil dieser Fächer unter völliger Außerachtlassung eines mitübertragenen Faches beschränkt werden darf. Hier wird zwischen den Fächern der dramatischen Altistin und der Spielaltistin entsprechend unterschieden. Über die Bedeutung der Ansehzeit hierzu S. 58.

Andererseits kann in einer scheinbaren Doppelfach-Formulierung in Wirklichkeit nur ein einziges Fach enthalten sein, so 20/57:

„Nach dem Dienstvertrag war der Kläger für das Kunstfach Liebhaber und Charakterliebhaber verpflichtet. Es handelt sich hierbei um ein besonders geartetes Rollengebiet, nicht um zwei selbständige Fachrollen.
Es war deshalb zu fordern, daß der Kläger in diesem Kunstfach üblicherweise in mindestens zwei Rollen seines Faches beschäftigt wurde."

Der Ausgleich liegt hier in dem wiederholt erhärteten Satz der „mindestens zwei Fachrollen". Denn daß bei mehreren Fächern je zwei Fachaufgaben zu übertragen seien, hat das Oberschiedsgericht nie ausgesprochen; es verneint eine angemessene Beschäftigung, wenn eines von mehreren Kunstfächern unberücksichtigt bleibt, was theoretisch bedeutet: bei mehreren Kunstfächern mindestens je eine Premiere.

Zum Begriff der regelmäßigen Ansehzeit (Dezember bis März) räumt das Oberschiedsgericht eine Auflockerung bis in die ersten Tage des April ein, wenn besondere Umstände des Einzelfalles bei kleineren Bühnen es gestatten. So – vereinzelt – in 3/62:

„Hier ist lediglich von der ersten Instanz und vom Kläger beanstandet, daß die Premiere erst am 2. 4. 1961 stattgefunden und deshalb keine Ansehmöglichkeit mehr bestanden habe. Nun ist zwar richtig, daß im allgemeinen die Zeit von Dezember bis März als diejenige betrachtet wird, die zur Erlangung eines neuen Engagements von besonderer Bedeutung ist. Es ist aber nirgends in der Rechtsprechung als unabänderlich erkannt, daß alle nach dem 31. 3. stattfindenden Premieren bei der Frage der angemessenen Beschäftigung außer Betracht bleiben müssen. Hier kommt es vielmehr auf die Gesamtumstände im einzelnen, insbesondere auch auf die Interessen der Bühne an, die bei der Aufstellung des Spielplans an zeitlich bestehende Möglichkeiten gebunden ist. In der Rechtsprechung des Bühnen-Oberschiedsgerichts ist bisher ausgesprochen, daß die Monate Mai und Juni regelmäßig als Ansehmöglichkeit ausscheiden (vgl. O.Sch. 2/54, Riepenhausen, ‚Das Arbeitsrecht der Bühne' S. 95). Für den April ist dies nicht allgemein ausgeschlossen. Im vorliegenden Fall ist zu berücksichtigen, daß es sich bei der Bühne der Beklagten um ein kleineres Theater handelt, welches selbst beim Engagement eines Sängers nicht auf die regelmäßige Ansehzeit angewiesen ist, vielmehr auch seine Engagements noch später tätigt. Es ist deshalb nicht als Verschulden anzurechnen, wenn die Beklagte die Premiere von ‚Don Giovanni', in welcher der Kläger als Komtur beschäftigt wurde, im Hinblick auf den von Anfang an festgelegten Zeitplan auf den 2. 4. 1961 festgelegt und damit die Hauptansehzeit nur gering überschritten hat."

Dies entspricht allgemeinen Grundsätzen des materiellen Arbeitsrechts bei unerheblicher Überschreitung von Fristen und dgl.

Wiederum 3/63 nimmt die Ansehzeit von Dezember bis März in bezug, in der die Fürsorgepflicht des Arbeitgebers die Beschäftigung des Bühnenmitglieds „gerade in seinem Fachgebiet" bedinge. Daß der Zusatz zur Erwähnung des Mitglieds: „dessen Engagement nicht verlängert wird", eine Einschränkung bedeuten soll, ist nicht anzunehmen, da es an einer ausdrücklichen Betonung in diesem Sinne fehlt. Denn im Dezember und Januar ist die Verlängerungsfrage vielfach noch offen. Gleichwohl und gerade deswegen beginnt die Ansehzeit im Dezember.

Daß beim Engagement in zwei Kunstfächern (hier: dramatische Altistin und Spielaltistin) eine Beschäftigung während der Ansehzeit in beiden Fächern stattfinden muß, bestätigt das Oberschiedsgericht für den Fall der Nichtverlängerung des Vertrages, ohne außerhalb dieser Voraussetzung hierzu Stellung zu nehmen, in 18/57:

„Hier erhebt sich nun die Frage, ob in der Ansehzeit die Klägerin in beiden Kunstfächern beschäftigt werden mußte. Richtig ist, daß nach der ständigen Rechtsprechung des BOSCH bei einem Bühnenkünstler, dessen Vertrag nicht verlängert worden ist, eine besondere Rücksichtnahme insofern geboten ist, als das Rollenverzeichnis ihm bei seiner anderweitigen Bewerbung als Empfehlung dienen kann und ihm auch in der Ansehzeit die Möglichkeit gegeben wird, sich in seinem Fach betätigen zu können. (Vgl. BOSCH 25/38, 21/52.)"

Das Gericht stellt alsdann fest, daß eine entsprechende Beschäftigung in beiden Fächern erfolgt ist. Im übrigen ist die Entscheidung ein erneuter Beleg für die besondere Beschäftigungspflicht gegenüber einem ausscheidenden Mitglied gerade auch in der Ansehzeit (Hauptband S. 95). Das gilt um so mehr, wenn das Mitglied wiederholt krank und indisponiert war (3/56, S. 61).

Gelegentlich wird die Frage der Ausgleichbarkeit unzureichender Beschäftigung erörtert. Wenn bei der Beurteilung der angemessenen Beschäftigung der letzten Spielzeit einmal ein Vergleich mit der Beschäftigung in der vorausgegangenen Spielzeit angestellt wird (S. 56), so geschieht dies nicht, um eine unzureichende Beschäftigung durch die bessere Vorbeschäftigung auszugleichen (Hauptband S. 96). Das Oberschiedsgericht lehnt es umgekehrt ab, eine unangemessene Beschäftigung dadurch als ausgleichbar anzusehen, daß dem – nicht verlängerten – Mitglied ein Angebot gemacht wird, während der auslaufenden Spielzeit, die Gegenstand der streitigen Beschäftigung ist, zu guter letzt noch in eine Rollenübernahme einzuwilligen mit der Bedingung, daß das Mitglied sie in der nächsten Spielzeit nach dem Ausscheiden auf Honorarbasis weiterspielt (17/56). Dies ist eine evtl. Frage der Schadensminderung (S. 66).

Bei der Spielplangestaltung muß die Bühne die Beurlaubung eines engagierten Mitglieds für ein etwa längeres anderweitiges Gastieren kraft Vertrages oder späterer Vereinbarung einkalkulieren und kann sich nicht bei seiner unangemessenen Beschäftigung ohne weiteres hierauf zu ihrer völligen Entlastung berufen (von der Frage der anrechenbaren Mitverursachung durch das Mitglied abgesehen, S. 66). Es heißt in 3/56:

„Nachdem die Klägerin aber unstreitig bis Ende November ohne Gage beurlaubt war, zumal eine Verwendung für sie auch nach der Darstellung der

Beklagten vorher in den ersten Monaten der Spielzeit nicht vorgesehen war, mußte die Beklagte damit rechnen, daß sie nicht rechtzeitig zu den Proben zurück sein konnte. Es war ihr auch wegen anderweitiger Verpflichtungen in Amerika, die sie eingegangen war, nicht möglich, vorzeitig zurückzukehren. An diesem Sachverhalt, wie er ja nun einmal durch die Beurlaubung vorlag, ließ sich nichts mehr ändern, und es kann auch ein Verschulden der Klägerin hieraus nicht hergeleitet werden. Wenn auch die Schwierigkeiten der Spielplangestaltung der Beklagten nicht verkannt werden, so entbanden diese nicht von der Verpflichtung, den Spielplan so zu gestalten, daß der Klägerin eine angemessene Beschäftigung in ihrem Kunstfach ermöglicht wurde. Dies entspricht der ständigen Rechtsprechung des Bühnen-Oberschiedsgerichts (vgl. O.Sch. 30/49). Es war danach Sache der Bühnenleitung, den Spielplan so aufzustellen, daß die angestellten künstlerischen Kräfte angemessen beschäftigt werden konnten."

c) Eingeschränkte Beschäftigung

Schon im früheren Kapitel b) über die angemessene Beschäftigung sind einige Umstände erörtert worden, die seitens der Bühnen für eine Minderbeschäftigung herangezogen werden und hierzu entweder ausreichen oder nicht, beginnend mit der Frage der Auswahl und Zahl der sonst noch engagierten Künstler usw. (Hauptband S. 97, 98). Diese Fälle sind systematisch in die Erörterung dieses Kapitels über die eingeschränkte Beschäftigung zu übernehmen und werden hierin nunmehr eingegliedert. Sie sind durch die neue Rechtsprechung zu erweitern. Ob eine solche Einschränkung der Beschäftigung zugleich deren Unangemessenheit mit der Folge eines Schadensersatzanspruchs bedeutet, ist eine andere Frage, die vom Verschulden der Bühne abhängt (S. 64 ff.). Hier geht es nur um die Klärung, inwieweit gewisse, typische Begründungen für eine Minderbeschäftigung schon von sich aus objektiv erheblich erscheinen oder nicht. Ob sich aus der etwaigen Verneinung zugleich ergibt, daß die Bühne den Eintritt der betreffenden Umstände hätte vermeiden können und müssen oder ob sogar das Mitglied die Folgen der Schlechtbeschäftigung hätte verringern können, wird im Kapitel d) über die unangemessene Beschäftigung behandelt (S. 66 ff., Hauptband S. 105 ff. – früherer Titel „Schadensersatz").

Bezüglich der einvernehmlichen Beschränkung der Beschäftigung unter die normale Grenze der Angemessenheit knüpft das Oberschiedsgericht in 3/56 an die Pflicht der Bühne zur Aufklärung bei Vertragsabschluß an, wenn besondere Umstände einer normalen Beschäftigung von vornherein entgegenstehen (Hauptband S. 98, 99). Ohne Kenntnis ist kein Einvernehmen mit dem Mitglied möglich; hinzukommt der Schriftformzwang für eine entsprechende Abrede (S. 28). Hier berief sich eine Bühne auf die Beschränkungen, denen die Abwicklung des Spielplans bei Benutzung einer Behelfsbühne – von ihr voraussehbar – ausgesetzt war. Es heißt in 3/56:

„Wenn die Einsatzmöglichkeit der Klägerin hierdurch in solchem Maße beschränkt war, so hätte dies im Vertrag oder in einem Nachtrag klar zum Ausdruck gebracht werden müssen. Diese vertragliche Sicherung der Bühne ist nicht nur zu vermissen, sondern es ist aus einem Schreiben der Intendanz vom 13. 1. 1953 (Bl. 26 d. A. I.) im Gegenteil zu entnehmen, daß . . ."

Die einvernehmliche Einschränkung des Beschäftigungsanspruchs durch seine teilweise Abdingung während des Engagements wird, soweit es sich um die Auswirkung auf Ansehrollen handelt, in 1/63 der Erschwerung nach § 4 IV TVG ausgesetzt, also von der Zustimmung der Tarifvertragsparteien abhängig gemacht[1]):

„Der Kläger hat nun nach § 6 des Normalvertrages einen tariflichen Anspruch auf angemessene Beschäftigung. Dazu gehört auch die Beschäftigung mit Ansehrollen. Ein Verzicht auf diesen tariflichen Anspruch bedarf nach § 4 Abs. 4 TVG der Billigung der Tarifvertragsparteien."

Da hier nicht eine totale Abdingung des Beschäftigungsanspruchs in Rede steht, die das Oberschiedsgericht schon früher nicht frei zuließ, gleichwohl aber § 4 IV TVG als Hindernis errichtet wird, muß festgestellt werden, daß das Oberschiedsgericht die bisherige Rechtsprechung, in solchen Teileinschränkungen eine Modulierung einvernehmlich „angemessener" Beschäftigung im Sinne des § 6 II NV zu erblicken (9/40, Hauptband S. 99), nunmehr verschärft und einengt, sofern die wegfallende Beschäftigung den Verlust einer Ansehrolle bedeuten würde. Dabei ist dieser Begriff nicht näher umgrenzt. Die beabsichtigte Einschränkung der Tätigkeit war auf November bezogen, in welcher Zeit das Mitglied beim Fernsehen tätig werden wollte. Möglicherweise hätte dies den Verlust einer im November einzustudierenden Rolle mit Auswirkung auf die Ansehzeit (Dezember bis März, S. 57) nach sich gezogen. Wegen dieses Falles und seiner problematischen Lösung vgl. S. 86.

Der Grundsatz, daß sich eine Bühne vor dem Engagement eines Künstlers ein Bild von seiner Leistungsfähigkeit machen kann und daher – vom Fall des „völligen Versagens" abgesehen – nicht berechtigt ist, die Beschäftigung wegen angeblicher Schlechtleistung zu mindern oder gar zu unterlassen (Hauptband S. 101–103), schließt zwar die prekäre Frage allgemein aus, wer überhaupt den Fall der unzureichenden, künstlerischen Leistung maßgeblich zu beurteilen hätte, der Bühnenleiter oder das Gericht, wie dieses es beim völligen Versagen des Mitgliedes sich vorbehält (Hauptband S. 103). Schwierig bleibt jene Zuständigkeitsfrage gleichwohl, wenn die Leistungsfähigkeit des Mitglieds nachträglich, also erst nach Vertragsabschluß, etwa sogar erst in einer nachfolgenden Spielzeit erheb-

[1]) Trieschmann, Der Vergleich über tatsächliche Voraussetzungen tariflicher Ansprüche und das Erfordernis seiner Billigung durch die Tarifvertragsparteien, Recht der Arbeit 1959 S. 87.

lich herabgesetzt erscheint, ohne daß ein völliges Versagen behauptet wird. Dann wird jener Grundsatz billigerweise eine Einschränkung erfahren müssen, nämlich im Sinne einer einschränkbaren Beschäftigung. Hierbei kommt nach 3/56 keineswegs dem Bühnenleiter die entscheidende, für das Gericht verbindliche Beurteilung einer solchen Frage zu. Eine der Unüberprüfbarkeit der Rentabilität eines Betriebes in der allgemeinen Rechtsprechung der Arbeitsgerichtsbarkeit vergleichbare Handhabung, wie sie dort bei betriebsbedingten Kündigungen im Kündigungsschutzrecht üblich ist, kommt hier nicht in Betracht. Vielmehr wahrt sich hierzu das Oberschiedsgericht seine abschließende Zuständigkeit und schließt eine Gefährdung der künstlerischen und sonstigen Existenzgrundlage der Bühnenmitglieder in einem Kernpunkt, der Beschäftigung, aus (3/56):

„Die Beklagte hat grundsätzliche Bedenken gegen diese Beweisaufnahme, da es Bühnenbrauch sei, daß ausschließlich der künstlerische Leiter einer Bühne über die künstlerischen Qualitäten seines Ensembles zu entscheiden habe. Es verstoße gegen diesen Grundsatz, wenn statt dessen die Presse oder gar Kollegen um ihre gutachtliche Meinung angegangen würden. Diese Bedenken der Beklagten sind unbegründet. An der Befugnis der künstlerischen Leitung einer Bühne, über künstlerische Qualitäten ihres Ensembles zu entscheiden, bestehen keine Zweifel. Hieran aber wird nicht dadurch gerüttelt, daß die Entscheidung in dem Fall nachgeprüft wird, in welchem ihre Rechtmäßigkeit von einer Partei beanstandet wird, und zwar in einem Falle, in welchem durch die Entscheidung Vertragsrechte eines Mitglieds berührt werden. Das Gericht ist in solchen Fällen in der Lage, die ihm geeignet erscheinenden Beweise zur Klärung des Sachverhalts zu erheben."

Auf Grund seiner Beweisaufnahme stellt das Gericht fest, daß sich die neun Absagen der Klägerin wegen Krankheit, Indisposition und Sonderurlaub durchaus im Rahmen hielten. Die Hinzurechnung dieser Auftrittsmöglichkeiten

„würde aber um deswillen noch nicht das Gesamtbild zu einer ausreichenden Beschäftigung vervollständigen, weil immerhin auch dann die Klägerin nicht in einer 1. Fachrolle in einer Premiere herausgestellt worden wäre."

Die hierüber hinaus zu prüfende Frage der Unzumutbarkeit weiteren, vollen Einsatzes der Künstlerin klärt das Gericht ebenfalls durch Vernehmung sachverständiger Zeugen, geht den Behauptungen einer angeblichen Stimmkrise nach, erfährt u. a., daß die Klägerin während einer Vorstellung habe abgelöst werden müssen, und kommt zu dem Ergebnis:

„Auf Grund dieser Beweisaufnahme kann nicht festgestellt werden, daß die Leistungsfähigkeit der Klägerin während der Spielzeit 1954/55 in solchem Maße herabgesetzt war, daß ihr weiterer Einsatz den Interessen der Bühne nicht gerecht wurde. Indispositionen und Heiserkeit kommen immer gelegentlich vor, und es kann hieraus auf die allgemeine Verwendungsmöglichkeit, wie die I. Instanz bereits festgestellt hat, ein sicherer Schluß nicht gezogen werden. Andererseits liegt es durchaus in dem berechtigten Interesse eines Mitglieds, dessen Vertragsverhältnis nicht über den Ablauf der Spielzeit hinaus verlängert wird, daß ihm selbst dann besondere Gelegenheit gegeben wird, seine Fähigkeiten herauszustellen, wenn es durch Krankheit in einigen Aufführungen absagen mußte."

Selbst die Beurlaubung einer Sängerin von September bis einschl. November für ein Auslandsengagement ist in Verbindung mit dem Grundsatz der verantwortlichen Spielplangestaltung der Bühne unter Berücksichtigung der Beschäftigungspflicht kein Rechtfertigungsgrund für die Minderbeschäftigung (S. 58). Hier allerdings räumt das Gericht eine Schadensbeteiligung des Mitglieds ein (S. 66).

Zur Vervollständigung der Kasuistik erlaubter oder unerlaubter Einschränkung der Beschäftigung unter die Grenze der üblichen Angemessenheit (Hauptband S. 103) ist der Fall zu erwähnen, daß ein 1. Fachschauspieler plötzlich durch Tod ausschied und eine unerwartete Umdisposition des Spielplans mit zwangsläufiger Beeinträchtigung des Beschäftigungsanspruchs eines Kollegen erforderlich wurde (20/57). Andererseits hat das Oberschiedsgericht die Minderbeschäftigung wegen unzureichender Beherrschung der deutschen Sprache auf Grund der Anhörung einer ausländischen Künstlerin durch das Gericht selbst abgelehnt (3/60).

d) Unangemessene Beschäftigung

Das Kapitel hieß bisher „Schadensersatz".

Im Hauptband S. 105 ist zur Einleitung dieses Kapitels darauf hingewiesen worden, daß die Einklagbarkeit des Beschäftigungsanspruchs mit dem Antrag, eine bestimmte Rolle oder Partie zu übertragen, wenn eine schriftliche Vertragszusage nach § 6 III, § 5 VI NV vorliegt, in der Regel mangels Vollstreckbarkeit nach § 888 ZPO mehr oder weniger theoretischer, allenfalls moralischer Natur ist und daß daher ein derart an sich bestimmbarer Antrag genauso wie der allgemeine Anspruch auf angemessene Beschäftigung nur in der Form des späteren Schadensersatzanspruchs durchführbar sei. Hierzu ist ergänzend § 61 IV AGG zu erwähnen, wonach der Klageantrag auf Beschäftigung in einer bestimmten Rolle oder Partie, soweit gültig zugesagt, mit dem weiteren Antrag auf Schadensersatz für den Fall der Nichtbeachtung eines entsprechenden Beschäftigungsurteils des Gerichts verbunden werden kann[1]). Inwieweit sich der Schadensbetrag aber trotz der Ermessensmöglichkeit des Gerichts nach § 287 ZPO schon vor Kenntnis der zukünftigen anderen Beschäftigung im weiteren Verlauf der Spielzeit vorweg bestimmen läßt, und ob dies auch für Fälle ohne bestimmte Aufgabenzusage, also im Rahmen der allgemeinen angemessenen Beschäftigung praktikabel werden kann, mag im Einzelfall zweifelhaft sein. Doch darf diese Handhabe rechtssystematisch nicht außer acht gelassen werden.

---

[1]) Hinweis von Herschel in Ufita Bd. 22 S. 383.

Hiermit wird u. U. die Auffassung des Oberschiedsgerichts in Frage gestellt, daß ein Bühnenschiedsgericht nicht als Schadensersatzleistung für eine unzureichende Beschäftigung zur Übertragung zusätzlicher Aufgaben in der folgenden Spielzeit bei vertraglicher Fortdauer des Engagements des Mitglieds verurteilen könne, wie in 16/51 ausgesprochen (Hauptband S. 105). Denn das Argument, eine solche Verurteilung zur Beschäftigung könne nicht mit der Androhung einer Vertragsstrafe in bereits bestimmter Höhe für den Fall der Nichtbefolgung schiedsgerichtlich abgesichert werden, weil dies tarifrechtlich nur bei Vertragsbruch zulässig sei, entfällt gegenüber der gesetzlichen Regelung des § 61 IV AGG, der eine solche Möglichkeit gerade vorsieht, und zwar nicht mit dem Ausdruck „Vertragsstrafe", sondern „Entschädigung". Immerhin lehnt das Oberschiedsgericht die Möglichkeit einer Verurteilung zur schadensersatzmäßigen Einräumung von Gastspielen als Ausgleich unangemessener Beschäftigung nicht grundsätzlich ab. Es läßt dies in 17/56 offen:

„Die Frage, ob dieser Anspruch, wie in erster Instanz beantragt und teilweise erkannt, durch Gewährung von der Beklagten auferlegten Gastspielen in der neuen Spielzeit ausgeglichen werden konnte, hat das Bühnen-Oberschiedsgericht nicht zu untersuchen, da inzwischen durch Zeitablauf die in erster Instanz gesetzte Frist bis 31. 3. 1957 zur Übertragung einer Ansehrolle verstrichen ist."

Bei der großen Bedeutung der Beschäftigung für den Künstler ist gelegentlich deren Nachholung wichtiger als eine noch so günstige Schadenssumme als alleiniger oder zusätzlicher Ausgleich. Das Mittel, die Schadenssumme bei drohender Schlechtbeschäftigung oder bei Verweigerung nachträglicher Mehrbeschäftigung zuvor gerichtlich ankündigen zu können, so daß die Möglichkeit einer Korrektur auch in den Augen von Aufsichtsorganen besteht, könnte hier und dort von Wert sein (vgl. das Urteil des LAG Freiburg Sa. 147/52 über die Vertragsverlängerung wegen unangemessener Beschäftigung, Hauptband S. 14)[1]).

In Ermangelung von Schiedssprüchen zu diesem Thema bleibt die Rechtsprechung des Oberschiedsgerichts derzeit von allein ausschlaggebender Bedeutung, daß die schuldhafte Verletzung des Anspruchs auf angemessene Beschäftigung schadensersatzpflichtig in Geld macht. Es handelt sich dabei um eine Folge positiver Vertragsverletzung, d. h. der Beeinträchtigung allgemeiner Vertragsinteressen des Mitglieds (Hauptband S. 105) oder – speziell arbeitsrechtlich ausgedrückt – um eine Schlechterfüllung seitens der Bühne unter „schuldhafter Verletzung der Fürsorgepflicht" (3/62), wie umgekehrt eine Schlechtleistung des Arbeitnehmers unter Verletzung der Treupflicht schadensersatzpflichtig machen kann,

---

[1]) Riepenhausen, Grundzüge des Arbeitsrechts der Bühnenkünstler, Ufita Bd. 24 S. 44 (Sonderdruck S. 18); Nicht beschäftigt – nicht verlängert, Die Bühnengenossenschaft 1956/57 S. 5; Pflicht zur Gastspielverpflichtung, a. a. O. S. 164; Ohne Überschrift, a. a. O. S. 399.

wenn ein Schaden zu Lasten des Arbeitgebers angerichtet worden ist. Das Gericht wiederholt in 17/56 wörtlich die Formulierung der Schädigung durch unangemessene Beschäftigung, wie es dies unter Feststellung des Schadens nach § 287 ZPO im Grunde und in der Höhe schon früher in 5/37 festgelegt hat (unterbliebene Weiterbildung, Herabsetzung vor der Öffentlichkeit und verschlechterte Engagementsbedingungen für die Zukunft, Hauptband S. 106). Es fügt in 17/56 an:

„Alles dies sind Umstände, die sich der Bewerbung des Mitglieds um anderweitige Anstellung hindernd entgegenstellen müssen, was gleichbedeutend ist mit der Entstehung eines materiellen Schadens, der nach den §§ 251, 252 BGB durch Geldleistung zu ersetzen ist. Die Wichtigkeit des Grundanspruchs des Bühnenmitglieds auf angemessene Beschäftigung erfordert einen entsprechenden Ausgleich. Die Höhe des Schadens war nach § 287 ZPO vom Gericht unter Würdigung aller Umstände nach freier Überzeugung zu ermitteln."

In 3/63 wird der Verstoß gegen die Beschäftigungspflicht als „positive Forderungsverletzung nach §§ 276, 278 BGB, § 6 Ziffer 1 Normalvertrag Solo" bezeichnet.

Damit sind die bisher geübten Grundsätze erneut bestätigt.

Die Voraussetzung des V e r s c h u l d e n s für einen Schadensersatzanspruch des Mitglieds gegenüber der Bühne wegen unangemessener Beschäftigung wird in der Regel in Form der Fahrlässigkeit zugrunde gelegt und muß gegeben sein, wenn das Oberschiedsgericht dies auch manchmal nicht ausdrücklich betont. Die Abkürzung der Beurteilung solcher Tatbestände erklärt sich daraus, daß sie schon bei der Feststellung der objektiven Merkmale der unangemessenen Beschäftigung, wie sie sich bühnenerfahrungsgemäß ergeben, begriffsmäßig absorbiert sind, so, wenn kurzerhand davon die Rede ist, daß die Überzahl beschäftigungsmäßig nicht voll zu befriedigender Künstler kein Grund für die Minderbeschäftigung einzelner ist (Hauptband S. 98). Daher sind Tatbestände des Verschuldens teilweise bereits in die vorausgegangenen Kapitel einbezogen worden. Doch betont das Oberschiedsgericht grundsätzlich den Nachweis des Verschuldens der Bühne als notwendige Voraussetzung eines Schadensersatzanspruchs eines Mitgliedes in 5/55:

„Es braucht bei dieser Rechtslage nicht auf die weitere Frage eingegangen zu werden, ob die Beklagte ein Verschulden daran trifft, daß die Klägerin in der Rolle der ‚Patty' nicht beschäftigt worden ist, denn nur bei Vorliegen einer verschuldeten Vertragsverletzung wäre ein Schadensersatzanspruch gegeben. Ein Verschulden ist aber von der Beklagten deswegen abgelehnt worden, weil die Klägerin durch ihr fahrlässiges Verhalten bei Vollziehung ihres Urlaubs sich selbst in die Lage versetzt hat, daß an ihrer Stelle eine andere Künstlerin mit der Rolle der ‚Patty' betraut wurde."

Oder in 17/56:

„Zusammenfassend ist deshalb dem Bezirksbühnenschiedsgericht darin beizutreten, daß die Beschäftigung der Klägerin durch Schuld der Beklagten unangemessen war. Der Klägerin stand daher nach der feststehenden Rechtsprechung ein Schadensersatzanspruch zu."

Und in 18/57:

„Zusammenfassend kann also nicht gesagt werden, daß die Beklagte durch schuldhaft unangemessene Beschäftigung der Klägerin einen Schaden zugefügt hat."

In typischer Zusammenfassung neuerdings 3/63:

„Es kann, wenn keine besonderen Umstände vorliegen, davon ausgegangen werden, daß die mangelnde angemessene Beschäftigung von der Theaterleitung schuldhaft verursacht wurde; denn sie hat schon bei der Aufstellung des Spielplanes die Möglichkeit, durch eine entsprechende Besetzung den Beschäftigungsansprüchen der Bühnenmitglieder gerecht zu werden. Sofern jedoch der Spielplan keine Besetzungsmöglichkeit aufweist, wäre der Beklagten gerade bei Arbeitsverträgen, die auf ein Jahr befristet sind, der Vorwurf zu machen, daß sie den Kläger überhaupt für das Kunstfach ‚Bürgerlicher Vater' engagiert hat. Denn dann konnte dieser auch damit rechnen, in einer Fachrolle als bürgerlicher Vater beschäftigt zu werden.

Auch die Ursächlichkeit der Nichterfüllung des Beschäftigungsanspruches für den eingetretenen Schaden ist zu bejahen."

Der letzte Satz wird nicht näher begründet. Er versteht sich seit Jahrzehnten von selbst.

Ausnahmsweise befreit das Oberschiedsgericht in 3/62 die Bühnenleitung vom Vorwurf des Verschuldens bei ihrer Fehlbeurteilung von Partien des 1. Basses als nicht auch dem 1. seriösen Baß übertragbarer Partien (Bankier in Blachers „Die Flut" und Bauer in Orffs „Die Kluge"), weil die Meinungen der Fachleute hierüber auseinandergingen und die Bühnenleitung

„diese Partien in Übereinstimmung mit dem Sachverständigen als 1. Fachpartien dem Kläger zugeteilt hat, die sowohl in erster Instanz wie auch vom theaterwissenschaftlichen Institut als fachgerechte Übertragung angesehen wurden."

Sicherlich darf diese Entscheidung nicht Anlaß sein, daß sich die Bühne in Zweifelsfällen – oder die sie dazu erklärt – vorsorglich Freibriefe von Sachverständigen dieser oder jener Art ausstellen läßt, um bei später anderweitiger Beurteilung durch ein Schiedsgericht schuldlos zu bleiben. Die objektiv richtige fachliche und rechtliche Einschätzung einer Rolle oder Partie gehört zu den fürsorgepflichtigen Aufgaben der Bühne[1]). Eine Fehleinschätzung trifft sie, da der Risikobereich des Direktionsrechts der Bühne berührt wird (§ 5 I NV). Zweifelsfälle kann sie durch vorsorgliche Mehrbeschäftigung anderer Art im Rahmen der angemessenen Beschäftigung ausgleichen, wenn eine beiderseits verbindliche Vorklärung der Fachfrage

[1]) Zu einem ähnlichen Problem, nämlich zur Verletzung der fürsorgemäßig gebotenen Anhörung des Betriebsrates vor einer Kündigung, heißt es im BAG-Urteil bei AP Nr. 16 zu § 66 BetrVG: „... ein Rechtsirrtum schließt regelmäßig das Verschulden nicht aus."

nicht möglich ist. Auf die Behandlung sonstiger Grenzfälle in der Rechtsprechung des Oberschiedsgerichts sei in diesem Zusammenhang verwiesen (S. 148, Hauptband S. 231 am Ende des Zitats aus 19/51). Die Gefahr der Fehlbeschäftigung des Mitglieds mit der Folge seiner etwa unangemessenen Beschäftigung muß vordringlich vermieden werden. So ist jene Entscheidung des Oberschiedsgerichts (9/56), das öfter Gelegenheit gehabt hätte, Zweifelsfälle auf diese Art sachverständiger Meinungsverschiedenheiten folgenlos zu stellen, in der Tat vereinzelt.

Das Mitverschulden oder doch die Mitverursachung des Mitglieds im Sinne des § 254 I BGB ist erneut zur Schmälerung des Schadensersatzanspruchs herangezogen worden. Eine Mitverursachung liegt z. B. vor, wenn die von der Bühne disponierte Urlaubs-Gastspielzeit zu einer Unterbrechung der Beschäftigung geführt hat und von ihr im Rahmen der Spielplangestaltung einkalkuliert war. Es handelt sich um das bereits wiedergegebene Zitat aus 3/56 (S. 58), das zur Frage der Mitverursachung wie folgt zu ergänzen ist:

„Nach alledem war dem Grunde nach festzustellen, daß die Beklagte schadensersatzpflichtig für die unangemessene Beschäftigung der Klägerin war. Bei der Höhe des Schadens war indessen von der I. Instanz nicht ausreichend berücksichtigt worden, daß durch die von der Klägerin gewünschte Beurlaubung in den ersten 3 Monaten der Spielzeit die Klägerin selbst sich während eines nicht unerheblichen Teils der Spielzeit der Möglichkeit entzogen hatte, auf der Bühne der Beklagten aufzutreten und andererseits die ihr willkommene Gelegenheit benutzt hat, in Amerika Gastspiele einzugehen und sich dort in ihren künstlerischen Fähigkeiten zu zeigen."

Das Oberschiedsgericht vermeidet hier den Ausdruck „Mitverschulden" und stellt mehr auf objektive Momente, wie insbesondere darauf ab, daß die Klägerin einen gewissen Ausgleich in der Wirkung ihrer anderweitigen Tätigkeit gehabt hat und daher der Schaden als solcher geringer einzuschätzen war.

Ein echtes Mitverschulden erblickt das Gericht in dem Verhalten einer Schauspielerin, die die Möglichkeit zur nachträglichen Schadensminderung nach § 254 II BGB durch Gastspiele bei der gleichen Bühne ausschlug – ein bemerkenswerter Gesichtspunkt auch zur umgekehrten Frage, ob die Bühne zu Gastspielen als Schadensersatz für unangemessene Beschäftigung verurteilt werden kann (S. 63). Hierzu wird in 17/56 der Grundsatz ausgeführt:

„Andererseits war die Klägerin von einem, wenn auch geringeren eigenen Verschulden nicht freizusprechen. Dies durfte nach § 254 BGB nicht außer Betracht bei der Schadensbemessung bleiben, da eine gerechte Entscheidung die Würdigung aller Umstände, die zum Schadenseintritt führten, erfordert. Nach § 254 (2) BGB kann ein Mitverschulden des Geschädigten darin liegen, daß er es unterlassen hat, den Schaden zu mindern. Das Unterlassensverschulden setzt nicht eine besondere Rechtspflicht voraus; es genügt jeder Verstoß gegen Treu und Glauben.

Ob ein solcher Verstoß anzunehmen ist, kann nur unter Beachtung aller Umstände beurteilt werden (Palandt BGB 16. Aufl. Anm. 2 b und 3 zu § 254). Hier war nicht außer acht zu lassen, daß die Klägerin, zumal sie kein neues Engagement gefunden hatte, den Schaden dadurch hätte mindern können, daß sie bei der vorgesehenen Disposition der Beklagten für die Spielzeit die Gelegenheit wahrnahm, die Rolle der ‚Olga' gegen Honorar weiter zu übernehmen. Daß eine Einigung über Honorar, Spielzeit und andere Bedingungen an unzumutbaren Vorschlägen gescheitert wäre, ist nicht ersichtlich."

Andererseits ist in diesem Fall das entsprechende Angebot der Bühne schon bei Antragung der Rolle zum Auslauf der Spielzeit mit Premiere zu deren Ende nicht zur Freistellung der Bühne vom Vorwurf unangemessener Beschäftigung berücksichtigt worden (S. 63). Eine weitere Beteiligung der Künstlerin im Sinne der Mitverursachung erblickt das Gericht ausnahmsweise darin, daß sie nach der Entbindung von einem Kind und nach Ablauf der Schonzeit gemäß Mutterschutzgesetz nicht den Wunsch nach einer neuen Beschäftigung äußerte, sondern ihrem ganzen Verhalten nach den Eindruck machte, hieran wegen des Säuglings einstweilen nicht interessiert zu sein. Entkräftet dieser Einzelfall ohnehin nicht das Prinzip, daß das Mitglied seinen Beschäftigungsanspruch nicht in Erinnerung zu bringen braucht, sondern auf seine fürsorgepflichtige Erfüllung durch die Bühne vertrauen darf (Hauptband S. 100, 106), so fügt das Gericht in dieser Entscheidung (17/56) noch hinzu, daß es sich um eine „kleinere" Bühne handelt. Im übrigen ist das absonderliche Merkmal dieses Falles die von der Kindesmutter hervorgerufene Fehlmeinung über ihr Beschäftigungsinteresse, also ihr irreführendes Vorverhalten.

Jedoch redet das Oberschiedsgericht nicht der vielfach von Bühnenseite vertretenen Auffassung das Wort, das Mitglied müsse sich rechtzeitig bemerkbar machen, wenn es sich nicht angemessen beschäftigt fühle. Wie die bisherige Rechtsprechung im gegenteiligen Sinne (19/40, Hauptband S. 100) lautet hierzu 3/63:

„Die Schadensersatzpflicht der Beklagten wird nicht durch den Einwand ausgeschlossen, der Kläger habe seinen Anspruch auf angemessene Beschäftigung dadurch verwirkt, daß er keine Einwendungen gegen die ihm übertragenen Rollen erhoben habe."

Die Bezifferung der Schadensersatzbeträge im Ermessenrahmen des § 287 ZPO läßt in der neueren Rechtsprechung keine grundsätzlichen Abweichungen von der bisherigen Praxis erkennen (Hauptband S. 109). Weiterhin wird das Fehlen eines Anschlußengagements als zusätzliche Belastung, nicht aber als Voraussetzung des Anspruchsfalles angesehen (17/56). Rückschlüsse auf eine gewisse Norm von Schadensersatzbeträgen in Höhe mehrmonatiger Gagen lassen sich in Ermangelung derzeit anderer Entscheidungen des Oberschiedsgerichts, so häufig diejenigen der 1. Instanzen sind, aus den Fällen ziehen, in denen Mitverursachung oder Mitverschulden des Mitglieds vorliegt. So hat das Gericht im Falle 3/56 (S. 66) bei dreimonatiger Gastspiel-Urlaubsabwesenheit einer Sängerin mit Wirkungsausgleich bei entsprechender Auslandstätigkeit eine Monatsgage von 1000 DM, im Falle 17/56 (S. 66) immerhin noch zweieinhalb Monatsgagen mit zusammen 1000 DM und im Falle 9/56 (S. 99) bei Mitverschulden des Mitglieds wegen nicht sofort aufklärbarer, scheinbarer fristloser Entlassungsgründe unter Ausfall von drei Spielmonaten zu Beginn der Spielzeit, der hierdurch bedingt war, eineinhalb Monatsgagen mit 1600 DM zugesprochen. Man geht daher nicht fehl, wenn man als Regelsatz eines nicht durch Mitverursachung, Mitverschulden oder anderen Schadensausgleich geschmälerten Anspruchs drei bis fünf Monatsgagen ansieht, und zwar unter Begünstigung der mäßigen Gagen gegenüber den höheren. Fälle, die den Begriff der unangemessenen Beschäftigung bis zur Nichtbeschäftigung erweitern, dürften höher auszugleichen sein[1]). Diese Hinweise schließen sich den früheren Zitaten aus der Rechtsprechung des Oberschiedsgerichts an (Hauptband S. 109).

Der Zeitpunkt der Klageerhebung wegen Schadensersatz setzt die Möglichkeit der Beurteilung der Spielzeit im ganzen, also jedenfalls bis zum Schluß der Ansehzeit (Ende März) voraus, zu welchem Termin der beschäftigungsrechtlich ohnehin nicht mehr sehr entscheidende Rest der Spielzeit dispositionsmäßig bereits überblickt werden kann. Selbst eine längere Hinauszögerung der Klage über das Ende der Spielzeit hinaus rechtfertigt nach 3/63 nicht den Einwand der Verwirkung, zumal die Genossenschaft Deutscher Bühnen-Angehörigen schon gegen Ende der Spielzeit im Auftrage des Klägers die unzureichende Beschäftigung beanstandet hatte:

„Unabhängig davon sind an die Voraussetzungen einer Verwirkung strenge Anforderungen zu stellen, weil die Pflicht zur angemessenen Beschäftigung zunächst Sache der Theaterleitung ist und deshalb erst nach Ablauf der jeweiligen Spielzeit der Zeitraum beginnen kann, in dem auf Grund eines entsprechenden Verhaltens des Bühnenmitglieds bei der Theaterleitung der Eindruck erweckt werden kann, das Bühnenmitglied wolle Schadensersatzansprüche nicht stellen (Verwirkung). Hier hat der Kläger vier Monate nach Ablauf der Spielzeit mit der Erhebung der Klage gewartet. In diesem Zeitraum konnte sich die Beklagte aber gerechterweise nicht schon darauf einstellen, der Kläger werde keine Schadensersatzansprüche geltend machen, weil dieser die gerichtliche Geltendmachung von Schadensersatzansprüchen durch ein Schreiben der GDBA vom 18. 6. 1962 ankündigen ließ."

Das liegt im Rahmen der sonstigen Rechtsprechung des Oberschiedsgerichts zur Verwirkung (S. 128).

---

[1]) In dem auf S. 14 Anm. 2 zitierten Urteil des LAG Berlin zu 2 Sa 753/57 ist der Schadensersatz für entgangene weitere Aufführungen eines Stückdauervertrages zusätzlich zur Gage in gleicher Höhe zugesprochen worden, geschätzt nach § 287 ZPO (nach Klageerweiterung in der Berufungsinstanz gemäß § 268 Ziff. 2 ZPO). Hierzu auch S. 20 Anm. 1.

2. Sonstige Vertragsrechte

a) Gage

Bei unverschuldeter Krankheit wird die Gage in Verträgen auf Spielzeitdauer für sechs Wochen weitergezahlt und werden für anschließend längstens weitere sechs Wochen gestaffelte Zuschüsse zum Krankengeld der Krankenkassen, bei Versicherungsfreiheit in Höhe von 50 v. H. der Gage gewährt. Schwierigkeiten ergeben sich bei der Auslegung des § 8 Ziff. 1 vorletzter Absatz NV in der Fassung vom 14. 4. 1961, wonach sich die für vorstehende Zahlungen festgelegten Wochenfristen „entsprechend mindern", wenn der Dienstvertrag für einen kürzeren Zeitraum als acht Monate abgeschlossen worden ist. Eine gleichlautende Bestimmung befand sich in der früheren Fassung des § 8 Ziff. 1c vom 15. 9. 1955, die eine Gagenfortzahlung nicht für sechs Wochen, sondern nur für vier Wochen (mit anschließenden Zuschüssen für wiederum vier Wochen) vorsah. Hierzu bemerkt das Oberschiedsgericht in 4/61 beim Fall eines dreimonatigen Engagements mit entsprechender Bedeutung für die inzwischen erfolgte Neufassung der Vorschrift:

„Bei Dienstverhinderung durch unverschuldete Erkrankung bleibt der Anspruch des Mitglieds auf die vertraglich vereinbarten festen Bezüge bei Verträgen, die für die Dauer einer Spielzeit abgeschlossen sind, nach Maßgabe der folgenden Bestimmungen a), b) aa) und bb) bestehen. Wenn es dann in c) heißt, daß bei einem Dienstvertrag für einen kürzeren Zeitraum als acht Monate sich die Fristen zu a) und b) entsprechend vermindern, so bedeutet das zunächst, daß bis zu einem Zeitraum von acht Monaten eine Verkürzung nicht eintreten soll. Nach dem Zweck dieser Bestimmung ging man davon aus, daß bis zu acht Monaten die Krankenbezüge gleichgeregelt werden sollen wie im Falle eines Spielzeitvertrags. Es soll also erst eine Verkürzung der Bezüge bei kürzeren als Achtmonatsverträgen eintreten. Wenn dann aber gesagt ist, daß sich bei einem kürzeren Zeitraum als acht Monaten die Fristen zu a) und b) entsprechend vermindern, die für einen Spielzeitvertrag festgelegt sind, dann muß das Verhältnis von zwölf zu den entsprechenden kürzeren Fristen ermittelt werden. Hieraus ergibt sich für den vorliegenden Rechtsstreit folgende Berechnung:

Die Klägerin hat zu beanspruchen nach § 8 a)–c) ihre Bezüge statt für vier Wochen nur für den vierten Teil (3 : 12), also für eine Woche. Ergibt bei einer Tagesgage von 60,– DM (1800,– : 30) 420,– DM. Nach § 8 b) bb) und c) hätte sie bei einer Spielzeit von zwölf Monaten 50 Prozent ihrer Gage für sechs Wochen zu beanspruchen, mithin für 42 Tage. Das entspricht bei einem Engagement von 3 Monaten einem Viertel von 42 = 10,5 Tage, jedoch nur in Höhe von 50 Prozent, also nur 10,5 × 30,– ergibt 315,– DM. Der gesamte Vergütungsanspruch berechnet sich danach auf 735,– DM."

Auch bei Erkrankung während der Gastspiele, für die gemäß § 20 NV die Regelung über die Fortzahlung der Gage im Krankheitsfall (§ 8 NV) nicht gilt, kann unter Umständen ein Anspruch auf Weiterzahlung der Vertragsgage gegeben sein. In dem bemerkenswerten Schiedsspruch 5/59, der bereits für die Definition des Gastspielbegriffs zitiert worden ist (S. 18), hatte der Betriebsunfall einer Sängerin den Wegfall mehrerer von 20 garantierten Gastspielen zu je 300 DM zur Folge gehabt. Sie verlangte die vereinbarte Gage, die ihr das Oberschiedsgericht zusprach. Dabei setzt sich das Gericht zunächst mit § 898 RVO (jetzt § 636 RVO) auseinander, wonach Ansprüche aus betrieblichen Unfallschäden unter Wegfall der Haftung des Arbeitgebers durch die Berufsgenossenschaft ausgeglichen werden und in der Regel nur gegenüber außenstehenden Dritten als Schädigern unmittelbar in Betracht kommen. Doch fällt der Gagenzahlungsanspruch nicht hierunter (5/59):

„Das Bezirksschiedsgericht ist bei seiner Entscheidung der in der Literatur und Rechtsprechung vertretenen Auffassung gefolgt, daß § 898 RVO eine Haftpflicht des Arbeitgebers für Unfallschäden auch aus Vertrag – abgesehen von vorsätzlichem Handeln – ausschließe. An deren Stelle übernimmt die Sozialversicherung in gesetzlich beschränktem Umfang die Erstattung von Unfallschäden. Dieser Ausschluß der Arbeitgeberhaftung bezieht sich unzweifelhaft auch auf solche Schadensersatzansprüche, die neben unerlaubter Handlung auf Vertrag, z. B. § 618 BGB gestützt werden könnten. Auch insoweit ist der Auffassung des Bezirksschiedsgerichts in vollem Umfang beizutreten.

Das Bezirksschiedsgericht übersieht aber, daß sich dieser Ausschluß nach dem Wortlaut des § 898 RVO und seinem Sinn lediglich auf Schadensersatzansprüche beschränkt, die aus irgendeinem schadenbringenden Ereignis bei Betriebsunfall dem Arbeitnehmer erwachsen können. Nicht ausgeschlossen sind dagegen solche Ansprüche, die ihrem Wesen nach keinen Schadensersatz betreffen, sondern reine Erfüllungsansprüche sind. Das ergibt sich auch eindeutig aus einem Vergleich der durch die RVO gewährten Ersatzansprüche mit Lohnansprüchen. In §§ 189, 559 RVO ist nämlich bestimmt, daß die aus der RVO sich ergebenden sozialen Versicherungsansprüche auf Kranken- und Hausgeld nur insoweit bestehen, als dem Arbeitnehmer nicht nach allgemeinen Grundsätzen Lohnansprüche zustehen. Solche bleiben also bestehen. Die Haftung für die letzteren wird durch § 898 RVO nicht berührt, soweit sie aus allgemeinen Bestimmungen gegeben sind. Es sollen die sozialen Versicherungsträger insoweit entlastet werden. Aus der von der Beklagten angeführten Entscheidung des RG in NJW 52, 1249 ff. ergibt sich jedenfalls der rechtlich anerkannte Grundsatz, daß bei einer Schädigung durch einen Dritten dem Schädiger die Lohnfortzahlung des Arbeitgebers nicht auf den Schadensersatz des Schädigers aus unerlaubter Handlung angerechnet werden darf. Hieraus ist zwar für die hier zu treffende Entscheidung nicht unmittelbar Entscheidendes zu entnehmen, wohl aber zu erkennen, daß die Rechtsprechung scharf zwischen Schadensersatzansprüchen und Lohnfortzahlungsansprüchen unterscheidet."

Andererseits zieht aber das Gericht aus der hier vereinbarten Vertragsklausel, daß die Gage entfallen soll, wenn die Künstlerin eine Aufführung aus einem „bei ihr liegenden Grunde" absagt, nicht bereits den Umkehrschluß, der Zahlungsanspruch sei begründet:

„Nicht zu folgen ist der Klägerin darin, daß ein solcher Anspruch auf Fortzahlung des Honorars sich bereits aus der mehrfach erwähnten Vertragsklausel schon ergebe. In der Vertragsklausel ist die Aufführungsgarantie insoweit eingeschränkt, als gesagt ist, daß von der garantierten Anzahl der Aufführungen jede Aufführung abgezogen werden müsse, die die Klägerin aus Gründen, die bei ihr liegen, absage. Nun kann kein Zweifel darüber bestehen, daß vom Standpunkt der objektiven Verursachung, ungeachtet eines Verschuldens des einen oder anderen Teils, der Klägerin die von ihr übernommene Leistung unmöglich geworden ist wegen ihrer Arbeitsunfähigkeit – also aus einem Grunde, der in ihrer Person lag. Auch insoweit war der Auffassung des Bezirksschiedsgerichts beizutreten. Es kann bei sachgemäßer Auslegung der Vertragsklausel nach Treu und Glauben gemäß § 157 BGB aus ihr nicht entnommen werden, daß die Beklagte für Unfallschäden, die sie allein oder mitverschuldet haben sollte, gegenüber der Klägerin unter Ausschaltung des § 898 RVO eine Haftung übernehmen wollte. Das würde angesichts der Regelung von Unfallschäden durch die Sozialgesetzgebung, deren Last allein die Beklagte trägt, jeder Erfahrung widersprechen."

Vielmehr erkennt das Gericht den Anspruch auf Fortzahlung der Gastspielgage nach § 616 I BGB als gesetzlichen Erfüllungsanspruch an:

„Durch die Unmöglichkeit der Vertragsleistung seitens der Klägerin ist an sich je nach dem Verschulden ein Fall der §§ 323 bis 325 BGB gegeben. Fraglich ist, inwieweit diese Vorschrift auf das Vertragsverhältnis der Parteien Anwendung finden kann. Das frühere RAG hatte zwar in ARS 37, 230 im Gegensatz zu seinen älteren Entscheidungen die Ansicht vertreten, daß die §§ 323 bis 326 BGB auf das Arbeitsverhältnis überhaupt nicht mehr anwendbar seien. In dieser Allgemeinheit kann dieser Standpunkt jedoch nicht aufrechterhalten werden, weil hierfür kein Grund vorhanden ist, soweit man diese Vorschriften in einer dem Wesen des Arbeitsverhältnisses entsprechenden Weise auslegt. (H. M. vgl. Hueck-Nipperdey, Lehrbuch des Arbeitsrechts Bd. I, Seite 201 ff. und BGHZ 10, 190.) Nun ist für den Fall der Unmöglichkeit der Leistung des Arbeitnehmers im Falle einer Erkrankung eine Sondervorschrift in § 616 BGB enthalten, durch die § 324 BGB modifiziert wird. Danach hat der Arbeitgeber im Krankheitsfall einem Angestellten trotz Nichtleistung der versprochenen Dienste für die Dauer von sechs Wochen die Arbeitsvergütung weiter fortzuzahlen. Diese Vorschrift findet auch Anwendung, wenn der Krankheitsfall auf einem Unfall beruht. (Vgl. RG in NJW 52, 1249, Leitsatz 1 b.) Dieser Anspruch aus § 616 BGB ist seinem Wesen nach kein Schadensersatzanspruch, sondern ein Erfüllungsanspruch aus dem Arbeitsvertrag auf Zahlung der Arbeitsvergütung. (Vgl. Staudinger, BGB 11. Aufl. Anm. 4 zu § 616; Siebert in Festschrift für Heinrich Lehmann Bd. II, Seite 680 und Hueck-Nipperdey, Lehrbuch 6. Aufl. Bd. I § 44, Seite 512.) Wird aber der Charakter des Lohnanspruchs durch die Sonderregelung des § 616 nicht berührt, so kommt der Haftungsausschluß nach § 898 RVO nicht zum Zuge, weil letzterer sich ausschließlich auf Schadensersatzansprüche bezieht, mögen sie auf Vertrag oder unerlaubter Handlung beruhen."

Auch die Besonderheiten des § 616 BGB, die die Angestelltenversicherung (II) und die Verschuldensfrage (I) betreffen, werden vom Oberschiedsgericht näher geprüft. Dabei wird die Verschuldensfrage auf mutwillige Gesundheitsgefährdung begrenzt (5/59):

„Die Voraussetzung von § 616 Abs. 2 BGB ist insofern nicht ausschließbar gegeben, als die Klägerin als Bühnenmitglied angestelltenversicherungspflichtig ist. Denn sie war für die Dauer der Spielzeit 1957/58, wenn auch nur für eine bestimmte Partie, angestellt. Fraglich konnte sein, ob, wenn die Behauptung der Beklagten bezüglich des eigenen Verschuldens der Klägerin zutrifft, nicht der Vergütungsanspruch wegen Verschuldens ausgeschlossen ist. Zwar bestimmt § 616, daß Vergütungansprüche bei Nichtleistung von Arbeit infolge Erkrankung nicht bestehen, wenn die Erkrankung verschuldet ist. Der Verschuldensbegriff des § 616 BGB ist aber nach übereinstimmender Auffassung von Schrifttum und Rechtsprechung dahin aufzufassen, daß als verschuldet ein Unfall nicht schon dann anzusehen ist, wenn der Arbeitnehmer durch leichtsinniges Verhalten den Unfall verursacht hat, sondern nur dann, wenn er besonderen Anlaß hatte, die Erfüllung seiner Obliegenheit nicht mutwillig zu gefährden. Es darf sonach die Krankheit nicht dadurch entstanden sein, daß der Arbeitnehmer leichtfertig seine Gesundheit aufs Spiel gesetzt hat in der Erwartung, daß gleichwohl der Lohn fortgezahlt werde und daß er einen übermäßigen Wagemut an den Tag gelegt hat (vgl. Nikisch, Arbeitsrecht, 2. Aufl. Bd. I, § 43 II, Seite 505/506; Staudinger BGB 11. Aufl. Anm. 4 zu § 616; RGZ 84, 415; LAG Dortmund in ARS 33, 130). Davon kann auch bei Unterstellung der Darstellung der Beklagten keine Rede sein, sofern sie sich nicht genau an die Bühnenvorschrift gehalten haben sollte."

Hiernach erkennt das Gericht einen Anspruch auf Zahlung der Gastspielhonorare an, die im Verlauf von noch sechs Wochen angefallen wären, wenn die Künstlerin nicht durch den Unfall an der Mitwirkung verhindert gewesen wäre, jedoch unter Abzug dessen, was sie durch die Leistungen der Unfallversicherung an Krankengeld erhalten und was sie durch den Krankenhausaufenthalt an eigenen Aufwendungen für Verpflegung erspart hat (§ 616 I 2 BGB). Die in der Gastspielgage von je 300 DM steckenden Spesen bringt das Gericht nicht in Ansatz, da sie in der Anrechnung von Krankengeld und Krankenhausverpflegung berücksichtigt seien. Der Fahrtkostenanteil an der Gage bleibt wegen Geringfügigkeit außer Ansatz.

Zur Gagenanpassung vgl. S. 42.

b) Sondervergütungen

Das Kapitel hieß bisher „Nebenvergütungen".

Die Gage wird trotz § 3 I NV durch zusätzliche Vergütungen ergänzt. Das Oberschiedsgericht stellt in 4/62 fest:

„Das BOSch hat in ständiger Rechtsprechung anerkannt, daß die feste Gage nicht alle Leistungen des Bühnenkünstlers abzugelten vermag, daß es vielmehr gewisse Sonderleistungen gibt, die teilweise im Tarifvertrag (wie Doppelvorstellungen, auswärtige Gastspiele) mit einer Sondervergütung honoriert werden müssen, teilweise nach Bühnenbrauch neben der Gage besonders zu vergüten sind."

Das Gericht zitiert zahlreiche Beispiele, wie sie im folgenden und in anderen Kapiteln erwähnt werden (S. 96, 146, Hauptband S. 71, 90, 123, 224, 266).

Sondervergütungen werden also teils auf Grund tarifrechtlicher Hinweise für Zusatzentgelte, teils infolge tatsächlicher Mehrleistung, die vertraglich vorgesehen ist oder nicht, gezahlt. Allgemeine Grundlage hierfür ist § 612 BGB.

Im Zusammenhang mit einer Vertragsklausel, wonach Reisekosten gemäß den Vorschriften des Rechts für Beamte oder Angestellte des öffentlichen Dienstes erstattet werden sollen, demnach dann nicht, wenn die Reise des Abstechers der Bühne nicht länger als sechs Stunden dauert, unterstreicht das Oberschiedsgericht die Unabdingbarkeit der Tarifbestimmung des § 4 VI NV über die Entschädigung für Mehrauslagen bei auswärtigem Auftreten, also für Fahrtkosten und Tagegelder (Diäten), schon dem Grunde nach, so daß eine Beschränkung auf eine Mindestdauer vertraglich ungültig ist. Es führt in 1/62 aus:

„Es ist nicht zu übersehen und hervorzuheben, daß der tarifliche Normalvertrag einen Anspruch auf Tagegeld sonach ohne Rücksicht auf die Dauer der Abwesenheit von dem nach § 2 Ziff. 1 b) NV vereinbarten Dienstleistungsort (hier Staatstheater Wiesbaden) begründet. Zwar ist die Höhe des Tagegeldes (sog. Diäte) ziffernmäßig in der Tarifnorm nicht festgelegt, weil mit Rücksicht auf die örtlichen Verschiedenheiten dies nicht angängig war. Dagegen ist wegen der Höhe bestimmt, daß das Tagegeld in angemessenem Rahmen sein soll. Hierüber ist eine Parteivereinbarung möglich und erfolgt meist durch kollektive Abrede zwischen der Bühnenleitung und dem lokalen Obmann. Es handelt sich aber dessen ungeachtet bei der grundsätzlichen Gewährung des Tagegeldes um eine echte Inhaltsnorm, die die Grundlage schafft, von der aus der Inhalt des Arbeitsverhältnisses bestimmt wird. (Hueck-Nipperdey-Tophoven TVG 3. Aufl. Anm. 37 zu § 4.) Diese nach § 4 (1) TVG zwingende Inhaltsnorm kann nach § 4 (3) TVG durch eine abweichende Abmachung nur insoweit wirksam abgedungen werden, soweit die Abweichung entweder durch Tarifbestimmung gestattet oder für den Arbeitnehmer günstiger ist. Gestattet ist nach dem Tarif nur die Festlegung der Höhe des Tagegeldes in angemessenem Rahmen, nicht die Regelung des Grundes des Anspruchs. Die Voraussetzung einer Abwesenheitsdauer von einer sechs Stunden überschreitenden Abwesenheit greift aber in den Rechtsgrund des Diätenanspruchs ein, weil dadurch die Frage der Angemessenheit nicht mehr aufgeworfen werden könnte. Hierdurch würde bei einer unbestimmten Zahl von Abstechern, die nach § 4 Ziff. 1 NV von der Bühnenleitung im Rahmen ihres Direktionsrechts für das Bühnenmitglied verpflichtend angeordnet werden können, der Diätenanspruch völlig ausgeschlossen."

Im Anschluß an die allgemeinen Grundsätze zur Auslegung einer Tarifnorm (S. 7) fährt das Gericht unter Erörterung eines typischen Günstigkeitsvergleichs fort:

„Der Inhalt und Zweck der Tarifnorm § 4 Ziffer 6 NV (Solo) läßt indessen auch im Zusammenhang mit anderen Bestimmungen des tariflichen Normalvertrags nicht erkennen, daß die Tarifnorm einen völligen Wegfall des Diätenanspruchs bei kurzen Gastspielreisen durch Dienstvertrag zuläßt. Würde man eine Einschränkung auf eine bestimmte Mindestdauer der Abwesenheit aus dieser Norm herauslesen, so würde man diese Bestimmung in einer Weise auslegen, die tatsächlich keinen Ausdruck gefunden hat. Der Diätenanspruch soll vielmehr einen Ausgleich gegenüber dem Direktionsrecht darstellen. Hierbei sei auch auf die Regelung des Beschäftigungsanspruchs in § 6 (1 u. 2) NV (Solo) verwiesen. Dort ist in § 6 (2) die nähere vertragliche Fixierung der Angemessenheit der Beschäftigung ausdrücklich zugelassen, womit eine Vertragsvereinbarung durch Dienstvertrag gestattet ist. Aber trotz dieser Bestimmung hat die Rechtsprechung des BOSch für Recht erkannt, daß die einvernehmliche Bestimmung der Angemessenheit niemals zu einem völligen Ausschluß des Beschäftigungsanspruchs führen darf. (Vgl. BOSch 19/37, 20/37, 9/40, Riepenhausen, ‚Das Arbeitsrecht der Bühne' 2. Aufl. S. 17 u. 84.) Kann sonach auf dem Weg über die Angemessenheit kein vom Tarifvertrag gestatteter völliger Ausschluß des Diätenanspruchs durch Dienstvertrag erfolgen, so könnte darüber hinaus eine abweichende Abmachung nur zugunsten des Arbeitnehmers getroffen werden. Dies legt die Prüfung nahe, ob die im Dienstvertrag § 3 letzter Absatz vereinbarte Geltung des Reisekostengesetzes, das laut § 2 dieses Gesetzes für den Begriff der diätenpflichtigen Dienstreise eine Mindestdauer von über sechs Stunden festlegt, eine für das Bühnenmitglied günstigere Regelung darstellt, als sie in § 4 Ziff. 6 NV (Solo) getroffen ist. Dies ist mit Sicherheit zu verneinen. Es leuchtet ohne weiteres ein, daß der grundsätzliche Ausschluß von Tagegeldern bei kurzen auswärtigen Gastspielen eine ungünstigere Regelung darstellt, als sie in § 4 Ziff. 6 NV getroffen ist. Zwar ist nach anerkannter Rechtsprechung der Günstigkeitsvergleich, der immer im Hinblick auf den betroffenen Arbeitnehmer anzustellen ist, nicht auf eine einzelne Bestimmung abzustellen, vielmehr, da die abweichende Regelung als Einheit gedacht ist, der innere Zusammenhang zu beachten, in dem die Gesamtregelung steht. Beim Günstigkeitsvergleich kann es nämlich vorkommen, daß günstigere und ungünstigere Bestimmungen einer außertariflichen Abmachung sich kompensieren (Nikisch, Arbeitsrecht a. a. O. Bd. II § 82, IV 5 S. 434 ff.; Hueck-Nipperdey-Tophoven a. a. O. Anm. 91 zu § 4 TVG). Im vorliegenden Fall sollen nach dem Dienstvertrag die Bestimmungen des RKG (nach Stufe II) angewandt werden. Wenn die derzeitigen Sätze dieser Stufe erheblich über dem angemessenen Rahmen lägen, könnte möglicherweise diese Begünstigung durch die ungünstige Behandlung bei Kurzreisen aufgewogen werden. Das ist aber nicht der Fall. Nach dem derzeit in Hessen geltenden 2. Änderungsgesetz vom 8. 2. 1961 beträgt das volle Tagegeld nach Stufe II 16,– DM, es verringert sich bei einer Abwesenheit von sechs bis acht Stunden auf 0,3 (d. h. 4,80 DM), bei Abwesenheit von acht bis zwölf Stunden auf 0,5 (d. h. 8,– DM). Man kann nicht sagen, daß diese Staffelung das angemessene Maß überschreitet, was bei der beamtenrechtlichen Regelung überdies auch nicht zu vermuten wäre. Jedenfalls bewegt sich nach den bei den Bühnen üblichen Sätzen das angemessene Tagegeld in diesem Rahmen. Danach ist festzustellen, daß die im Dienstvertrag getroffene Abmachung, wonach nur für Dienstreisen über sechs Stunden Tagegelder beansprucht werden können, insoweit weder in der Tarifnorm gestattet ist noch eine günstigere Regelung darstellt."

Hinsichtlich der Höhe der Diäten lehnt das Gericht die Notwendigkeit des Nachweises der Mehrauslagen im einzelnen ab und entnimmt aus dem Begriff der „angemessenen Entschädigung" in § 4 VI NV sowie aus der Üblichkeit „nach Bühnenbrauch", daß regelmäßig Pauschalvergütungen festgelegt werden. Es erläutert bei dieser Gelegenheit den Begriff der Pauschalvergütung schlechthin (1/62):

„Ebenso wie bei der Regelung im öffentlichen Dienst durch RKG, BAT, MTL und in der privaten Wirtschaft besteht das Wesen der Pauschalvergütung darin, daß unabhängig von der tatsächlichen Notwendigkeit eines Mehrverbrauchs im Einzelfall wegen der großen Verschiedenheit der in Betracht kommenden Personen die Vergütung nach Pauschalsätzen gewährt wird, wobei die Notwendigkeit eines Mehrverbrauchs unterstellt wird. Davon geht auch der Normalvertrag aus, wenn er zur Motivierung der Regelung des Diätenanspruchs von Mehrauslagen spricht."

Das Gericht mißt abschließend der Bezugnahme auf das Reisekostengesetz im Vertrag nur die Bedeutung einer Richtlinie im Rahmen der angemessenen Entschädigung des § 4 VI NV zu, um zu einem durchschnittlichen, aber ausnahmslosen Diätensatz im Sinne der Pauschalvergütung bei kurzen Abstechern zu gelangen:

„Geht man hiervon aus, so kann allerdings der Satz der Stufe II als Merkmal der Angemessenheit mit berücksichtigt werden. Wenn dort für eine Dienstreise in Dauer von sechs bis acht Stunden ein Tagegeld von 4,80 DM als angemessen vereinbart ist, so wird bei einer kürzeren Dienstreise eine entsprechende Kürzung angemessen sein. Das BOSch hält unter Berücksichtigung der Reisedauer und der Nähe des Gastspielortes einen Betrag von 3,– DM für angemessen. Wenn in früheren Fällen höhere Beträge gezahlt worden sind, was der Beklagte allerdings nach § 138 (4) ZPO nicht mit Nichtwissen bestreiten konnte, so daß diese Behauptung als unbestritten anzusehen ist, so würde damit zwar eine freiwillige Mehrzahlung vorliegen, die aber aus den von der ersten Instanz angegebenen Gründen nicht als Abänderung der dienstvertraglichen Regelung anzusehen ist, da durch die Bekanntmachung am schwarzen Brett vom 27. 2. 1961 eine Klarstellung erfolgt ist."

Das ist eine äußerst eingehende Entscheidung, die zeigt, wie tief die Wurzeln der so harmlos erscheinenden Regelung nach dem Wortlaut dieser Tarifvorschrift gehen und wie weit sich ihre praktische Anwendung bühnenrechtlich verästeln kann.

Bei Gemeinschaftstheatern, d. h. bei gemeinsamen Rechtsträgern mehrerer, ortsverschiedener Theater mit einheitlichen Engagementsverträgen ist die Frage der Diäten besonders akut, tarifrechtlich aber nicht ausdrücklich geregelt. Bei dadurch bedingter Ruhezeitverkürzung allerdings treten Entschädigungsansprüche auf (S. 89, Hauptband S. 123). Soweit es um echte Diäten geht, hält das Oberschiedsgericht in 14/57

„eine angemessene Berücksichtigung solcher Mehraufwendungen entweder im Dienstvertrag oder durch allgemeine Regelung der Sozialpartner für angebracht."

Es erkennt aber keinen bereits gegebenen Anspruch an, weil hierzu die vertragliche Grundlage fehlt und diese nach seinen Grundsätzen über die Schließung tarifrechtlicher Lücken nicht lediglich aus Billigkeitsgründen entgegen der normalvertraglichen Regelung ersetzt werden kann (S. 6).

Die Diäten für Solisten mit 80 DM täglich anläßlich eines Berliner Opern-Auslandsgastspiels in Tokio hält das Oberschiedsgericht gegenüber der klägerischen Forderung von 100 DM in 15/63 für ausreichend und nach § 4 VI NV angemessen.

Vorwegabreden über Sondervergütungen außerhalb tarifrechtlicher Anhaltspunkte erfolgen regelmäßig dann, wenn sich gewisse Schadensersatzpflichten der Bühnen bei Überbeanspruchung der Mitglieder oder bei außervertraglicher Verwendung ihrer Leistungen durchgesetzt haben. Man läßt es seitens der Bühnen vielfach in solchen Fällen zunächst einmal auf eine grundsätzliche Entscheidung des Oberschiedsgerichts ankommen und nimmt bis dahin die Leistung der Mitglieder im scheinbar gegebenen Vertragsrahmen kurzerhand in Anspruch. Dazu gehören Pauschalvergütungen, die nach gerichtlichen Grundsatzentscheidungen alsdann von vornherein neben der Gage zur Abgeltung solcher Vorgänge zugesagt werden, oder Vertragsklauseln, die eine zusätzliche Mitwirkung der Mitglieder sicherstellen bzw. eine zusätzliche Verwendung und Verbreitung ihrer Leistungen außerhalb des bühneneigenen Geschehens in vertraglicher Ausdrücklichkeit begründen sollen.

Hierbei geht es neuerdings vornehmlich um den Komplex der Leistungsschutzrechte der Künstler bei Weiterreichung ihrer Arbeitsergebnisse an Rundfunk und Fernsehen, ein Gebiet, das tarifrechtlich oder bühnenbräuchlich nicht oder doch nur in Ansätzen aus überholter Zeit (§§ 3 IV, 4 II NV Solo von 1924 und 1933) geregelt ist und auch sonst keine derart verallgemeinerte Fundierung in den Verträgen aufzuweisen hat, daß man von gewissen Regeln sprechen könnte, unter denen die Vertragsgestaltung vor sich zu gehen pflegt. Allenfalls lassen sich verbreitete Klauseln über die Höhe einer Vergütung im Falle der Mitwirkung bei Rundfunk- oder Fernsehübertragungen feststellen, während die Frage der Mitwirkungspflicht selbst, jedenfalls beim solistischen Personal, sich einer näheren, allgemeinen Verklausulierung ihrer Voraussetzungen noch entzogen hat. Der Fall des technischen Direktors in 4/62 (S. 93) ist als Ausnahme ohne allgemein verbindlichen Bezug auf das künstlerisch-darstellende Personal anzusehen. Es bleibt daher einstweilen dabei, diese Fragen unter dem Zeichen der „Sonstigen Vertrags- und Rechtsverletzungen“ (S. 91 ff., Hauptband S. 126 ff.), aber nicht hier im Rahmen der „Sonstigen Vertragsrechte“ zu erörtern.

Für die Mehrarbeit des technischen Bühnenpersonals hat sich im Anschluß an § 5 des Tarifvertrages für Technische Bühnenvorstände vom 18. 2. 1955 und § 15 AZO die Pauschal-Vergütungsabrede im Vertrag eindeutig mit Anerkennung durch das Oberschiedsgericht in 1/56 durchgesetzt und ersetzt damit sonst entstehende Sondervergütungen, wie sie etwa für die Mitwirkung bei Rundfunk- und Fernsehübertragungen (S. 98, Hauptband S. 224) oder zur Abgeltung solistischer Leistungen des Chorpersonals fällig werden können. Im Fall eines Bühneninspektors heißt es in 1/56:

„Eine Pauschalvergütung für die Leistung von Überstunden ist, wie das Bundesarbeitsgericht neuerdings im Urteil vom 26. 1. 1956 – 2 AZR 98/54 – (Betrieb 1956, Heft 9, S. 211) im Anschluß an die bisher schon im Schrifttum und Rechtsprechung vertretene Auffassung entschieden hat, zulässig. Danach ist zwar richtig, daß aus dem Gehalt allein nicht ohne weiteres auf eine Abgeltung von Mehrarbeit oder Überstunden geschlossen werden darf, daß dafür vielmehr besondere Anhaltspunkte vorhanden sein müssen, die sich aber aus den Umständen ergeben können. (RAG ARS 41, 118, 119 Nikisch Arbeitsrecht 2. Aufl., Band I, S. 299.) Ist aber bei der Einstellung eines Arbeitnehmers, der nicht unter einen diese Frage regelnden Tarifvertrag fällt, vom Arbeitgeber ausdrücklich darauf hingewiesen, daß etwaige Mehrarbeit nicht besonders bezahlt werde, sondern durch das zugesagte Gehalt mit abgegolten ist, so genügt dies, auch wenn nicht im einzelnen festgelegt wird, welcher Teil des Gehalts Pauschalabgeltung für Mehrarbeit sein soll. Eine pauschale Abgeltung von Überstunden ist sonach zulässig und entspricht einem Bedürfnis besonders dann, wenn Umfang und Aufgabengebiet des Arbeitnehmers sowie der Umfang der anfallenden Überstunden nicht von vornherein im einzelnen bekannt ist. Ob eine solche pauschale Abgeltung vereinbart ist, kann sich auch aus den Umständen ergeben z. B., wenn im Vertrag ein Hinweis darauf enthalten ist, daß durch das zugesagte Gehalt Mehrarbeit abgegolten ist. Solches ergibt sich im vorliegenden Fall genügend aus dem Inhalt der erwähnten Vertragsbestimmung. Eine anderweitige tarifliche Regelung hat während der Vertragszeit nicht bestanden.

Aus den vorstehenden rechtlichen Ausführungen folgt, daß der Kläger selbst dann nicht alle Überstunden besonders vergütet verlangen kann, wenn ihm weniger als 20 Arbeitnehmer unterstellt waren und er demzufolge unter die AZO fiel. Denn in diesem Fall wären von ihm gelegentlich geleistete Überstunden als durch das Gehalt abgegolten anzusehen, was für einen großen Teil der von ihm in Ansatz gebrachten Mehrarbeit unwiderlegt anzunehmen ist.

Allerdings kann, wie bereits die I. Instanz erkannt hat, diese Abgeltung in dem Falle nicht ausreichen, wenn es sich nicht um gelegentliche Überstunden, wie sie in jedem Theaterbetrieb anfallen, handelte, sondern um außerordentliche Fälle von Mehrarbeit, für die nach Treu und Glauben eine besondere Vergütung zu zahlen war."

Soweit hier mehr als die vertraglich abgegoltene, laufende Mehrarbeit geleistet worden ist, wird eine Zusatzvergütung zugesprochen. Vgl. hierzu S. 90.

In § 7 II der Neufassung des Tarifvertrages für technische Angestellte mit künstlerischer Tätigkeit vom 25. 5. 1961 ist die Pauschalvergütungsabrede nunmehr ausdrücklich zugelassen und gesondert kündbar gestaltet.

Ein ausgedehntes Feld für Sondervergütungen sind die Übernahmen aller Art, d. h. ein außerplanmäßiges, meist ohne gehörige Proben erfolgendes Einspringen für einen erkrankten oder verhinderten Kollegen. Bei den Solisten liegen diese Fälle regelmäßig klar und bieten selten Streitstoff. Man einigt sich vorher, da die Hilfeleistung, die vielfach ein Risiko für den Künstler ist, nicht immer verlangt werden kann, jedenfalls nicht entschädigungslos (§ 4 VII NV). Das Oberschiedsgericht befaßt sich in 9/61 mit den allgemeinen Voraussetzungen des Übernahmehonorars einer Souffleuse, bei der die Plötzlichkeit der Übernahme durch Abkürzung der Ruhezeit, konzentriertes Studium des Soufflierbuches und mangelnde Eingewöhnung durch Proben eine durchaus ähnliche Arbeitsanforderung mit entsprechendem Risiko bedeutet, wie wenn Solisten in dieser Weise eine Rolle oder Partie übernehmen oder wenn sich Inspizienten in entsprechender Lage befinden[1]). Das Gericht stellt einleitend fest, daß kein einheitlicher Bühnenbrauch für Souffleur-Übernahmehonorare vorhanden ist, und führt zur Entgeltlichkeit der Bühnendienste grundsätzlich aus:

„Die Verpflichtung zur Übernahme von Vertretungsdiensten regelt sich grundsätzlich nach § 4 Ziff. 1 NV, wonach sich die Verpflichtung des Mitglieds auf alle Veranstaltungen des nach § 2 Ziff. 2 NV bezeichneten Theaters erstreckt, und aus § 5 (1), wonach Art und Umfang der Dienste des Mitglieds sich im Rahmen der vertragsmäßigen Begrenzung nach der Anordnung der Leitung bestimmt. Dies schließt nicht aus, daß das Mitglied für gewisse Sonderleistungen nach § 612 Abs. 2 BGB eine übliche Sondervergütung zu beanspruchen hat, die nicht durch das feste Gehalt abgegolten ist, auch wenn sie nicht im Dienstvertrag vereinbart wird. Solche Sondervergütungen sind teilweise tariflich vorgesehen in § 3 Ziff. 2, 3 u. 4 (Spielgelder, Doppelvorstellungen, Rundfunkübertragungen), in § 4 Ziff. 6 (Abstecherdiäten); außerdem aber ist in allen Fällen von außervertraglichen, aber nach Treu und Glauben innerhalb der Theaterveranstaltungen im weiteren Sinn des § 4 (1) zu fordernden Nebenleistungen eine Sondervergütung üblich. Es ist in diesen Fällen entsprechend der Regel des § 242 BGB im Einzelfall nach Treu und Glauben festzustellen, ob die außerordentliche Dienstleistung nicht durch die Gage abgegolten ist."

Das Gericht spricht dann Übernahmehonorare für Souffleurdienste nach folgenden Gesichtspunkten zu:

„Die Klage erstrebt eine generelle Festlegung der Voraussetzungen, unter denen nach Treu und Glauben eine Sondervergütung für die ‚Übernahme' von Souffleurdiensten gefordert werden kann. Hierbei kann indessen nicht außer acht gelassen werden, daß der Begriff von Treu und Glauben, wonach der Inhalt der Leistung zu bestimmen ist, ebenso wie der Begriff ‚übermäßige Belastung' in § 4 Ziffer 7 NV unbestimmte Rechtsbegriffe sind, deren Inhaltsgrenzen sich

---

[1]) Riepenhausen, Sondervergütung für Inspizienten, Die Bühnengenossenschaft 1961 S. 672.

kaum abstecken lassen, da bei der Mannigfaltigkeit des Geschehens im Betrieb des Bühnenlebens die Tatbestände zu verschieden voneinander sind, als daß sich generelle Schlüsse hieraus ziehen ließen. Immerhin hat das BOSCH auf Grund der eingezogenen Auskünfte, der Sachkenntnis der im Bühnenleben stehenden Beisitzer unter Mitberücksichtigung der in der Dienstordnung festgelegten Aufgaben des Souffleurdienstes folgende typische Voraussetzungen für eine Sondervergütung festgestellt: Eine Sondervergütung ist in der Regel zu zahlen bei Fehlen jeglicher Vorproben, Unkenntnis des von fremder Hand eingerichteten Materials, Kurzfristigkeit der Übernahme und Schwierigkeit des Stoffs. Treffen diese Erschwernisse zusammen, so erscheint regelmäßig nach Treu und Glauben eine außerordentliche Mehrleistung vorzuliegen, die angemessen zu honorieren ist. Bei Fehlen einzelner dieser Merkmale ist deren Übergewicht abzuwägen."

Es wurden Beträge von 30 bzw. 25 DM je Übernahme zuerkannt.

Auch das Musical als Treffpunkt schauspielerischer, gesanglicher und tänzerischer Leistungen führt, wenn die übertragene Aufgabe als fachfremde anzusehen ist (S. 35), zu Sondervergütungen. So in 6/58:

„Es ist eine feststehende Rechtsprechung, daß im Falle der Übertragung fachfremder Aufgaben der Bühnenkünstler, der gleichwohl gegen seine Zustimmung die Rolle oder Partie übertragen bekommt, ein Sonderhonorar zu beanspruchen hat. (O.Sch. 13/36.)"

Nicht unbedingt muß bei Übernahme ein Vorbehalt gemacht worden sein, um die Honorierung überhaupt zu sichern, falls nicht eindeutig nur die Höhe offengeblieben ist. Zwar kann die Aufgabe als widerspruchslos übernommen gelten, also unter Verlust des Vergütungsanspruchs. Doch ist das allgemein und insbesondere bei fachfremden Aufgaben nicht durchweg der Fall, wie überhaupt der Gedanke der Verwirkung, der hier berührt wird, im abhängigen Arbeitsverhältnis wenig Raum hat (§ 4 IV 2 TVG). Denn nach 15/56 ist dies gerade beim Musical, dessen fachliche Aufgabentypisierung nicht von vornherein zu übersehen ist, gelegentlich anders zu würdigen, wenn Mitglieder nach sogar längerer Probentätigkeit erst kurz vor der Premiere Vorbehalte machen oder Forderungen erheben. Das von der Bühne unterstellte stillschweigende Einverständnis des Mitglieds sieht das Oberschiedsgericht in dieser Entscheidung (Zitat S. 131) nicht als gegeben an.

Ähnlich und wohl grundsätzlich so auch im Chorrecht (S. 141). Im übrigen Näheres im Kapitel über die Verwirkung (S. 128).

c) Urlaub

Durch das Bundesurlaubsgesetz vom 8. 1. 1963 (BGBl. I S. 2) sind die landesrechtlichen Grenzen, in denen sich das Bühnentarifrecht zu halten hatte (Hauptband S. 120), vereinheitlicht worden. Eine Anpassung des Tarifrechts an den neuen, bundesrechtlichen Rahmen liegt noch nicht vor, ebensowenig ein Schiedsspruch hierzu.

Die Höhe des Urlaubsgeldes, also der Vergütung zur Wahrung der Freizeit ist im Anschluß und im Verlauf von Bühnenschiedsgerichtsprozessen, die die Gültigkeit der Fassung des Tarifvertrages über den Erholungsurlaub der Bühnenmitglieder vom 1. 4. 1960 zum Gegenstand hatten, im Sinne der Entscheidungen des Oberschiedsgerichts im ändernden Tarifvertrag vom 12. 9. 1962 mit überwiegender Verdrängung früheren Tarifordnungs-Urlaubsrechts nach § 9 TVG (S. 4) neu geregelt worden. Es ging um die Frage des durchschnittlichen Jahresverdienstes als Grundlage der Berechnung des Urlaubsgeldes, und zwar unter Berücksichtigung von erzielten Sondervergütungen, Spielgeldern, Überstunden des technischen Personals usw. Dabei waren insbesondere die Voraussetzungen „regelmäßigen" Verdienstes streitig. Trotz Ausräumung von Zweifelsfragen durch die vorerwähnte letzte Fassung des Tarifvertrages sind einige Erwägungen des Oberschiedsgerichts aus Entscheidungen für die Zeit vor dieser Neuregelung von bleibendem Interesse.

In 14/61 – einer Entscheidung für den Chor, aber in diesem Zusammenhang von allgemeiner Bedeutung – wird dem Hess. Urlaubsgesetz in der damaligen Geltung während der Zeit vor dem Bundesurlaubsgesetz der Vorrang vor dem Tarifrecht eingeräumt:

„Das hess. Urlaubsgesetz läßt in bezug auf die Urlaubsvergütung nach § 5 eine tarifliche Regelung zu mit der Maßgabe, daß durch Tarifvertrag eine günstigere Regelung vereinbart werden darf, die Höhe der Urlaubsvergütung sich jedoch mindestens nach dem Entgelt richten muß, das der Berechtigte erhalten würde, wenn er während ‚der Dauer des Urlaubs voll gearbeitet hätte'.

Es sind nun von dem Beklagten Zweifel erhoben worden, ob auf Angestellte der Theater das hess. Urlaubsgesetz Anwendung finde, weil durch eine Spezialregelung der Urlaubsordnung für Bühnenangestellte zulässigerweise eine andere tarifliche Regelung getroffen worden sei, die allein anwendbar sei. Es mag in der Tat auffallen, daß eine für die ganze Bundesrepublik geltende von den Sozialpartnern festgelegte tarifliche Regelung durch landesgesetzliche Regelung beeinflußt werden kann. Diese Frage ist indessen durch Urteil des BAG vom 25. 11. 1958 – 2 AZR 259/58, AP Nr. 1 zu § 10 Hamburger Urlaubsgesetz – eindeutig in dem Sinne entschieden, daß die Urlaubsgesetze der Länder gegenüber tariflichen Regelungen auch dann den Vorrang haben, wenn diese tarifliche Regelung das gesamte Gebiet der Bundesrepublik erfaßt. Das Spezialitätsprinzip, auf das sich der Beklagte beruft, kommt überhaupt nur zur Anwendung, wenn es sich um gleichrangige Normen, etwa um eine echte Tarifkonkurrenz mehrerer Tarifordnungen oder Tarifverträge handelt. Hier ist jedoch zu beachten, daß zu entscheiden ist, ob ein Gesetz, also eine Regelung höherer Ordnung, vor einem Tarifvertrag den Vorrang hat. Da es sich hier um das Verhältnis zwischen Gesetz und tariflicher Regelung handelt, hat das Gesetz als Regelung höherer Ordnung den Vorrang vor jedem Tarifvertrag, soweit das Gesetz nicht selbst der tariflichen Regelung den Vorzug gibt. Die bundesrechtlich verankerte Tarifhoheit kann nicht in die Landesgesetzgebung eingreifen. Vielmehr stehen Tarifnormen unter dem Rang eines Landesgesetzes. (Vgl. BAG a. a. O. mit zustimmender Anmerkung von

Dersch.) Hieraus ergibt sich, daß die tarifliche Regelung immer in Hinblick darauf zu prüfen ist, ob sie bezüglich des Urlaubsgelds nicht ungünstiger ist als § 5 Abs. 1 des hess. Urlaubsgesetzes vorschreibt."

Da nach dem z. Z. des Schiedsspruchs geltenden Tarifrecht nur „Spielgelder" der Gage zwecks Berechnung der Urlaubsvergütung zuzuschlagen waren, prüft das Gericht die Frage, ob hierunter auch die Sondervergütungen der Chorsänger für solistische Leistungen zu verstehen sind, mit dem Ergebnis, daß jener Begriff nur dem Recht der Solisten eigen ist (14/61):

„Es besteht Einhelligkeit des Gerichts darüber, daß der Begriff des Spielgeldes gleichzusetzen ist mit dem Begriff Auftrittsgeld. Derartige Vergütungen werden herkömmlicherweise unabhängig von der Leistung des Bühnenmitglieds, sei es Solist oder Chormitglied, gewährt. Während Spielgelder neben der festen Gage für Solisten im NV zugelassen sind, muß das Chormitglied nach § 3 Abs. 1 NV (Chor) ein festes Gehalt beziehen für seine normale Leistung. Sondervergütungen von der Art, wie sie den Gegenstand des Rechtsstreits bilden, sind bewertet je nach der Einzelleistung und, wie sich aus der überreichten Aufstellung des Klägers ergibt, dementsprechend der Höhe nach wechselnd."

Allerdings handelt es sich hierbei nicht um „Gastspiele" des Chormitglieds als Solist außerhalb seiner Chorverpflichtung. Unter Hinweis auf die Voraussetzungen des Gastspielbegriffs nach § 20 II NV erläutert das Gericht seine Ablehnung dieser als wirklichkeitsfremd bezeichneten Auffassung:

„Abgesehen davon, daß z. B. in der Spielzeit 1957/58 weit mehr als 72 solcher Einsätze zu verzeichnen sind, müßte man annehmen, daß der Kläger in seiner Person sowohl einen fest angestellten Bühnenkünstler wie einen gastweise spielenden vereinige. Das ist deshalb mit der Natur der Sache nicht in Einklang zu bringen, weil der Kläger als Chorsänger, wie die erste Instanz mit Recht bemerkt, nach § 5 Abs. 1 verpflichtet ist, nach Anordnung der Leitung kleinere Rollen und Partien zu übernehmen. Er leistete also diese solistischen Partien durchaus im Rahmen seines Chor-Dienstvertrages. Es verschlägt nichts, daß ein Teil dieser Sonderleistungen seit 1959 pauschal abgegolten, daneben aber ein anderer Teil noch besonders honoriert worden ist. Dieses Verfahren ist rechtlich durchaus möglich und hieraus sind keine Folgerungen in dem Sinne zu ziehen, daß diese Leistungen nicht in den Rahmen des Dienstvertrags fallen könnten. Nur beiläufig sei auf den Schiedsspruch des BOSch. vom 18. 4. 1949 – 17/49 – verwiesen, wo gleichfalls das BOSch. derartige Sonderleistungen im Zusammenhang mit dem Umstellungsgesetz als vertragliche Leistungen beurteilt hat."

In der weiteren Folge dieser Entscheidung beanstandet das Gericht die Protokollnotiz der Tarifvertragspartner, wonach jene Sondervergütungen nicht zur Berechnung des Urlaubsgeldes herangezogen werden dürfen, als mit § 5 I des Hess. Urlaubsgesetzes unvereinbar und daher unwirksam, weil sie, soweit hierin eine tarifrechtliche Regelung liegen soll, ungünstiger als das Gesetz ist. Der gebotene Günstigkeitsvergleich (S. 7) im Urlaubsrecht fällt wie folgt aus:

„Bei der Prüfung, ob es sich um eine ungünstigere Regelung im Verhältnis zwischen Gesetz und Tarif handelt, ist nach der Rechtsprechung und Lehre gemäß folgenden Abwägungsprinzipien zu verfahren (vgl. Dersch, Urlaubsgesetze Anm. 114–117). Das Günstigkeitsprinzip ist subjektiv auf den gerade in Frage stehenden Arbeitnehmer, nicht abstrakt auf die Gesamtheit der Betriebsangehörigen und objektiv nicht auf alle Bestimmungen des Urlaubsgesetzes im Verhältnis zur tariflichen Regelung, sondern nur auf die zusammengehörige Gruppe von Rechten und Pflichten abzustellen. Es ist also nicht die Urlaubsgeldfrage für sich allein herauszugreifen, vielmehr ist ein Zusammenhang mit der Länge und den Voraussetzungen des Urlaubsanspruchs im ganzen abzuwägen. (Vgl. Wigger in ArbuR 1958, 50 ff., ferner BAG 7,76 = Nr. 1 zu § 10 Urlaubsgesetz Hamburg = DB 59,176 und BAG 6,297 = DB 58,1364 und BAG vom 20. 7. 1961 – 5 AZR 343/60 – DB 61,1427.) Vergleicht man die Urlaubsdauer und Höhe der Urlaubsvergütung im hess. Urlaubsgesetz im Verhältnis zu der tariflichen Regelung, so ergibt sich in bezug auf die Dauer, daß nach der Urlaubsordnung für Beamte und Angestellte im öffentlichen Dienst seit 1959 eine Urlaubsdauer von 30 Arbeitstagen bei einem Lebensalter von über 40 Jahren gewährt wird, während die Urlaubsordnung für Bühnenangestellte nach einem Beschäftigungsverhältnis von mindestens 12 Monaten, wie es auf den Kläger zutrifft, bis zur Spielzeit 1959/60 28 Kalendertage und seitdem 35 Kalendertage gewährt werden. Es ist also nicht richtig, wenn der Beklagte meint, daß das hess. Urlaubsgesetz ungünstiger sei, weil es nur einen Mindesturlaub in der Dauer von 12 Tagen gewähre. Bezüglich der Berechnung des Urlaubsgeldes ist deshalb objektiv betrachtet die Regelung des hess. Urlaubsgesetzes zumindest dann zugrunde zu legen, wenn aus der Regelung der Urlaubsordnung für die Bühnenmitglieder hergeleitet werden sollte, daß regelmäßiger Verdienst außer Gage und Spielgeld nicht zu berücksichtigen seien. Die günstigere Regelung beinhaltet § 5 Abs. 1 hess. UG."

Was zur Regelmäßigkeit der Sondervergütungen der Chorsänger gesagt wird, hat wiederum übertragene Bedeutung auch für die Sondervergütungsfälle der Solisten, sofern die Zahlungen nach den Worten des Gerichts „den Lebensstandard beeinflussen", also unter Auslassung „außerordentlicher" und „nur vereinzelter" Sondervergütungen (14/61):

„Hier waren jedoch vom Kläger in Anspruch genommene Verdienste, die nachträglich im Rahmen des Dienstvertrags gewährt und vereinbart sind, als regelmäßige um deswillen anzusehen, weil der Begriff der Regelmäßigkeit nicht erfordert, daß diese gagenerweiternden Zahlungen zu bestimmten Zeiten in bestimmter Höhe anfallen, sondern weil es genügte, daß sie bei gegebener Gelegenheit regelmäßig gezahlt wurden nach Maßgabe des Spielplans und der für ein Chormitglied, wie dem Kläger, anfallenden kleinen Partien."

In diesem Sinne ist ebenfalls die anschließende Entscheidung des neu konstituierten Oberschiedsgerichts des Deutschen Bühnenvereins und der Vereinigung deutscher Opernchöre 2/62 (S. 11) ergangen, in diesem Fall bezogen auf das Urlaubsgesetz von Nordrhein-Westfalen:

„Denn immer muß auch bei einer vom Gesetz gestatteten abweichenden tariflichen Regelung oder vertraglichen Vereinbarung der dem Wesen des Urlaubs entsprechende Zweck der Freizeitgestaltung erfüllt sein. Letzterer geht dahin, den Arbeitnehmer instand zu setzen, die ihm vom Gesetz garantierte Freizeit ohne finanzielle Sorgen in seinem bisherigen Lebenszuschnitt zu verbringen (vgl. BAG vom 2. Mai 1961 – 5 AZR 17/60 – AP Nr. 1 zu § 10 Urlaubsgesetz NRW). Das bedeutet, daß eine mit diesem Ziel erstrebte Konkretisierung der Berechnung der Höhe des Urlaubsgeldes, wie sie in der Urlaubsordnung der deutschen Theater getroffen ist, dem gesetzgeberischen Willen nicht entspricht, wenn das regelmäßige tatsächliche Verdienst, soweit es den Lebensstandard bestimmt, nicht in vollem Umfang berücksichtigt wird. Dabei ist es an sich unerheblich, welches der Berechnungssysteme in der Urlaubsordnung zugrunde gelegt ist – die sog. individuelle, die pauschale oder die abstrakte Berechnung (vgl. Dersch, Die Urlaubsgesetze Anm. 629 ff.). Im Grunde bedeutet dies, daß sich die Höhe der Urlaubsvergütung immer am Leben orientieren muß und nicht den Lebenszuschnitt bestimmende regelmäßige Verdienstteile unberücksichtigt bleiben dürfen. (Nikisch in Anm. zu BAG AP Nr. 3 zu § 1 Urlaubsgesetz Württemberg-Baden.)“

Der U r l a u b s a n s p r u c h setzt voraus, daß das Engagement wenigstens angetreten ist und nicht etwa wegen Krankheit oder dgl. völlig unausgeführt bleibt. Nur dann kann ein Anspruch auf U r l a u b s a b g e l t u n g in Geld entstehen, also nicht im Sinne des Urlaubsgeldes als Vergütung für, sondern statt Freizeit. So in 4/61:

„Der Urlaubsanspruch steht seinem wesentlichen Inhalt nach dem in ein Arbeitsverhältnis getretenen Arbeitnehmer zu mit dem Ziel, ihm durch bezahlte Freizeit die Gelegenheit zur Erholung von der geleisteten Arbeit und zur Wiedererlangung seiner Kräfte für künftig zu leistende Arbeit zu gewähren. Wenn feststeht, daß der Arbeitnehmer während der ganzen Vertragszeit nicht arbeitsfähig ist, entsteht überhaupt kein Urlaubsanspruch; denn die Gewährung einer Erholung durch bezahlte Freizeit ist von vornherein unmöglich. Der Anspruch auf Urlaubsabgeltung kann aber nicht selbständig und für sich allein gefordert werden, denn er ist nur im Zusammenhang mit der Freizeit zweckmäßig zu verbinden. Er kann also nur an die Stelle eines bereits erworbenen Urlaubsanspruchs auf Freizeit durch die Fortzahlung des Lohns treten. (Vgl. BAG vom 22. 6. 1956 – 1 AZR 41/55 – AP Nr. 10 zu § 611 BGB ‚Urlaubsrecht‘, ferner vom 22. 6. 1956 – 1 AZR 187/55 – AP Nr. 13 zu § 611 BGB ‚Urlaubsrecht‘, vom 22. 6. 1956 – 1 AZR 296/54 – AP Nr. 9 zu § 611 ‚Urlaubsrecht‘ und BAG vom 17. 3. 1960 – 1 AZR 494/58 – AP Nr. 70 zu BGB § 611 ‚Urlaubsrecht‘, endlich BAG vom 2. 5. 1961 – 5 AZR 478/60 – in DB 1961, 884.)“

In 12/61 und gleichlautend in 13/61 wiederholt das Oberschiedsgericht den auch für das Bühnenrecht geltenden Grundsatz, daß eine Urlaubsabgeltung nur an die Stelle einer unmöglich zu gewährenden Freizeit treten darf, und befaßt sich hierbei mit dem besonderen Problem der Ü b e r s c h n e i d u n g v o n E n g a g e m e n t s eines Künstlers in der zeitlichen Folge bei verschiedenen Bühnen. Die Problematik ergibt sich aus § 7 des Tarifvertrages über den Erholungsurlaub der Bühnenmitglieder i. d. F. vom 1. 4. 1960, wonach das Bühnenmitglied während des Urlaubs keine seinem Zweck widersprechende Erwerbsarbeit ohne Erlaubnis der Bühnenleitung verrichten darf, wenn es nicht seine Tätigkeit an einer anderen Bühne vor Beginn seines Urlaubs beginnen muß (§ 7 II i. d. F. vom 12. 9. 1962 hat „vor Beginn" in „vor Beendigung" geändert). Unter Bezugnahme auf allgemeine arbeitsrechtliche Grundsätze und landesgesetzliche Regelungen (jetzt § 8 BUG), die den Erholungszweck sicherstellen sollen, führt das Gericht hinsichtlich der bühnenmäßigen Eigenheiten des Engagementsverkehrs aus:

„Die besonderen Verhältnisse im Bühnenleben nötigen aber dazu, zu prüfen, ob dieses Arbeitsverbot wegen fehlender Erlaubnis der Bühnenleitung auch dann gelten soll, wenn das Bühnenmitglied im Falle eines Engagementswechsels wie üblich in der am Schluß der Spielzeit beginnenden bühnenbräuchlichen Urlaubszeit seinen Urlaub antritt und sein neues Engagement vor Urlaubsende beginnt. Überschneidungen sind erfahrungsgemäß in solchen Fällen nicht zu vermeiden, da die Spielzeiten an den deutschen Bühnen nicht einheitlich mit dem gleichen Termin beginnen und enden, sondern bei einigen bereits am 1. August, bei anderen am 1. September und wiederum bei anderen Mitte August neu beginnen. Damit verschieben sich zwangsläufig auch Anfang und Ende der üblichen Urlaubszeit der Mitglieder, die in der Regel sich an die eigentliche Spielzeit anschließen. Dem trägt auch § 4 Abs. 2 des einschlägigen Tarifvertrags erkennbar Rechnung, wonach der Urlaub tunlichst bei Jahresverträgen in der Zeit vom 1. Juni bis 31. August im Anschluß an das Beschäftigungsverhältnis zu geben ist. Unter diesen Unständen erscheint es sachfremd, wenn man in Fällen des Engagementswechsels bei Überschneidungen des Urlaubs mit dem neuen Engagementsbeginn den Antritt der Tätigkeit des Mitglieds im neuen Engagement als eine verbotene, weil von der alten Bühnenleitung ‚nicht erlaubte' entgeltliche Tätigkeit ansehen wollte. Allen Bühnenleitungen ist der eben gekennzeichnete abweichende Termin des Spielzeitbeginns an den deutschen Theatern durchaus bekannt. Wenn also ein Engagement, sei es durch die Bühnenleitung, sei es durch das Mitglied nicht verlängert wird, muß von vornherein bei Jahresverträgen damit gerechnet werden, daß das Bühnenmitglied ein neues Engagement eingeht, welches mit einer anderen Spielzeit beginnt als der bisherigen. Würde man in solchen Fällen unterstellen, die seitherige Bühnenleitung würde dem Bühnenmitglied nicht die Erlaubnis geben, bei einer Überschneidung des Urlaubs mit der neuen Spielzeit an der anderen Bühne, die Tätigkeit vor Urlaubsende anzutreten, so würde man damit in unzulässiger Weise in das Grundrecht des Bühnenmitglieds nach Art. 12 GrG, wonach jeder seinen Arbeitsplatz dort suchen kann, wo er will, eingreifen. Man würde also von dem Mitglied etwas Unzumutbares fordern, weil es vor die Alternative gestellt würde, entweder das Vertragsangebot der neuen Bühne auszuschlagen oder auf den Urlaubsanspruch zu verzichten. Das kann nicht Sinn des § 7 Abs. 1 TV sein.

... Von § 7 werden solche Fälle nicht betroffen, in denen die Erfüllung des Urlaubs durch Freizeit aus gegebener Sachlage, die vom Bühnenmitglied nicht zu vertreten ist, nicht möglich ist. In diesen Fällen tritt grundsätzlich an Stelle der Freizeit und Urlaubsvergütung die sog. Urlaubsabgeltung.

... Zwingende betriebliche Gründe sind die an der Bühne bestehende bühnenbräuchliche Urlaubszeit, die im vorliegenden Fall bereits am 10. 7. begann. Auf diese Urlaubszeiten hat das Bühnenmitglied im allgemeinen keinen Einfluß, sondern muß sich mit der von der Bühnenleitung gewählten Terminierung des Urlaubs abfinden. Der Anspruch auf Urlaubsabgeltung ist als Surrogat für den einheitlichen Urlaubsanspruch in diesen Fällen unabdingbar. Voraussetzung des Abgeltungsanspruchs ist nur, daß der Urlaubsanspruch erworben war und nicht aus Gründen, die der Arbeitnehmer zu vertreten hat, in der Form von Freizeitgewährung erfüllt werden kann. (Vgl. Hueck-Nipperdey, Lehrbuch a. a. O. § 49 VIII S. 411 ff.; Nikisch a. a. O. S. 457, 459 u. 460.) Der Urlaubsabgeltungsanspruch wird durch § 7 TV, der lediglich die Urlaubsvergütung regelt, nicht berührt."

Das Gericht erwähnt die damals maßgebliche landesrechtliche Übereinstimmung (hier § 8 des Urlaubsgesetzes von Nordrhein-Westfalen) und weist auf die Möglichkeit der Umwandlung einer solchen Urlaubsabgeltung in Freizeit hin (12/61):

„Der Zweck der Urlaubsabgeltung kann auch bei einem Engagementswechsel dadurch erreicht werden, daß das Bühnenmitglied sich in dem neuen Engagement Freizeit verschafft, entweder indem es den Dienst an dem neuen Engagement erst später antritt oder von der neuen Bühnenleitung bei passender Gelegenheit eine unbezahlte Freizeit erbittet."

Dies ist – worauf es ankommt – ein „kann", aber kein „muß".

Eine Abgeltung des Urlaubsanspruchs durch die gesteigerte Höhe der Gage ist trügerisch, wenn es sich in Wirklichkeit um die ohnehin zu gewährende Gage handelt, wie im Falle 8/58 – 3/59, in dem auch die angeblich abgegoltene Vorprobenvergütung entsprechend entlarvt worden ist (S. 32).

3. Vertragsbruch

In 8/58 – 3/59 ist der Tatbestand eines Vertragsbruchs in der Form des § 14 Ziff. 2 NV (rechtswidriger, schuldhafter Nichtantritt des Engagements) verwirklicht. Doch hat die als Klägerin auftretende Bühne im Sinne der tarifrechtlich überholten Entwicklung (Hauptband S. 122) von der formalen Vertragsbruchsklage mit ihren früheren organisationsmäßig-disziplinaren Nebenwirkungen (Boykott) abgesehen und lediglich auf Schadensersatz wegen schuldhafter Nichterfüllung geklagt. Die Abrechnung aller beiderseits in Betracht kommenden Rechnungsposten anläßlich des Engagements eines Ersatzes für das vertragsuntreue Mitglied in letzter Stunde sieht so aus:

„Die Klägerin war sonach berechtigt, vom Beklagten Ersatz der Mehrkosten zu verlangen, die sie dadurch erlitten hat, daß sie infolge der Vertragsverletzung des Beklagten die von ihm übernommene Rolle durch Rudolf F. besetzen mußte. Der Schaden ist zu errechnen aus dem Unterschied zwischen denjenigen Beträgen, die sie dem Beklagten hätte entrichten müssen, wenn der Vertrag erfüllt worden wäre, und denjenigen Beträgen, die sie für das Ersatzengagement aufbringen mußte. Die Notwendigkeit der Aufwendung für das Engagement F., welche die Klägerin in ihrem Schriftsatz vom 27. 11. 1958 im einzelnen angeführt und durch den Engagementsvertrag F. vom 22. 8. 1958 (Bl. 9) nachgewiesen hat, erscheinen dem BOSCH in Übereinstimmung mit der ersten Instanz dargetan. Es ist klar, daß die Rücksicht auf die Kürzung der für ein Ersatzengagement im August zur Verfügung stehenden Zeit, die ohnehin für ein Engagement ungünstig ist, die Klägerin nötigte, dem Ersatzmann größere Beträge zu bewilligen, um ihn überhaupt gewinnen zu können. Der Gesamtbetrag dieser Engagementskosten ist deshalb mit 24 324,– DM nachgewiesen. Das Gleiche gilt für die Telegramm- und Telefonspesen, die auf Grund der vorliegenden Belege in Höhe von 107,06 DM glaubhaft gemacht sind. Diese Summe ist zu vergleichen mit denjenigen Beträgen, die die Klägerin bei Erfüllung des Vertrages mit dem Beklagten diesem hätte zahlen müssen. Die Klägerin geht von dem Wortlaut des Vertrages aus und berechnet die dem Beklagten theoretisch zukommenden Bezüge auf 11 450,– DM. Die Klägerin übersieht aber, daß sie auf Grund der vorstehenden Erörterungen über die Vergütung der Vorproben und den Urlaub von Rechts wegen dafür zusätzliche Aufwendungen hätte machen müssen. Das BOSCH berechnet diese Aufwendungen im Hinblick auf die Länge der Vorprobenzeit unter Berücksichtigung des geringeren Honorars des Beklagten auf insgesamt 3000,– DM, die als zusätzliche Aufwendung zu Lasten der Klägerin gegangen wären.

Hieraus ergibt sich unter Abweichung des von der ersten Instanz zuerkannten Betrages eine Schadensersatzforderung von 9981,06 DM."

4. Sonstige Vertrags- und Rechtsverletzungen

a) Verzug

Die Entscheidung über ein Gesuch des Bühnenmitglieds wegen Einwilligung des Bühnenleiters in eine künstlerische Nebenbeschäftigung gemäß § 7 I–IV NV muß der Bühnenleiter „unverzüglich", d. h. ohne schuldhaftes Zögern treffen (§ 7 V NV). Er kann sie bei den Tätigkeitsarten des § 7 III NV versagen. Das bedeutet nach 1/63, daß er sie von Bedingungen abhängig machen kann, ohne sich dem Vorwurf des Verzuges auszusetzen:

„Daran ändert auch § 7 Abs. 5 S. 2 des Normalvertrages nichts, nach dem der Unternehmer unverzüglich erklären muß, ob er die Einwilligung gibt oder ablehnt. Denn diese Bestimmung bezieht sich ihrem Wortlaut nach nur auf den Zeitpunkt der Erklärung des Unternehmers, nicht aber auf den Inhalt der Erklärung. Der Unternehmer darf mit anderen Worten das Mitglied nicht zu lange warten lassen. Der Inhalt der Entscheidung dagegen wird wiederum durch die gegenseitige Treue- und Fürsorgepflicht bestimmt. Ausgehend von dem Grundsatz, daß eine Freistellung auch unter einer Bedingung erfolgen kann, muß doch, sofern eine Freistellung in Aussicht gestellt wird, diese Freistellung nach ihrer Art derart erfolgen, daß dem Arbeitnehmer kein Schaden zugefügt wird. Dabei kann jedoch der Arbeitgeber seine gerechtfertigten Interessen der Entscheidung zugrunde legen."

Die Bedingung, daß zuvor eine Klarstellung des folgenlosen Verzichtes auf eine Ansehrolle in der Zeit, in der die anderweitige Nebentätigkeit beim Fernsehen ausgeübt werden sollte, herbeigeführt werden muß, wird in dieser Entscheidung für zulässig erklärt:

„Wenn deshalb der Generalintendant des Staatstheaters Karlsruhe die Freistellung unter Verzicht auf eine Ansehrolle entweder nach seiner Behauptung von der Zustimmung des Landesobmannes der Genossenschaft Deutscher Bühnenangehöriger oder nach der Behauptung des Klägers zumindest von dessen Kenntnisnahme abhängig macht, so hat diese Forderung ihren guten Sinn. Denn der Generalintendant wollte sich – wie das beklagte Land auch behauptet und von dem Kläger nicht bestritten wird – damit nur gegen einen nachträglichen rechtlich möglichen Anspruch des Klägers auf Beschäftigung mit einer Ansehrolle absichern. Dann aber trägt die Vereinbarung der Bedingungen nur den gerechtfertigten Interessen des Unternehmens Rechnung und kann mithin nicht als Verletzung der Fürsorgepflicht angesehen werden."

Nimmt man die in diesem Zusammenhang neuerdings vom Oberschiedsgericht geäußerte Auffassung wörtlich, daß auch eine während des Engagements einvernehmliche Einschränkung des Beschäftigungsanspruchs der Genehmigung nach § 4 IV TVG durch die Tarifvertragsparteien bedarf, wenn eine Ansehrolle verloren zu gehen droht (S. 60), so erscheint allerdings die Erteilung von Einwilligungen des Bühnenleiters zu Nebenbeschäftigungsgesuchen der Mitglieder ungewöhnlich erschwert, zumal es meist um Sofort-Entscheidungen geht und im Sinne des § 7 V NV gehen soll. Die Notwendigkeit der Befragung beider Tarifvertragsparteien in einer speziellen Beschäftigungsfrage dürfte die sofortige Klärung nach § 7 V NV mit unkontrollierbarem Zeitverlust komplizieren.

b) Arbeits- und Ruhezeiten

Das Kapitel hieß früher „Ruhezeiten, Nachtproben".

Mit den für die Bestimmung der Ruhepausen entscheidenden Begriffen Arbeitszeit und Arbeitsbereitschaft bei Zurücklegung des Weges von der Wohnung zur Betriebsstätte befaßt sich das Oberschiedsgericht in einem Fall, der dadurch besonders gelagert ist, daß die Bühnenmitglieder von zwei kommunalen Rechtsträgern vertraglich zugleich und einheitlich für zwei Theater benachbarter Orte verpflichtet waren und das Recht hatten, von einer bestimmten Abfahrtstelle aus einen betrieblichen Verbindungsomnibus zu benutzen, wenn sie sich nicht anderer Verkehrsmittel von ihrer Wohnung aus bedienen wollten. Das Gericht gelangt in 8/60 zu dem Ergebnis, daß die Omnibusfahrt der Arbeitszeit und nicht der Ruhezeit zuzurechnen ist und erörtert zunächst § 18 III 2 NV:

„Der Wortlaut des § 18 Ziff. 3 Abs. 2 NV (Solo) zwingt keineswegs dazu, die Zeit vor dem Erscheinen des Mitglieds im Theater in allen Fällen als Ruhezeit zu behandeln. Dies wäre schon offensichtlich in allen denjenigen Fällen nicht sachgerecht, wenn das Mitglied schon vor dem Erscheinen im Theater zu irgendwelchen Sonderleistungen von der Bühnenleitung herangezogen würde, die mit dem Begriff der Ruhezeit nicht vereinbar wären. Die tarifliche Regelung geht von der ‚Verpflichtung des Mitglieds zur Mitwirkung" aus und hat dabei den normalen Betriebsablauf im Auge. Die tarifliche Bestimmung steht in engem Zusammenhang mit § 7 Ziff. 3 der Hausordnung, wo bestimmt ist, daß sich das Mitglied bei allen Vorstellungen, in denen es beschäftigt ist, mindestens eine halbe Stunde vor Beginn des Aktes, in dem es aufzutreten hat, in seinem Ankleideraum einzufinden hat. Wenn also in § 18 Ziff. 3 Abs. 2 der Beginn der Tätigkeit mit dem Erscheinen im Theater gleichgesetzt ist, so geht diese Bestimmung von der generellen Regelung der Hausordnung aus. Erfordern aber die besonderen Verhältnisse eines Theaters eine besondere ergänzende betriebliche Ordnung, so kann diese bei der Frage nach der Auslegung des § 18 nicht völlig außer acht gelassen werden."

Das Gericht folgert, daß die Nichtberücksichtigung dieses ungewöhnlichen Falles in § 18 NV nicht eine an ihn angepaßte Auslegung ausschließt, wobei es sich auf allgemeine Regeln zur Auslegung eines Tarifvertrages beruft (S. 7), und stellt weiter fest:

„Aus dem Inhalt der Tarifbestimmung ergibt sich einwandfrei, daß die Tarifparteien den Bühnenmitgliedern eine bestimmte und je nach den Einzelfällen auf drei bzw. vier Stunden festgesetzte Ruhezeit gewährleisten wollten. Gewisse Ausnahmefälle waren zugelassen, scheiden aber für den vorliegenden Fall aus."

Unter Bezugnahme auf die Schiedssprüche 27/50 und 14/57 (S. 38, Hauptband S. 123) verneint das Gericht die Bedeutung des Weges von der Wohnung zur Betriebsstätte als Arbeitszeit, erkennt die Besonderheit hier aber darin, daß es sich in Wirklichkeit um die Wege zwischen zwei Arbeitsplätzen handelt, die jedenfalls die Ruhezeit einzuschränken vermögen (8/60):

„Wie das BAG (Urteil vom 8. 12. 1960 – 5 AZR 304/58 – DB 1961, 242) mit Recht ausgeführt hat, ist der arbeitsrechtliche Grundsatz, daß der Weg von der Wohnung zur Arbeitsstätte nicht als Arbeitszeit zu behandeln ist, nicht anwendbar bei Wegezeiten, die der Arbeitnehmer zurücklegen muß, um nach Anordnung der Betriebsleitung von einer Betriebsstätte zur anderen zu gelangen. Damit ist allerdings nicht gesagt, daß die hierzu aufgewandte Wegezeit immer als Arbeitszeit zu behandeln ist. Es ist aber in die rechtliche Betrachtung eines solchen Falles die Erwägung eingeschlossen, wie diese Anordnung in bezug auf die Ruhezeit zu bewerten ist. Verwendet der Arbeitnehmer durch die Faktoren Weg und Zeit dadurch, daß der Arbeitgeber die Arbeitsstätte an mehrere Orte verlegt, einen Teil seiner Ruhezeit, so muß ihm der Arbeitgeber für die Verkürzung ein Äquivalent leisten.

Es bedarf deshalb nur noch der Prüfung, ob die Omnibusfahrt eine Verkürzung der Ruhezeit darstellt. Auch dies ist mit dem Schiedsspruch erster Instanz zu bejahen."

Anschließend umreißt das Gericht den Begriff der Ruhezeit in allgemeingültiger Form:

„Von jeher hat die Rechtslehre und Rechtsprechung die festen Begriffe Arbeitszeit, Arbeitsbereitschaft, Pausen und Ruhezeit im Sinne der Arbeitszeitordnung entwickelt. Trotz gewisser Abweichungen im einzelnen ist jedoch festzustellen, daß Ruhezeiten im Sinne des § 12 AZO nach der herrschenden Ansicht der Beruhigung, Erholung und Auffrischung der körperlichen und geistigen Kräfte des Arbeitnehmers dienen. Ohne irgendeine Einschränkung hat der Arbeitnehmer während der Ruhezeiten und Ruhepausen frei von jeder Bindung zum Betrieb zu sein. Die geringste Beanspruchung des Arbeitnehmers während dieser Zeit führt zu deren Vernichtung und widerspricht dem Arbeitsschutzgedanken des Arbeitszeitrechts. Zweck der Ruhezeiten ist es, den Arbeitnehmer von einer gesundheitlichen Schädigung durch Überanstrengung zu bewahren und ihm durch gründliches Ausruhen, vor allem durch Schlaf, die Möglichkeit der Erholung und der Erhaltung seiner Arbeitskräfte zu geben. Das Wesentliche ist, daß er sich in den Ruhezeiten frei bewegen können muß, ohne durch sein Arbeitsverhältnis gebunden zu sein. Jedes vom Arbeitgeber für die Zwecke des Betriebs verlangte Verhalten des Arbeitnehmers, das den obengenannten Zwecken der Ruhezeit zuwiderläuft, kann nicht mehr als Ruhezeit gewertet werden (so Böhm RdA 1959, 272; Kraft ‚Probleme des Arbeitsrechts' in ArbuR 1960 Heft 12, 353; auch BAG vom 23. 11. 1960 - 4 AZR 257/59 - DB 1961, 207)."

Daß die Mitglieder den Omnibus benutzen durften, aber nicht mußten, hält das Gericht für unerheblich, da sie praktisch auf ihn angewiesen waren, schon um zusätzliche Kosten tunlichst zu vermeiden. Außerdem wäre, so meint das Gericht, die Ruhezeitverkürzung in jedem Fall eingetreten. Unter Hinweis auf die Notwendigkeit, die jeweilige Höhe der Gage zu berücksichtigen, wurde hier für jeden Fall der Ruhezeitverkürzung ein Betrag von 1 v. H. einer Monatsgage von 800 DM zugesprochen.

Zu den Streitfragen, wann Proben stattfinden dürfen oder beendigt sein müssen, liegen keine neuen Entscheidungen vor, insbesondere auch nicht bezüglich der Nebenproben oder der Nachtproben (Hauptband S. 124).

Der Begriff der Überstunden ist zwar nicht im Recht des darstellenden Solopersonals, wo er sich umgekehrt in der Form garantierter Ruhezeiten und Freizeiten ausdrückt, aber im Recht des technischen Personals wörtlich akut. § 5 I des Tarifvertrages für technische Angestellte mit künstlerischer Tätigkeit vom 25. 5. 1961 regelt die Arbeitszeit mit 45, höchstens 51 Stunden wöchentlich innerhalb von vier Wochen und mit der Klausel des § 7 I, daß Überstunden nur bei Vorliegen eines außerordentlichen, dringenden dienstlichen Bedürfnisses angeordnet werden dürfen. Daher greift die Arbeitszeitordnung hier praktisch eher ein als bei dem darstellenden Personal, für das sie an sich ebenfalls gilt, aber mangels tariflicher Regelungen vieles bei den Ausnahmeregelungen (§§ 19 III, 17 II, III, 105 b AZO) verbleibt. Das Oberschiedsgericht läßt Pauschalvergütungen für technische Mehrarbeit zu (S. 77). Doch prüft es, ob diese zum regelmäßigen Betrieb einer Bühne gehört. In 1/56 erkennt es trotz der Pauschalabrede Überstunden eines Bühneninspektors für solche Sondertatbestände wie den Theaterausbau oder dgl. als zusätzlich vergütungspflichtig an:

„Unterstand der Kläger nicht der AZO, weil ihm 20 Arbeitnehmer unterstellt waren, so würde eine besondere Vergütung ihm auch dann zustehen, wenn der Umfang der geleisteten Arbeit dadurch das normale Maß überschritten hat, daß ihm außervertragliche Arbeiten, die nicht in den Rahmen seines Dienstvertrages fielen, zugewiesen worden sind. Zwar ist das vereinbarte Gehalt für leitende Angestellte im Sinne des § 1 Abs. 2 Ziff. 2 AZO in der Regel das Entgelt für die gesamte vertragsmäßig zu leistende Arbeit ohne Rücksicht auf die angewandte Arbeitszeit. Dies gilt jedoch nicht, wenn ihnen zur Aushilfe oder Vertretung eines anderen Angestellten Arbeiten übertragen worden sind, die außerhalb des vertraglichen Aufgabenbereichs liegen und durch welche ihre Tätigkeit außerordentlich gesteigert wird. In diesem Falle ist nach den Grundsätzen von Treu und Glauben für außervertragliche Leistung eine besondere Vergütung fällig. (Vgl. Denecke Arbeitszeitordnung 3. Aufl. Anm. 3 e zu § 15.)
Solche außervertragliche Leistungen war die Vertretung der Theatermeister und die Überwachung des neuen Hauses."

c) Krankmeldung, Residenzpflicht

Schon ehe es zur – wiederholten – Krankmeldung eines Mitglieds kommt, kann die Bühne aus konkretem Anlaß und etwa berechtigtem Interesse Gewißheit darüber erlangen wollen, ob mit einer Wiedererkrankung zu rechnen und der kürzliche Erkrankungsfall ohne Rückfall behoben ist. Das Mitglied ist, wenn keine Willkür oder Schikane erkennbar sind, verpflichtet, seinen Gesundheitszustand zu klären, ohne allerdings sich bereits einem Vertrauensarzt der Bühne stellen zu müssen. Denn dies ist nach § 8 IV NV nur bei eingetretener Dienstverhinderung, also bei vorhandener und nicht nur zukünftig befürchteter Arbeitsunfähigkeit vorgesehen. Es heißt im Falle 6/56:

„Dem Beklagten ist darin Recht zu geben, daß der Intendant im Hinblick auf die erste Unpäßlichkeit der Klägerin vom 17. 8. 1955 ein Recht dazu hatte, die voraussichtliche Dienstfähigkeit der Klägerin geklärt zu wissen, um über ihren möglichen Einsatz in der geplanten Besetzung des Stückes ‚Götter auf Urlaub' Klarheit zu gewinnen. Es ist zwar richtig, daß die Voraussetzungen zur Erhebung eines Gutachtens eines Vertrauensarztes nach § 8 Abs. 4 des NV damals noch nicht vorgelegen haben, da die Klägerin in den Tagen nach dem 17. 8. 1955 nicht an ihrem Dienst verhindert war und der Unternehmer das Gutachten bestimmter Ärzte oder eines bestimmten Arztes nur zum Beweis der Verhinderung am Dienst fordern kann. Es ist auch richtig, daß die Aufforderung im Brief vom 23. 8. in der Form, wie sie ausgesprochen ist, nicht klar erkennen ließ, daß der Intendant auf die Erhebung eines Gutachtens durch Beiziehung eines bestimmten Arztes hinaus wollte. In diesem Schreiben ist lediglich der Wunsch oder die Empfehlung ausgesprochen, die Klägerin möchte sich umgehend bei einem hiesigen Arzt, als den er Dr. F. benannte, untersuchen und evtl. behandeln lassen. Indessen ist, auch wenn damals die Voraussetzung zur Einziehung des Gutachtens eines Vertrauensarztes nicht vorgelegen hat, nach Ansicht des Bühnen-Oberschiedsgerichts die Klägerin verpflichtet gewesen, dem Wunsch des Intendanten auf Klärung ihres Gesundheitszustandes nachzukommen. Der Intendant hatte hieran ein berechtigtes Interesse festzustellen, ob nicht die planmäßige Einstudierung der Premiere des Stückes ‚Götter auf Urlaub' durch den Zustand der Klägerin gefährdet wurde. Die Klägerin war auf Grund ihres Dienstvertrages nach Treu und Glauben verpflichtet, diesem Interesse des Intendanten Genüge zu leisten. Es ist ein allgemein arbeitsrechtlich anerkannter Grundsatz, daß aus der Treupflicht des Arbeitnehmers sich die Verpflichtung ergibt, berechtigten Betriebsinteressen des Arbeitgebers zu genügen und insoweit an ihn ergehenden Aufforderungen Folge zu leisten."

Das Mitglied tut demnach genug, wenn es, allerdings wohl auf Kosten der Bühne, ein Zeugnis des eigenen Arztes, erforderlichenfalls eines Facharztes, beibringt. Dieser Vorgang spielt auch im Zusammenhang mit einer ungerechtfertigten fristlosen Entlassung eine Rolle (S. 108).

Die vom Oberschiedsgericht gefällte Entscheidung zur Residenzpflicht der Bühnenmitglieder in CT 5/24 bezieht sich zwar nur auf Chor und Tanz und geht von einer Gebundenheit des Mitglieds an den Ort der Bühne aus (Hauptband S. 232). Die Begründung mit Vorschriften des Normalvertrages und der Hausordnung könnte und müßte insoweit die gleiche wie beim Solopersonal sein, für das das Gericht die Residenzpflicht nur im Sinne der Erreichbarkeit versteht. In seiner Entscheidung 14/57 stellt das Gericht nunmehr ganz allgemein, wenn auch nur auf den Fall eines Chorsängers bezogen, mit Gültigkeit für alle Bühnenmitglieder fest:

„Was insbesondere der Hinweis auf die Residenzpflicht des Bühnenkünstlers anbelangt, so bedeutet diese nicht die Verpflichtung des Bühnenkünstlers, in der gleichen Gemeinde oder am gleichen Ort zu wohnen, wo sich der Betriebssitz befindet. Unter Residenzpflicht ist vielmehr nur die Verpflichtung zu verstehen, im Interesse der Bühnenordnung jederzeit dienstbereit und für die Bühnenleitung ständig erreichbar zu sein (vgl. Kutzer ‚Das Dienstrecht der Bühnenmitglieder' § 63 S. 208–210)."

Danach gibt es von diesem Grundsatz heute wohl keine Ausnahme mehr, wie sie noch in CT 5/24 hat erblickt werden können. Auch auf 7/59 (S. 149) sei hingewiesen.

d) Urheber- und Leistungsschutzrechte

In der grundlegenden Entscheidung des Oberschiedsgerichts 10/42 zur Wahrung der Urheberrechte eines Bühnenbildners bei Weitergabe seiner Schöpfungen an eine andere Bühne ohne seine Zustimmung ist ein Kernsatz enthalten, der als Leitsatz über den Erörterungen zum Thema der mit dem Urheberrecht verwandten Leistungsschutzrechte stehen kann (Hauptband S. 128):

„Die Abmachungen sind grundsätzlich dahin zu verstehen, daß der Gebrauch des Werkes der Vertragsbühne nur für das in Frage kommende Theater zugestanden wird. Soll etwas anderes gelten, müßte es besonders bedungen werden. Eines Vorbehalts für den Bühnenbildner bedarf es also nicht."

Hier wird die Konkretisierung des Vertrages auf die Zwecke der Vertragsbühne selbst – wie von den Parteien bei Vertragsabschluß im Sinne des Tarifrechts vorgestellt (§ 4 I NV) – unterstrichen. Der Einsatz technischer Mittel zur Verbreitung und Wiederholung des theatermäßigen Aufführungswerkes außerhalb seines ihm eigentümlichen Rahmens, des Theatergebäudes, liegt prinzipiell jenseits dieser Vertragsgrenzen und ist einzel- oder tarifvertraglichen, wenn nicht gesetzlichen Regeln zu unterwerfen, andernfalls er grundsätzlich Rechtsverletzung ist.

Eine Weiterbildung des Tarifrechts zur Mitwirkungspflicht und -vergütung der Solomitglieder bei Rundfunkübertragungen aus der tariflichen Regelung der Jahre 1924 und 1933 (§§ 3 IV, 4 II NV) liegt für das weit bedeutsamere Fernsehen nicht vor. Frühere Entscheidungen des Oberschiedsgerichts erstrecken sich auf das Gebiet des Chores, für den nach dem Tarifrecht des Jahres 1924 nicht einmal eine der Rundfunk-Regelung des Solopersonals entsprechende Tarifbestimmung vorliegt und Sondervergütungen in dem einen Fall der Mitwirkung für Bandaufnahmen im Theater oder Senderaum eigens zu Sendezwecken (14/53, Hauptband S. 224, 226 Anm. 1) und in dem anderen Fall bei Auswertung der theatergebundenen Mitwirkung durch Bandaufnahmen oder life-Übertragungen zu Sendezwecken (5/57, S. 142) zugesprochen worden sind. Dabei ist die – nicht zur Entscheidung stehende – Frage der Mitwirkungspflicht selbst nicht grundsätzlich geklärt worden, da mitgewirkt worden war. In diesem Zusammenhang sind Hinweise auf die Rechtsverhältnisse der Solisten erfolgt, verbunden mit einer allgemeinen Abschirmung des Begriffes Theater gegenüber Rundfunk. Der neue Spruch 4/62[1]) ist die einzige, derzeit für solistisches Personal vorhandene Entscheidung in bezug auf Fernsehübertragungen (teils life, teils zeitversetzt), aber mit der Besonderheit, daß der Kläger ein technischer Direktor und damit – wenn auch gemäß Tarifvertrag vom 25. 5. 1961 zum künstlerischen Personal zählend – nicht ein „darstellendes" Bühnenmitglied im herkömmlichen

[1]) Der Schiedsspruch ist abgedruckt in AP Nr. 1 zu § 612 BGB „Leistungsschutz" mit kritischer Anmerkung von Boden. Kauffmann, Arbeitsrecht und Leistungsschutz des ausübenden Bühnenkünstlers, Der Betrieb 1963 S. 202. Ferner Boden, Mitwirkung bei Bandaufnahmen und in Fortsetzung beim Fernsehfunk, Die Bühnengenossenschaft 1958/59 S. 251; Riepenhausen, Warnung vor Mißverständnissen – Zur Mitwirkungspflicht bei Fernsehübertragungen, Die Bühnengenossenschaft 1963 S. 77. Vgl. auch S. 96 Anm. 1. Kauffmann, Leistungsschutz des Bühnenkünstlers und Bühnenarbeitsrecht, Ufita Bd. 41 S. 279.

Sinne ist[1]). In 4/62 wird zunächst festgestellt, daß es an dienst- und tarifvertraglichen Grundlagen fehlt:

„Dem Schiedsspruch erster Instanz ist sicher insoweit beizutreten, als die vertraglichen Unterlagen keine ausdrückliche Regelung der Mitwirkungs- und Vergütungspflicht des technischen Direktors einer Bühne bei Fernsehaufnahmen im Rahmen einer Theateraufführung ergeben. Weder der Dienstvertrag noch der Tarifvertrag für technische Bühnenvorstände vom 18. 2. 1955 i. d. F. vom 5. 6. 1959 (BTT) und der in diesen in bezug genommene NV (Solo) enthalten über Fernsehaufnahmen Bestimmungen. In letzterem ist zwar durch die §§ 3 Abs. 4 und 4 Abs. 2 die Mitwirkung und Vergütung bei Vorstellungen, die aus dem Theater durch Rundfunk oder Fernsprecher übertragen werden, näher geregelt. Diese Bestimmungen können aber bei der selbständigen Bedeutung des Fernsehens nicht auch nur analog angewandt werden...

Hier ist zu beachten, daß der auf technische Bühnenvorstände in wesentlichen Bestimmungen anwendbare NV (Solo) aus 1933 stammt, als das Fernsehen noch kaum für Bühnenaufführungen in Frage kam. Bei der Ermittlung des Inhalts von Tarifnormen darf nicht außer acht gelassen werden, daß ihr Wortlaut keineswegs für sich allein steht, sondern daß er als Stück einer der Sache und der Kraft nach überragenden Wertordnung zu begreifen ist. Wenn sich Hintergründe und Lebenswirklichkeit gegenüber einer seit Jahrzehnten geltenden Tarifnorm geändert haben, ist es Sache der Tarifauslegung, die umgewandelte Norm in Sprache, Stil, Denken und Wertmaßstäbe der Gegenwart zu übersetzen (Herschel in Festschrift für Molitor 1962 S. 171/172). Die Tatsache, daß der BTT von 1955 nichts über Fernsehen enthält, erklärt sich deshalb zwanglos daraus, daß die Tarifverbände noch keine Regelung der Fernsehbeteiligung der Bühnenkünstler übereinstimmend gefunden haben, die in den NV hätte aufgenommen werden können. Aus der Tatsache der unstreitig zwischen den Verbänden noch schwebenden gegensätzlichen Auffassung über die Mitwirkungspflicht bei Fernsehaufnahmen kann unschwer gefolgert werden, daß diese Frage noch offen ist und jedenfalls durch die einschlägigen Tarifverträge nicht gelöst ist."

Die Frage nach einem Bühnenbrauch wird vom Gericht nicht gestellt, was bei dieser neuen, unentwickelten Rechtsproblematik nicht überraschen kann. Doch bejaht das Oberschiedsgericht für den Einzelfall, ohne dies grundsätzlich zu verallgemeinern, eine Mitwirkungspflicht der Bühnenmitglieder bei solchen Fernsehvorgängen, wenn sie zumutbar ist. Dabei wird der Begriff der Zumutbarkeit, der – von einer angemessenen Vergütung ganz abgesehen – besonders unter künstlerischen Gesichtspunkten im Hinblick auf die außertheatermäßige Wirkung und Leistungs-

[1]) Eine Ausdehnung des Begriffs der „künstlerischen" Leistung vertritt Möhring, Die internationale Regelung des Rechts der ausübenden Künstler und anderer sogenannter Nachbarrechte 1958 S. 39, enger dagegen Ulmer, Der Rechtsschutz der ausübenden Künstler, der Hersteller von Tonträgern und der Sendegesellschaften 1957 S. 36. Das internationale Abkommen über den Schutz ausübender Künstler, der Hersteller von Tonträgern und der Sendeunternehmen vom 26. 10. 1961 (sog. Vertrag von Rom), seit 18. 5. 1964 in Kraft (noch nicht für die Bundesrepublik Deutschland), gestattet Erweiterungen.

möglichkeit des Bühnenkünstlers von größter Bedeutung ist, im Rahmen dieses Falles aus der leitenden Theatertechnik nicht näher erläutert. Die Entscheidung, die ohnehin nur auf den Einzelfall abstellt, ist mit Vorsicht zu verwenden. Es heißt in ihr hierzu (4/62):

„Es ist indessen bedenklich, wenn der Kläger aus dem Fehlen einer vertraglichen Regelung schlechthin die Mitwirkungspflicht bei Fernsehaufnahmen verneinen will und die Heranziehung zu Fernsehaufnahmen aus dem Bühnenraum als eine außerhalb seiner Mitwirkungspflicht liegende Leistung ansieht. Es kann hier dahingestellt bleiben, ob dem Grundsatz nach ein darstellender Künstler ohne vertragliche Regelung zur Mitwirkung an Fernsehaufgaben nicht verpflichtet ist. Eine solche den Einzelfall nicht berücksichtigende Betrachtungsweise verkennt jedoch, daß der Bühnenangestellte als Arbeitnehmer auf Grund seiner Treupflicht nach § 5 NV (Solo) in Verbindung mit § 242 BGB gehalten ist, u. U. auch eine andere als die regelmäßig zu erbringende Normalleistung im Rahmen der vertragsmäßigen Aufgaben zu übernehmen, sofern sie ihm zumutbar ist. Nach § 4 Abs. 1 NV, der in § 3 Abs. 2 BTT in bezug genommen ist, erstreckt sich vorbehaltlich abweichender Einzelvereinbarung seine Vertragspflicht auf alle Veranstaltungen des Theaters. Daß es sich bei den streitigen Aufführungen um eine hierunter fallende Veranstaltung handelt, kann nicht bezweifelt werden. Soweit die Tätigkeit nicht ausschließlich eine Theateraufführung betraf, sondern auch deren Übertragung durch Fernsehen einschloß, lagen besondere Umstände vor, welche die Bühne veranlaßten, in Gemeinschaft mit dem zweiten Fernsehen des Hessischen Rundfunks im Interesse der Bühne und der gemeinsamen Kulturaufgaben des staatlich subventionierten öffentlichen Rechtsträgers und des Hessischen Rundfunks die Aufführung für das Fernsehen freizugeben. Die geforderte, in das Fachgebiet des Bühnenangestellten fallende Tätigkeit muß jedenfalls in diesem Falle als zumutbar angesehen werden, und es würde zu unhaltbaren Folgerungen führen, wenn ein einzelner Bühnenangestellter bei der Bereitwilligkeit der übrigen seine Mitwirkung versagen würde, obwohl sie ihm ihrem Inhalt nach zumutbar ist. (Vgl. Hueck-Nipperdey, Lehrbuch d. Arbeitsrechts, 6. Aufl. Bd. II § 33 III Seite 182.)“

Zu betonen ist, daß es sich um die Eröffnungssendung des Zweiten Landesfernsehens jener Rundfunkanstalt in der Zeit vor dem Programm des Zweiten Deutschen Fernsehens und um eine festliche Repräsentativbeteiligung des Theaters handelte, nicht um eine der sonstigen, mehr geschäftsmäßig eingeplanten Fernsehübertragungen in systematischer Auswertung des Theaters für das Fernsehen. Mit kultureller Aufgabenerweiterung des Theaters in Verbindung mit dem Fernsehen, soweit dies dem eigentlichen Theatererlebnis überhaupt gemäß sein kann, ist keine automatische Erweiterung der Vertragspflichten der Bühnenkünstler zu rechtfertigen. Dieser Hinweis ist am Platze, da der Spruch selbst in seinem weiteren Inhalt den wesensartigen Unterschied zwischen Theater und Fernsehen wie in der früheren Entscheidung 14/53 (S. 142) zum Rundfunk herausstellt, also nicht den Inhalt haben kann, daß das Engagement für die Bühne zugleich ein stillschweigendes Engagement für Rundfunk oder Fernsehen bedeutet. Zur Frage, ob die Fernseh-Leistung des Klägers, der die zur künstlerischen Darstellung des Bühnenwerkes gehörende technische Einrichtung besorgt hat, eine vertragsmäßige im Sinne seiner allgemeinen Pflichten für das Theater nach dem Normalvertrag oder ob sie eine besondere und zusätzlich zu vergütende ist, wird in 4/62 deutlich gesagt:

„Ob es sich um eine Sonderleistung des Klägers bei der Mitwirkung an den ferngesendeten Aufführungen handelt, ist deshalb nunmehr unter Auslegung des Begriffs ‚vertraglich übernommene Tätigkeit' in § 4 Abs. 1 NV näher zu untersuchen. Bei Würdigung der in Rede stehenden Kunstleistung ist auf das Wesen der Theatervorstellung im Gegensatz zur Fernsehleistung einzugehen. Die künstlerisch bestimmende Mitwirkung an einer Fernsehübertragung kann nicht als normale Leistung eines für einen Theaterbetrieb engagierten künstlerischen Bühnenmitglieds, wozu hier auch der Kläger gehört, angesehen werden. In unserer Epoche der technisch perfektionierten Wiedergabe schauspielerischer und gesanglicher Kunstleistungen durch Film, Funk und Fernsehen muß ein scharfer Trennungsstrich gezogen werden gegenüber der eigenständigen und anders gearteten Kunstleistung der lebendigen aus der unmittelbaren Begegnung zwischen Künstler und Zuschauer lebenden Bühnenvorstellung. Der klassische Ursprung des griechischen Theaters hat bis heute den Wesenszug der Bühnenaufführung mit seiner unmittelbaren Wirkung auf die Zuschauer bestimmt. Dieser Wesensunterschied wird mit Recht in ‚Knaurs Fernsehbuch' von Gerhard Eckert (S. 257) wie folgt aufgezeigt:

‚Auch verträgt sich eine Mimik, die auf Sichtbarkeit bis in den Rang abgestimmt ist, schwer mit einer Fernsehkamera, die dem Schauspieler dicht auf der Haut sitzt und selbst die leisesten Regungen wiedergibt. Diese Gründe sprechen – neben manchen anderen – dafür, auch ein herkömmliches Theaterstück lieber im Studio zu inszenieren. Bereits dieser einfache Sachverhalt läßt vermuten, daß das Fernsehen seine eigene Dramaturgie, seine eigenen Gesetze und seine besonderen Wirkungsmöglichkeiten hat. Sie werden um so deutlicher zur Geltung kommen können, je mehr von vornherein nicht an Theater oder Bühne, sondern nur an Fernsehen gedacht worden ist.'

Das BOSch steht deshalb auf dem Standpunkt, daß die tätige Mitwirkung an einer Fernsehaufführung als künstlerische Leistung seitens des Klägers, sofern sie von ihm nachgewiesen wird, eine Sonderleistung darstellte, die besonders zu vergüten war."

Wenn hier von einer Veranstaltung des Theaters gesprochen wird, so heißt dies nach dem zuvor Gesagten nicht, daß es nur eine Theaterveranstaltung ist. Denn sie ist zugleich Fernsehveranstaltung unter Obhut der Fernsehleitung, und zwar in einem äußerst bedeutsamen Wirkungssinn. Sonst würden sich viele Ausführungen des Gerichts erübrigen. Nicht überlesen darf man, daß das Oberschiedsgericht hier nur von „tätiger" Mitwirkung als Voraussetzung der noch näher zu erörternden Sondervergütung spricht.

Die Ausnahmehaftigkeit jener Mitwirkungspflicht im Einzelfall geht aus der Entscheidung hervor. Andernfalls könnte keine vergütungspflichtige Sonderleistung, die vielmehr als vertragsmäßige Regelleistung mit der Gage abgegolten wäre, anerkannt werden. Damit hält sich das Gericht im Rahmen seiner sonstigen Rechtsprechung zu Sonderleistungen verschiedener Art (S. 72, Hauptband S. 114). Allerdings setzt sich das Oberschiedsgericht hier nicht näher mit der Frage auseinander, ob dem Kläger nicht schon deshalb ein Vergütungsanspruch zusteht, weil er etwa ein sog. Leistungsschutzrecht hat. Unter Bezugnahme auf das Urteil des Bundesgerichtshofes BGHZ Bd. 33 S. 20 ff. meint das Oberschiedsgericht (4/62):

„Der BGH hat im erwähnten Urteil ein Leistungsschutzrecht auf persönlichkeits-rechtliche Erwägungen (Art. 1, 2 GrG) sowie auf sittenwidrige Vermögensschädigung und unlauteren Wettbewerb gestützt. Alles dies kann hier dahingestellt bleiben, insbesondere ob der im Schrifttum zu einem Sammelbegriff für angrenzende Schutzrechte gewordene Begriff des Leistungsschutzes bei der derzeitigen Rechtslage auf andere Rechtsgründe zu stützen ist. Denn im vorliegenden Fall machte der Kläger einen vertraglichen Vergütungsanspruch geltend, während die Verletzung eines Schutzrechts des immateriellen Güterrechts nur einen Unterlassungsanspruch oder einen Schadensersatzanspruch wegen Verletzung des Schutzrechts zur Folge haben kann. Diese Frage war aber für die Entscheidung ohne Bedeutung, da der Kläger unstreitig sich zur Mitwirkung an der Fernsehsendung bereiterklärt hat. Es handelt sich hier also um die Abgeltung von Sonderleistungen und nicht um eine Abgeltung eines Leistungsschutzrechts."

Andererseits billigt das Oberschiedsgericht eine Sondervergütung auch nicht wegen der bloßen Fernsehverbreitung zu, wie es dies im Chorsängerfall unter dem Gesichtspunkt der über den Vertragsrahmen hinausgehenden, wesensverschiedenen Auswirkung der Leistung tut (5/57, S. 145)[1]) und verhält sich damit kaum konsequent, zumal dieses wesentliche Merkmal mit dem Leistungsschutzrecht selbst nicht unbedingt zusammenhängt:

„Der Kläger vertritt zwar den Standpunkt, daß ungeachtet der von ihm behaupteten Mitwirkungsleistung schon die Tatsache der Fernsehübertragung der von ihm eingerichteten beiden Opern einen Vergütungsanspruch rechtfertige und stützt sich hierbei im wesentlichen auf die Gründe des BGH in der angeführten

---

[1]) Kauffmann, Arbeitsrecht und Leistungsschutz des ausübenden Bühnenkünstlers,Der Betrieb 1963 S. 203, betont die Notwendigkeit eines wirtschaftlichen Ausgleichs für die Zweitverwertung, da bei Aushandlung der Gage von anderen Maßstäben ausgegangen worden sei, und ergänzt damit seine Formulierungen als Vorsitzender des Oberschiedsgerichts, das den Schiedsspruch 4/62 erlassen hat. Nipperdey, Der Leistungsschutz des ausübenden Künstlers 1959 S. 50, weist ebenfalls auf die Klärungsbedürftigkeit der Vergütung für Weiterverwertung der Leistung schon bei Vertragsabschluß hin, obwohl er im übrigen dem Leistungsschutzrecht gegenüber zurückhaltend eingestellt ist (S. 64), insofern ähnlich Neumann-Duesberg, Rechtsschutz der Leistung des ausübenden Künstlers 1959 S. 58, 90, und Hubmann, Der Schutz des ausübenden Künstlers nach geltendem Recht 1959 S. 41. Der Gesetzentwurf zur Urheberrechtsreform hält eine gewisse Mitte zwischen dieser Lehre einerseits und der weitgehenden Rechtsprechung des Bundesgerichtshofes andererseits. Ferner Kauffmann, Leistungsschutz des Bühnenkünstlers und Bühnenarbeitsrecht, Ufita Bd. 41 S. 279.

Entscheidung Bd. 33 S. 20. Dem konnte nicht beigetreten werden. Im angeführten Streitfall des erwähnten Urteils handelt es sich um ein Orchestermitglied, die Entscheidung umfaßt auch darstellende Künstler. In der Begründung wird hauptsächlich darauf abgestellt, daß der Eingriff in die persönlichkeits-rechtlichen und wirtschaftlichen Interessen eines darstellenden Künstlers um deswillen nicht zuzulassen sei, weil die Kunstleistung des darstellenden Künstlers in jeder Aufführung eine einmalige, nicht wiederholbare, nur nachvollziehbare Leistung darstelle und kein den Schaffensvorgang überdauerndes Leistungsergebnis zum Ziel habe. Die Aufgabe des technischen Direktors ist demgegenüber eine andere.

Der technische Direktor gehört zwar auch zum künstlerischen Personal der Bühnen. Während aber der darstellende Künstler in jeder Aufführung erneut seine künstlerische Leistung voll und ganz, nicht wiederholbar, zur Entfaltung zu bringen hat, gehört der technische Direktor zum Kreise desjenigen Personals, der das Geschehen auf der Bühne nur mittelbar beeinflußt und dessen Hauptarbeit in der sog. ‚Einrichtung der Aufführung' durch künstlerische Festlegung mit technischen Mitteln beruht. Ist einmal die Inszenierung des Stücks durch die Regie mit Hilfe des Bühnenbildners und techn. Direktors als Kunstleistung geschaffen, so kann diese jederzeit bei jeder Wiederholung der Aufführung in ihrer wesentlichen Substanz ohne neue Kunstleistung benutzt werden und bedarf regelmäßig keiner erneuten schöpferischen Arbeit, sofern nicht aus besonderen Gründen eine Abänderung erfolgt. Es ist, worauf vergleichsweise hinzuweisen ist, anerkannt in Schrifttum und Rechtsprechung, daß nach dem Kunstschutzgesetz vom 9. 1. 1907 die Arbeit des Bühnenbildners dem Kunstschutz unterliegt (vgl. LG Köln vom 19. 11. 1948 GRUR 1949 S. 303 ff. = MDR 49,566, LAG Berlin in GRUR 1952, 100 und BOSch in Ufita 1944, 148 ff.). Durch den Anstellungsvertrag überträgt jedoch der Bühnenbildner, ebenso wie der technische Bühnenvorstand, sein etwaiges Urheberrecht auf die Bühnenleitung, so daß diese in die Lage gesetzt ist, bei jeder Aufführung ohne neue Vergütung die Einrichtung des Bühnenbildners und techn. Direktors ohne zusätzliche Sonderleistung für sich in Anspruch zu nehmen und zu wiederholen. (Vgl. RGZ 110, 393.)

Hiernach besteht auch ein rechtlicher Unterschied in der Bewertung der Leistung des Klägers gegenüber den bei den Aufführungen eingesetzten vortragenden Künstlern."

Diese Ausführungen sind sicherlich nach dem Inhalt des Urteils des Bundesgerichtshofs BGHZ Bd. 33 S. 20 ff. insofern ergänzungsbedürftig, als dies zwar auch das darstellende Solopersonal neben den von der Entscheidung unmittelbar allein betroffenen Orchestermitgliedern erwähnt, aber bei der Erörterung der Mitwirkungspflicht den Unterschied zwischen Solo- und Kollektivleistung betont. Wenn das Oberschiedsgericht hier Kollektiv und Solo zwecks Abgrenzung zum technischen Personal kombiniert, ist die Formulierung, daß jenes BGH-Urteil „auch darstellende Künstler umfaßt", also ohne sachliche Differenzierung. Ferner betrifft das Urteil nicht den Vergütungsanspruch selbst. Da andererseits der technische Direktor immerhin zum künstlerischen, leitenden, allerdings nicht zum darstellenden Personal gehört, bleibt fraglich, ob nicht schon die fernsehmäßige Auswirkung seines theaterbezogenen Engagements sondervergütungspflichtig ist, zumal das Gericht seine Leistung mit derjenigen des Bühnenbildners vergleicht, der – wie es im vorstehenden Zitat heißt – sein Urheberrecht auf die Bühnenleitung überträgt. Gerade darin setzt sich das Gericht in Gegensatz zu der einleitend erwähnten Entscheidung 10/42 (S. 91), die besagt, daß der Gebrauch des Werkes nur für das betreffende Theater, nicht aber zur Weitergabe an ein anderes Theater bestimmt sei. Das hat um so mehr zu gelten, wenn eine sogar wesensverschiedene und überdies umfassend größere Auswertung vorgenommen wird, wie im Fernsehen.

Wenn das Gericht in seiner Entscheidung 4/62 gleichwohl zur Anerkennung von Sondervergütungen für den technischen Direktor gelangt, so nicht aus vorstehenden, gebotenen Erwägungen, sondern nur aus dem Grunde, weil er zusätzliche Leistungen künstlerischer Art erbringen mußte, die nur aus Anlaß der Fernsehübertragung notwendig wurden, sonst aber im Theaterbetrieb nicht zusätzlich angefallen wären:

„Geht man hiervon aus, so hängt die Entscheidung letzten Endes nur noch von der Frage ab, ob und inwieweit der Kläger eine künstlerische Leistung im Interesse der Fernsehsendung erbracht hat, wobei es nicht auf die Arbeitszeit überschreitende Mehrarbeit im Sinne der AZO, sondern auf die andere, qualifizierbare Fernsehtätigkeit ankam. Diese Frage hängt ausschließlich von der im Einzelfall nachzuweisenden Tätigkeit des techn. Direktors ab. Dabei ist vorweg zu bemerken, daß naturgemäß nicht rein nebensächliche technische Hilfsleistungen wie Kabelverlegungen usw. als Sonderleistung zu bewerten sind."

Als vergütungspflichtige Sonderleistungen bezeichnet das Gericht hier die Dispositionen für die Beleuchtung, die farbliche Zusammensetzung des Bühnenbildes in Verbindung mit Fernsehleitung, Regisseur und Kameramann. Abschließend – auch zur Höhe der Vergütung:

„Im Ergebnis ist sonach festzustellen, daß der Kläger für die Zwecke der Fernsehübertragung die verschiedenen an der Aufführung mitwirkenden Kräfte koordiniert hat und damit immerhin gewisse künstlerische Aufgaben, die über die normale Theateraufführung hinausgehen, bewirkt hat. Das BOSch wertet seine Leistungen deshalb als Sonderleistungen. Als angemessen war allerdings nicht eine Mehrzahl der Tagesgage anzusehen, die überdies bei der Verschiedenartigkeit der Gagenhöhe der einzelnen Mitwirkenden nicht als sachgerechter Maßstab anzuerkennen ist. Angemessen schienen vielmehr für jede der ferngesendeten Aufführungen eine Zusatzvergütung von je 100,– DM."

Auch und besonders beim künstlerischen Solopersonal, für das beim Fernsehen viel auf dem Spiel steht, nämlich das vergrößerte Risiko einer persönlichen Mißwirkung mit Rufschädigung, die Einschränkung selbständiger Fernsehengagements, die Fehlwirkung der Bühnendarbietung als ganzer im Fernsehen usw., gilt, daß dies Rechtsgebiet dem Tarifvertragsrecht und der schiedsgerichtlichen Rechtsprechung in wesentlichen Fragen noch völlig offensteht, zumal der Bundesgerichtshof über bisherige Erkenntnisse des

Oberschiedsgericht bereits z. T. hinausgegangen ist (betr. Chor, S. 142) und im übrigen die gesetzliche Regelung noch in Vorbereitung ist.

e) Verschiedenes

Die Fälle positiver Vertragsverletzungen, also der allgemeinen Schlechterfüllung des Vertrages von der einen oder der anderen Seite sind teilweise in den vorausgegangenen Kapiteln bereits in speziellen Zusammenhängen der Vertragsabwicklung erörtert worden. Doch gehören hierzu auch alle sonstigen Erscheinungen der Vertragsstörung oder Schlechterfüllung, die im schwersten Fall die fristlose Kündigung, sonst Schadensersatzansprüche oder Leistungsverweigerungsrechte begründen können. Die Folgen des Vertragsbruches nach § 14 NV sind systematisch hier zu registrieren, soweit es um die Schadensfolgen geht (Hauptband S. 122). Auf andere Schadensersatzansprüche sei Bezug genommen (S. 130).

Besonderer Darstellung wert sind die Schadensersatzansprüche der Bühne bei Veranlassung einer – auch ungerechtfertigten – fristlosen Entlassung eines Mitglieds, wenn sich dieses dabei schuldhaft verhalten hatte, wie durch Wegbleiben vom Engagement infolge Urlaubsüberschreitung oder unzureichender Krankmeldung usw. (S. 116).

In 9/56 bejaht das Oberschiedsgericht einen Anspruch der Bühne, die für ein ausgebliebenes und von ihr voreilig fristlos gekündigtes Mitglied einige Monate lang bis zu der vom Mitglied selbst verzögerten Klärung des Krankheitsfalles aufwendige Ersatzengagements hatte tätigen müssen, auf Ersatz des diesbezüglichen Schadens durch das Mitglied, und zwar in Teilaufrechnung zu dessen Ansprüchen wegen ungerechtfertigter Entlassung. Es führt zum Fehlverhalten der Sängerin aus:

„Ihre Nachlässigkeit trat besonders darin zutage, daß sie, ohne Nachurlaub zu erwirken, am letzten Urlaubstag abreiste, sodann die Beklagte vom 3.–6. 8. über ihr Verbleiben ohne Nachricht ließ und dann auch nur um Nachurlaub bat, ohne sich ordnungsgemäß unter Überreichung eines entsprechenden Attestes krankzumelden. Schließlich ist ihr auch zur Last zu legen, daß sie der Beklagten keine hinreichende Anschrift bekanntgab, durch welche die Beklagte mit ihr in Verbindung treten konnte. Daß dieses Verhalten gegen § 8 Abs. 4 des NV wie gegen § 3 der Hausordnung verstieß, kann nicht bezweifelt werden.

Aus diesen zutreffenden Erwägungen ist für den vorliegenden Fall die Folgerung zu ziehen, daß auch nach allgemeiner arbeitsrechtlicher Auffassung diese Mitteilungspflicht eines dienstverhinderten Bühnenmitglieds als Ausfluß der Treupflicht nicht nur nebensächlicher Natur ist, sondern immerhin eine echte Pflicht aus dem Arbeitsvertrag. Wenn die Verbände in den §§ 8 NV und 3 der Hausordnung diese Verpflichtung im einzelnen näher geregelt und vertraglich hervorgehoben haben, so geschah dies aus wohlerwogenen Gründen, um einen reibungslosen Bühnenbetrieb zu gewährleisten."

Dieser Schadensersatzfall wird aber auf die Zeitspanne beschränkt, in der die Künstlerin verantwortlich war, nicht mehr für die Zeit, von der ab die Bühne die fristlose Kündigung hätte zurücknehmen können und müssen (9/56):

„Das Bühnenschiedsgericht hat festgestellt, daß die positive Vertragsverletzung der Klägerin nur für den ersten Gastspielvertrag der Sängerin Z. ursächlich gewesen sei, da die Beklagte um die Mitte August 1953 berechtigt gewesen sei, eine Ersatzkraft für die Klägerin einzustellen, um die Durchführung ihres Spielplans nicht zu gefährden. Die hierdurch entstandenen Unkosten in Höhe von 1548 DM hat die I. Inst. als aufrechnungsfähig zuerkannt. Indessen ist zu berücksichtigen, daß die Klägerin selbst, wie sie in ihrer Berufungsbegründung im Vorprozeß Seite 3–6 hat vortragen lassen, damals bewußt der Beklagten die ganze Wahrheit über den Zustand ihrer Stimme und ihrer Arbeitsunfähigkeit verheimlicht und sich auf die ‚diplomatische Formulierung' ihres Arztes Dr. Z. verlassen hat. Sie hat damit die Beklagte vertragswidrig über ihren Zustand im unklaren gelassen und sie zu Fehldispositionen veranlaßt. Eine Klärung des Sachverhalts ist der Beklagten gegenüber erstmals durch die Überreichung des Attestes des Dr. Z. vom 27. 10. 1953 im Termin vom 2. 11. 1953 möglich gewesen. Frühestens von diesem Zeitpunkt an konnte die Beklagte durch den nachträglichen Nachweis der Arbeitsunfähigkeit Klarheit über den wirklichen Sachverhalt erlangen und sich über die Zurücknahme der fristlosen Entlassung schlüssig machen. Wenn sie diese nicht zurücknahm, so geschah dies von diesem Augenblick an auf ihr eigenes Risiko."

In 6/56 sind ähnliche Ansprüche der Bühne vorbehalten geblieben, aber nicht zur Entscheidung gelangt, da die Künstlerin dort nur teilweise Zahlungsansprüche erhoben hatte, die unterhalb der Aufrechnungs- und Pfändungsgrenze lagen (S. 116). Vollen Schadensersatz dagegen hatte eine Schauspielerin in 7/57 zu leisten, die durch ihr unentschuldigtes Nichterscheinen zu einer wichtigen, fest bestimmten Aufführung einen erheblichen Kassenschaden der Bühne verursacht und die durch ihr Verhalten ausgesprochene fristlose Entlassung hingenommen hatte.

Ein heikles, durch das Pressegeheimnis vielfach abgeschirmtes Kapitel eröffnet sich bei dem Streit zwischen Bühne und Mitglied über die Frage, wer von beiden schuld daran ist, daß das – etwa prominente – Engagement wieder abgesagt worden ist. Ein durch die Bühne wegen Nichtantritt des Engagements verklagter Bühnenkünstler errechnete sich in diesem Zusammenhang einen beträchtlichen Schadensersatz als Gegenanspruch wegen Kreditschädigung durch die Bühne in der Meinung, diese habe auf die Presse zu seinem Nachteil eingewirkt. Doch drang dies trotz der vom Oberschiedsgericht für nötig befundenen Erforschung des tatsächlichen Zusammenhanges in 8/58 – 3/59 beweismäßig nicht durch:

„Es handelt sich hier um eine Schadensersatzforderung wegen Kreditschädigung, deren Voraussetzung die schuldhafte Verbreitung unwahrer, den Beklagten schädigender Behauptungen ist. Diesen Beweis hat der Beklagte nicht geführt. Wie das Bezirksschiedsgericht bereits zutreffend festgestellt hat, hat die Beweisaufnahme ergeben, daß bei einer Pressekonferenz vom 5. 9. 1958 im Berliner

Bühnen-Klub St. auf eine Frage aus dem Kreis der anwesenden Pressevertreter erklärt hat, der Beklagte habe u. a. kurzfristig abgesagt, weil er vor dem Stück-Titel habe genannt werden wollen. Diese Äußerung war nicht unwahr, da sie sich in einem Schreiben des Vertreters des Beklagten vom 1. 8. 1958 fand und auch später nur abgeschwächt wurde, dem wesentlichen Inhalt nach aber darauf hinauslief, daß der Beklagte bei der Plakatierung an erster Stelle genannt werden wollte. Da die Klägerin dies ablehnte und der Beklagte auf seinem Standpunkt beharrte, blieb es aus diesem und weiteren Gründen bei der Erfüllungsverweigerung. Die von St. gemachte Äußerung befindet sich in mehr oder weniger pointierter Form, für die die Klägerin nicht verantwortlich ist, in Presseberichten, wobei auch zum Ausdruck kam, daß dieser Punkt nur einer von mehreren Punkten war, an dem der Vertrag scheiterte ...

Aus der Aussage des Zeugen R. geht hervor, daß die Aufklärung der Presse nicht in herabsetzender oder gehässiger Form erfolgte, sondern als Antwort auf eine Frage, da die Presse ein Interesse daran hatte, das Publikum über die Hintergründe der Besetzungsänderung zu informieren. Es ist auch zutreffend, daß die Klägerin nichts Falsches sagen und die Akzente im einzelnen nicht unsachgemäß verteilen durfte. Es ist aber nicht bewiesen, daß sie dies etwa getan hat."

Die zu späte Rückgabe einer übernommenen Partie wegen **stimmlicher Undurchführbarkeit (S. 21) kann als Verzug oder positive Ver**tragsverletzung, jedenfalls im Sinne der arbeitsrechtlichen Schlechtleistung schadensersatzpflichtig machen. In 4/63 kürzt das Oberschiedsgericht einen an sich zugesprochenen Gastspielhonorarbetrag von 8000 DM für 8 vorenthaltene Vorstellungen ohne nähere Darlegung und Beweise der angeblich wegen zu später Rückgabe der Partie geschädigten Bühne kurzerhand um 4000 DM:

„Der Kläger hat die Partie des ‚Stolzing' schon Anfang Februar 1961 erhalten. Er hat nach dem unbestrittenen Vortrag der Beklagten in der Zwischenzeit behauptet, das Studium der Partie mache gute Fortschritte. Aber erst am 5. 10. 1961, also acht Monate später, hat er die Partie überraschend zurückgegeben, so daß die Beklagte gezwungen war, kurzfristig einen teuereren Gast zu engagieren. Diese starke Verzögerung war schuldhaft. Denn er hätte gerade dann, wenn er längere Zeit zuvor zu Hause geprobt und sich von der Unmöglichkeit, die Rolle zu singen, überzeugt hatte, die Partie schon erheblich früher, spätestens vor dem Ende der vorhergehenden Spielzeit (vgl. den Brief der Beklagten an den Kläger vom 8. 2. 1961) zurückgeben können und müssen, so daß die Beklagte auf längere Sicht eine Umbesetzung hätte vorbereiten können.

Den dadurch der Beklagten entstandenen Schaden hat das Bühnenoberschiedsgericht nach § 287 ZPO auf 4000 DM geschätzt."

Anhaltspunkte, wie diese Schätzung ungefähr kalkuliert ist, werden hierbei nicht angegeben. Mit der Frage, ob der Gastspielkünstler sich anderweitigen Verdienst wegen Annahmeverzuges der Bühne anrechnen lassen muß (§ 615 BGB), hat die Kürzung nichts zu tun, da diese Frage praktisch nicht zur Erörterung stand und vom Oberschiedsgericht zur Begründung seiner Schätzung auch nicht herangezogen worden ist. Die Entscheidung weicht wohl nur ausnahmehaft von der bisherigen Praxis des Oberschiedsgerichts ab, die bereits bezifferbare, entstandene und nicht nur zukünftig abzuschätzende, ungewisse Schadensbeträge für Ansprüche oder Gegenansprüche sehr genau festzustellen und sich beweisen zu lassen pflegt (S. 72, 86, 100).

Zur Sachschädenhaftung vgl. S. 132 Anm. 1.

Allgemein ergänzend wird auf das Kapitel „Einzelne Leistungs- und Unterlassungspflichten auf Grund Fürsorge- und Treupflicht" verwiesen (S. 132, Hauptband S. 209–211).

V. Aufhebung des Arbeitsvertrages

1. Aufhebungsvertrag, Verzicht

2. Unmöglichkeit

Zum Hauptband S. 130–134 keine Ergänzungen.

3. Anfechtung

Während die bisherigen Anfechtungsfälle der Rechtsprechung Maßnahmen der Bühnenleitungen gegenüber Mitgliedern betrafen[1]), behandelt das Oberschiedsgericht in 8/58 – 3/59 die Anfechtung des Engagementsvertrages durch einen Künstler gegenüber dem Theater wegen Irrtums und Täuschung, und zwar, da das Engagement noch nicht angetreten worden war, mit Wirkung auf das ganze Vertragsverhältnis, nicht nur auf einzelne Vertragspunkte zwecks Ausräumung etwa nur dieser, also an Stelle einer unbeschränkten, außerordentlichen Kündigung im Falle eines bereits angetretenen Engagements (Hauptband S. 134). Der eine Anfechtungsgrund bezog sich darauf, daß einem auf Stückvertrag engagierten Hauptdarsteller in Shakespeares „Sturm" die Mitwirkung in der starken Umarbeitung des Textes von Schlegel-Tieck durch den Regisseur nicht zugemutet werden könne. Dies weist das Gericht mit Ausführungen zurück, die immerhin am Grundsatz der Zumutbarkeit einer Rollenübertragung festhalten, ihn hier aber als gewahrt bejahen (8/58 – 3/59):

„Die Inszenierung des Stücks durch S. bedient sich weitgehend der Übertragung des ‚Sturm' von Schlegel-Tieck. Richtig ist, daß bei der Neueinrichtung starke Kürzungen vorgenommen wurden und dabei auch gelegentlich der verbindende Text zwangsläufig etwas geändert wurde, um wieder in den Fluß der Originalfassung zu gelangen. Der Beklagte mußte aber mit derartigen Kürzungen rechnen, da solche vielfach gerade bei klassischen Stücken vorkommen.

[1]) Den Irrtum einer Bühne über das Leistungsvermögen einer Sängerin als Vertragsanfechtungsgrund wegen arglistiger Täuschung (Hauptband S. 135) bezeichnet eine ältere Schiedsgerichts-Entscheidung als „verzeihliche Selbsttäuschung" der Künstlerin, Felisch und Leander, Die Rechtsprechung des deutschen Bühnenschiedsgerichts 1911, 2. Aufl., S. 65.

Das BOSCH hat nicht die künstlerische Streitfrage zu entscheiden, ob solche Kürzungen klassischer Stücke vom künstlerischen Standpunkt zu billigen sind. Ob die Einrichtung im einzelnen geglückt ist, was nach Pressekritiken nicht der Fall gewesen zu sein scheint, ist hier nicht zu entscheiden. Hier handelt es sich dagegen um die Frage, ob der Bühnenkünstler mit Rücksicht auf die Einrichtung des Stücks durch den Regisseur seine Mitwirkung ablehnen kann. Dies war zu verneinen.

Dabei ist von folgendem auszugehen. Das BOSCH hat eine umfangreiche Rechtsprechung zu der sich aus § 5 Abs. 2 NV ergebenden Frage entwickelt, wo bestimmt ist, dem Mitglied dürfen keine seinem vertraglichen Rollengebiet fernliegenden darstellerischen Aufgaben ohne seine ausdrückliche Zustimmung übertragen werden. Hieraus ergibt sich auch ein Anhaltspunkt für die Entscheidung der vorliegenden Streitfrage. Die Grenzen der Inszenierung einer vertraglich übernommenen Rolle sind gegenüber dem wohlverstandenen Interesse des Künstlers auf der einen und demjenigen der Bühne auf der anderen Seite so zu ziehen, daß eine Leistung vom Künstler abgelehnt werden kann, wenn sie nicht zumutbar ist. Dabei soll die Individualität des Künstlers auf der einen und die künstlerische Form der Inszenierung auf der anderen Seite, für die allein die Bühnenleitung die Verantwortung trägt, berücksichtigt werden. Es handelt sich also letzten Endes hier um eine Frage der Zumutbarkeit (vgl. Riepenhausen, a. a. O. S. 89). Das BOSCH teilt die Ansicht des Bezirks-Schiedsgerichts, daß dem Beklagten trotz der Umgestaltung des Textes die Übernahme der Rolle zuzumuten war, da es sich keinesfalls um eine so grundlegende Veränderung handelte, daß etwa ein neues Stück geschaffen wurde, dessen Identität mit dem Shakespeareschen ‚Sturm', für den sich der Beklagte verpflichtet hatte, verloren ginge. Es bedarf auch nicht des vom Beklagten beantragten Gutachtens, da die kritische Durchsicht des Soufflierbuchs zur Feststellung genügt, daß sich auch die Einrichtung weitgehend an die Originalfassung hielt.

Im einzelnen kann hier auf die weiteren Ausführungen der ersten Instanz verwiesen werden. Hieran ändert auch nichts die Tatsache, daß dem Beklagten bei der Verhandlung über den Vertragsabschluß empfohlen wurde, sich den Text des ‚Sturm' in der Ausgabe von Reclam zu beschaffen. Damit sollte offensichtlich nur die Möglichkeit geschaffen werden, sich im allgemeinen mit dem Stoff vertraut zu machen. Daß der Reclamtext schlechterdings verbindlich sein sollte, konnte füglich hieraus nicht gefolgert werden."

In der gleichen Entscheidung wird der weitere Anfechtungsgrund, nämlich in der Gagenhöhe als Höchst- oder Spitzengage des betreffenden Theaters irregeführt worden zu sein, ebenfalls aus nur tatsächlichen Gründen als unzureichend abgelehnt:

„Dieser Beweis ist durch die Beweisaufnahme erster Instanz nicht erbracht. Aus der Vernehmung des Zeugen Dr. N., die auch durch die Ehefrau T. nicht widerlegt ist, ergibt sich, daß die am Theater übliche Höchstgage, abgesehen von ganz prominenten Spitzenkräften, dem Betrag von 200 DM entsprochen hat, der dem Beklagten bewilligt wurde. Daß von Ausnahmen für Spitzenkräfte die Rede gewesen sei, bestreiten allerdings der Beklagte und seine als Zeugin vernommene Ehefrau. Es wird jedoch zugegeben, daß die übliche Höchstgage am

Theater verlangt wurde. Diese hat der Beklagte auch bewilligt bekommen. Wenn der Beklagte wie auch die Zeugin T. bekunden, er habe eine Spitzengage haben wollen, so hätte er dies zum Ausdruck bringen müssen. Daß solche Spitzengagen gelegentlich gezahlt wurden, konnte ihm als erfahrenen Bühnenkünstler nicht unbekannt sein ...

... Der Wunsch des Beklagten, allein auch eine Spitzengage zu beziehen, könnte höchstens als Irrtum in Beweggrund in Frage kommen, der für eine Anfechtung indessen nicht ausreicht. Für eine arglistige Täuschung hat die Beweisaufnahme erster Instanz keinen Anhaltspunkt ergeben."

VI. Kündigung des Arbeitsvertrages

1. Befristete (ordentliche) Kündigung

Soweit kein festbefristeter Engagementsvertrag (Zeitvertrag), sondern ein Vertrag auf unbestimmte Zeit (Spielzeitvertrag mit Verlängerungsklausel bei Nichtkündigung, § 10 I NV) vorliegt, was praktisch eine regelwidrige Ausnahme im Bühnenrecht ist, bleibt zu beachten, daß unter Umständen die dreiwöchige Frist zur Klageerhebung nach § 3 KSchG maßgeblich ist. Dies gilt hier dann, wenn die Voraussetzungen des § 1 I KSchG gegeben sind, nämlich das Mindestalter von 20 Jahren und eine Betriebszugehörigkeit von mindestens 6 Monaten. Bei solchen Vertragsverhältnissen ist auch Kündigungsschutz nach § 1 II KSchG möglich, weil die in der Rechtsprechung auch des Bundesarbeitsgerichts bei Künstlerverträgen zugelassene Ausnahme hiervon nicht in Anspruch genommen worden ist (S. 42). Daß die Nichtverlängerungsmitteilung beim Zeitvertrag keine Kündigung im rechtstechnischen Sinne ist und insbesondere keinen Kündigungsschutz ermöglicht, steht in der Rechtsprechung fest (Hauptband S. 160).

2. Fristlose (außerordentliche) Kündigung

Ohne jeden Vorbehalt hat das Bundesarbeitsgericht die dreiwöchige Klageerhebungsfrist des § 3 I KSchG für die Fälle verneint, in denen echte, auf einen festen Endigungstermin befristete Arbeitsverträge (Zeitverträge) vorliegen und kein Kündigungsschutz nach § 1 II KSchG zulässig ist, mögen auch die Voraussetzungen aus § 1 I KSchG erfüllt sein (Mindestalter von 20 Jahren und Betriebszugehörigkeit von mindestens 6 Monaten)[1]. Diese Rechtsprechung wird nunmehr vom Oberschiedsgericht, das noch in seinem Schiedsspruch 3/58 anderer Ansicht gewesen war und die dreiwöchige Klagefrist für Kündigungen, insbesondere

[1]) BAG – 2 AZR 418/54 vom 27. 1. 1955 in AP Nr. 5 zu § 11 KSchG. § 11 I, II KSchG gilt nur für Arbeitnehmer, die bei möglicher fristgemäßer Kündigung allgemeinen Kündigungsschutz haben. Boden, Wann muß das Bühnenmitglied im Falle fristloser Entlassung beim Bühnenschiedsgericht Klage auf Feststellung der Unwirksamkeit der Kündigung erheben? Die Bühnengenossenschaft 1963 S. 76.

die fristlose nach § 11 I, 2 und § 3 I KSchG, auch bei Zeitverträgen für geboten erklärt hatte[1]), in der maßgeblichen Entscheidung 5/62 in bezug genommen:

„Beim Zeitvertrag kommt nach der ständigen Rechtsprechung des BOSch ein Kündigungsschutz nicht in Frage. Daraus ergibt sich aber weiterhin die Folgerung, daß auch § 11 in Verbindung mit § 3 KSchG keine Anwendung finden kann. Das BOSch läßt bewußt die frühere gegenteilige Auffassung im Schiedsspruch des Berliner Senats vom 11. 10. 1958 O. Sch. 3/58 – fallen, da inzwischen die höchstrichterliche Rechtsprechung des BAG mit Recht ausgesprochen hat, daß § 3 KSchG weder in den Fällen einer fristlosen Kündigung Anwendung findet, in denen der Arbeitnehmer nach § 1 KSchG noch nicht länger als 6 Monate in dem Betrieb beschäftigt war, oder das 20. Lebensjahr nicht vollendet hat, noch im Falle eines Zeitvertrags. Die Nichtanwendung des § 1 KSchG ergibt sich in diesen Fällen aus der Überschrift zu § 11, wo das Verhältnis der ordentlichen Kündigung zu sonstigen Kündigungen klargestellt wird und damit eine Verbindung mit dem KSchG zum Ausdruck gebracht wird."

Zum Ausschluß etwaiger Verwirkung durch Zeitablauf empfiehlt sich aber ein Protestschreiben des Mitglieds, wenn es gegen die Kündigung etwas zu unternehmen beabsichtigt.

Eine rückwirkende Kündigung ist selbstverständlich unzulässig. Sie gilt ab ihrem Ausspruch (3/58)[2]).

a) Unzumutbare Vertragsfortsetzung

In 22/57 umschreibt das Oberschiedsgericht die Unzumutbarkeit der Vertragsfortsetzung mit Formulierungen, die in anderen Schiedssprüchen ähnlich wiederkehren (6/56, 17/57, 7/59), wie folgt:

„Nach § 15 des NV, der mit dem unabdingbaren Kündigungsrecht des § 626 BGB übereinstimmt, kann der Vertrag von jedem Teil ohne Einhaltung einer Kündigungsfrist gekündigt werden, wenn ein wichtiger Grund vorliegt. Nach Absatz 2 ist als wichtiger Grund zur sofortigen Lösung des Vertrages jeder Umstand anzusehen, auf Grund dessen die Fortsetzung des Dienstverhältnisses einer Vertragspartei nicht mehr zugemutet werden kann. Als solche Gründe werden beispielsweise Tätlichkeiten, erhebliche Beleidigungen, unsittliche Zumutungen, beharrliche Verweigerung oder schwere Vernachlässigung der Dienstleistungen aufgeführt. Es ist jedoch allgemein anerkannt und nach der Entscheidung des BAG in ständiger Rechtsprechung (z. B. Urteil vom 3. 11. 1955 – AP Nr. 4 zu § 626 BGB) ausgesprochen, daß ein wichtiger Grund dann anzunehmen ist, wenn dem einen Vertragsteil unter Berücksichtigung aller Umstände nach Treu und Glauben nicht zugemutet werden kann, das Arbeitsverhältnis mit dem anderen Vertragsteil fortzusetzen. Es müssen also Umstände vorliegen, die nach verständi-

1) Der Schiedsspruch ist abgedruckt in AP Nr. 5 zu § 611 BGB „Bühnenengagementsvertrag" mit kritischer Anmerkung von Herschel.

2) Hierzu Herschel a. a. O. in voriger Anmerkung: es sei erstaunlich, daß eine Dienststelle der öffentlichen Hand eine Kündigung mit rückwirkender Kraft ausgesprochen habe. Vgl. Fortsetzung des Zitats S. 183 Anm. 1.

gem Ermessen dem einen oder anderen Teil eine Fortsetzung des Vertragsverhältnisses auch bis zum Ende der vorgesehenen Vertragsfrist nicht zumutbar erscheinen lassen, da sonst das Interesse des einen Teils in unbilliger Weise geschädigt wird. Hierbei muß das Interesse des einen Partners an der Fortsetzung des Arbeitsverhältnisses und das Interesse des anderen Partners an einer fristlosen Beendigung gegeneinander abgewogen werden. Die Beurteilung, ob ein wichtiger Grund vorliegt, verlangt danach im Interesse einer gerechten Entscheidung eine umfassende Würdigung des gesamten Sachverhalts."

Die Betonung, daß die Beurteilung in bezug auf die „vorgesehene Vertragsfrist" zu erfolgen hat, ist dabei von Bedeutung.

Daß ein Mitglied durch eine ungerechtfertigte fristlose Entlassung mit einem Makel behaftet wird, der einerseits eine besonders verantwortungsvolle Prüfung einer solchen Maßnahme vor ihrem Ausspruch und andererseits unter Umständen einen besonderen Schadensersatzanspruch des Mitglieds begründet (S. 115, Hauptband S. 142, 158), differenziert das Oberschiedsgericht in 9/56 nach objektiven Gesichtspunkten:

„Es mag zutreffen, daß eine unberechtigte fristlose Entlassung einem Bühnenmitglied in bezug auf sein weiteres Fortkommen nachteilig sein kann, wofür solchenfalls die Bühnenleitung einzustehen hat, wenn sie schuldhafterweise durch die Art der fristlosen Entlassung einen solchen Makel zugefügt hat. Nicht jede unberechtigte fristlose Entlassung hat aber derartige nachteilige Folgen. Die fristlose Kündigung stellt einen Rechtsbehelf dar, der vom Gesetz zur vorzeitigen Lösung des Vertragsverhältnisses zugelassen ist. Die fristlose Kündigung ist als abstraktes Rechtsgeschäft an und für sich ohne Werturteil und kann nur im Zusammenhang mit dem Kündigungsgrund gewisse Schlüsse auf ein Werturteil zulassen. Wichtiger Grund kann ein Ereignis sein, welches in der eigenen Person des Kündigenden liegt, wie z. B. Konkurs, oder in einem unverschuldeten Ereignis auf seiten des Gekündigten, wie langdauernde Krankheit, oder schließlich in einem objektiven Ereignis z. B. der Schließung des Bühnenbetriebs durch höhere Gewalt. Es ist klar, daß in allen Fällen dieser Art mit einer fristlosen Kündigung niemals ein Makel des Gekündigten verbunden sein kann. Letzteres könnte nur dann angenommen werden, wenn die Kündigung gestützt wird auf unbewiesene Behauptungen und Vorwürfe krimineller Art oder sonstige Umstände, die geeignet sind, den Gekündigten in seiner Wertschätzung herabzusetzen. Es muß deshalb bei einem hierauf gestützten Schadensersatzanspruch immer geprüft werden, ob im Einzelfall der Tatbestand einer objektiv unwahren Behauptung vorliegt."

Diese Einschränkungen sind verständlich, wenn man beachtet, daß § 15 NV in der Tat kein Verschulden des von der fristlosen Kündigung Betroffenen voraussetzt. Die frühere Entscheidung 33/38 (Hauptband S. 142) erörtert die Frage des Makels mit der Feststellung, daß fristlose Entlassungen „nur bei schweren Verfehlungen zulässig sind", wohl in zu engen Grenzen, die nicht nur auf Verschulden, das gegebenenfalls allerdings ein schweres sein müßte, abzustellen sind. Doch kann es Bedenken unterliegen, wenn der Makel ausgeräumt oder als folgenlos behandelt werden soll, obwohl der Bühnenleiter mit der fristlosen Entlassung einen Ermessensfehler begangen hat und diese einschneidende Maßnahme angesichts des Verhaltens des Mitglieds nicht hätte treffen dürfen, wenn auch eine dienstliche Pflichtverletzung des Mitglieds vorliegt (9/56):

„Der Vorwurf der Verletzung der aus dem Dienstvertrag obliegenden Pflichten durch die Klägerin ist auch im Vorprozeß nicht ausgeräumt worden. Lediglich die hieraus gezogene Rechtsfolgerung ist im Gegensatz zur Auffassung der Beklagten dahin korrigiert worden, daß diese Vertragsverletzung nicht als wichtiger Grund einer sofortigen Vertragslösung angesehen wurde. Der Begriff des wichtigen Grundes enthält als unbestimmter Rechtsbegriff Ermessenselemente und läßt einen gewissen Spielraum in der Beurteilung dahin offen, ob der Tatbestand zu einer fristlosen Vertragslösung ausreicht. Wenn die Beurteilung des Kündigungsgrundes durch das Bühnenoberschiedsgericht auch eine andere war als diejenige des Intendanten, so bedeutet dies zwar die abweichende rechtliche Beurteilung eines Tatbestandes, durch die an sich die Klägerin in ihrer Wertschätzung nicht schuldhaft herabgesetzt wurde. Es ist deshalb im Ergebnis zutreffend, wenn das Bühnenschiedsgericht jedenfalls bei diesem Sachverhalt zur Überzeugung gelangt ist, daß durch die ausgesprochene fristlose Kündigung eine Stellenbewerbung der Klägerin nicht schuldhaft herabgemindert wurde, da eine Theaterleitung erfahrungsgemäß in diesem Fall die Leistungen der Klägerin ausschließlich in Betracht gezogen hätte ohne Rücksicht auf die Lösung ihres Vertrages bei der Beklagten. Im übrigen kann für die von der Klägerin erwähnte Pressemeldung die Beklagte nicht verantwortlich gemacht werden."

Letztere Ausführungen erscheinen etwas theoretisch, ganz unabhängig davon, daß der Entlassungsgrund das unentschuldigte, aber, wie sich danach herausstellte, krankheitsmäßig bedingte Fernbleiben vom Spielzeitbeginn nach den Ferien war. Denn das Mitglied ist kaum in der Lage, die Wirkung einer überdies mit einer Pressemeldung begleiteten Entlassung bei anderweitiger Stellenbewerbung abzuschwächen, die etwa trotz Obsiegens im Entlassungsprozeß deswegen erschwert bleibt, weil inzwischen während des Prozesses die festbefristete Vertragszeit abgelaufen ist und das Mitglied aus diesem Grunde an die frühere Bühne, die es entlassen hat, nicht mehr zur äußerlich erkennbaren Widerlegung des fristlosen Kündigungsgrundes zurückkehren kann. Der Makel bleibt und ist kaum durch differenzierte Darlegung des Mitglieds, wenn es dazu bei anderweitiger Engagementssuche überhaupt Gelegenheit erhält, zu beseitigen.[1]) Der in 18/40 (Haupt-

[1]) Beim Engagement eines Theaterdirektors mit Regieverpflichtung kann daher trotz fristloser Kündigung des Betreffenden als Theaterdirektor noch die Verpflichtung verbleiben, ihn als Regisseur angemessen zu beschäftigen und evtl. Schadensersatz wegen unangemessener Beschäftigung zu leisten. Vgl. LAG Berlin 2 Sa 55/60, zitiert auf S. 14 Anm. 3 mit Aufsatz von Neumann-Duesberg daselbst. Das Urteil spricht die Veröffentlichungsbefugnis nur für den Widerruf ehrenkränkender Behauptungen außerhalb oder innerhalb des Prozesses nach § 1004 BGB zu. Neumann-Duesberg geht weiter: „M. E. ist es wegen der besonderen publizistischen Stellung eines Bühnenangehörigen und mit Rücksicht auf seinen künstlerischen Ruf notwendig, daß die Öffentlichkeit im vollen Umfang seine Rehabilitation erfährt: nicht nur die der Ehre, sondern auch die der Berufstätigkeit."

band S. 142) in diesem Sinne aufgestellte Grundsatz darf nicht in einen Freibrief vom unschädlichen Ermessensfehler des Bühnenleiters, dessen Maßnahme gerade und wenn auch nur wegen dieses Fehlers unberechtigt ist und das Mitglied schädigt, umgewandelt werden. Ein falsches Ermessen in einem derart wichtigen Zusammenhang sollte regelmäßig vorwerfbar bleiben. Das Landesarbeitsgericht Frankfurt (Main) hat zwar den obenerwähnten Spruch 9/56 im Aufhebungsverfahren bestätigt (V LA 22/57, S. 180), jedoch mit der Begründung, daß es als staatliches Gericht einen konkreten Beweis für einen Makelschaden verlangen müsse und die den Schadensgrund betreffende Schätzungspraxis der Bühnenschiedsgerichte (§ 287 ZPO) nicht seinerseits übernehmen könne.

Sehr klar ist der Makelschaden jedoch neuerdings wieder in 3, 4/62 des Oberschiedsgerichts des Deutschen Bühnenvereins und der Vereinigung deutscher Opernchöre unterstrichen worden, und zwar in einer allgemein gültigen, auch für das Solorecht maßgeblichen Begründung. Obwohl auch dort die Kündigungsmaßnahme vom Standpunkt des Arbeitgebers aus subjektiv verständlich erscheinen mochte, hielt sie objektiver Nachprüfung nicht stand. Der Bühne kam kein sog. Ermessensfehler zur Vermeidung des Schadensersatzanspruchs des Mitglieds zur Hilfe. Die Haftung ist vielmehr zur Regel erklärt worden. Vgl. hierzu S. 115.

Zur Schwere des wichtigen Grundes für eine fristlose Kündigung im Verhältnis zu den Möglichkeiten einer disziplinaren Bestrafung durch Verwarnungen oder Ordnungsstrafen gemäß § 17 NV und § 10 der Hausordnung liegen neue Entscheidungen vor. Im Falle 6/56 (S. 90) hält das Oberschiedsgericht das Verschulden der Künstlerin, die nicht rechtzeitig der Aufforderung zur Untersuchung und Behandlung durch einen Arzt nachkam und gleichwohl in genehmigten Urlaub fuhr, für nicht ausreichend, um eine fristlose Entlassung zu rechtfertigen:

„Ungeachtet der in diesem Fall festzustellenden Vertragsverletzung der Klägerin, die zu Unrecht die Behandlung durch einen Bruchsaler Arzt und die Klärung ihres Gesundheitszustandes abgelehnt hatte, war dies nicht derart schwerwiegend, daß sie alsbald mit einer fristlosen Kündigung beantwortet werden mußte. Dabei ist immerhin zu berücksichtigen, daß die Klägerin nicht voraussehen konnte, daß ihre Erkrankung im Urlaubsort eine so akute Form annahm, daß sie arbeits- und reiseunfähig wurde. Wenn auch in ihrem Verhalten ein gewisses Risiko lag, konnte sie der Meinung sein, daß ihr Zustand sich bessern würde und sie vielleicht im Urlaubsort durch ihren dortigen Vertrauensarzt vor einer Arbeitsunfähigkeit bewahrt wurde und schleunigst zurückreisen konnte ...

Es hätte zur Wahrung der Interessen der Bühnenleitung ausgereicht, von dieser verschärften Maßnahme keinen Gebrauch zu machen und statt dessen der Klägerin eine ernsthafte Mahnung zugehen zu lassen."

Ähnlich im Sinne einer bloßen Disziplinarstrafe 22/57 (S. 110).

In der Entscheidung 6/56 trennt das Oberschiedsgericht die Unbegründetheit der fristlosen Entlassung als solcher von dem immerhin eine Schadensersatzpflicht begründenden Verschulden des Mitglieds, also ohne daß dadurch die Berechtigung der Entlassung selbst eingeräumt werden müßte (S. 100, 18/53, Hauptband S. 151).

Bei Kündigungen gegenüber den Mitgliedern besteht kein unmittelbar gesetzlicher Zwang, den Betriebsrat (Personalrat) vorher anzuhören (§ 66 I BVG), andernfalls die Kündigung bereits ungültig sei. Wenn die Arbeitsgerichtsbarkeit aus einem solchen Unterlassen dennoch bei fristmäßigen und gelegentlich auch bei fristlosen Kündigungen den Schluß zieht, der Unternehmer habe sich nicht in fürsorgepflichtiger Weise ein richtiges Bild von dem wichtigen Kündigungsgrund gemacht und die Kündigung sei sozialwidrig[1]), erklärt das Oberschiedsgericht dies in 17/57 bei künstlerisch tätigen Mitgliedern des Theaters als Tendenzbetrieb für unanwendbar:

„Es ist zwar richtig, daß in dem Urteil des BAG vom 1. 3. 1957 – 1 AZR 433/55 – (AP Nr. 10 zu BVG § 66) der Grundsatz aufgestellt ist, daß die Nichtanhörung des Betriebsrats im Falle einer außerordentlichen fristlosen Kündigung zur Folge haben kann, daß der Begriff des wichtigen Grundes verkannt ist. Diese auf § 38 des Hess. BRG beruhende Entscheidung, die auch für § 66 Abs. 1 BVG Bedeutung hat, betrifft aber insofern einen nicht ohne weiteres auf den vorliegenden Streitfall zutreffenden Sachverhalt, als es sich bei der Kündigung einer Bühnenangehörigen um einen Tendenzbetrieb im Sinne des § 81 BVG handelt. Danach finden auf Betriebe, die künstlerischen Bestimmungen dienen, die §§ 67–77 BVG überhaupt keine und die sonstigen Bestimmungen des BVG nur insoweit Anwendung, als nicht die Eigenart des Betriebes dem entgegensteht. Nun wirkt sich nach zutreffender Ansicht die Berücksichtigung der Eigenart eines solchen Tendenzbetriebes ganz besonders bei personellen Maßnahmen aus. Deshalb findet in persönlichen Angelegenheiten eine Beschränkung des Mitwirkungsrechts des Betriebsrats derart Anwendung, daß persönliche Maßnahmen gegenüber bestimmten Arbeitnehmern nicht der personellen Mitbestimmung unterliegen. Welche Arbeitnehmer das sind, hängt weitgehend von den Verhältnissen des Tendenzbetriebes ab. (Vgl. Fitting-Kraegeloh BVG 3. Aufl. Anm. 16 zu § 81.)

Allerdings ist nicht jeder Arbeitnehmer einer Bühne von dem personellen Mitbestimmungsrecht ausgenommen (z. B. nicht Bühnenarbeiter, soweit sie nicht von der Eigenart des Tendenzbetriebes berührt werden). Wohl aber entfällt das personelle Mitbestimmungsrecht gegenüber solchen Arbeitnehmern, die irgendwie in verantwortlicher maßgebender Stellung des künstlerischen Betriebes tätig sind. (Vgl. Fitting-Kraegeloh a. a. O.; Monjau BVG 1952, S. 86; Dietz BVG 2. Aufl. Anm. 18 zu § 81; Galperin BVG 2. Aufl. Anm. 15.)“

---

[1]) BAG – 1 AZR 92/56 in AP Nr. 29 zu § 626 BGB. Nur bei Vorliegen besonderer Umstände ist im Falle einer außerordentlichen fristlosen Kündigung die Anhörung des Betriebsrates zumutbar. Reuß, Zur Kündigung ohne Anhörung des Betriebsrates, Recht der Arbeit 1963 S. 51, bezeichnet die gesetzliche Formulierung in § 66 BetrVG „ist zu hören“ als „politische Entscheidung des Gesetzgebers“ und Dietz, Zehn Jahre Arbeitsgerichtsgesetz, Recht der Arbeit 1963 S. 361, nennt die gerade auch bei der ordentlichen Kündigung einschränkende Rechtsprechung einen „Paukenschlag des BAG“.

Auch die vorherige Anhörung des Ordnungsausschusses, dem nach § 17 I NV nur die Beteiligung an der Ordnungsstrafgewalt der Bühne zusteht, und zwar nur soweit es nicht um Streitigkeiten mit anderen Personen als dem Bühnenleiter geht (§ 10 VIII, IX der Hausordnung), ist bei fristloser Entlassung eines Mitglieds nicht erforderlich (17/57):

„Soweit sich die Klägerin darauf berufen hat, daß nach der Hausordnung der Ordnungsausschuß zu hören gewesen wäre, ist zunächst darauf hinzuweisen, daß wegen der formalen Ordnungswidrigkeiten der Ordnungsausschuß gehört worden ist und der Klägerin im Schreiben vom 8. 10. 1956 (Bl. 8 Ermittlungsheft) entsprechende Verwarnung erteilt hat. Nachdem sich die Ordnungswidrigkeiten indessen zu groben Betriebsstörungen mit persönlichen Verunglimpfungen des Intendanten ausgewachsen haben, war eine erneute Anhörung des Ordnungsausschusses nicht mehr geboten, vielmehr ist nach § 17 des NV und § 10 der Hausordnung § 15 des NV nicht ausgeschaltet. Der Ordnungsausschuß hat zwar auf Grund der ihm durch § 17 des NV und § 10 Abs. 3 der Hausordnung zugewiesenen Aufgaben gewisse Pflichtwidrigkeiten mit Ordnungsstrafen zu belegen. Wenn es sich nicht mehr um Dinge der Ordnung handelt, sondern um Verfehlungen nach Art des § 15 des NV, kann eine fristlose Kündigung rechtlich wirksam ausgesprochen werden."

Die selbständige Verantwortung des Bühnenleiters für seine fristlose Maßnahme unabhängig von Ordnungsausschuß und Betriebsrat wird dadurch unterstrichen, daß sie vom Gericht selbst dann für unberechtigt erklärt werden kann, wenn jene Gremien sie sogar befürwortet haben. Es heißt in 22/57:

„Obwohl Ordnungsausschuß und Betriebsrat eine sofortige Entfernung des Klägers für notwendig hielten, konnte das Gericht sich nicht dazu entschließen, dieser Beurteilung zu folgen, in der Erwägung, daß durch eine andere Regelung der Vorfall eine gerechte Sühne hätte finden können. Es hätte genügt, den Kläger mit einer erheblichen Ordnungsstrafe zu belegen und auch dem Gewandmeister wegen seiner beleidigenden Äußerung einen Verweis zu erteilen."

Für die Bedeutung des früheren Verhaltens der Parteien in der Zeit vor dem Eintritt des wichtigen Kündigungsgrundes wird die Entscheidung 1/49, die vom Vorverhalten des Bühnenleiters handelt (Hauptband S. 144), durch die Entscheidung 22/57 zum Vorverhalten eines Mitglieds ergänzt. Hiernach ist zwar das frühere Verhalten des Mitglieds an einer anderen Bühne zur Würdigung eines neuen Sachverhaltes zwecks etwa fristloser Entlassung nicht grundsätzlich auszuschließen, erscheint aber nur in dem Fall als erheblich, daß damit ein Charakterfehler als Ursache auch der neuen Mißhelligkeit nachweisbar ist:

„Vorgänge an anderen Bühnen, die auf einen gewissen Charakterfehler des Klägers schließen ließen, wie die Beklagte behauptet hat, konnten durch die Beweisaufnahme nicht nachgewiesen werden, waren auch als Einzelfälle nicht geeignet, den Vorfall in anderem Licht erscheinen zu lassen."

Vorgänge bei der gleichen Bühne, die an sich als abgetan und folgenlos erledigt galten, werden wieder herangezogen, wenn sich neue Vorkommnisse einstellen, die für sich allein genommen vielleicht nicht zur Entlassung ausreichen würden. In 17/57 stellt bei Beleidigungen gegenüber einem Intendanten dessen Verzeihung eine derartige Cäsur zwischen vorher und nachher dar:

„Nun ist unverkennbar bis zum Ende des Jahres, nachdem die Klägerin zwangsweise beurlaubt und im Anschluß daran krankgeschrieben war, das bis dahin Vorgefallene vom Intendanten verziehen worden, indem er bei einer Rücksprache mit der Mutter der Klägerin sich bereit erklärt hat, sie weiter auf der Bühne durch Übertragung von Rollen herauszustellen. Die Vorgänge im Jahre 1956 konnten deshalb nicht mehr als selbständige Entlassungsgründe geltend gemacht werden, wohl aber konnten sie bei Eintreten von neuen schweren Verfehlungen unterstützend mit herangezogen werden. Eine solche neue schwere Verfehlung ist dann in dem Vorfall vom 16. 1. 1957 zu erblicken. Hier hat die Klägerin das Verbot des Intendanten zum Betreten des Theaters zu einer Zeit, in der die Klägerin dienstlich nichts zu tun hatte, übertreten. Sie hat in erster Instanz das auch zugegeben, und es mußte ihr im Hinblick auf die früheren Vorgänge bewußt gewesen sein, daß sie sich damit einer Maßregelung aussetzen würde. Die Übertretung dieses Verbots ist um so schwerwiegender, als das Verbot selbst im beiderseitigen Interesse ausgesprochen wurde, um keinen Anlaß zu neuen Auseinandersetzungen zu geben. Wie sehr die Klägerin hartnäckig auf der Übertretung des Verbots beharrte, geht eindeutig aus der Tatsache hervor, daß sie nach der Ausweisung durch den Oberlogenschließer auf Umwegen ohne ersichtlichen Grund das Bühnenhaus wieder betreten hat. Diese Hartnäckigkeit läßt sich nur damit erklären, daß sie die künstlerische Betätigung ihrer Rivalin unter ihre Kontrolle bringen wollte. Noch schwerwiegender ist die grobe Beleidigung des Intendanten, die von dem Zeugen D. einwandfrei bestätigt wurde."

Allerdings bleibt das persönliche Vorverhalten des Intendanten gegenüber der Künstlerin hierbei außer Ansatz:

„Eine Würdigung aller Umstände wäre unvollständig, wenn man nicht dem tieferen Grund der Mißhelligkeiten, die in den genannten Vorfällen zum Ausdruck kamen, nachgehen würde. Dieser Grund ist zweifellos in den früheren engen Beziehungen der Klägerin zum Intendanten zu suchen. Damit ist jedoch an der Nichtzumutbarkeit der Fortsetzung des Vertragsverhältnisses nichts zu ändern."

Die Schwere des wichtigen Grundes kann durch N o t w e h r gegenüber einer Tätlichkeit oder einem bevorstehenden Angriff ausgeräumt sein. Das Oberschiedsgericht hält es in 22/57 für erforderlich, daß der Entlassene, der sich auf Notwehr beruft, sie zu beweisen habe:

„Indessen ist nicht festzustellen, daß Sch. tatsächlich einen tätlichen Angriff auf den Kläger vor hatte, gegen den sich der Kläger berechtigterweise durch einen Schlag ins Gesicht wehren mußte. Der Kläger hat insoweit den von ihm zu führenden Nachweis, daß er sich objektiv in Notwehr (§ 227 BGB) befunden hat, nicht erbracht."

Der vom Bundesgerichtshof betonte Grundsatz, daß demjenigen, der in Notwehr gehandelt zu haben schlüssig angibt, die Unrichtigkeit dieser Behauptung nachgewiesen werden muß[1]), kann vielleicht eine andere Beurteilung als vom Oberschiedsgericht vorgenommen bedingen, da es hier im arbeitsrechtlichen Bereich um ein ähnliches Entlastungsproblem geht wie im strafrechtlichen.

Positive Vertragsverletzungen im Sinne der allgemeinen Schlechterfüllungen (S. 99) berechtigen den anderen Partner nicht seinerseits zur Nichterfüllung des Vertrages ohne fristlose Kündigung. Dieser Grundsatz wird anläßlich einer unzureichenden Herausstellung eines prominenten Darstellers im Programmtext in der Entscheidung 8/58 – 3/59 betont:

„Der Beklagte will ferner aus der Ablehnung seines nach Vertragsschluß gestellten Verlangens, bei Benennung der Darsteller an erster Stelle aufgeführt zu werden, und wegen der Besetzung der übrigen Rollen gemäß Schreiben seines Prozeßbevollmächtigten vom 1. und 7. 8. 1958 eine positive Vertragsverletzung herleiten, die ihn zur Nichterfüllung des Vertrags berechtige. Er verkennt dabei, daß eine positive Vertragsverletzung im Arbeitsrecht nicht schlechthin zur Nichterfüllung des Vertrags berechtigt. Die Lösung des Vertrags setzt eine fristlose Kündigung aus wichtigem Grund voraus, wobei es sich um einen so schwerwiegenden Grund handeln muß, daß dem einen Teil die Durchführung des Vertrags nicht zuzumuten ist.

Mit Recht hat das Bezirks-Bühnenschiedsgericht diese Auffassung abgelehnt. Eine entsprechende Vertragsvereinbarung über die Anführung des Beklagten an erster Stelle auf dem Programm und über die Besetzung der Mitwirkenden liegt nicht vor. Ebenso fehlt es nach der Feststellung des Bezirksschiedsgerichts, die nicht zu beanstanden ist, an einem diesen Anspruch rechtfertigenden Bühnenbrauch. Wenn in einigen Einzelfällen eine Benennung der Hauptdarsteller an erster Stelle erfolgt ist und dabei nicht die alphabetische Reihenfolge eingehalten ist, so reicht dies zur Feststellung eines entsprechenden Bühnenbrauchs keineswegs aus. Daher kann sich der Beklagte nicht auf einen solchen Anspruch berufen. Noch weniger stellt nach Ansicht des BOSCH diese Frage einen so wichtigen Grund dar, daß der Beklagte die Erfüllung des Vertrags deshalb verweigern konnte."

b) Verschulden, Betriebsrisiko

Die Frage, ob die fristlose Entlassung ein Verschulden des Betroffenen voraussetzt, ist in gewisser Ergänzung zu der früheren Rechtsprechung des Bühnenoberschiedsgerichts erneut im Zusammenhang mit der Rechtsprechung zum Makel bei ungerechtfertigter Entlassung berührt worden. Auf die Ausführungen S. 106, 115 wird verwiesen.

---

[1]) NJW 1957 S. 1683 (zu § 199 StGB).

c) Anhörungs-, Ermittlungs- und Abmahnungspflicht

Zu dem aus dieser Überschrift ablesbaren vorsorglichen Verhalten der Bühnenleitung, bevor sie zur fristlosen Entlassung schreitet, gibt die Rechtsprechung neue Hinweise. Ein besonderer Anwendungsfall für den Verdacht, ein Bühnenmitglied verhalte sich vertragswidrig, ist die unentschuldigte Entfernung vom oder Nichtrückkehr ins Engagement, etwa im Zusammenhang mit Urlaub und Krankheit. Die Entscheidung 6/56 reiht sich an den früheren Fall 18/53 (Hauptband S. 125, 151) an. Auch hier handelte die Bühne voreilig, indem sie fristlos entließ, statt nach gehöriger Ausschöpfung der Ermittlungsmöglichkeiten sich mit einer minderen Maßnahme disziplinarer Art zu begnügen (6/56):

„Die fristlose Entlassung mit Schreiben vom 10. 9. 1955 erscheint unter Berücksichtigung aller Umstände übereilt, da in so kurzer Zeit die Beibringung eines ärztlichen Gutachtens des von dem Beklagten benannten Vertrauensarztes der Klägerin, die zur Aufklärung gefordert werden konnte, im Hinblick auf ihren leidenden Zustand nicht möglich war und das ärztliche Attest des Dr. R., welches dem Beklagten am 12. 9. 1955 zuging, immerhin so konkrete Angaben enthielt, daß der Beklagte dann kaum sich veranlaßt gesehen hätte, eine fristlose Kündigung auszusprechen. Die Klärung durch das Gutachten eines Vertrauensarztes des Beklagten hätte dann danach noch in sachlicher Weise nachgeholt werden können."

Hierbei wird berücksichtigt, daß die Folgen einer unberechtigten fristlosen Entlassung viel gravierender für das Mitglied sind als umgekehrt ein gewisses Abwarten zwecks Klärung für die Bühne. Über die im vorstehenden Zitat berührte Pflicht zur Untersuchung vor Eintritt der Dienstverhinderung vgl. S. 90.

d) Suspendierung

Zu S. 151–154 des Hauptbandes keine Ergänzungen.

e) Mitteilung der Kündigungsgründe

Die fristlose Kündigung ist nicht deshalb unwirksam, weil in ihr die Angabe der Kündigungsgründe fehlt, wenn auch die Pflicht zur Bekanntgabe der Gründe besteht[1]). In 5/62 weist das Oberschiedsgericht vereinzelt gegenteilige Meinungen zurück:

„Die erste Instanz, die sich auf eine Stelle bei Palandt BGB 18. Aufl., Anm. 1 d zu § 626 berufen hat, scheint den Standpunkt zu vertreten, daß die Unwirksamkeit

[1]) BAG – 2 AZR 143/62 vom 30. 1. 1963 in AP Nr. 50 zu § 626 BGB. Wenn auch die Wirksamkeit der Kündigung durch die Nichtangabe der Gründe nicht berührt wird, so gebietet jedoch die Treue- bzw. Fürsorgepflicht die sofortige Bekanntgabe, anderenfalls eine Schadensersatzpflicht, etwa für Prozeßkosten, ausgelöst wird.

der Kündigung wegen Fehlens der Angabe von Kündigungsgründen anzunehmen sei. Dieser Auffassung konnte das BerG nicht zustimmen. Sie wird zwar vertreten außer von Palandt an der angegebenen Stelle auch von Lent ‚Die Notwendigkeit einer Begründung bei Ausübung von Gestaltungsrechten' (Archiv für zivilistische Praxis Bd. 152 S. 401 ff. und ferner von Heuss in ArbuR Jahrgang 1960, Heft 1 S. 1). Die herrschende Ansicht, die vorwiegend im Schrifttum (Hueck-Nipperdey, Lehrbuch des Arbeitsrechts 6. Aufl. Bd. I § 56 VI S. 498; Nikisch, Arbeitsrecht 2. Aufl. Bd. I § 48 II 4 S. 567; Herschel-Steinmann KSchG 4. Aufl. § 1 Anm. 34) und vom BAG u. vom BGH (Urteil vom 27. 2. 1958 AP Nr. 1 zu § 1 KSchG ‚betriebsbedingte Kündigung' = NJW 1958, 1156 und vom 21. 3. 1959 AP Nr. 55 zu § 1 KSchG = NJW 1959, 1844; BGH vom 5. 5. 1958 NJW 1958, 1136) vertreten wird, war für zutreffend zu erachten. Aus diesem Grund kann aus dem Fehlen einer Begründung der Entlassung im Kündigungsschreiben deren Unwirksamkeit nicht hergeleitet werden."

Derjenige, der glaubt, fristlos kündigen zu können, und sich noch nicht ganz sicher ist, ob er es darf, ist zwar gehalten, die Klärung zu betreiben, weil er sonst auf solche Gründe nach Ablauf einiger Zeit, in der das Engagement friedlich fortgesetzt worden ist, nicht mehr zurückgreifen kann (Hauptband S. 155). Andererseits bedingt die Anhörungs- und Ermittlungspflicht vor überstürzter Kündigung nach 22/57,

„daß eine angemessene Frist für die Entschließung zur Aufklärung des Sachverhalts dem Kündigungsberechtigten zusteht."

Der Übersicht über berechtigte und unberechtigte Gründe einer fristlosen Kündigung sind der bisherigen Aufstellung (Hauptband S. 156, 157) nachzutragen:

Berechtigt ist die fristlose Entlassung einer Schauspielerin wegen wiederholter, schwerer Beleidigung des Intendanten mit Übertretung des Hausverbotes (17/57, S. 111). Die Entlassung wegen grober Vertragsverletzung entzog sich in 3/58 aus verkanntem Klagefristzwang der sachlichen Nachprüfung[1]).

Nicht berechtigt ist die fristlose Entlassung eines Ballettmeisters wegen eines tätlichen Zwischenfalls mit einem Gewandmeister (22/57, S. 110), da der Vorgang disziplinarisch ausreichend hätte geahndet werden können. Die Verletzung der ausnahmehaft gegebenen Pflicht, sich schon vor zu befürchtender Dienstverhinderung wegen Krankheit untersuchen zu lassen, reicht bei glaubhafter Erwartung des Mitglieds, die Erkrankung werde nicht eintreten oder gegebenenfalls bis zum Einsatz behoben sein, ebenfalls zur fristlosen Entlassung nicht aus (6/56, S. 108).

---

[1]) Vgl. S. 105 Anm. 1. Herschel bemerkt in AP Nr. 5 zu § 611 BGB „Bühnenengagementsvertrag", die Begründung der Entlassung sei bedenklich, da der Schauspieler seit acht Jahren bei der Vertragsbühne hochqualifiziert tätig gewesen und der Kausalzusammenhang zwischen Krankheit und Tätigkeit nicht klar sei.

f) Schadensersatz bei Unwirksamkeit

Ein wesentliches, für das Bühnenrecht typisches Instrument gegen ungerechtfertigte außerordentliche Kündigungen ist die Zuerkennung eines besonderen Schadensersatzanspruchs wegen des durch die Maßnahme erlittenen Makels. Darauf wurde auf S. 106 näher eingegangen. In 3, 4/62 hat sich das Oberschiedsgericht des Deutschen Bühnenvereins und der Vereinigung deutscher Opernchöre erneut und vorbehaltlos zu der gelegentlich eingeschränkten Rechtsprechung bekannt. Sie ist auch im Solorecht zu beachten. Das Gericht lehnt die Begründung aus unerlaubter Handlung (§§ 823, 826 BGB) für einen Schmerzensgeldanspruch (§ 847 BGB) ab und fährt fort:

„Dagegen ist nach der Rechtsprechung des Bühnenschiedsgerichts und des Bühnenoberschiedsgerichts der Schadensersatzanspruch dem Grunde nach aus positiver Vertragsverletzung gerechtfertigt. Es handelt sich um den Eintritt eines materiellen Vermögensschadens nach § 249 BGB, der zusätzlich zu dem Gagenanspruch geltend gemacht werden kann. Der Rechtsprechung liegt die Tatsache zugrunde, daß eine ungerechtfertigte fristlose Entlassung den Betroffenen mit einem schweren Makel behaftet, der auch nicht durch das rehabilitierende Urteil aus der Welt geschafft werden kann. Denn durch die fristlose Entlassung werden etwaige andere Abschlußmöglichkeiten nicht unerheblich erschwert, weil die betreffenden angegangenen Bühnen der Überzeugung sein werden, der Betreffende habe schwere dienstliche Verfehlungen begangen, die nur mit härtesten Gegenmaßnahmen geahndet werden konnten. Diese Wirkung hemmt, wie anerkannt ist, den Betroffenen in seinem weiteren Fortkommen, und diese Tatsache wird auch durch die spätere gerichtliche Feststellung der Unzulässigkeit der Entlassung nicht völlig ausgeglichen. (Vgl. OSCH 33/38 und 18/40, Riepenhausen, Das Arbeitsrecht der Bühne 2. Auflage Seite 142 und 157.) Für die vom Arbeitgeber vorgenommene fristlose Entlassung und deren Folgen muß der Arbeitgeber in aller Regel, selbst dann, wenn er die Entlassung für berechtigt hielt, eintreten."

Der letzte Satz bewahrt in seiner grundlegenden Bedeutung vor den Folgen, die durch die Ausweitung der Rechtsprechung zum entschuldbaren Ermessensfehler der Bühnenleitung eintreten könnten (S. 107). Unter Würdigung aller Umstände des Falles maß das Gericht dem Bühnenmitglied ein gewisses Mitverschulden (§ 254 BGB) an der Entlassung bei, weil es sich vielfach undiszipliniert verhalten hatte. Der allein für den Makelschaden geltend gemachte Betrag von sechs Monatsgagen wurde um die Hälfte gekürzt und in Höhe von 2450,34 DM zugesprochen.

Bei der Geltendmachung des Gagenanspruchs im Falle ungerechtfertigter fristloser Entlassung ist gemäß § 615 BGB abzusetzen, was das Mitglied wegen Unterbleibens der Dienstleistung erspart oder was es anderweitig verdient hat. Eine solche Prüfung geht bei 9/56 ins einzelne, befaßt sich mit Sonderaufwendungen, die für den anderen Verdienst entstanden sind, wogegen wiederum das von der Bühne zu zahlende Kleidergeld gegengerechnet wird, berücksichtigt bei der Entstehung besonderer Spesen die Ersparnis des sonstigen Lebensaufwandes und fragt, ob die betreffende Ersatztätigkeit nicht ohnehin als Nebentätigkeit von der Bühne genehmigt und ihr Ertrag auch sonst als zusätzlicher Verdienst angefallen wäre. Im übrigen heißt es in diesem Schiedsspruch zur Gagenforderung nach § 615 BGB:

„Dieser Anspruch ist Erfüllungs- und kein Schadensersatzanspruch. Ihm gegenüber kann der Einwand mitwirkenden Verschuldens nach § 254 BGB nicht erhoben werden. (RAG in Seuff. A 84 Nr. 65.) In Frage kommt allenfalls nur die Aufrechnung mit einem selbständigen Schadensersatz-Gegenanspruch."

Solche Gegenansprüche der Bühne wegen Schlechterfüllung (schuldhafte Vertragsverletzung des Mitglieds) sind schon erwähnt worden (S. 99). Drohen sie, so weicht das Mitglied, um mit seinem Anspruch zunächst teilweise in Verbindung mit der Klage auf Feststellung der Unwirksamkeit der fristlosen Entlassung schnell durchzukommen, gelegentlich aus, indem es einstweilen nur die aufrechnungs- und pfändungsfreien Beträge zuzüglich Steuer und Sozialabgaben hierfür einklagt (6/56). Die Ansprüche der Bühne können aber auch gegenüber dem Schadensersatzanspruch des Mitglieds wegen des Makels infolge unberechtigter Entlassung (S. 115) zur teilweisen oder vollen Aufrechnung gestellt werden, wenn der Makelanspruch nicht ausnahmsweise aus objektiven Gründen einmal entfällt (S. 106). Schließlich kommt die Aufrechnung der Bühne gegenüber dem Schadensersatzanspruch des Mitglieds wegen unangemessener Beschäftigung infolge fristloser Entlassung in Betracht. Dabei kann dieser Anspruch des Mitglieds zuvor wegen seines Mitverschuldens an der Entlassung nach § 254 BGB gemindert worden sein, weil es den Sachverhalt von sich aus bedeutend schneller hätte klären können (9/56, S. 68).

Die Gegenansprüche der Bühne können verschiedener Art sein. Es handelt sich im wesentlichen um Ersatzansprüche wegen zusätzlicher Aufwendungen auf Grund des Verhaltens des Mitglieds, mag deshalb auch noch keine fristlose Entlassung gerechtfertigt gewesen sein. Es ist schwierig, aber erforderlich, die Schadensausdehnung, insbesondere in der Zeit nach der Entlassung darauf zu überprüfen, inwieweit die eine oder die andere Verursachung ausschlaggebend war, also entweder das Fehlverhalten des Mitglieds oder das der Bühnenleitung verantwortlich zu machen ist. In 9/56 führt das Oberschiedsgericht zur Berücksichtigung derartiger Ansprüche der Bühne grundsätzlich aus:

„Die Treupflicht des Bühnenmitglieds ist von ebenso großer Bedeutung wie die Fürsorgepflicht der Bühnenleitung, deren Verletzung gleichfalls Schadensersatzansprüche nach der ständigen Rechtsprechung zur Folge hat. Es kann sich deshalb nur im vorliegenden Streitfall darum handeln, den Kausalzusammenhang zwischen der Vertragsverletzung der Klägerin und dem der Beklagten hieraus erwachsenen Schaden festzustellen. Die Klägerin glaubt weiter, den Hinweis auf § 628 damit auszuräumen, daß diese Vorschrift nur auf den Fall einer berechtigten Kündigung zutreffe. Es ist richtig, daß diese Bestimmung unmittelbar nur den Schadensersatzanspruch des Kündigenden wegen berechtigter Kündigung regelt. Indessen beruht die Vorschrift des § 628 Abs. 2 auf dem allgemeinen Rechtsgrundsatz, daß, wer durch sein vertragswidriges Verhalten einen Grund zur Vertragsauflösung gibt, den Schaden mit zutragen hat (RGRäte 10. Aufl. Anm. 5 zu § 628 und RGZ 64, S. 381). Wenn auch im vorliegenden Fall die fristlose Kündigung unberechtigt war, so entbindet diese das Gericht nicht, festzustellen, ob die im Zusammenhang mit der Kündigung stehende positive Vertragsverletzung der Klägerin der Beklagten einen Schaden verursacht hat. Wenn der eine Vertragsteil wegen eines Verhaltens des anderen Teils das Dienstverhältnis vorzeitig löst, müssen beide Fragen unabhängig voneinander geprüft werden, einerseits ob das Verhalten des anderen Teils als wichtiger Grund anzusehen ist, andererseits ob darin ein vertragswidriges Verhalten des Gekündigten erblickt werden kann (vgl. Staub HGB 12/13. Aufl. Anm. 18 zu § 70; Bonti in JW 1919, 105 und Gew. Kfg. 24, 183, 30, 558.)"

Wegen des hier bejahten Anspruchs der Bühne vgl. S. 99.

Zur Frage böswilligen anderweitigen Nichtverdienstes nach unwirksamer fristloser Entlassung im Sinne des § 615 BGB vgl. S. 151.

VII. Verlängerung und Nichtverlängerung des Arbeitsvertrages

1. Das Problem

2. Verschulden bei Vertragshandlungen

a) Mitteilungspflicht (Bühnenbrauch)

b) Unterlassene und unzulässige Mitteilung

c) Sonderfragen

d) Entwicklung 1945–1947

Zu S. 159–173 des Hauptbandes keine Ergänzungen.

3. Regelung der Mitteilungspflicht von 1947

Zur Anpassung der jetzigen an die frühere Rechtslage, in der die Mitteilungstermine als späteste und nicht nur als schematisch-normale ohne Prüfung, ob nicht schon eine vorherige Mitteilung geboten war, galten, gibt der Schiedsspruch 3/57 Anlaß zur näheren Erörterung (S. 120). In diesem Zusammenhang bleibt das Prinzip des Verschuldens bei Vertragsverhandlungen, genauer: Vertragsverlängerungsverhandlungen mit evtl. Schadensersatzpflicht, wie auch sonst trotz der Regelung der Mitteilungspflicht in der Tarifvereinbarung vom 10. 10. 1947 mit der automatischen Vertragsverlängerung bei unterlassener Mitteilung (statt Schadensersatz), für besondere Wirkungen rechtlich bedeutsam. So wird im Falle 7/61 der Anspruch eines Schauspielers, der wegen Verletzung der Mitteilungspflicht seitens der Bühne (S. 8) kein Anschlußengagement fand, den Beruf aufgab, Fahrlehrer wurde und keinen Antrag auf Vertragsverlängerung im Sinne der Automatik der Regelung von 1947, sondern einen Antrag auf Schadensersatz in Geld stellte, entsprechend mit dem „üblichen Satz von 6 Monatsgagen" anerkannt (weitergehend bis zur Jahresgrenze 18/40, Hauptband S. 169).

Die früheren Ansätze zur Regelung der Nichtverlängerungsmitteilung bei Stückdauer-Verträgen (S. 20 Anm. 1) haben bisher keine Fortsetzung gefunden.

a) Klarstellungs- und Schutzfunktion

b) Verlängerungsvermutung bei Stillschweigen

c) Formen der Mitteilung

Zu S. 174–178 des Hauptbandes keine Ergänzungen.

d) Doppeldeutige und verzögerte Mitteilung

Die Problematik einer Nichtverlängerungsmitteilung, die einerseits erklärt, daß das Engagement termingemäß auslaufen soll, andererseits aber zugleich die Aufforderung zu weiteren Verhandlungen enthält oder in diesem Sinne mündlich ergänzt wird, ist durch das Oberschiedsgericht dahin klargestellt worden, daß diese Koppelung die Gültigkeit der Nichtverlängerungsmitteilung nicht in Frage stellt und die automatische Vertragsverlängerung nach der Regelung über die Mitteilungspflicht von 1947 ausschließt, aber gleichwohl Schadensersatzpflichten der Bühne wegen schuldhafter Verzögerung der Verlängerungsverhandlungen auslösen kann (Hauptband S. 179). An dieser Rechtsprechung hält das Oberschiedsgericht weiterhin fest. Hierzu im einzelnen:

Der Schadensersatzanspruch einer Ballettmeisterin, die trotz formalpünktlicher Nichtverlängerungsmitteilung durch zusätzliches Verhalten des Bühnenleiters längere Zeit hindurch gleichzeitig in den Glauben versetzt wurde, die Verlängerung werde doch noch erfolgen (bis sie ausblieb), wird in 3/57 wegen fehlenden Anschlußengagements (S. 67) in Höhe einer vierfachen Monatsgage (einschließlich entgangener Abschiedsvorstellung) anerkannt:

„Dieser Satz entspricht dem durchschnittlichen Betrag, der in solchen Fällen als Schadensersatz zugebilligt wird. Es bestand kein Anlaß, davon abzuweichen. In diesem Betrag ist mitenthalten eine Vergütung dafür, daß der Klägerin keine Gelegenheit gegeben wurde, ihre Leistungen durch eine Abschiedsvorstellung herauszustellen, mag man eine Verpflichtung der Beklagten hierzu annehmen oder nicht."

In der schriftlichen Nichtverlängerungsmitteilung dieses Falles, die unter dem 28. Januar ergangen war, hieß es einleitend:

„Ich bestätige Ihnen unsere Aussprache in der Sprechstunde am 27. 1., in der ich Ihnen zu meinem aufrichtigen Bedauern mitteilen mußte, daß ich keine Möglichkeit habe, Ihren Vertrag für die Spielzeit 1956/57 zu erneuern."

Es wurde geklärt, daß diese Bestätigung nur den einen Teil der Unterhaltung, die Ankündigung der Vertragsbeendigung, in bezug nahm, nicht aber den anderen über die Hoffnung, die Künstlerin möglicherweise gleichwohl weiter behalten zu können. Diesem Teil der mündlichen Besprechung gibt das Gericht volle Bedeutung für den Schadensersatzanspruch trotz rechtzeitiger Nichtverlängerungsmitteilung, zumal weitere Bestärkungen in der Folgezeit hinzukamen und die Klägerin um einige Monate anderweitiger Engagementssuche gebracht wurde, ehe sich endgültig die Nichtverlängerbarkeit des Engagements ergab. Dieser nicht untypische Vorgang und seine Beurteilung sind mit vielen Einzelheiten bemerkenswert (3/57):

„Bei der besonders vertrauensvollen bisherigen Zusammenarbeit konnte die Klägerin mit Recht aus den Erklärungen des Intendanten entnehmen, daß ihr Wiederengagement noch in der Schwebe, ja sogar wahrscheinlich sei. Diese Annahme wurde nun in der Folgezeit wiederum durch den Intendanten noch bestärkt und aufrechterhalten. Aus der Bekundung des Zeugen Sch. ergibt sich, daß dieser etwa Febr./März 1956 von dem Intendanten die Erklärung erhalten hatte, daß die Klägerin ihm lieber sei als eine von dem Aufsichtsrat nahegelegte Kraft, die selbst tanzen könne, da er für die ihm zur Verfügung stehenden Mittel keinen selbsttanzenden Ballettmeister finden könne. Die finanzielle Seite sei noch ungeklärt und müsse noch geklärt werden. Dieser Zeuge hatte durchaus den Eindruck, daß der Intendant die Absicht hatte, die Klägerin wieder zu engagieren. Die entsprechende Äußerung hat der Zeuge dann der Klägerin mit Kenntnis des Intendanten mitgeteilt. Ähnlich bekundet der Zeuge R., daß die Klägerin, die in großer Bedrängnis wegen der drohenden Nichtverlängerung ihres Engagements war, ihn um seine Ansicht gefragt habe und deshalb beim Intendanten eine Aufklärung wünschte. Das kann etwa im März oder April gewesen sein. Auch diesem Zeugen gegenüber hat der Intendant geäußert, das Reengagement sei ein reines Rechenexempel; er wolle versuchen, die Klägerin zu halten. Dem Intendanten mußte, wie er selbst zugibt, bei diesen Erörterungen bewußt sein, daß die Zeugen die ihnen gegenüber gemachten Bekundungen der Klägerin weiter mitteilen werden. Er mußte hieraus ersehen, daß die Klägerin in diesen Äußerungen zwar noch keine feste Zusage der Verlängerung erblicken konnte, wohl aber eine Bestätigung dahin, daß der Schwebezustand über die Verlängerung oder Nichtverlängerung noch fortbestehe.

Hierin erblickt das Gericht ein Verschulden des Intendanten; denn es ist klar, daß damit der Zweck der eindeutigen Klarstellung über die künftige Verlängerung oder Nichtverlängerung, wie sie die Mitteilungspflicht im Auge hat, in sein

Gegenteil verkehrt wurde. Er mußte weiterhin auf Grund seiner Fachkenntnis wissen, daß gerade in den entscheidenden Monaten eines anderweitigen Engagements bis April die Klägerin durch diese Äußerungen hingehalten wurde und sich nicht ernstlich um ein anderweitiges Engagement bemühte. Es ist zwar richtig, daß der Intendant selbst in eine unsichere Lage dadurch versetzt wurde, daß die maßgebenden Stellen, welche über die Finanzierung des Etats zu bestimmen hatten, es nicht für nötig hielten, dem Intendanten rechtzeitig bis zu dem Zeitpunkt, in dem die Bühnenkünstler einen Anspruch auf Klarheit hatten, eine klare und eindeutige Auskunft über die Finanzierung zu geben. Sie überließen es ihm schließlich selbst, wie er mit dieser Frage sich abfinden würde. Dies ändert aber nichts an der Tatsache, daß auch der Intendant aus dieser Zwangslage heraus die Klägerin hingehalten hat und erst am 19. 5. ihr eine endgültige Absage erteilt und eine Beendigung des unerträglichen Schwebezustandes herbeigeführt hat. Hierin ist das Verschulden des Intendanten gegenüber der Klägerin zu erblicken.

... Daß die Klägerin den hinhaltenden Äußerungen des Intendanten vertraute, kann ihr nicht zum Verschulden angerechnet werden, da die Versetzung in die Schwebelage auf Verschulden des Intendanten beruht. Auch sonst ist in der Beweisaufnahme kein Umstand hervorgetreten, der auf ein Verschulden der Klägerin schließen ließe. Die Klägerin hatte, ebenso wie die vernommenen Zeugen den Eindruck, weil sie nichts mehr von der Intendanz nach dem 28. 1. gehört hatte, die Sache würde wieder in Ordnung gebracht. Sie hat sich selbst mehrfach durch Vermittlung maßgebender Personen, wie Oberspielleiter und die Obmänner, immer wieder um Klärung bemüht."

Zu der Konsequenz, eine Nichtverlängerungsmitteilung, deren Inhalt durch gleichzeitig glaubhaft mitgeteilte Verlängerungsabsichten „ins Gegenteil verkehrt wird", für perplex zu erklären, sie also als nicht erfolgt zu behandeln und die Automatik der Vertragsverlängerung auszulösen, gelangt das Oberschiedsgericht allerdings weiterhin nicht (Hauptband S. 181).

Der Schiedsspruch wiederholt aber einen anderen Gesichtspunkt, der den Komplex der Nichtverlängerungsmitteilung rechtlich durch den Hinweis auf die unverzögert rechtzeitige, also nicht schematisch spätest notwendige Nichtverlängerungsmitteilung ergänzt und die Fürsorgepflicht des Bühnenleiters bei der Fristwahrung zu erweitern vermag (3/57):

„Das Bühnen-Oberschiedsgericht hat schon in einem früheren Schiedsspruch (2/37, Riepenhausen a. a. O. S. 162) den Standpunkt vertreten, daß bei Vertragsverhandlungen – und um solche Verhandlungen handelte es sich bei der Frage eines etwaigen Neuengagements der Klägerin – die Parteien die im Verkehr erforderliche Sorgfalt beobachten müssen; zum Schadensersatz verpflichtet nicht nur die vorsätzliche, sondern auch schon die fahrlässige Verletzung dieser Sorgfaltspflicht, und eine solche Verletzung liegt schon dann vor, wenn der Bühnenleiter es unterläßt, das Mitglied vollständig und unmißverständlich über alle in Betracht kommenden Umstände aufzuklären, damit es nicht in den irrigen Glauben an das Zustandekommen des Vertrages versetzt wird. Es genügt daher nicht, wenn der Bühnenleiter das Mitglied erst dann benachrichtigt, wenn feststeht, daß sein Vertrag nicht verlängert wird. Das Bühnenmitglied muß schon in dem Zeitpunkt über die Sachlage aufgeklärt werden, in dem es sich um eine anderweitige Anstellung bemühen muß. Es war deshalb Pflicht des Intendanten, nach dem Schreiben vom 28. 1. alsbald der Klägerin, die ersichtlich im Ungewissen war, ob eine Möglichkeit der Wiederherstellung bestand, erneut klar und deutlich zu erklären, daß sie sich um ein anderes Engagement bemühen müsse, da zur gegebenen Zeit keinerlei Aussicht auf ein Wiederengagement bestand. Hierin erblickt das Gericht ein Verschulden bei Vertragsverhandlungen des Intendanten (§ 276 BGB). Hierfür haftet die Beklagte (§§ 31 BGB u. 36 Ges. betr. GmbH.)."

Der Satz, daß der Bühnenleiter das Mitglied nicht erst dann zu benachrichtigen habe, wenn die Nichtverlängerungsmitteilung des Vertrages feststehe, sondern daß er es schon vorher über die Umstände aufklären müsse, die die Fortsetzung des Engagements als unsicher erscheinen lassen, ist von großer Bedeutung und hat jedenfalls in den früheren Jahren vor der Regelung von 1947 über die Mitteilungspflicht seinen Ausdruck für die Verhaltenspflichten der Bühnenleitung noch vor dem jeweiligen Zeitpunkt des Mitteilungstermins (regelmäßig 31. Januar) darin gefunden, daß die festgelegten Mitteilungstermine als äußerste im Sinne der Rechtzeitigkeit der Mitteilung galten. Die Worte „so frühzeitig wie möglich" und „spätestens", die sich in dem den Bühnenbrauch kennzeichnenden Rundschreiben der Reichstheaterkammer vom 27. 12. 1939 befanden und in die hierauf aufbauende Rechtsprechung einbezogen waren (Hauptband S. 163, 166 und S. 227 der 1. Aufl. 1943), fehlen allerdings in der Regelung von 1947. Diese hatte die Einführung des Grundsatzes der automatischen Verlängerung bei beiderseits unterlassener Nichtverlängerungsmitteilung zum Ziel (Hauptband S. 175), um aus dem System eines etwa begrenzten Schadensersatzanspruches bei unklarer Vertragsverlängerung herauszukommen. Damit dürfte nicht die – beiderseitige – Pflicht beseitigt worden sein, sich schon vor dem äußersten Mitteilungstermin zumindest dann zu erklären, wenn bereits feststeht, daß eine Nichtverlängerung unterbleiben wird, wie z. B. im Falle, daß schon ein nachfolgender Künstler engagiert ist oder der jetzt engagierte schon weiß, daß er von sich aus gehen wird. Gerade weil die Rechtsprechung die Regelung von 1947 weiterhin auf den Gedanken des Verschuldens bei Vertragsverhandlungen stützt, ist für solche Sonderfälle pflichtwidrigen Verhaltens in der Zeit vor dem förmlich-letzten Mitteilungstermin ein Schadensersatzanspruch wohl nicht grundsätzlich ausgeschaltet, selbst wenn der offizielle Termin alsdann pünktlich, aber doch eigentlich verspätet wahrgenommen und damit lediglich die automatische Vertragsverlängerung verhindert wird. So kann den individuellen Verhältnissen und den Änderungen im allgemeinen Engagementsverkehr entsprochen werden, zumal der Regeltermin des 31. Januar vielfach als spät angesehen wird. Es sei an den Schiedsspruch 25/35 aus der Zeit vor der Regelung 1947 erinnert, wonach die Rechtzeitigkeit der Mitteilung aus beiderseitigen Rücksichten an das Ende des laufenden Kalenderjahres oder an den Beginn des neuen gebunden ist (Hauptband S. 166).

So beschäftigt sich immerhin bereits der Schiedsspruch 3/63 mit diesem mehr allgemein zur Diskussion gestellten als tatbestandlich vertieften Problem und läßt dies durchaus offen:

„Zunächst ist festzustellen, daß die Nichtverlängerungsmitteilung am 23. und 24. 1. 1962 rechtzeitig erfolgt ist. Wie die Vereinbarung des Deutschen Bühnenvereins und der Genossenschaft Deutscher Bühnenangehörigen über die Mitteilungspflicht vom 10. 10. 1947 als Bühnenbrauch feststellt, muß die Nichtverlängerungsmitteilung bis zum 31. 1. einer jeweils laufenden Spielzeit zugegangen sein. Wenn deshalb die Mitteilung von der beabsichtigten Nichtverlängerung bis zu diesem Zeitpunkt dem Bühnenmitglied zugegangen ist – und das ist hier unstreitig der Fall –, muß grundsätzlich davon ausgegangen werden, daß sie auch rechtzeitig erfolgt ist. Ob im Einzelfalle, wie der Kläger geltend macht, auch eine vor dem 31. 1. der jeweils laufenden Spielzeit zugegangene Mitteilung von der beabsichtigten Nichtverlängerung ausnahmsweise als verspätet angesehen werden kann, kann hier dahingestellt bleiben, weil die Beklagte unbestritten vorgetragen hat, daß sie infolge der Vorbereitungen zur Zweitausendjahrfeier der Stadt Mainz daran gehindert war, die Nichtverlängerungsmitteilung früher als am 23. und 24. 1. auszusprechen."

Danach ist der Regeltermin 31. Januar „grundsätzlich" maßgeblich, was eine frühere Mitteilungspflicht im Einzelfall nicht ausschließt. Das muß entsprechend für die anderen, früheren Mitteilungstermine bei längerer Beschäftigung (31. Oktober, 31. Juli) gelten, die ebenfalls die „spätesten", wenn auch in der Regel rechtzeitigen sind. Wohlgemerkt: Die Einhaltung der formalen Mitteilungstermine wahrt die Nichtverlängerung; hätte die Mitteilung nach der Sachlage früher erfolgen können und müssen, bleibt nur ein möglicher Schadensersatzanspruch wegen Verschuldens bei Vertragsverhandlungen oder wegen arbeitsrechtlicher Schlechterfüllung.

e) Vorzeitigkeit der Mitteilung, Vorverlegung der Mitteilungspflicht

Während der Ausspruch der Nichtverlängerung schon beim ersten Vertragsabschluß ungültig ist (Hauptband S. 182), wird er im Zusammenhang mit einer späteren Vertragsverlängerung, also dann gegebenenfalls schon vor dem tariflichen Mitteilungstermin zugelassen, jedoch nur bei Beachtung der sichernden Schriftform. Dies grenzt das Oberschiedsgericht in 7/61 in falltypischer Weise ab:

„Zwar hat der Zeuge Dr. St. bekundet, daß in dieser Verhandlung, in der sich die Bühnenleitung bereiterklärt habe, den Vertrag mit dem Kläger noch für eine Spielzeit abzuschließen, der Rat gegeben worden sei, der Kläger möge sich auf jeden Fall um ein neues Engagement bemühen. Aus den gesamten Umständen der Verhandlung sei eindeutig zu entnehmen, daß für die Spielzeit 1960/61 das Vertragsverhältnis endgültig abgewickelt sein sollte. Diese Auffassung steht indessen mit der ständigen Rechtsprechung des BOSch im Widerspruch. Dieses hat in allen Entscheidungen immer zum Ausdruck gebracht, daß die Mitteilung der Nichtverlängerung eines Engagements dem Bühnenkünstler nach dem Sinn und Zweck des Tarifabkommens vom 10. 10. 1947 immer in eindeutiger und klarer Form ausgedrückt werden muß, damit der Bühnenkünstler keine Zweifel darüber haben kann, daß sein Vertragsverhältnis nicht verlängert werde und er für ein anderweitiges Engagement besorgt sein muß. (Vgl. O.Sch. 13/50 u. 19/52.) Diese Klarheit war durch die Verhandlungen nach der eigenen Bekundung des Zeugen St. nicht gegeben, der ausdrücklich ausgesagt hat, daß dem Kläger mit krassen Worten nicht gesagt worden sei, dies wäre nun das letzte Mal, daß ein Vertrag mit ihm geschlossen werde. Mit so harten Worten wollte man nicht ‚auf den Sack hauen'. Die spätere Verlängerung war insbesondere um deswillen nicht ausgeschlossen, weil diese Möglichkeit in dem schriftlichen Vertrag ausdrücklich vorgesehen war. In § 2 ist nämlich bei dem Kündigungsabkommen ausdrücklich erklärt, daß sich der Vertrag automatisch für ein weiteres Jahr verlängert, wenn er bis zu dem vorgeschriebenen Zeitpunkt von keinem der beiden Vertragspartner gekündigt worden ist. Hier hätte zur eindeutigen Klärung gedient, wenn die Nichtverlängerung nach Vertragsablauf ausgeschlossen worden wäre. Da dies nicht geschehen ist, brauchte der Kläger mit einer Nichtverlängerung in diesem Zeitpunkt nicht zu rechnen. Die diesbezügliche Erklärung vom 27. 10. (wie auch vom 27. 9.) 1960 war deshalb verspätet."

Die Erklärung hätte in diesem Fall eines mehr als 10 Jahre Beschäftigten schon am 31. Juli der vorausgegangenen Spielzeit erfolgen müssen (S. 122). Im übrigen hat das Gericht hier nicht die Frage erörtert, ob eine wirklich klare und krasse Erklärung bei den Verlängerungsverhandlungen, eine nochmalige Verlängerung sei endgültig ausgeschlossen und der Vertrag laufe mit der letzten Verlängerung unwiderruflich ab, in nur mündlicher Form überhaupt genügt hätte. Es war dessen schon deshalb enthoben, weil die Schriftlichkeit der Vertragsverlängerung, wie in dem Zitat erwähnt, gerade die weitere Verlängerungsmöglichkeit einschloß. Doch zieht das Gericht wohl gelegentlich Ausnahmen von der Schriftform der Nichtverlängerungsmitteilung in Betracht, was kaum verallgemeinert werden darf (Hauptband S. 178).

Zur Frage der Verpflichtung, die Nichtverlängerung dem anderen Teil unter Umständen schon vor dem tariflich festgelegten Termin mitzuteilen, vgl. S. 121. Das betrifft die verzögerte, nicht vorzeitige Mitteilung.

f) Berechnung der Beschäftigungszeit

Zu S. 183–185 des Hauptbandes keine Ergänzungen.

g) Einfluß von Rechts- und Betriebsnachfolge

Ein neues Beispiel für die Anrechnung früherer Beschäftigungszeiten bei der „gleichen" Bühne, die durch rechtlich verschiedene Formen gegangen war, im Zusammenhang mit der Frist zur Nichtverlängerungsmitteilung bei mehr als 10 Jahre Beschäftigten (31. Juli der vorangegangenen Spielzeit,

Ziff. 2b der Tarifvereinbarung über die Mitteilungspflicht von 1947) bietet der Schiedsspruch 7/61 mit seinen Feststellungen zum Begriff der Betriebsnachfolge:

„Bei der Frage der Betriebsnachfolge muß zunächst von dem Begriff des Betriebs ausgegangen werden. Nach der landläufigen Bestimmung dieses Begriffs, die in Rechtsprechung und Rechtslehre anerkannt ist (vgl. Hueck-Nipperdey Lehrb. 6. Aufl. Bd. I § 10 II S. 81) ist der Betrieb ‚die organisierte Einheit innerhalb deren ein Unternehmer allein oder in Gemeinschaft mit seinen Mitarbeitern mit Hilfe von sachlichen und immateriellen Mitteln bestimmte arbeitstechnische Zwecke fortgesetzt verfolgt'. Dies trifft auf das Bühnenunternehmen, das sich mindestens seit 1949 mit dem Zweck der Theateraufführungen befaßte, in vollem Umfang zu.

... Der Beklagte meint zwar, eine Betriebsnachfolge um deswillen verneinen zu müssen, weil mindestens bis 1954 ein Rechtsträger in der herkömmlichen Form nicht bestanden habe, sondern die Mitglieder der Bühne in einem losen Verhältnis gestanden hätten und ein Arbeitgeber nicht vorhanden gewesen sei. Diese Begründung vermag aber das Bestehen einer Betriebsnachfolge des Beklagten nicht auszuräumen. Es kann nicht bezweifelt werden, daß ein Betrieb im Sinne der arbeitsrechtlichen Rechtslehre seit Gründung der Bühne vorgelegen hat. Denn es war eine Zusammenfassung von sachlichen, persönlichen und immateriellen Mitteln vorhanden, die den arbeitstechnischen Zweck der Bühnenaufführungen im Auge hatte. Es war auch eine Bühnenleitung vorhanden, die anfangs unter der Oberaufsicht der britischen Besatzungsbehörde bestand, die ihrerseits den ganzen Betrieb in die Wege leitete. Auf die Rechtsform kommt es in diesem Zusammenhang nicht an. Diese mag sich der Form einer bürgerlichen Gesellschaft genähert haben. Ebensowenig hindert das Bestehen eines Betriebes die Tatsache, daß etwa die Mitarbeiter, wie der Kläger, in einem losen Verhältnis ohne formellen Anstellungsvertrag tätig waren. Denn es ist anerkannt, daß die Hilfskräfte nicht notwendige Arbeitnehmer zu sein brauchen und ein Betrieb z. B. auch mit Familienangehörigen geführt werden kann. (Vgl. Nikisch, Arbeitsrecht 2. Aufl. § 18 I 1 S. 124.) Schließlich ist es ohne Bedeutung, daß der Kläger erst seit 1954 formell als Arbeitnehmer geführt und für ihn Sozialbeiträge und Steuern entrichtet wurden. Daß er in dem Betrieb beschäftigt wurde, und zwar im Anfang für eine von der Besatzungsbehörde eingerichtete Spielergruppe, genügt, um ein Beschäftigungsverhältnis auch schon in dieser Zeit festzustellen. Es ist dabei davon auszugehen, daß der Schutz der Bestimmungen über die Mitteilungspflicht ihrem sozialen Gehalt nach denjenigen zugute kommen soll, die durch ihre Mitarbeit während der genannten Fristen dem Theaterbetrieb gedient und seinen Ruf in der Öffentlichkeit begründet haben. Diese Auslegung stimmt auch überein mit der eigenen Auffassung des Beklagten, die in der Jubiläumsschrift zum Ausdruck gekommen ist. Der Kläger hatte deshalb Anspruch darauf, daß ihm die Mitteilung der Nichtverlängerung spätestens am 31. 7. 1960 zuging."

Die Anwendung der Tarifvereinbarung über die Mitteilungspflicht war hier vertraglich festgelegt, da die Bühne als Außenseiterin des Deutschen

Bühnenvereins nicht tarifgebunden war und dies Tarifrecht von 1947 nicht allgemeinverbindlich, wenn auch bühnenbräuchlich war und ist (S. 8).

h) Unzulässige Mitteilung

Die Zulässigkeit einer Nichtverlängerungsmitteilung der Bühne gegenüber einem Mitglied, das gemäß Formulierung in Ziff. 4 der Regelung über die Mitteilungspflicht von 1947 noch nicht „mehr" als 15 Jahre (Spielzeiten), aber bereits das 15. Jahr beschäftigt ist, wird vom Oberschiedsgericht in 7/60 überprüft, obwohl die formale Voraussetzung der tariflichen Empfehlung für die mehr als 15 Jahre Beschäftigten nicht vorliegt. Denn Nichtverlängerungsmitteilungen, die sozusagen im letzten Augenblick vor dem Zeitpunkt der hierfür vorgesehenen Empfehlung erfolgen und Konsequenzen aus ihrer Nichtbeachtung vermeiden sollen, stehen im Verdacht, nicht zwingend veranlaßt, sondern rein vorsorglich ergangen zu sein. Doch läßt das Gericht in dieser Entscheidung die Gründe für eine solche Nichtverlängerungsmitteilung gelten:

„Nun könnte allerdings die Nichtverlängerungsmitteilung mißbräuchlich sein, wenn sie nur zu dem Zweck erfolgt wäre, die Klägerin der Vorteile der in Ziff. 4 der Tarifvereinbarung vom 10. 10. 1947 niedergelegten besonderen Empfehlung zu entziehen. Dafür bietet aber der Sachverhalt keinerlei Anhaltspunkt. Aus dem unstreitigen Sachverhalt ergibt sich einwandfrei, daß gewisse Schwierigkeiten dadurch aufgetreten sind, daß seit Jahren der Arbeitsfriede im Chorensemble gestört worden ist und Versuche, wie sie z. B. der frühere Generalintendant M. lt. Protokoll vom 4. 2. 1958 (hinter Bl. 21 d. A. I.) vorgenommen hat, ergebnislos geblieben sind. Aus dem von der Klägerin selbst überreichten Bericht ergibt sich einwandfrei, daß seit 1954 Streitigkeiten, Mißhelligkeiten und Intrigen in dem Chorensemble bestanden haben, die sich sogar auf die dienstliche Tätigkeit ausgewirkt haben. Es bildeten sich Gruppen, die gegeneinander gearbeitet haben. Die Klägerin will zwar durch ihren Beweisantrag den Nachweis liefern, daß sie an diesen Dingen nicht schuldig sei. Demgegenüber hat die Beklagte Gegenbeweis erboten. Es kann nicht Sache des Bühnenoberschiedsgerichts sein, den aussichtslosen Versuch zu unternehmen, alle diese Streitigkeiten im einzelnen aufzuklären, um die moralische Schuld an den Ereignissen festzustellen. Die Bühnenleitung konnte sich darauf beschränken, den Versuch zu machen, eine Einigung herbeizuführen. Das ist aber, wie die weitere Entwicklung zeigte, ihr nicht gelungen. Wenn sie bei dieser Sachlage deshalb von einer Nichtverlängerung des Engagements der Klägerin, welches ihr gutes Recht war, Gebrauch machte, so hat sie damit das pflichtgemäße Ermessen der Unternehmensleitung nicht überschritten und jedenfalls nicht treuwidrig in dem Sinne gehandelt, daß die Nichtverlängerung nur deswegen erfolgte, um die Tarifvereinbarung vom 10. 10. 1947 zu umgehen. Es kann also nicht festgestellt werden, daß die Beklagte sich eines treuwidrigen Verhaltens im Sinne des § 242 BGB schuldig gemacht hat.

Damit entfällt aber auch eine Verletzung der Fürsorgepflicht. Es ist in der Rechtsprechung anerkannt, daß der Schutz des Arbeitnehmers gegen sozialwidrige Kündigungen eine erschöpfende Regelung in dem Kündigungsschutzgesetz gefunden hat. Kommt dieses KSchG, wie oben ausgeführt, nicht zur Anwendung, so kann ein Kündigungsschutz nicht auf dem Wege über die Fürsorgepflicht zu einer Verpflichtung zur Fortsetzung des Vertragsverhältnisses führen. Dies wäre nur in Fällen besonderer Treuwidrigkeit der Nichtverlängerung des Vertrages oder offensichtlicher Willkür in Betracht zu ziehen (ebenso O.Sch. 25/50; ferner BAG v. 28. 1. 1955 – Gs 1/54 – DB 1955, 455 ff. unter V und BAG v. 12. 5. 1955 – 2 AZR 23/54 – DB 55, 608 = AP Nr. 2 zu § 620 BGB befr. Vertr.).

Da nach dem Tatbestand ein solches Verhalten auf seiten der Beklagten nicht vorliegt, ist die bloße soziale Härte, von der die Klägerin im Hinblick auf ihr Alter durch die Auflösung des Engagements getroffen ist, nicht ausreichend, um eine Erneuerung des Vertrags oder eine Verpflichtung zum Abschluß eines Vertrags mit anderen Bedingungen zu rechtfertigen."

Der Klageantrag war im Sinne des Abschlusses eines Anschlußengagements zu den bisherigen Bedingungen gestellt worden (Hauptband S. 190, 191).

i) Mitteilung und Kündigungsbegriff, Kettenvertrag

Zum Prinzip des Bühnen-Engagementsvertrages als fest befristeten Zeitvertrages, dessen Aneinanderreihung an der gleichen Bühne zulässig ist, ohne in einen Vertrag auf unbestimmte Zeit umgedeutet und mit dem gesetzlichen Kündigungsschutz ausgestattet werden zu können, steht das Oberschiedsgericht im Anschluß an seine bisherige Rechtsprechung (Hauptband S. 196) weiterhin und nunmehr durch das Bundesarbeitsgericht abgestützt[1]), wenn es in 7/60 zusammenfassend sagt:

„Das BAG hat zwar in ständiger Rechtsprechung, ausgehend von der Grundsatzentscheidung vom 21. 10. 1954 – 2 AZR 25/53 u. 40/53 – (BAG E 1, 128 = AP Nr. 7 zu § 1 KSchG = DB 54, 1023) und später (BAG in AP Nr. 2 u. Nr. 5 zu § 620 befristeter Vertrag, AP Nr. 14 u. 29 zu § 1 KSchG) wiederholt für Recht erkannt, daß nicht nur der in Umgehungsabsicht geschlossene Kettenvertrag, sondern auch ein objektiv den Kündigungsschutz ausschließender Arbeitsvertrag als auf unbestimmte Zeit geschlossen anzusehen sei, soweit der im KSchG in seinem Bereich durch Art. 20 (1) u. Art. 28 (1) GrG niedergelegte Grundsatz des Bestandsschutzes verwirklicht werden müsse. Das BAG hat jedoch in diesen Entscheidungen selbst anerkannt, daß derartige Zeitverträge nicht in jedem Fall unzulässig seien. Vielmehr könnten Umstände einen sachlichen Grund abgeben, der eine Befristung rechtfertige. Ein solcher sachlicher Grund könne sich aus der jeweiligen Besonderheit des einzelnen Falles und aus der Eigenart des Arbeitsverhältnisses oder der besonderen Verhältnisse des Betriebs oder einer Verwal-

---

[1]) BAG GS 1/59 vom 12. 10. 1960 in AP Nr. 16 zu § 620 „Befristeter Arbeitsvertrag". Diese Entscheidung engt die Vertragsfreiheit im Arbeitsrecht zugunsten des Kündigungsschutzes ein und macht vor der tarifvertraglichen Zulässigkeit von Zeitverträgen nicht halt, wenn diese nicht gerechtfertigt erscheinen. Eine Überprüfung der Interessenlagen beim Bühnendienstvertrag ist zumindest hinsichtlich einiger Berufs-Sparten nicht auszuschließen. Vgl. Riepenhausen, Grundzüge des Arbeitsrechts der Bühnenkünstler, Ufita Bd. 24 S. 48 (auch in der Schriftenreihe der GDBA).

tungsdienststelle ergeben. (BAG v. 26. 3. 1957 – 3 AZR 428/55 – DB 1957 S. 635 = AP Nr. 5 zu § 620 BGB befristeter Vertrag.) Ein solcher den Abschluß von Zeitverträgen rechtfertigender Grund liegt besonders bei den Bühnenarbeitsverträgen vor. Hier gilt das Prinzip des befristeten Zeitvertrags schon auf Grund der eindeutigen, auch von den Tarifpartnern als berufenen Vertretern zur Regelung der Bühnenverhältnisse in § 2 des NV für Solisten, Chorsänger und Tänzer anerkannten Regelung des Abschlusses von Zeitverträgen. Diese Regelung steht im Einklang mit dem Geist der Rechtsprechung des BAG als eine Handhabung eines verständigen Arbeitgebers. Hierzu hat das B.Sch. auch mit Recht ausgeführt, daß die besondere Eigenart der Verhältnisse der Bühnen es verlange, daß die Bühnenleitung mit Rücksicht auf die künstlerischen Aufgaben der Bühne die Möglichkeit haben muß, das Ensemble jeweils neu zusammenzustellen und daß auch die Bühnenkünstler das Interesse haben, das Engagement jeweils nach ihrem freien Willen wechseln zu können. Diese Auffassung steht im Einklang mit der ständigen Rechtsprechung des BOSch. (O.Sch. 16/39 u. 23/50). Dieser Grundsatz kann auch nicht dadurch wegfallen, daß im Einzelfall ein Bühnenmitglied aus sozialen Gründen ein Interesse an Verlängerung des Vertrags hat. Die Auffassung des BOSch hat den Bühnenschaffenden gelegentlich der Währungsreform von 1948 mit der damaligen gesetzlichen Möglichkeit einer kurzfristigen Kündigung kündbarer Verträge deren grundsätzliche Sicherung als unkündbarer Zeitvertrag eingebracht (O.Sch. 1/49). Diesen Grundsatz aufzugeben, liegt kein Anlaß vor."

VIII. Grundsätze des allgemeinen Arbeitsrechts

1. Fürsorge- und Treupflicht

2. Unzulässige Rechtsausübung

Zu S. 197–199 des Hauptbandes keine Ergänzungen.

3. Gleichbehandlung

Erneut ist das Oberschiedsgericht mit Problemen der Gagenerhöhung in Verbindung mit der allgemeinen Teuerung beschäftigt worden. Obwohl dieser Komplex inzwischen durch das Tarifrecht zur sog. Gagenanpassung (S. 198) kodifiziert worden, wenn auch noch kompliziert geblieben ist, so ist die Rechtsprechung jedoch durch den Schiedsspruch 10/61 hinsichtlich der Grundsätze der Gleichbehandlung der Mitglieder einer Bühne wesentlich ergänzt worden. Zunächst die Vorbedingung für die Anwendung dieses Prinzips:

„Der Grundsatz der Gleichbehandlung kann anspruchserzeugend nur dann wirken, wenn eine andere Anspruchsgrundlage nicht gegeben ist (BAG vom 4. 3. 1961 – 5 AZR 169/60, Betr. 61, 647). Bevor deshalb auf den rechtlichen Gesichtspunkt der Gleichbehandlung eingegangen werden kann, bedarf es einer rechtlichen Beurteilung der Auswirkung des Ministerialerlasses auf das Vertragsverhältnis des Klägers."

Bei diesem Ministerialerlaß handelte es sich um eine Regelung, unter welchen Voraussetzungen Bühnenmitgliedern nachträglich Gagenerhöhungen zuzubilligen seien, ohne daß hier Einzelheiten interessieren. Dem Erlaß wird der Charakter einer objektiven Rechtsquelle abgesprochen (Zitat S. 7). Er gewinnt lediglich als interne Norm zur – unterschiedlichen – Gleichbehandlung der verschiedenen Mitgliedergruppen je nach Dauer ihrer Betriebszugehörigkeit Bedeutung (10/61):

„Der Grundatz der Gleichbehandlung gebietet, daß der Arbeitgeber, der bei der Entlohnung nach einer bestimmten Regel verfährt, nicht ohne sachlichen Grund aus reiner Willkür oder unter Verletzung der gesetzlichen Diffamierungsverbote (§ 51 BVG, § 56 hess. PVG) von ihr abweichen darf. (Nikisch, Arbeitsrecht 2. Aufl. Bd. II § 83 I 3 S. 439; Hueck-Nipperdey, Lehrbuch 6. Aufl. Bd. II § 30 IV.) Nach der Rechtsprechung läßt der Gleichbehandlungsgrundsatz sachgemäße Unterscheidungen bei der Zuteilung freiwilliger Leistungen zu. Von einer Verletzung dieses Grundsatzes kann nur dann gesprochen werden, wenn einzelne Arbeitnehmer schlechter behandelt werden als die überwiegende Mehrzahl der anderen, und wenn die Schlechterbehandlung auf einem willkürlichen Handeln des Arbeitgebers beruht, das auf unsachliche Gründe zurückzuführen ist. (BAG v. 12. 7. 1957, v. 13. 5. 1959, 13. 10. 1960 AP Nr. 5, 23 und 30 zu § 242 BGB Gleichbehandlung; BOSCH v. 1. 7. 1954 – OSch 5 und 6/54.)

Bei der Frage, ob der Beklagte willkürlich von seinem Erlaß vom 20. 12. 1960 zum Nachteil des Klägers abgewichen ist, ist dessen Auslegung von entscheidender Bedeutung."

Das Gericht gelangt in näherer Prüfung des Erlasses zu dem Ergebnis, daß seine von der Bühnenleitung vertretene Auslegung weder aus seinem Wortlaut noch aus seinem Sinn und Zweck durchschlagend zu widerlegen, also nicht „willkürlich und ohne sachlichen Grund" sei.

Damit bleibt das Oberschiedsgericht in den Grenzen seiner früheren Entscheidung 5/54 (Hauptband S. 203). Doch hat es in diesem Zusammenhang noch grundsätzliche Erklärungen zur Gagengestaltung und -aushandlung gegeben, die nicht nur hier, sondern allgemein von Interesse sind (S. 42).

Zur Gleichbehandlung von Mann und Frau im Sinne der grundgesetzlichen Gleichbehandlung vgl. S. 135.

Nicht tarifgebundene Bühnenmitglieder haben keinen Anspruch auf Gleichbehandlung mit tarifgebundenen (soweit im Bühnenrecht gemäß § 9 TVG heute schon teilweise Tarifungebundenheit in Betracht kommt)[1]).

4. Verwirkung, Verjährung

Wie schon früher wendet das Oberschiedsgericht den Einwand der Verwirkung[2]) gelegentlich und ausnahmehaft dann an, wenn Ansprüche auf

[1]) Vgl. S. 2. BAG – 4 AZR 199/59 vom 20. 7. 1960. Der Betrieb 1960 S. 1131.

[2]) Tamm, Die Verwirkungsklauseln in den Tarifverträgen, Recht der Arbeit 1959 S. 450.

R e s t g a g e n oder G a g e n t e i l e erstmals geltend gemacht werden, über die schon einige Spielzeiten hinweggegangen sind, ohne daß das bei der Bühne verbliebene Mitglied ein solches Ansinnen gestellt hatte und der Bühne, die sich darauf nicht mehr eingestellt hat, eine derart späte Erfüllung nicht mehr zuzumuten ist. Das kann jedoch nur für Gagen gelten, die nicht tariflich festgelegt sind, da für tarifliche Rechte die Verwirkung ausgeschlossen ist (§ 4 IV 2 TVG). Im Schiedsspruch 6/57, der aus dem Rechtsgebiet des Chores stammt und der den Gleichberechtigungsgrundsatz bei der Gagenhöhe der weiblichen Mitglieder im Verhältnis zu den männlichen behandelt, führt das Oberschiedsgericht in nuancierter Differenzierung der Zeiten und Arten der anspruchsmäßigen Geltendmachung aus:

„Der Einwand der Verwirkung ist zum Teil begründet; insoweit ist von der Entscheidung des Schiedsspruchs abzuweichen. Der Beklagte hält die Verwirkung deshalb für begründet, weil die Klägerin ihre Einzelverträge vorbehaltlos für jede Spielzeit verlängert hat und damit der jetzt erhobene Anspruch auf Nachzahlung gegen Treu und Glauben verstoße. Tatsächlich steht fest, daß der Anspruch auf Gleichbehandlung erstmals im Sommer 1955, also im Laufe der ab 1. 4. 1954 bis 1955 laufenden Spielzeit erhoben worden ist. Nach der Darstellung der Parteien wurde der Gagentarif für den Singchor nach jahrelangen vergeblichen Forderungen schließlich durch eine Streikdrohung erzwungen. Der Schiedsspruch erblickt in dieser Tatsache einen Umstand, der die jetzige Forderung der Klägerin als treuwidrig erscheinen lasse. Indessen muß doch unterschieden werden zwischen der Forderung auf tarifliche Regelung der Chorgagen und dem Anspruch auf Gleichbehandlung. Der letztere ist tatsächlich erst im Sommer 1955 geltend gemacht worden anläßlich der Verhandlungen über den Abschluß eines Tarifvertrages, und zwar offensichtlich im Hinblick auf die in diesem Jahr ergangenen Entscheidungen des BAG. Es handelt sich dabei um einen Anspruch, der immerhin rechtlich zweifelhaft war und nicht von einer solchen Durchschlagskraft, daß mit seiner Geltendmachung jahrelang gewartet werden konnte. Es entsprach vielmehr Treu und Glauben, daß dieser Anspruch, unmittelbar nachdem er gemäß dem Grundgesetz in Frage kam, auch geltend gemacht wurde. Wenn die Klägerin und die übrigen Chorsängerinnen mit der Klage bis Dezember 1955 gewartet haben, dann konnte der Beklagte nicht damit rechnen, daß die Nachforderungen auch noch auf frühere Spielzeiten erstreckt wurden, die bereits längst abgerechnet und in den abgelaufenen Etatjahren verrechnet waren. Es würde eine gegen Treu und Glauben verstoßende übermäßige Belastung des Theateretats bedeuten, wenn dem Beklagten noch zugemutet würde, über die Zeit des letzten Spieljahres von 1954/55 hinaus Nachzahlung zu leisten. Aus diesem Grunde war nach § 242 BGB für die vorher liegende Zeit der Nachzahlungsanspruch als verwirkt anzusehen. § 4 Abs. 4 Satz 2 TVG steht dem nicht entgegen, da es sich nicht um einen Tarifanspruch handelt."

Die Nachzahlungen waren rückwirkend ab 1. 4. 1953 verlangt worden. Der letzte Satz des Zitates bedeutet, daß die Verwirkung ausscheidet, wenn tarifrechtlich gesicherte, unabdingbare Ansprüche Gegenstand der Forderung sind, ein Gesichtspunkt, der bei der früheren Entscheidung 8/52 unerörtert geblieben war (Hauptband S. 207, 209).

Wesentlich strenger formuliert das Oberschiedsgericht die Voraussetzungen der Verwirkung in 4/60, wo es den Schadensersatzanspruch einer Sängerin wegen unklarer Nichtverlängerungsmitteilung der Bühne als unverwirkt bestätigt. Hier entwickelt das Gericht zusammenfassend die maßgeblichen Grundsätze:

„Wie bereits in den früheren Schiedssprüchen des Bühnen-Oberschiedsgerichts – 9/51 und 10/51 – erkannt, muß nach feststehender Rechtsprechung an den Tatbestand der Verwirkung ein strenger Maßstab angelegt werden. Es genügt keinesfalls die Nichtgeltendmachung von Ansprüchen während geraumer Zeit allein, um eine Verwirkung wegen Zeitablaufs herbeizuführen; andernfalls würde die gesetzliche Verjährungsfrist ersetzt durch eine kürzere Verwirkungsfrist. Erforderlich ist vielmehr auf Grund der ständigen Rechtsprechung des BAG, daß zu der übermäßig langen Zögerung der Erhebung von Ansprüchen hinzukommt, daß der Arbeitnehmer durch sein ganzes Verhalten in dem Arbeitgeber die Überzeugung erweckt hat, er werde den Anspruch nicht mehr geltend machen.

Es muß also in dieser Beziehung ein schlüssiges Verhalten des Arbeitnehmers vorliegen, aus dem die entsprechende Folgerung gezogen werden kann. Darüber hinaus ist noch erforderlich, daß der Arbeitgeber sich auch in seinem Verhalten nach außen auf diese ihm erkennbare Willenserklärung des Arbeitnehmers einstellt und schließlich, daß dem Arbeitgeber die Erfüllung des nachträglich erhobenen Anspruchs nach Treu und Glauben nicht mehr zugemutet werden kann. Denn die Verwirkung stützt sich auf § 242 BGB, wonach sich die Parteien des Arbeitsverhältnisses im Einklang mit Treu und Glauben hinsichtlich der Ausübung ihrer Rechte verhalten müssen. (BAG v. 13. 11. 1959 – 1 AZR 320/57 in ‚Der Betrieb' 1960 S. 123; vgl. ferner BAG v. 31. 12. 1957 – RdA 1958 S. 199; vom 26. 6. 1958 – 2 AZR 438/56 – NJW 1958 S. 1988 – = v. 9. 7. 1958 – 2 AZR 438/56 – AP Nr. 9 zu § 242 BGB Verwirkung und vom 1. 8. 1958 – 1 AZR 475/55 – AP Nr. 10 zu § 242 BGB Verwirkung = BB 1958 S. 915.) An diesen Voraussetzungen fehlt es hier.

Im vorliegenden Fall ist entscheidend, daß von seiten der Klägerin keinerlei Äußerung verlautbart ist, aus der hätte entnommen werden können, daß sie keine Ansprüche gegen die Beklagte erheben werde. Es war im Gegenteil auf Grund der Beweisaufnahme erster Instanz festzustellen, daß der Obmann den Beigeordneten der Beklagten schon alsbald darauf hingewiesen hat, daß von den zur Entlassung gekommenen Mitgliedern Ansprüche erhoben würden. Die Klägerin selbst hat auch durch ihr Schreiben an den neuen Intendanten vom 9. 3. 1959 um Wiedereinstellung gebeten und darin zu erkennen gegeben, daß sie durch ihre Entlassung geschädigt sei. Es mußte deshalb mit einem Schadensersatzanspruch gerechnet werden."

Hiernach scheint es beinahe zu genügen, daß das Mitglied „keinerlei Äußerung verlautbart", die auf einen Anspruchsverzicht abzielt und die Bühne beruhigt. Schon aus der Sachlage kann die Bühne unter Umständen veranlaßt sein, mit Ansprüchen rechnen zu müssen, die demnach nicht verwirken können. Das Arbeitsgericht Frankfurt (Main) hat die gegen diesen Schiedsspruch nach § 110 AGG erhobene Aufhebungsklage rechtskräftig abgewiesen (7 Sa 84/61).

Aber auch schon die Kürze der verflossenen Zeit kann den Verwirkungseinwand schnell ausschließen, wie in 15/56 gegenüber der Forderung von Sondervergütungen bei fachfremder Tätigkeit im Musical:

„Zum Tatbestand der Verwirkung reicht es keinesfalls aus, wenn noch vor der Premiere die Forderung erhoben wurde. Denn die Verwirkung setzt ein gegen Treu und Glauben verstoßendes Verhalten des Bühnenmitglieds voraus, durch welches bei der Bühnenleitung die begründete Ansicht entstehen mußte, daß Ansprüche nicht erhoben würden. Dies kann man aus bloßem anfänglichen Schweigen nach der gegebenen Sachlage nicht herleiten. Ebenso ist daraus ein Einverständnis mit der honorarlosen Sonderleistung nicht zu folgern. Es bedarf deshalb nicht des von dem Beklagten erbotenen Beweises über den Zeitpunkt der Forderungsstellung."

Über die fragliche Verwirkung von Sondervergütungsansprüchen wegen mangelnden Vorbehaltes bei Übernahme der Aufgabe im Solorecht vgl. S. 79 und im Chorrecht S. 141. Es wird in der Praxis schwerhalten, wegen § 4 IV 2 TVG zwischen tariflichen und außertariflichen Rechten oder Ansprüchen, die hierauf beruhen, zu unterscheiden. Im Zweifel kann allein wegen mangelnden Vorbehaltes keine Verwirkung erfolgt sein, es sei denn, es kommen Umstände hinzu, die von vornherein ein stillschweigendes Einverständnis mit der Sondervergütungslosigkeit erkennen lassen.

Im Gegensatz zur Verwirkung ist die Verjährung auch tarifrechtlicher Ansprüche nicht durch § 4 IV TVG ausgeschlossen, sondern richtet sich nach §§ 195, 196 Nr. 7 BGB. Der hiernach für vertragliche Ansprüche in Betracht kommende Zeitraum von zwei Jahren ab Ende des Jahres, in dem der Anspruch entstanden ist (bei Schadensersatzansprüchen 30 Jahre ab Entstehung), kann gelegentlich gegenüber der Erhebung der Einrede der Verjährung durch die Einrede der Arglist verlängert werden, nämlich dann, wenn derjenige, dem diese Einrede zusteht, den anderen Teil gegen Treu und Glauben gehindert hat, rechtzeitig Klage zu erheben; denn die schriftliche Geltendmachung von Ansprüchen unterbricht die Verjährung nicht, sondern nur die Klage (§ 209 BGB). Der im gesetzlichen Versicherungsrecht niedergelegte Grundsatz, daß eine beiderseitige Verhandlung über strittige Ansprüche den Ablauf der Verjährung hemmt (§ 14 II StVG), kann nicht schlechthin verallgemeinert werden. Sondern es muß ein arglistiges Verhalten feststellbar sein, durch das der andere Teil veranlaßt worden ist und veranlaßt werden konnte, mit der Klageerhebung zuzuwarten, etwa bei beiderseitiger Abrede, zunächst einen Musterprozeß zu führen, bis zu dessen Ausgang andere, sonst der Verjährung ausgesetzte

Ansprüche einvernehmlich als zurückgestellt gelten sollen. Diese Grenze zieht das Oberschiedsgericht (hier dasjenige des Deutschen Bühnenvereins und der Vereinigung deutscher Opernchöre) in 2/62:

„Gegenüber der Einrede der Verjährung hat der Kläger allerdings vorgetragen, vor der Klage vor dem Bühnenschiedsgericht hätten längere Zeit wegen Berücksichtigung der Sonderhonorare Verhandlungen der Verbände über die Berechnung des Urlaubsgeldes stattgefunden, dabei sei unter genauer Darlegung der gegenseitigen Rechtsstandpunkte korrespondiert worden. Erst nachdem insoweit eine Einigung nicht erzielt werden konnte, habe der Kläger die Klage erhoben. Der Beklagte hat ein Schreiben der Vereinigung der Opernchöre an die Stadt Essen vom 14. 2. 1961 zur Erhärtung dieser Darlegung vorgelegt. Durch diesen Vortrag kann indessen ein arglistiges Verhalten der Beklagten im Sinne des § 242 BGB nicht nachgewiesen werden. Damit ist nicht dargetan, daß die Beklagte den Kläger an der rechtzeitigen Einreichung der Klage gehindert habe."

Wenn allerdings die Korrespondenz der Bühne und des die Mitglieder vertretenden Verbandes hätte erkennen lassen, daß die Bühne die erhobenen Ansprüche noch in einem Zeitpunkt nicht eingetretener Verjährung zumindest dem Grund nach anerkannt hat, so daß der Streit auf die Höhe begrenzt geblieben wäre, könnte man vielleicht anders urteilen. Denn es entspricht einer gewissen Sitte, daß im Interesse der Wahrung des Bühnen-Betriebsfriedens und der erhöhten Abhängigkeit der Ensemblemitglieder im arbeitsrechtlichen Sinne der prozessuale Weg erst beschritten wird, wenn gütliche Möglichkeiten erschöpft sind. Über deren Ende muß bei drohender Verjährung seitens des Teils, der schließlich ablehnt, zuvor und rechtzeitig Klarheit geschaffen worden sein.

Diesen Grundsätzen entspricht 3/63 im Zusammenhang mit der angeblichen Verwirkung eines Beschäftigungs-Schadensersatzanspruchs trotz Einschaltung der Genossenschaft Deutscher Bühnen-Angehörigen (S. 68).

5. Einzelne Leistungs- und Unterlassungspflichten auf Grund Fürsorge- und Treupflicht

Zur Haftung für Sachschäden (Hauptband S. 209) liegen keine neuen Schiedssprüche vor. Auf die allgemeine, neuere Rechtsprechung wird verwiesen[1]). Vgl. allgemein ergänzend das Kapitel „Verschiedenes" S. 99 bis 102.

Die Transportversicherungspflicht der Bühne für Sachen des Bühnenmitglieds bei auswärtigen Gastspielen (6/37, Hauptband S. 210) ist durch eine Personenversicherungspflicht bei Auslands-Gesamtgastspielen der Bühne im Schiedsspruch 15/63 ergänzt worden. Der

---

1) BAG GS 1/60 vom 10. 11. 1961, Wiegand, Der Anspruch des Arbeitnehmers auf Ersatz der bei seiner Tätigkeit erlittenen Sachschäden, Recht der Arbeit 1961 S. 466. Haftung des Arbeitgebers nicht nur bei Verschulden, sondern ohnehin bei gefährlicher Arbeit.

Fall der Berliner Opernbühne, die in Tokio gastierte, ist auf S. 39 näher dargestellt. Das Gericht hat die Mitwirkungspflicht tarifvertraglich bejaht, sie aber von der Erfüllung fürsorgepflichtig bedingter Voraussetzungen abhängig gemacht. Dazu gehört jene Versicherung durch die Bühne:

„Anders verhält es sich mit den von den Klägern geforderten Versicherungssummen in Höhe von 100 000,– DM für den Todesfall, von 200 000,– DM für den Fall der Invalidität. Die Fürsorgepflicht des Arbeitgebers erfordert es, daß er seine Arbeitnehmer bei dienstlichen Auslandsreisen, insbesondere wenn es sich um Flugreisen handelt, entsprechend hoch zusätzlich versichert. Es kann nicht von der Hand gewiesen werden, daß ein Arbeitnehmer gerade durch die Auslandsreise auf dem Luftwege ein erhöhtes Risiko für Leib und Leben eingeht. Deshalb kann der Ansicht der Beklagten, sie sei zum Abschluß von Versicherungen nicht verpflichtet gewesen, nicht gefolgt werden. Die Höhe der Versicherungssumme muß angemessen sein. Dabei ist die berufliche Stellung des Arbeitnehmers und der Lebensstandard, wie ihn der Arbeitnehmer nach dem Inhalt seines Arbeitsvertrages erwarten konnte, zu berücksichtigen. Faßt man zugleich die zunehmende Teuerung ins Auge und berücksichtigt man, daß Familienmitglieder der Kläger im Falle des Todes ihres Ernährers oder die Kläger selbst bei Eintritt einer Invalidität für längere Zeit auf die Versicherungsleistungen angewiesen sind, so kommt man zu dem Ergebnis, daß der Abschluß von Versicherungen über 100 000,– DM für den Fall des Todes und von 200 000,– DM für den Fall der Invalidität als durchaus angemessen anzusehen sind. Verpflichtung zur Teilnahme an dem Gesamtgastspiel in Tokio bestand nur bei einer Versicherung in dieser Höhe.

Demzufolge war festzustellen, daß die Beklagte die vorgeschossenen Prämien für die Versicherungen der Kläger nicht zurückverlangen kann."

Das bedeutet, daß der Bühnenkünstler ohne entsprechende Sicherstellung die Mitreise verweigern darf. Damit gehört diese Voraussetzung in die allgemeine Zumutbarkeit der Auslandsreise überhaupt, die auch aus anderen Gründen verneint werden und die Pflicht des Bühnenleiters begründen kann, ein einzelnes Mitglied von der Auslandsreise auszunehmen. Einen andeutenden Überblick gibt hierzu das Oberschiedsgericht in der gleichen Entscheidung 15/63:

„Eine ganz andere Frage ist es, ob ein einzelner Künstler persönliche Gründe anführen kann, die es ihm nicht zumutbar machen, an einem bestimmten Gesamtgastspiel im Ausland teilzunehmen. Das Bühnenoberschiedsgericht hat durchaus Verständnis für die Gesichtspunkte, die der Prozeßvertreter der Kläger vorgebracht hat, daß es Tatumstände gibt, die die Bühnenleitung berücksichtigen muß, wenn der Künstler aus persönlichen Gründen sich mit Recht auf eine Nichtzumutbarkeit der Teilnahme an einem solchen ausländischen Gesamtgastspiel berufen kann. Wenn etwa der Künstler geltend macht, daß seine Frau demnächst, und zwar in der Zeit, in der das Gesamtgastspiel stattfindet, der Geburt eines Kindes entgegensieht, oder wenn ein Künstler durch eine ärztliche Bescheinigung dartut, daß ihm ein Flug im Hinblick auf seine besondere gesundheitliche Lage nicht zuzumuten ist, oder in ähnlichen Fällen, ist die Bühnenleitung verpflichtet, solchen Umständen Rechnung zu tragen und den Künstler von der Teilnahme zu befreien. Aber solche persönlichen Gründe hat keiner der Kläger dargetan. Es ist deshalb davon auszugehen, daß bei keinem der Kläger die Teilnahme an einem Gesamtgastspiel in Tokio aus persönlichen Gründen unzumutbar war."

6. Wiedereinstellung

Zu S. 212–214 des Hauptbandes keine Ergänzungen.

2. TEIL

ARBEITSRECHT DES CHOR- UND TANZPERSONALS

Hier werden nur die §§ erwähnt, deren frühere Kommentierung im Hauptband S. 215–245 zu ergänzen ist. Vgl. Inhaltsverzeichnis.

§ 3 I (Gage)

Die Chor- und Ballett-Mindestgagentarifverträge machen heute mehr als früher, als sie vorwiegend lokal begrenzt waren, einen wesentlichen Teil der Tarifvertragsarbeit der Berufsverbände aus. Das Oberschiedsgericht hat in 6/57 den Grundsatz der Gleichberechtigung von Mann und Frau nach Art. 3 des Grundgesetzes im Kollektiv-Gagenrecht, hier beim Chor, verwirklicht, abweichendes Recht, das innerhalb eines Staatstheaters angewandt wurde, für überholt erklärt und die Gagendifferenzbeträge einer Chorsängerin zwecks Gleichstellung mit der Gagenhöhe der männlichen Chormitglieder zuerkannt. Das Gericht führt zur unmittelbaren Geltung des Art. 3 GG im Gebiet der Gesetzgebung, der Rechtsanwendung und des Tarifrechtes, jedoch unter Ausnahme von Einzelvertragsrecht, aus:

„Der Schiedsspruch geht zunächst zutreffend davon aus, daß Art. 3 GrG gemäß Art. 1 GrG als unmittelbar geltendes Recht die Gesetzgebung, Verwaltung und Rechtsprechung bindet. Das BAG hat in mehreren Urteilen (vom 15. 1. 1955 Entsch. d. BAG Bd. 1 S. 258 = AP Nr. 4 zu Art. 3 GRG; vom 2. 3. 1955 AP Nr. 6 zu Art. 3 GrG und vom 6. 4. 1955 Entsch. d. BAG Bd. 1 S. 348 = AP Nr. 7 zu Art. 3 GrG) anerkannt, daß der Grundsatz der Gleichberechtigung von Mann und Frau geltendes Recht sei und auch den Grundsatz der Lohngleichheit bei gleicher Arbeit umfasse. Diese Richtsätze binden nicht nur den Gesetzgeber, sondern auch die Gewalten der Rechtsanwendungsstufe, welche die Gleichberechtigung unmittelbar zu realisieren hätten, da Art. 3 Abs. 2 ohne Zwischenschaltung eines eigenen Gesetzes anwendbar sei. (Vgl. Bonner Grundgesetz Anm. II 4 a zu Art. 1 Anm. II A 1 a zu Art. 117 GrG; vgl. auch Beitzke RdA 1953 S. 281.)

Das Bundesarbeitsgericht hat den Grundsatz der Lohngleichheit auch für Tarifverträge anerkannt, da es sich hier um einen der Gesetzgebung im Sinne des Art. 1 Abs. 3 gleich zu achtenden Akt der Normenfestsetzung handelt. Umstritten ist dagegen, ob dieser Grundsatz auch auf den Abschluß von Einzelarbeitsverträgen anzuwenden ist oder für diese deshalb keine Bedeutung hat, weil es sich bei letzteren um eine private Rechtsgestaltung auf dem Wege des Vertrages handelt. Die herrschende Ansicht lehnt die Anwendung des Grundsatzes auf den Abschluß von Einzelverträgen ab (vgl. Beitzke Anm. 51 in RdA 1953 S. 281; LAG Berlin BB 1952, 319; LAG Baden-Württemberg BB 1956, 1067)."

Das Gericht schließt diese Erörterungen dadurch ab, daß es auf eine in diesem Fall vorliegende Besonderheit verwaltungsmäßiger, wenn auch einzelvertraglich verankerter Art eingeht, die bei der Darstellung allgemeiner Rechtsgrundlagen im Bühnenrecht bereits erwähnt worden ist (S. 8). Es fährt in 6/57 fort:

„Das BAG hat sich bisher mit dieser Frage noch nicht befaßt. Der Schiedsspruch hat diese Rechtsfrage dahingestellt gelassen. Dem konnte beigetreten werden. Denn hier liegt ein besonderer Tatbestand vor, der einer besonderen Untersuchung und Beurteilung in der Richtung bedarf, ob der Grundsatz der Gleichbehandlung auf die zwischen den Parteien geschlossenen Einzelarbeitsverträge anzuwenden ist. Dabei ist auf den in der Verhandlung hervorgetretenen unstreitigen Sachverhalt einzugehen. Die von der Klägerin und den übrigen Chormitgliedern bis zum 1. 4. 1955 abgeschlossenen Engagementsverträge sind von der Intendanz entsprechend der ihr gegebenen Anweisung des Bayer. Staatsministeriums formuliert worden. Dabei ist in § 4 ausdrücklich vereinbart, daß sich das Vertragsverhältnis ‚nach der vom Bayer. Staatsministerium jeweils aufgestellten Bezugsregelung für den Singchor und den nachstehenden besonderen Bedingungen richtet'. Diesen Abschlüssen zugrunde lag die jeweilige gültige Bezugsregelung, die vom Bayer. Staatsministerium für Unterricht und Kultus erlassen wurde. Diese Bezugsregelung beruhte in ihrer geschichtlichen Entwicklung darauf, daß die bisherigen arbeitsrechtlichen Bestimmungen im Zeitpunkt des Einmarsches der Besatzungsbehörde grundsätzlich weiterhin in Kraft blieben, insbesondere die Bestimmungen über den Lohnstop, der auch durch Kontrollratsdirektive Nr. 14 vom 31. 10. 1945 ausdrücklich aufrechterhalten wurde. Daraus ergab sich, daß die bisher unter dem Herrschaftsbereich des Reichstreuhänders der Arbeit genehmigten Gagen weiterhin nicht über- oder unterschritten werden durften, soweit nicht nach Inkrafttreten des Lohnstops mit behördlicher Genehmigung Änderungen bewilligt wurden. Das Verfahren der Bezugsregelung entsprach den damaligen Bestimmungen bis zur Aufhebung des Lohnstops."

Diese Verwaltungsanordnung als Begriff innerdienstlicher Normensetzung mit einzelvertraglicher Bezugnahme ist nach der Auffassung des Oberschiedsgerichts an den Gleichberechtigungsgrundsatz gebunden, wie es das Gericht auch bei einem anderen Ministerialerlaß, der im Zeichen anderweitiger Gleichbehandlung von Bühnenmitgliedern im Streit war, überprüft hat (S. 7). In 6/57 heißt es hierzu:

„Der Beklagte geht bei seiner die Anwendung des Art. 3 ablehnenden Auffassung von dem staatsrechtlichen Begriff der Verwaltungsnorm und von der an sich richtigen These aus, daß die Verwaltungsnorm keinen Rechtscharakter im Sinne eines Gesetzgebungsaktes habe. Sie ist keine Rechtsnorm, und es kann deshalb nicht davon gesprochen werden, daß der Beklagte bei Erlaß einer Rechtsnorm den Grundsatz der Gleichbehandlung verletzt habe. Der Beklagte verkennt indessen, daß nach Art. 1 Abs. 3 GrG die nachfolgenden Grundrechte nicht nur die Gesetzgebung, sondern auch die Verwaltung binden, und daß zu diesen Grundrechten Art. 3 GrG gehört. Es war deshalb hier zu prüfen, ob nach dem

Willen des Grundgesetzes auch die Verwaltung an diesen Grundsatz insoweit gebunden ist, als sie als Arbeitgeber des öffentlichen Dienstes tätig wird. Bei Art. 3 GrG handelt es sich nach den genannten Entscheidungen des BAG um eine unmittelbar geltende Rechtsnorm, die nicht noch der besonderen Bestätigung durch ein besonderes Gesetz bedarf. Dieser Grundsatz der Gleichbehandlung von Mann und Frau bedeutet für die Anwendung durch die Verwaltung das Verbot jeglicher Willkür sowie der Differenzierung in der im Abs. 2 und 3 genannten Richtung. Danach darf eine Differenzierung seitens der Verwaltung niemals auf die in Abs. 3 genannten Eigenheiten oder Beziehungen gestützt werden (vgl. von Mangoldt, Das Bonner Grundgesetz Anm. 2 zu Art. 3). Da die Verwaltung nach Art. 1 Abs. 2 GrG auch bei der Anwendung der Gesetze hieran gebunden ist, muß sie auch insoweit als gebunden angesehen werden, als sie selbst als Arbeitgeber auftritt, soweit sie aus ihrer Monopolstellung heraus generelle Vertragstypen gestaltet, die für ein echtes Aushandeln von Vertragsbedingungen keinen Raum lassen. Wenn die Verwaltung, sei es unmittelbar, sei es über eine handelsrechtliche Gesellschaftsform, mittelbar Träger von wirtschaftlichen Unternehmungen ist, so hat das keine zufälligen Ursachen. Der Grund liegt darin, daß die für die Verwaltung geltenden, auf das Gemeinwohl und eine gerechte Sozialgestaltung gerichteten Grundsätze zur Geltung kommen sollen. Der Grundsatz der Gleichbehandlung gilt also für die Verwaltung nicht nur, soweit sie auf dem Gebiet der Hoheitsverwaltung tätig wird, sondern greift auch auf ihre Betätigung als privater Arbeitgeber über. Sie hört tatsächlich in letzterem Falle nicht auf, öffentliche Verwaltung zu sein, sondern trägt lediglich der Tatsache Rechnung, daß der Funktionsbereich der Verwaltung sich erweitert und die herkömmlichen Typen der Funktionsformen verlassen hat. Mit Recht hat deshalb der angefochtene Schiedsspruch im Ergebnis den Grundsatz aufgestellt, es könne der öffentlichen Verwaltung nicht gestattet sein, durch eine bloße Auswechslung der Rechtsform ihrer spezifischen Verantwortung auszuweichen. (Vgl. Forsthoff, Lehrbuch des Verwaltungsrechts, Allg. Teil, 5. Aufl., S. 64).

Danach ist zwar dem Beklagten darin beizustimmen, daß es sich bei der Bezugsregelung um eine interne Verwaltungsanweisung handelt, die zunächst nur eine Bindung der Intendanz als unterstellte Behörde darstellte. Diese Verwaltungsanweisung enthielt aber eine vom Staat erlassene generelle Regelung, welche für die Intendanz bindend war und ihre Wirksamkeit erlangte durch den Abschluß der Einzelverträge. Da die Verwaltung, ungeachtet ihres Tätigwerdens als Arbeitgeber, eine solche generelle Regelung getroffen hat, war sie seit 1. 4. 1953 an den Grundsatz der Gleichbehandlung nach Art. 3 gebunden. Hieraus rechtfertigt sich die Anwendung dieses Grundsatzes auch auf das Arbeitsverhältnis der Klägerin."

Abschließend legt das Gericht näher dar, daß Abschläge auf die Gage wegen der Zugehörigkeit zum weiblichen Geschlecht gegen den Gleichberechtigungsgrundsatz verstoßen und daß im Sinne der Rechtsprechung des Bundesarbeitsgerichts in dem von ihm im Schiedsspruch eingangs zitierten Urteil vom 15. 1. 1955 eine Ausnahme vom Lohngleichheitsgrundsatz bei Chorsängerinnen nicht gerechtfertigt ist:

„Damit wird der Grundsatz der Gleichwertigkeit der Arbeit herausgestellt, und es kommen alle von dem Beklagten angeführten Gesichtspunkte des höheren Angebots der weiblichen Chormitglieder oder der höheren Aufwendungen für Männer nicht in Frage, weil hier eine Differenzierung trotz Gleichwertigkeit der Arbeit lediglich wegen des Geschlechts gemacht ist. Es handelt sich bei dem Chor auch nicht um typische Frauenarbeit, die nur dann gegeben wäre, wenn sie nach Tarif und allgemeiner Lebenserfahrung regelmäßig nur von Frauen verrichtet würde. Das ist aber bei dem Chor eines Theaters nicht der Fall. Lediglich der Unterschied in der Stimmlage begründet keinen Anspruch auf Differenzierung. Daran ändert auch nichts die Tatsache, daß im allgemeinen die Männerchöre am Theater stärker beansprucht werden als Frauenchöre, weil die Leistungen bei fester Monatsgage unabhängig sind von dem Umfang der geleisteten Arbeit. Fehl geht auch die Berufung des Beklagten auf die angeblich geminderte Arbeitskraft der Sängerinnen. Die Beweisaufnahme hat, wie der Schiedsspruch zutreffend festgestellt hat, ergeben, daß ein häufigerer Ausfall der Sängerinnen nicht erkennbar geworden ist, daß die Erkrankungen bei Chorsängern manchmal weit zahlreicher sind und daß sich die Ausfälle bei Erkrankungen bei männlichen und weiblichen Mitgliedern ausgleichen. Im übrigen kommt es auf das Arbeitsergebnis selbst bei der Vergütung, die nach Zeiteinheiten bemessen ist, nicht an (BAG vom 2. 3. 1955 a. a. O.). Den biologischen Besonderheiten der Frau muß Rechnung getragen werden. (Vgl. Urteil des BVG vom 25. 5. 1956 in NJW 1956 S. 885 = BB 1956 S. 852.) Der Grundsatz der Lohngleichheit schließt aus, daß die Frau mit Rücksicht auf die zu ihren Gunsten erlassenen Schutzvorschriften geringer entlohnt wird (BAG vom 15. 1. 1955 a. a. O.). Die Beweisaufnahme hat auch nicht bestätigt, daß das Angebot an Sopran- und Altstimmen bei weitem das Angebot der männlichen Stimmen übersteige. Erfahrungsgemäß hat auch die Gewinnung wirklicher guter Sopran- und Altstimmen ihre Schwierigkeiten. Schließlich werden diese Einwände auch dadurch widerlegt, daß der Beklagte durch den Abschluß des Tarifvertrages vom 5. 9. 1955 die Gleichwertigkeit der Leistungen von Sängern und Sängerinnen anerkannt hat."

Durch die Gage abgegolten und nicht etwa als Sonderleistung oder außervertragliche Leistung sondervergütungspflichtig (§ 3 II, § 5 I NV) ist das S i n g e n des Chores oder einzelner ausgewählter Chormitglieder in i t a l i e n i s c h e r S p r a c h e, wenn die Umstände nicht als besonders erschwerend zu bewerten sind. Das Oberschiedsgericht erklärt in 2/62 allerdings, daß es sich hierbei nicht um eine grundsätzlich verbindliche Entscheidung handelt:

„Mangels einer Kollektiv-Vereinbarung der deutschen Sozialpartner über die Mitwirkungs- und Vergütungspflicht bei fremdsprachigen Aufführungen, über die der tarifliche Normalvertrag keine Regelung enthält, kann die zur Diskussion stehende Frage nicht allgemeingültig im Sinne einer Sprachenregelung auf schiedsgerichtlichem Wege ausgetragen und entschieden werden. Das müßte einem Regelungsstreit der Verbände nach Maßgabe ihrer beiderseitigen Interessen überlassen bleiben. In diesem Sinne hat auch der Kläger einer grundsätzlichen, allgemeingültigen Entscheidung durch Schiedsspruch widersprochen und ist insofern dem Standpunkt der Beklagten entgegengetreten. Der vorliegende Streit kann deshalb nur auf der Grundlage der bestehenden Bühnenrechtsordnung und nur an Hand des Tatbestandes des vorliegenden Einzelfalles entschieden werden."

Anlaß zu dieser Bemerkung war der im Schiedsspruch erwähnte Vorgang, daß der Kartellverband deutschsprachiger Bühnenangehöriger im Juni 1960 den Standpunkt vertreten hatte, eine Mitwirkungspflicht von Bühnenangehörigen deutschsprachiger Bühnen an fremdsprachigen Aufführungen bestehe nicht, ferner, daß der Verband Schweizerischer Bühnen in einem Prozeß mit dem Schweizerischen Bühnenkünstlerverband vor dem Bühnenschiedsgericht dieser Verbände laut Protokoll vom 25. 10. 1961 die Feststellung anerkannt hatte, die deutschsprachig engagierten Solisten seien nicht zu Leistungen in fremder Sprache verpflichtet, ohne daß hierdurch die Zulässigkeit abweichender Einzelvereinbarungen präjudiziert sein sollte. Unter Beschränkung auf den vorliegenden Streitfall, bei dem ein Chorsänger mit einigen Kollegen an einer Anzahl Vorproben und zehn Aufführungen von Mozarts „Cosi fan tutte" mit einem kurzen italienischen Textteil mitgewirkt hatte, führt das Oberschiedsgericht aus (2/62):

„Der hier in Frage stehende fremdsprachige Text war kurz. Er bestand aus 17 Zeilen, die in italienischer Sprache zu erlernen waren und für Berufssänger gewiß keine größeren Schwierigkeiten der Einstudierung boten, als mancher deutschsprachige Text und musikalische Wiedergabe neuzeitlicher Werke. Der gesangliche Teil war im Streitfall bereits in das Repertoire eingegangen, und es handelte sich nur noch um die inhaltlich bekannte italienische Fassung. Es kann unterstellt werden, daß insgesamt 20 Proben stattfanden, die Einstudierung erfolgte aber zugestandenermaßen im Rahmen der auch andere Werke umfassenden Proben. Auch die erste Instanz erblickt eine Mehrbelastung nicht in der Probenarbeit, sondern in der fremdsprachigen Aufführung. Nach Auffassung des BOSch stellt dieser Umstand keine unzumutbare Belastung dar, weil sich die Leistung im Rahmen einer auch sonst im Bühnenleben üblichen Chordarbietung hielt, wie etwa bei kirchlichen Gesängen in lateinischer Sprache. Die vom Bezirksschiedsgericht gezogene Grenze zwischen Originalfassung und fremdsprachiger Übersetzung bietet kein sicheres, für die Entscheidung wesentliches Merkmal. Der Originaltext von ‚Cosi fan tutte' ist, wie auch bei anderen Mozart-Opern – außer ‚Entführung' und ‚Zauberflöte' – von Da Ponte in italienischer Sprache geschrieben. Die zwar nicht einwandfreie, aber in das Gemeinbewußtsein eingegangene deutsche Übersetzung ließ das italienische Original in den Hintergrund treten. (Vgl. Rieman, Handbuch der Musikgeschichte, Bd. 2 2. Aufl. S. 183.)"

Damit gliedert sich die Entscheidung in die allgemeinen Grundsätze ein, die das Oberschiedsgericht für die Zu- oder Aberkennung von Sondervergütungen wiederholt – auch im Recht der Solisten – entwickelt hat und die es in diesem Schiedsspruch für den Chor zusammenfaßt:

„Die ordentliche und übliche Tätigkeit des Chorsängers muß mit dem festen Gehalt und auch nicht nur teilweise mit wirtschaftlich unsicheren Auftrittsgeldern abgegolten werden. Das feste Gehalt stellt die Vergütung für sämtliche Dienstleistungen dar, soweit nicht für sog. Doppelvorstellungen und für Sonderleistungen besondere Vergütungen vereinbart werden (§ 3 [1 u. 2] NV Chor). Daraus folgt, daß die ordentliche Tätigkeit des Chorsängers grundsätzlich durch das feste Gehalt abgegolten wird und daneben besondere Vergütungen für Sonderleistungen vereinbart werden müssen. Unmaßgeblich ist der Zeitpunkt der Vereinbarung (Ermann, Handkommentar zum BGB 2. Aufl. Anm. 2b) zu § 612). Die Vereinbarung braucht nicht im voraus im Dienstvertrag getroffen zu werden; sie kann im gegebenen Fall vor oder nach der erbrachten Leistung zustandekommen. Im letzteren Fall besteht allerdings erfahrungsgemäß die Gefahr der Unsicherheit einer Sondervergütungspflicht. Eine Vereinbarung über eine Sondervergütung für die den Gegenstand des Rechtsstreits bildende Chorleistung ist nicht zustandegekommen.

In der Rechtsprechung des BOSch sind allerdings in einer Reihe von Fällen Sondervergütungen zugesprochen worden, in denen eine ausdrückliche Vereinbarung nicht zustandegekommen und die Sondervergütungspflicht ungeachtet bestehender Mitwirkungspflicht streitig war. Begründet wurde die Sondervergütungspflicht damit, daß eine Sonderleistung vorlag, die nach Treu und Glauben nicht durch die Gage als abgegolten anzusehen war. Die Rechtsprechung hat dies in allen denjenigen Fällen anerkannt, in denen entsprechend § 612 BGB eine außergewöhnliche Leistung vorlag, die entgegen dem allgemeinen Grundsatz der Abgeltung durch die Gage nach Art und Umfang besonders vergütet werden mußte. In diesem Fall bedurfte es keiner ausdrücklichen Vereinbarung, weil die Dienstleistung ‚den Umständen nach nur gegen eine Vergütung zu erwarten war' (vgl. § 612 (1) BGB). Der Anerkennung als vergütungspflichtige Sonderleistung stand vielfach auch nicht die Rechtspflicht des Bühnenmitglieds zur Mitwirkung entgegen, die sich entweder – wie im vorliegenden Fall – aus § 5 (1) NV (Chor) oder allgemein schuldrechtlich nach Treu und Glauben aus § 242 BGB ergab. Das Bühnenmitglied ist zur Mitwirkung bei allen von der Leitung angeordneten Chordiensten, die der künstlerische Betrieb des gemäß § 2 Ziff. 2 bezeichneten Theaters erfordert, im Rahmen der nach billigem Ermessen zu leistenden Dienste verpflichtet. Wenn das Mitglied der von der Bühnenleitung getroffenen Anordnung zur Mitwirkung im Interesse des Betriebes bereitwillig nachkommt, so bleibt die Frage der Sondervergütung in allen Fällen dieser Art offen, wenn sie mangels einer kollektiven oder einzelvertraglichen Regelung oder mangels Bühnenbrauchs nicht sofort im Zusammenhang mit der Leistung unter den Parteien geregelt wird. Um einen solchen Fall handelt es sich auch im vorliegenden Streit.

Die Entscheidung spitzt sich daher auf die Frage zu, ob die Chorleistung des Klägers nicht ohne Sondervergütung zu erwarten war. Art und Umfang der Leistung steht insofern fest, als der aus 17 Zeilen bestehende fragliche italienische Text von der Beklagten in erster Instanz (Bl. 16) nachgewiesen ist, wovon 5 Zeilen wiederholt wurden. Nach den anerkannten Rechtsgrundsätzen der Rechtsprechung und des Schrifttums ist diese Leistung durch die feste Gage nicht abgegolten, wenn den Umständen nach wegen ihrer Art und ihrem Umfang eine Sondervergütung stillschweigend als vereinbart anzunehmen war. Als ‚Umstände', die bei der Bewertung der vergütungspflichtigen Sonderleistung in der Rechtsprechung allgemein als beachtlich angesehen werden, sind die objektiven Gegebenheiten, insbesondere Verkehrssitte, Umfang und Dauer der Dienste sowie berufliche und wirtschaftliche Stellung des Dienstpflichtigen von Bedeutung (Erman a. a. O.

Anm. 2 c) zu § 612 BGB). Der Kläger hat vergleichsweise auf Fälle hingewiesen, in denen das BOSch eine Sondervergütung zugesprochen hat. So sind in der Rechtsprechung des BOSch als sondervergütungspflichtige Sonderleistungen von Chormitgliedern anerkannt worden:

Rollen, Amboßschlagen, Apparat bedienen (vgl. Riepenhausen, Das Arbeitsrecht der Bühne, 2. Aufl. S. 217), weil sie außerhalb der ordentlichen Chortätigkeit liegen;

solistische oder Tanzleistungen, die über das fachliche Rollengebiet hinausgehen (CT 26/30 und 9/51) (Weibermarsch in ‚Lustige Witwe'‘);

Leistungen, die eine besondere Anspannung erfordern im Fall der ‚Übernahme' (CT 4/29, Riepenhausen a. a. O. S. 71 und 9/61).

Prüft man für die streitige Leistung des Klägers die vorliegenden besonderen Umstände, so können diese eine Sondervergütung nicht rechtfertigen. Die Mitwirkung im Chor in einer Veranstaltung des Theaters an den von der Leitung angeordneten Chordiensten kann nicht schon deswegen eine Sondervergütung rechtfertigen, weil in geringem Umfang ein fremdsprachiger Text zu singen war. Der künstlerische Betrieb des in § 2 Ziffer 2 NV als Vertragsbühne bezeichneten Theaters, für die das Mitglied verpflichtet ist, würde in einer für die Bühne und alle Mitglieder unangemessenen Weise eingeengt, wenn bei jeder fremdsprachlicher Kunstleistung die Mitwirkung von einer Sondervergütung abhängig gemacht würde. Es kommt auch hier nach dem Inhalt des NVs und allgemeinrechtlichen Gesichtspunkten (§ 242 BGB) auf die Grenzziehung dessen an, was billigerweise verlangt werden kann."

Bemerkenswert ist, daß der Einwand der V e r w i r k u n g der eingeklagten Ansprüche wegen zu später Geltendmachung (20 Monate nach der Aufführung) durch die Feststellung des Gerichts im obigen Text ausgeräumt wird, wenn die Frage der Sondervergütung hier und in derartigen Fällen „offen bleibt", es also nicht auf einen ausdrücklichen V o r b e h a l t des Mitglieds bei Übernahme der Aufgabe ankommt. Den Beweisantrag des Klägers, bei dieser Bühne seien solche Vorbehalte nicht üblich, tut das Gericht ab:

„Auch der Beweisantrag zur Vernehmung des Amtmanns F. über die in sein Wissen gestellte Behauptung ist unerheblich, da die vom Kläger aufgestellte Behauptung unterstellt wird und eine Verwirkung des Anspruchs nicht in Frage kommt."

Wie im Recht der Solisten ist demnach keine Regel erkennbar, daß und wann solche Vorbehalte geäußert werden müssen, um etwaiger Ansprüche nicht verlustig zu gehen (S. 79, 131).

Im übrigen berührt die vorstehend ausführlich wiedergegebene Entscheidung zugleich Gesichtspunkte, die in § 3 II (Sonderleistungen), § 4 I (Veranstaltungen des Theaters) und § 5 I (vertragliche und außervertragliche Leistungen) des NV-Chor und Tanz in anderen Zusammenhängen in Erscheinung treten (Hauptband S. 219 ff.).

Eine gagenrechtliche Besonderheit und Ausnahme sind die in § 3 des

Chortarifvertrages vom 4. 7. 1956 vorgesehenen monatlichen Kinderzulagen, die an Mitglieder des Chores „nach Maßgabe der für Verwaltungsangestellte des jeweiligen Rechtsträgers geltenden Bestimmungen" zu zahlen sind. Was hier „Rechtsträger" bei einer „GmbH." bedeutet, ist anläßlich des Schiedsspruchs 4/58 (S. 24) näher dargelegt worden. Es genügt der Nachweis, daß die Verwaltungsangestellten wenigstens einer der Städte und Gemeinden, die Gesellschafter der GmbH. sind, Kinderzulage erhalten, mag dies auch bei den eigentlichen Verwaltungsangestellten der Gesellschaft selbst nicht der Fall sein. Die Chormitglieder werden daher vom Oberschiedsgericht in gleicher Weise als anspruchsberechtigt anerkannt.

§ 4 I, II (Veranstaltungen des Theaters)

Das Oberschiedsgericht hatte sich in seiner ersten, grundlegenden Entscheidung 14/53 (Hauptband S. 224) zur Frage der Sondervergütung für Chorsänger wegen Mitwirkung bei Tonbandaufnahmen für den Rundfunk (nicht bühnenmäßige Veranstaltung des Theaters mit Verwendung für den Rundfunk) dahin geäußert, daß es sich hier um ein „aliud" handelt, das im Bühnenengagement ohne besondere Abrede nicht etwa zugleich enthalten sei. In 5/57 erklärt das Gericht eine solche Mitwirkung, weil die Aufnahmen im Verlauf einer bühnengerechten und bühnenüblichen Aufführung erfolgten, wenn auch für Zwecke des Rundfunks (teils life, teils Band), lediglich unter dem Gesichtspunkt der größeren Auswirkung der Leistung des Chorsängers, also vom Gesichtspunkt des beim Vertragsabschluß nicht vorgesehenen, verschobenen Verhältnisses von Leistung und Gegenleistung her, für sondervergütungspflichtig, wie es dem arbeitsrechtlichen Grundsatz der gerechten Entlohnung entspricht.[1]) Ein eigenes sog. Leistungsschutzrecht lehnt das Gericht hier für den Chor ab, das jedoch später der Bundesgerichtshof in BGHZ Bd. 33 S. 24 bejaht hat, soweit man diesen Begriff bereits ohne gesetzliche Formulierung verwenden darf. Wenn auch insoweit überholt, sei die nach eingehender Untersuchung getroffene, das Leistungsschutzrecht der Chorsänger verneinende Feststellung des Oberschiedsgerichts aus historischem Interesse in 5/57 wiedergegeben:

„Da eine solche gesetzliche Regelung in Deutschland bisher nicht erfolgt ist

[1]) Der Schiedsspruch ist abgedruckt in AP Nr. 3 zu § 611 BGB „Bühnenengagementsvertrag" mit Anmerkung von Neumann-Duesberg. Seiner Auffassung, der Engagementsvertrag enthalte regelmäßig einen Verzicht auf evtl. Leistungsschutzrechte, wird man kaum folgen können. Sie wird heute nicht einmal mehr seitens des DBV vertreten. Doch begründet Neumann-Duesberg eine Sondervergütung nach § 612 I BGB, also nicht im Wege der tarifrechtlichen Lückenfüllung. Gegen die vorerwähnte Verzichts-Theorie Kauffmann, Arbeitsrecht und Leistungsschutz des ausübenden Bühnenkünstlers, Der Betrieb 1963 S. 203. Ferner Boden, Entspricht die Rechtsprechung des Bühnenoberschiedsgerichts dem Verlangen nach fortschrittlichem Rechtsdenken? Die Bühnengenossenschaft 1958/59 S. 89.

und im Schrifttum das Leistungsschutzrecht der Chormitglieder überwiegend verneint wird, kann jedenfalls für das hier allein in Frage kommende Chormitglied ein besonderer Leistungsschutz im Sinne des LUG nicht anerkannt werden. Diejenigen Länder, die den Leistungsschutz auf Chormitglieder erstrecken, sind bisher vereinzelt geblieben und es haben sich hiergegen überzeugende Gründe praktischer Art gegen diese Auffassung ergeben (vgl. Baum GRUR 1951 S. 372). Eine Verwirklichung des Leistungsschutzrechts für solche Gruppen könnte, wenn überhaupt, nur durch die Leiter der Kollektivgruppen geltend gemacht werden."

Doch führt die Prüfung „auf Grund des Arbeitsrechts" zum positiven Ergebnis, nachdem zunächst festgestellt wird, daß der Tarifvertrag von 1924 keine Regelung, die heranzuziehen wäre, enthält, und daß die eingangs erwähnte Entscheidung 14/53 wegen des anderen Tatbestandes hier nicht ohne weiteres vergleichbar ist. Denn (5/57):

„Im vorliegenden Fall ist im Gegensatz zu der früheren Entscheidung der Kläger im Rahmen des regelmäßigen Theaterbetriebs tätig geworden, wobei die Aufführungen über den Rundfunk gesendet wurden, ohne daß der Kläger überhaupt, wie er selbst vorträgt, von der Rundfunkaufnahme Kenntnis hatte. Die Aufführungen selbst waren entweder sogenannte Life-Sendungen, die den Hörern unmittelbar zugingen oder sogenannte ‚zeitversetzte Sendungen', die zunächst auf Band aufgenommen und mit dessen Hilfe an einem anderen Tag gesendet wurden. Die Bandaufnahmen bei Life-Sendungen erfolgen aus Kontrollgründen, um Streitigkeiten vorzubeugen (sogenannte Dokumentarbänder, die für die Sendungen gesperrt sind). Wenn auch in all diesen Fällen ein Band aufgenommen wird, so besteht ein wesentlicher innerer Unterschied gegenüber den Produktionsaufnahmen des Rundfunks, bei denen die Möglichkeit gegeben ist, den Fluß der Aufführung jederzeit zu unterbrechen und wiederholen zu lassen. Dies hat der Schiedsspruch durchaus zutreffend erkannt. Bei sogenannten ‚Schnittsendungen', mögen sie als Life-Sendungen unmittelbar übertragen oder als versetzte Sendungen an einem anderen Tag gesendet worden sein, vollbringt dagegen der Bühnenkünstler seine übliche Tätigkeit und es kann deshalb nicht von einer vertragsfremden Arbeit gesprochen werden."

Sieht sich das Oberschiedsgericht hier nun vor einer klaren Lücke im Gesetzes- und Tarifrecht, so schließt es diese im Geiste schöpferischer Weiterbildung des Rechts. Das Zitat auf S. 6 hierzu lautet weiter (5/57):

„Wenn in den geltenden Verträgen für eine Sondervergütung für die Mitwirkung bei Vorstellungen im Rahmen des laufenden Spielplans, welche durch Rundfunk übertragen werden, keine ausdrückliche Grundlage gegeben ist, so kann daraus allein eine Versagung der Sondervergütung noch nicht gefolgert werden. Sofern eine vertragliche Lücke in dem NV oder dem Dienstvertrag vorliegt, die durch eine völlige Veränderung der tatsächlichen und gesetzlichen Verhältnisse eingetreten ist, muß diese Lücke durch ergänzende Auslegung nach § 157 BGB ausgefüllt werden. Daß sich die Verhältnisse tatsächlich und rechtlich seit dem Abschluß des NV vom 19. 6. 1924 für Chorsänger geändert haben, kann nicht bezweifelt werden. Eine tatsächliche Änderung ist sei 1924 dadurch eingetreten, daß die Entwicklung der Rundfunksendungen, die Aufnahme- und Sendemöglichkeiten und besonders der Umfang des Wirkungsbereichs der Rundfunksendungen, dem praktisch keinerlei räumliche Grenzen mehr gesetzt sind, gegenüber der Theaterveranstaltung im herkömmlichen Sinne in ungeahntem Maße fortgeschritten ist. Wie bereits in der Entscheidung des Reichsgerichts Band 113, S. 413 festgestellt worden ist, ist beim Rundfunk die räumliche Begrenzung der Wirkung künstlerischer Tätigkeit nahezu aufgehoben und deshalb eine rechtliche Gleichbehandlung mit dem ‚öffentlichen Vortrag' im Sinne der Bühnenveranstaltung abzulehnen. Die augenfällige Verschiedenheit der räumlichen Umstände bringt einen Unterschied mit sich in der Wechselbeziehung zwischen Künstler und Hörer. Auch der Bundesgerichtshof hat im Urteil vom 6. 11. 1953 (Band 11, 135) in anderem Zusammenhang bei der Frage der Anwendung des § 22a LUG festgestellt, daß die Wiedergabe eines Werkes durch den Rundfunk nicht mehr dem Begriff der öffentlichen Aufführung entspricht, der ihm 1910 beizumessen war. Ganz ähnlich liegt hier die Frage, ob die Tätigkeit des Chorsängers noch als Dienstleistung im Sinne des § 3 Abs. 2, welche durch die Gage abgegolten wird, angesehen werden kann, wenn seine Bühnentätigkeit durch Rundfunk gesendet wird. Auch die bereits in der Entwicklung befindlichen Fernsehsendungen lassen noch augenfälliger den Unterschied gegenüber dem öffentlichen Vortrag im Theater erkennen. Neben diesem tatsächlich geänderten Verhältnis ist aus der oben unter I. erörterten rechtlichen Entwicklung bei der Frage des Leistungsschutzrechts des Bühnenkünstlers eine Veränderung der Verhältnisse zu erkennen, die dazu geführt haben, in weitem Maße auch dem Bühnenkünstler Sondervergütungen bei Aufnahmen durch den Rundfunk zuzubilligen. Dies ist durch den NV von 1933 für Solisten geschehen. Zweifellos kann der Kläger sich hier nicht auf den Grundsatz der Gleichbehandlung berufen, da die Bezugnahme auf einen anderen Tarifvertrag zur unmittelbaren Anwendung nicht angängig ist. Das ist von dem Bezirks-Bühnenschiedsgericht richtig ausgeführt worden. Wohl aber kann aus der Gestaltung des NV für Solisten entnommen werden, daß dort den veränderten tatsächlichen und rechtlichen Verhältnissen Rechnung getragen wurde. Wenn sich der Beklagte auf die Auskunft des Dir. Sch. zum Beweis dafür beruft, daß bei der Normierung des NV für Solisten geflissentlich die Erstreckung auf Chormitglieder unterblieben sei und niemand daran gedacht habe, den Absatz 4 des NV für Solisten auch ‚in den Chor-NV zu infiltrieren', so erklärt sich dies wohl dadurch, daß man entweder damals die weitere Entwicklung des Rundfunks nicht übersehen hat, oder vielleicht noch eher daraus, daß der Chorsänger-Verband in dem Tarifausschuß, welcher die Frage für Solisten behandelte, nicht vertreten war.

Durch die Veränderung der Geschäftsgrundlage ist somit eine Lücke in dem NV für Chorsänger festzustellen, die der auslegenden Ergänzung bedarf."

Die eigentliche Lückenschließung erfolgt in der Erwägung, daß die Auswirkung der bühnenmäßig erbrachten Leistung, wie sie vertraglich vereinbart worden ist, durch die rundfunkmäßige V e r b r e i t u n g zwar keine theaterfremde und damit vertragswidrige wird, aber doch eine g r ö ß e r e G e g e n l e i s t u n g der Bühne bedingt, als vertraglich vorgesehen. Hier liegt eine wirklich wesentliche, auch für das Recht der Solisten bei ohnehin vom Oberschiedsgericht anerkanntem Leistungsschutzrecht nicht hoch genug einzuschätzende Würdigung des Gerichts vor (5/57):

„Hier steht das BOSch auf dem Standpunkt, daß eine Sondervergütung auch dem Chorsänger um deswillen bei Rundfunksendungen, zu deren Mitwirkung er an sich nach § 4 Abs. 1 NV verpflichtet ist, beanspruchen kann, weil die Auswirkung seiner künstlerischen Tätigkeit über den Rahmen der vertraglich übernommenen Leistung hinausgeht. Es verschiebt sich, wenn auch ungewollt, bei der Verwertung seiner Leistung das Verhältnis zwischen Leistung und Gegenleistung. An und für sich ist eine solche Sondervergütung nicht schon deswegen abzulehnen, weil für diese Sonderleistung eine besondere Vergütung nicht vereinbart ist. Es ist auch sonst bereits in früheren Entscheidungen, insbesondere in dem Schiedsspruch CT 26/30 (Riepenhausen ‚Das Arbeitsrecht der Bühne' 2. Aufl. S. 227), eine Sondervergütung dem Chorsänger zugesprochen worden, wenn er über die eigentliche Chorleistung hinaus durch Übernahme einer Sprechrolle, die als solistische Leistung anzusehen ist, die Handlung gefördert hat. Wenn er durch die Mitwirkung in einer vom Rundfunk gesendeten Aufführung nach außen hin einem unbeschränkten Hörerkreis gegenüber sich künstlerisch betätigt hat, so ist auch diese als eine Sonderleistung anzusehen, die der Sondervergütung bedarf."

Die einzelne Vorstellungsvergütung für jeden Chorsänger wurde hier mit 4,– DM eingesetzt. Doch:

„Damit soll keineswegs eine allgemeine Richtlinie für die Höhe der Vergütung gegeben werden, deren Festlegung vielmehr in erster Linie der Vereinbarung der Sozialpartner unterliegt. Einer solchen Vereinbarung wird durch die vorliegende Entscheidung, die sich lediglich auf die Verhältnisse des vorliegenden Tatbestandes stützen kann, in keiner Weise vorgegriffen."

In diesem Zusammenhang sei auf die andere grundlegende Entscheidung 4/62 (S. 96) verwiesen, in der allerdings die Auswertung der größeren Auswirkung der Leistung (und des größeren Risikos ihres Mißlingens) in dem hier präzisierten Sinne unterlassen und der Anspruch auf Sondervergütung mit der tatsächlichen Mehrleistung bei der Vorbereitung für die Fernsehübertragung begründet wird. Im Fall 5/57 fehlt es andererseits an einer Feststellung der Mitwirkungspflicht, da tatsächlich mitgewirkt wurde, während die Entscheidung 4/62 zu dieser Frage, und zwar im Einzelfall eines technischen Direktors, bejahend Stellung nimmt. Das Kapitel der Leistungsschutzrechte, das schon im Hauptband S. 225 in seiner zukunftsoffenen Problematik umrissen wurde, ist auch durch die neuen Schiedssprüche des Oberschiedsgerichts sicherlich nicht abgeschlossen, sondern drängt weiterhin einer tarifrechtlichen, wenn auch sehr differenzierungsbedürftigen und die künstlerische Eigenentscheidung jedenfalls der Solisten berücksichtigenden Regelung entgegen.

Bei dem G e s a m t g a s t s p i e l der Vertragsbühne im Sinne des § 4 II NV muß eine charakteristische Wirksamkeit der Bühne ausgeprägt sein und nicht nur eine Zurverfügungstellung von Kräften der Bühne in anderweitigem Rahmen erfolgen. Die Bühne darf nicht im eigenen Bereich „tingeln" lassen. So 8/63:

„Es kann kein Zweifel sein, daß in erster Linie unter Gesamtgastspiel die Fälle zu verstehen sind, in denen das beschäftigende Theater als Veranstalter der Vorstellung auftritt, indem eine seiner Sparten ‚Oper', ‚Schauspiel', ‚Operette' oder ‚Ballett' ein solches Gastspiel in einer anderen Stadt gibt. Auf der anderen Seite ist nicht zu verkennen, daß man von einem Gesamtgastspiel auch dann noch reden kann, wenn das entsendende Theater als Mitveranstalter auftritt zusammen mit einem anderen Veranstalter. Weiter genügt es, daß nicht sämtliche der einzelnen Kunstgattung angehörigen Künstler auftreten, sondern nur diejenigen, die zu der betreffenden Vorstellung benötigt werden. Aber eine solche Mitveranstaltung kann als Gesamtgastspiel im Sinne des § 4 Ziffer 2 des Normalvertrages Chor und Tanz nur angesehen werden, wenn das entsendende Theater mit seiner Darbietung nach Umfang und künstlerischer Gestaltung der Vorstellung mit das entscheidende Gepräge gibt. Das Bühnenoberschiedsgericht hat dabei etwa an den Fall gedacht, daß das Orchester des entsendenden Theaters an einem anderen Ort unter einem anderen Dirigenten als seinem eigenen im Rahmen einer Opernaufführung eines anderen Theaters auftritt. Dann kann man durchaus davon reden, daß ein solches Orchester der Veranstaltung mit das Gepräge gibt und damit das eigene Theater repräsentiert. Es liegt dann ein Gesamtgastspiel vor."

Die Tänzerin erhielt daher für ihre von der deutschen Vertragsbühne verlangte Mitwirkung in einer Veranstaltung eines ausländischen Stadttheaters mit der Ankündigung „Stadttheater Esch-Alzette Varieté-Programm" angemessene Sondervergütungen. Die Frage, ob schon die Tatsache, daß es sich hier um ein Auftreten im Ausland handelte, die Sondervergütungspflicht hätte auslösen können, wird in dem Schiedsspruch nicht erörtert, also wohl verneinend unterstellt (S. 39). Immerhin lag der ausländische Ort in Luxemburg im Abstecherbereich der Vertragsbühne Trier.

§ 51 (Vertragliche und außervertragliche Leistungen)

Immer wieder wird streitig, wann tanzartige oder gar tänzerische Leistungen von Chormitgliedern sondervergütungspflichtig sind. In Fortführung seiner bisherigen Rechtsprechung (Hauptband S. 228 ff.) spricht das Oberschiedsgericht in 12/62 aus, daß es „immer auf die näheren Umstände ankommen wird, unter denen die Tanzleistung stattfindet", um sie als „außergewöhnliche Leistung" zu charakterisieren. Dabei ist es ein Vorteil, wenn sich die Beweisaufnahme 1. Instanz, wie in diesem Fall, auf einen Besuch der Aufführung selbst erstrecken konnte, deren Eindruck auf das Gericht protokollarisch festgehalten wurde. So hatte das Oberschiedsgericht ein durch die Partitur der „Jenufa" von Janacek (mit den verschiedenen Hinweisen auf „Tanz" und „wilder Tanz" an den kritischen, von Chorpaaren ausgeführten Stellen) und durch die Regie der Aufführung zusammengesetztes Bild, das die Sondervergütungspflicht rechtfertigte[1]). Wenn die Darlegungen dieses Schiedsspruchs auch teilweise auf gewisse Zahlungsüblichkeiten der betreffenden Bühne abgestellt sind und nicht stereotyp verallgemeinert werden können, so sind hier die typischen Merkmale der tänzerischen Sonderleistung erneut hervorgehoben worden, nämlich nicht nur gesellschaftstänzerische, sondern auch folkloristische Tanzfiguren unter disponierender Mitwirkung, wenn auch nicht förmlicher Einstudierung durch den Ballettmeister. Das Gericht befindet in 12/62:

„Die in erster Instanz auf Grund des Augenscheins näher festgestellte Einfügung der Tanzleistungen in die Gesangsleistung des Chors, die aus der überreichten Partitur (Hülle der A. I.) näher zu entnehmen ist, bestand darin, daß im 1. Akt 5. Szene aus dem Chor 10 tanzende Paare im Polkaschritt Bewegungen im Kreis oder Halbkreis oder mit gewissen Gesten vorzuführen hatten, wobei die Tanzbewegungen bei den vier Einzeltänzen sich entsprechend der Darstellung der Klägerin im Schriftsatz vom 12. 10. 1962 (Bl. 26/27 d. A. I.) auf ganz bestimmte Tanzfiguren erstreckten. Nun kann allerdings zweifelhaft sein, ob dies bereits eine für eine Sondervergütung ausreichende Leistung beinhaltet. Denn der Chor hat immer nach einer gewissen Regieanweisung sich auf der Bühne zu bewegen, um sich in den Rahmen der Gesamtdarstellung einzufügen. Das Besondere der Chorleistung bestand indessen hier darin, daß der Chor ganz präzise choreographisch vorgeschriebene Bewegungen auszuführen hatte und es war nicht dem einzelnen überlassen, wie er sich im Gesamtrahmen bewegen sollte. Dazu kommt, daß an manchen Bühnen für die gleiche Szene Mitglieder des Balletts eingesetzt zu werden pflegen, woraus immerhin zu entnehmen wäre, daß es sich um eine typische Ballettleistung handele. Im vorliegenden Fall wurde allerdings mit Absicht von der Regie von einem Einsatz des Balletts abgesehen, um den Gesamteindruck eines aus dem Volke kommenden folkloristischen Tanzes hervorzurufen. Wenn dadurch auch erreicht wurde, daß der gesangliche Ausdruck sich in einer Tanzbewegung fortsetzte und somit eng mit der Chorleistung in Verbindung gebracht wurde, so ist doch nicht zu verkennen, daß eine Harmonisierung der tänzerischen Bewegung in 4 bestimmten Tanzfiguren mit dem übrigen Chor und dem Orchester verlangt und von dem Ballettmeister P. nach seiner insoweit unbestrittenen Aussage in dem Rechtsstreit W. ./. Stadt F. (Bühnenschiedsgericht für Opernchöre AZ 2 Bü/62) bestätigt wird. Dabei ist nicht von entscheidender Bedeutung, daß die Stückproben ohne ihn stattfanden. Mag nun auch zweifelhaft sein, ob die Art der Leistung schon allein eine Sondervergütung rechtfertigte, so ist doch mindestens hier ein Grenzfall für vorliegend zu erachten, bei dem eine Vergütung nach dem Bühnenbrauch der Beklagten in Frage kam. Aus dem überreichten Honorarbuch ergibt sich allerdings, wie die Beklagte zutreffend ausgeführt hat, daß seit Anlegung des Honorarbuchs 1952 nicht nur Honorare für Tanzleistungen ausgewiesen wurden, sondern

---

[1]) Riepenhausen, Tanzende Chorsänger, Die Bühnengenossenschaft 1963 S. 184. Vgl. auch S. 12 Anm. 1. Das VDO-Schiedsgericht 1. Instanz in Köln hatte in gleicher Sache gegenteilig entschieden, ohne daß Berufung an das VDO-Oberschiedsgericht eingelegt wurde. Riepenhausen, Zwei Schiedsgerichte – zwei Meinungen, Die Bühnengenossenschaft 1962 S. 432, und Endgültig gewonnen, a. a. O. 1963 S. 113. Zur doppelten Schiedsgerichtsbarkeit vgl. S. 209 Anm. 2.

auch für andere Sonderleistungen, wie solistische oder sonstige Leistungen. Immerhin kann aus der Aussage des Zeugen S. und dem Honorarbuch entnommen werden, daß in einer Reihe von Fällen für Tanzleistungen ohne große Schwierigkeiten Sonderhonorare von 2,– bis 4,– DM gewährt wurden, wenn es sich nicht um Gesellschaftstanz handelte und sie vom Ballettmeister einstudiert wurden. Der Polkaschritt gehört zwar dem Gesellschaftstanz an, die Figuren der Tanzpaare hatten aber folkloristischen Charakter. In vielen Fällen ist zur Begründung des Honorars im Honorarbuch der Vermerk ‚Tanz' enthalten. Wenn sich nun hieraus ergibt, daß bei der ‚Lustigen Witwe' und ‚Boris Godunow', wo es sich um Nationaltänze handelt, bei ‚Don Giovanni' und ‚Figaros Hochzeit' für sehr kurze Tänze ähnlicher Art Honorare gezahlt wurden, so ist daraus zu entnehmen, daß die Klägerin mit den anderen Mitgliedern gemäß § 612 BGB erwarten konnte, daß auch im vorliegenden Fall ein Sonderhonorar gezahlt wurde.

Schließlich ist von Bedeutung, daß nach der Gepflogenheit der Bühne der Beklagten für derartige vergütungspflichtige Sonderleistungen in dem Dienstvertrag keine Pauschale vereinbart ist, daß vielmehr laut Honorarbuch von Fall zu Fall eine Sondervergütung gezahlt wurde. Wenn das zutrifft, ist es gerechtfertigt, daß in einem Grenzfall, wie dem vorliegenden, der sich nicht wesentlich von den im Honorarbuch als vergütungspflichtig anerkannten anderen Fällen unterscheidet, gleichfalls eine Sondervergütung zu entrichten ist.

Hinsichtlich der Höhe war allerdings das BOSch der Ansicht, daß die Leistung ihrem Umfang und ihrer Bedeutung nach nicht höher als mit 3,– DM für den Einzelfall angemessen zu vergüten war."

Wie schon früher neigt das Oberschiedsgericht dazu, in Sondervergütungs-„Grenzfällen" eher zuzusprechen als abzuerkennen, da es zur vorsorgenden Betriebsführung der Bühne gehört, derartige Streitfälle schon vor Durchführung der Aufgabe zu klären (19/51, Hauptband S. 231).

§ 11 (Fristlose Kündigung)

Das Oberschiedsgericht faßt in der Entscheidung 7/59, mit der die fristlose Entlassung einer Chorsängerin als gerechtfertigt anerkannt wird, die bisher angewandten Grundsätze erneut zusammen:

„Nach § 11 des NV (Chor) kann von jedem Teil ohne Einhaltung einer Kündigungsfrist der Vertrag gekündigt werden, wenn ein wichtiger Grund vorliegt. Wichtiger Grund ist nach § 11 Abs. 2 jeder Umstand, auf Grund dessen die Fortsetzung des Dienstverhältnisses einer Vertragspartei nicht mehr zugemutet werden kann; insbesondere werden als solche Umstände aufgeführt beharrliche Verweigerung oder schwere Vernachlässigung der Dienstleistung. Nach der ständigen Rechtsprechung des Bühnen-Oberschiedsgerichts ist dementsprechend die fristlose Lösung eines Bühnenvertrags berechtigt, wenn dem einen Vertragsteil unter Berücksichtigung aller Umstände die Fortsetzung des Arbeitsverhältnisses mit dem anderen Vertragsteil nicht zugemutet werden kann. (Ständige Rechtsprechung des BAG u. a. vom 3. 11. 1955 AP Nr. 4 zu § 626 BGB.) Hierbei muß das Interesse des einen Vertragsteils an der Fortsetzung des Arbeitsverhältnisses und das Interesse des anderen an seiner fristlosen Beendigung gegeneinander abgewogen werden. (Vgl. BOSch 6/56, 17/57 und 22/57.)“

Da der zur Prüfung anstehende Sachverhalt der bewußt unerlaubten Entfernung vom Dienstort mit Beeinträchtigung der Dienstpflichterfüllung keine besonderen Probleme im Sinne des „Zusatzes“ der Tarifvertragsparteien zu § 11 NV bot (Hauptband S. 236), läßt ihn das Gericht unerwähnt. Die Beweisaufnahme verlief in allen Punkten zuungunsten des Mitglieds, das u. a. behauptet hatte, der Intendant habe ein Urlaubsgesuch zwar nicht schriftlich, aber mündlich genehmigt. Hierzu ist immerhin bemerkenswert, daß das Gericht der Bestimmung in § 2 Ziff. 1 der Hausordnung für Chor und Tanz, wonach der Urlaub erst bei schriftlicher Bestätigung auf dem Urlaubsschein als genehmigt gilt, nur beweissichernde Bedeutung zumißt, da es den Beweis einer mündlichen Genehmigung zuläßt:

„Nun könnte sich der Intendant im praktischen Fall möglicherweise mit mündlicher Bestätigung begnügt haben. Diese müßte aber von der Klägerin bewiesen werden. Das Gegenteil ist der Fall.“

Auch die weitere Darlegung der Chorsängerin, in Wirklichkeit habe nur eine Entfernung vom Dienstort an dienstfreien Tagen, allerdings mit danach alsbald anschließender Krankmeldung zu einem außerdem verspäteten Zeitpunkt vorgelegen, verfällt der Ablehnung. Denn die örtliche Entfernung in den beiden Tagen vor Heiligabend war wesentlich weiter als bei den anderen Kolleginnen, die nur in Nachbarorte fuhren, womit kein Risiko rechtzeitiger Rückkehr bei erschwerten Straßenverhältnissen gegeben war (7/59):

„Damit war nichts anderes gemeint, als was über die sog. Residenzpflicht in § 4 der Hausordnung (Chor) bestimmt ist, wonach auch die dienstfreien Mitglieder dafür Sorge zu tragen haben, daß sie jederzeit zu erreichen sind. Dies schließt eine Reise in die Umgebung unter Aufrechterhaltung der Verbindung mit der Bühnenleitung nicht aus, damit sie auf Anruf zur Verfügung stehen. Solches ergibt sich schon aus der Notwendigkeit einer geordneten Leitung, weshalb beim Verlassen des Ortsbereichs rechtzeitig die Bühnenleitung zu unterrichten ist.“

Dies ist ein weiterer Beitrag zur Rechtsprechung über die Residenzpflicht (S. 91).

Anscheinend würde das Gericht der Chorsängerin aber gleichwohl noch Entschuldigungsmöglichkeiten eingeräumt haben, wenn es nicht durch die Beweisaufnahme von der Vorsätzlichkeit der unerlaubten Wegreise überzeugt worden wäre:

„Aus der Beweisaufnahme ergibt sich weiter die für die Entscheidung zu beachtende Tatsache, daß die Klägerin nicht aus bloßer schuldhafter Unüberlegtheit ihre Dienstpflicht durch die Schwarzfahrt verletzt hat. Wie die erste Instanz zutreffend ausgeführt hat und in der Berufungsinstanz bestätigt wurde, war die Klägerin von Anfang an zu einer verbotswidrigen Entfernung von Oberhausen entschlossen ... Nach der Bekundung des Zeugen A. wurde im Konversationszimmer, wo sich die Klägerin mit dem Zeugen G. unterhielt, von ihr geäußert: „Wir fahren auf jeden Fall; wenn sie mich hinausschmeißen, dann sollen sie es tun!"

Die Schlußfolgerung:

„Im Ergebnis ist sonach mit dem Schiedsspruch erster Instanz festzustellen, daß die Klägerin bei Widerstreit ihrer Interessen und persönlichen Wünsche mit denen der Bühnenleitung ihre Belange auch mit unlauteren Mitteln durchzusetzen bestrebt war, in voller Kenntnis der hieraus für sie sich ergebenden Folgen. Die Beklagte mußte darin mit Recht eine grobe Disziplinlosigkeit erblicken, die sie im Hinblick auf die gebotene Aufrechterhaltung des Bühnenbetriebs nicht hinnehmen konnte."

Abschließend befaßt sich das Gericht mit der Abwägung der beiderseitigen Interessen von Bühne und Mitglied im Sinne seiner einleitend wiedergegebenen Grundsätze, zumal bei der vielfach existenzvernichtenden Schwere einer fristlosen Entlassung oder doch zumindest der Schwierigkeit, in kurzer Frist vor Beginn einer neuen Spielzeit wieder in ein Ensemble eingegliedert werden zu können, zunächst mildere Maßnahmen am Platze und erforderlich sind (Verwarnungen, Ordnungsstrafen, auch befristete, unbezahlte Beurlaubung, Hauptband S. 236, 143). Hier waren Vorgänge ähnlich disziplinloser Art bereits erfolgt (7/59):

„Wegen ihres Verhaltens ist sie seinerzeit vom Intendanten laut dessen Zeugnis zur Rede gestellt und ernstlich verwarnt worden. Der Intendant hat damals nach seiner Angabe von schweren Maßnahmen, insbesondere einem Ordnungsstrafverfahren abgesehen, um die Sache menschlich zu erledigen."

Die Interessenabwägung selbst geht kurzerhand von dem anscheinend absolut unterstellten Interesse der Bühne aus und erstreckt sich etwas näher allein auf die Lage des Mitglieds, dessen Existenz bei „guter Stimme" trotz bereits nachgewiesener Engagementsschwierigkeiten dem Gericht als nicht gefährdet erscheint:

„Bei der Entscheidung über die Berechtigung der fristlosen Entlassung war schließlich abzuwägen, welche Nachteile der Klägerin einerseits bei sofortiger Vertragslösung entstehen, während andererseits das Interesse der Beklagten an der sofortigen Lösung in die Waagschale fällt. Die Klägerin hat bisher nach ihrer Darstellung vergebens versucht, ein neues Engagement zu erlangen. Jedoch ist die Entlassung, wie die erste Instanz festgestellt hat, für die Klägerin im Hinblick darauf, daß sie als Chorsängerin mit guter Stimme an einer anderen Bühne Verwendung finden kann, selbst wenn die Bühne in Bonn sie abgelehnt hat, nicht existenzvernichtend. Bei der Abwägung der beiderseitigen Interessen konnte auch nicht vorübergegangen werden an dem Umstand, daß die Klägerin die eingetretenen Folgen in Kauf zu nehmen bereit war."

Alles in allem ein Fall, der die Rechtsprechung zur fristlosen Entlassung in den wesentlichsten Punkten absteckt.

Der Schiedsspruch 3, 4/62 des Oberschiedsgerichts des Deutschen Bühnenvereins und der Vereinigung deutscher Opernchöre ist wegen seiner Bedeutung zum Makel-Schadensersatzanspruch bei ungerechtfertigter fristloser Entlassung auf S. 115 erörtert. Soweit es sich um den Gagenanspruch nach § 615 BGB handelt, muß sich das Bühnenmitglied die Absetzung nicht nur anderweitigen Verdienstes und des durch die Untätigkeit etwa Ersparten gefallen lassen, sondern auch solcher Beträge, die es zu verdienen böswillig unterlassen hat. Die Erschwerung, sich zur Unzeit ein anderes Engagement suchen zu müssen, wird in dem erwähnten Schiedsspruch hervorgehoben und schon deshalb von einer Erörterung des bösen Willens, der ebenfalls gegeben sein müßte, abgesehen:

„Weitere Voraussetzung dafür ist, daß eine Möglichkeit zum Tätigwerden überhaupt bestand und die Tätigkeit für den Arbeitnehmer unter Berücksichtigung aller Umstände des Einzelfalles zumutbar war. Geht man von diesem Grundsatz aus, so könnte zwar dem Kläger zum Vorwurf gemacht werden, daß er sich erst im Herbst 1960 an die Bühnenvermittler ... gewandt hat. Indessen ist die Annahme irreal, daß er bei einer sofortigen Inanspruchnahme von Vermittlern und Bewerbungen bei Bühnen bereits im Anschluß an die fristlose Entlassung eine Stelle erhalten hätte. Dem widerspricht die Tatsache, daß Engagements regelmäßig so spät nicht mehr für die in Frage kommende Spielzeit zu erlangen waren, sondern frühestens für die Spielzeit 1960/61. Um diese handelt es sich hier aber nicht."

Der in der gleichen Sache vorausgegangene Schiedsspruch des gleichen Oberschiedsgerichts 1/61 betrifft die Unwirksamkeit der fristlosen Entlassung selbst. Er enthält keine rechtlich neuen Gesichtspunkte, sondern ist mehr von individuell-tatbestandlichem Interesse. Doch sei aus dem Spruch der bereits auf S. 110 erörterte Grundsatz zitiert:

„Das Bezirksbühnenschiedsgericht hat mit Recht angenommen, daß die fristlose Entlassung nicht etwa deshalb rechtsunwirksam sei, weil der Ordnungsausschuß vorher nicht gehört worden ist. Die Anrufung des Ordnungsausschusses wäre nur dann geboten gewesen, wenn Verfehlungen in Frage gestanden hätten, die im Rahmen der Strafgewalt des Ordnungsausschusses hätten geahndet werden können. Dazu gehören aber solche Verfehlungen nicht, die ein wichtiger Grund zur fristlosen Entlassung i. S. von § 11 BN sind ..."

Das wiederholt den Grundsatz, daß umgekehrt eine fristlose Entlassung nicht zulässig ist, wenn eine Ordnungsstrafe ausreicht (S. 108).

Sonstiges (Verweisungen)

Die Schiedssprüche aus dem Sachgebiet von Chor und Tanz, die wegen ihrer allgemeinen Bedeutung und Anwendbarkeit bereits im Rahmen des Solorechts behandelt worden sind, beziehen sich auf folgende Fragen:

5/57 betr. Auslegung eines Tarifvertrages (Lückenschließung) S. 5
Sondervergütung bei Rundfunkübertragung S. 96
6/57 betr. Gleichberechtigung weiblicher Chormitglieder S. 8
9/57 betr. Verpflichtung für mehrere Kunstgattungen S. 34
14/57 betr. Diäten, Ruhezeiten, Residenzpflicht S. 75, 88, 91
Einseitiger Vertragsvorbehalt S. 31
Auslegung eines Tarifvertrages S. 6
Engagement für ortsverschiedene Theater desselben Rechtsträgers S. 38
4/58 betr. Begriff des Rechtsträgers S. 24
7/60 betr. Unzulässigkeit einer Nichtverlängerungsmitteilung S. 125
14/61 betr. Berechnung des Urlaubsgeldes S. 80
Auslegung eines Tarifvertrages (durch BAT?) S. 7
2/62 (VDO) betr. Berechnung des Urlaubsgeldes S. 82
Einrede der Verjährung S. 132
3, 4/62 (VDO) betr. Makelschaden bei fristloser Entlassung S. 115

3. Teil

VERFAHRENSRECHT

I. Schiedsgerichtsverfahren

1. Zuständigkeit

a) Schiedsgerichtsklausel

Neuerdings hat das Bundesarbeitsgericht im Urteil vom 31. 10. 1963 (5 AZR 283/62) in umfassender Weise zur Gültigkeit der Bühnenschiedsgerichtsbarkeit in der Bundesrepublik und West-Berlin Stellung genommen und die Aufhebungsklage eines Bühnenmitglieds nach § 110 I Nr. 2 AGG, die gegen die vom Oberschiedsgericht zu 8/58 – 3/59 anerkannte Verbindlichkeit der Schiedsgerichtsklausel gerichtet war, abgewiesen[1]). Eine Verfassungsbeschwerde hiergegen ist beim Bundesverfassungsgericht als „offensichtlich unbegründet" gescheitert (2 BvR 631/63).

Das Bundesarbeitsgericht legt die gleichartige Einführung der Bühnenschiedsgerichtsbarkeit in der Bundesrepublik durch Tarifvertrag vom 1. 10. 1948 und in West-Berlin durch Tarifvertrag vom 4. 7. / 17. 8. 1951 zugrunde und erklärt zu dem Argument, die Schiedsgerichtsklausel sei nicht innerhalb eines die materiellen Arbeitsbedingungen regelnden Tarifvertrages, sondern völlig losgelöst hiervon in einem selbständigen Tarifvertrag, der nur die Bühnenschiedsgerichtsordnung betreffe, festgelegt worden:

„Der Hinweis der Revision, daß die Tarifvereinbarung allein die Schiedsgerichtsbarkeit regelt und keine sonstigen Arbeitsbedingungen enthält, steht ihrer Wertung als voll gültiger Tarifvertrag nicht entgegen. Es genügt für die Annahme des Vorhandenseins eines rechtswirksamen Tarifvertrages, wenn in seinem normativen Teil auch nur eine einzige Bestimmung arbeitsrechtlichen Inhalts enthalten ist (vgl. Hueck-Nipperdey, Lehrbuch, 6. Aufl., Bd. II, § 12 I 3 b; Nikisch, Arbeitsrecht, 2. Aufl., 2. Bd., § 69 I 2 mit Note 10). Eine Einzelschiedsklausel, wie sie der Tarifvereinbarung vom 4. 7. / 17. 8. 1951 zugrunde liegt, gehört nach herrschender Auffassung zu den im normativen Teil eines Tarifvertrages zu regelnden Arbeitsbedingungen (Hueck-Nipperdey-Tophoven, TVG, 3. Aufl., § 1 Anm. 42;

---

[1]) Leitsätze des BAG-Urteils in NJW 1964 S. 270. Hueck, Die Zulässigkeit der Bühnenschiedsgerichtsbarkeit in Einzelstreitigkeiten, Recht der Arbeit 1962 S. 132. Zur Verfassungsmäßigkeit der Seemanns-Schiedsgerichtsbarkeit BAG – 1 AZR 469/62 vom 23. 8. 1963 in NJW 1964 S. 268. Das BAG-Urteil 5 AZR 283/62 ist in AP Nr. 11 zu § 101 ArbGG 1953 von Schwab und Kauffmann z. T. kritisch besprochen. Zustimmend Rehbinder, Zur Kompetenz der Bühnenschiedsgerichte und zur Abgrenzung der Vertragstypen im Bühnenarbeitsrecht, Ufita Bd. 41 S. 291 ff.

Hueck-Nipperdey, a. a. O., § 15 II 9 a; Dersch-Volkmar-Müller, ArbGG, 6. Aufl., § 101 Anm. 4 b)."

Der weitere Angriff auf die Schiedsgerichtsbarkeit, daß sich das Arbeitsverhältnis „nach einem Tarifvertrag" im materiell-rechtlichen Sinne einer Regelung wie des tariflichen Normalvertrages entweder kraft zwingenden Tarifrechtes oder durch einzelvertragliche Bezugnahme richten müsse, wird vom Bundesarbeitsgericht unter ausführlicher Würdigung der historischen gesetzgeberischen Entwicklung und des Zweckes des Arbeitsgerichtsgesetzes von 1953, das die vorerwähnten Tarifverträge über die Bühnenschiedsgerichtsbarkeit von 1948 und 1951 als gegeben vorausgesetzt hat, widerlegt:

„War aber nach der historischen Entwicklung der alleinige Zweck der Klausel des ‚Sichbestimmens des Arbeitsverhältnisses nach einem Tarifvertrag', den Weg zur Schiedsgerichtsbarkeit zu erleichtern, dann verband sich mit diesem Wortlaut keinesfalls der Sinn, daß erst die Vereinbarung der Anwendung weiterer tariflicher Einzelbestimmungen auf das Einzelarbeitsverhältnis die Wirksamkeit der Schiedsabrede zur Folge haben sollte. Aus der Übernahme dieser Formulierung in den Text des § 101 Abs. 2 Satz 1 ArbGG 1953 kann somit nicht der Wille des Gesetzgebers entnommen werden, diesem Wortlaut gegenüber dem ursprünglichen Sinngehalt eine andere, und zwar einengende Bedeutung geben zu wollen und nur Arbeitsverhältnisse der Schiedsgerichtsbarkeit zu unterwerfen, bei denen über die tarifliche Schiedsklausel hinaus auch andere Tarifnormen den Inhalt des Einzelarbeitsvertrages regeln."

Gerade auch außerhalb der materiellen Regelung des Normalvertrages liegende bühnenkünstlerische Verträge, wie Gastspielverträge u. ä., die nach § 20 NV von den §§ 1–19 des Normalvertragsrechts freigestellt sind, aber in § 21 NV der Schiedsgerichtsbarkeit unterworfen waren, unterliegen daher der Schiedsgerichtsklausel:

„Es wäre schlechterdings unverständlich, wollte man aus der hier in Frage stehenden Formulierung des § 101 Abs. 2 Satz 1 ArbGG 1953 den Willen des Gesetzgebers entnehmen, die von ihm als notwendig angesehene Bühnenschiedsgerichtsbarkeit zu spalten und für Bühnendienstverträge, die dem ‚Normalvertrag' entsprechen, die Schiedsgerichtsbarkeit zuzulassen, dagegen Streitigkeiten aus den auch einer freieren Gestaltung zugänglichen Gastspielverträgen, die eine typische Vertragsart innerhalb des Bühnenrechts darstellen und mindestens die gleiche, wenn nicht noch eine größere Kenntnis der Bühnenverhältnisse voraussetzen, der berufsständischen Gerichtsbarkeit zu entziehen und sie der mit den Besonderheiten des Bühnenrechts nicht in diesem Maße vertrauten und in der Regel nicht mit sachverständigen Beisitzern besetzten Arbeitsgerichtsbarkeit zuzuweisen. Dieselbe Überlegung muß auch bei Vorliegen der sonstigen Voraussetzungen des § 101 Abs. 2 ArbGG 1953 für andere Bühnenengagementsverträge gelten, die sich als Dienstverträge bühnenarbeitsrechtlicher Art darstellen, selbst wenn sich ihr Inhalt im übrigen nicht oder nur teilweise nach den Bestimmungen des ‚Normalvertrages' richtet."

Hieran schließt sich die zusammenfassende Feststellung des Bundesarbeitsgerichts über die sachlich uneingeschränkte Zuständigkeit der Bühnenschiedsgerichte, von der nur diejenigen Theaterveranstalter oder Bühnenmitglieder ausgenommen sind, die weder einer Tarifvertragspartei angehören noch sich der Bühnenschiedsgerichtsbarkeit im Einzelvertrag unterworfen haben, also nicht tarifgebunden sind (ohne hier auf die Streitfrage zu § 101 II 2 AGG einzugehen, ob die Allgemeinverbindlicherklärung materiellen Tarifvertragsrechts auch zur Bindung an eine Schiedsklausel führen kann). Bei der einzelvertraglichen Unterwerfung wäre allerdings die Bezugnahme auf den Normalvertrag oder auf sonstige materiellrechtlichen Bestimmungen eines Tarifvertrages unnötig, insofern anders als Hauptband S. 249. Hierzu das Bundesarbeitsgericht im vorbezeichneten Urteil:

„Aus den dargelegten Erwägungen bejaht deshalb der Senat die Zuständigkeit der Bühnenschiedsgerichte auch für Streitigkeiten aus Gastspielverträgen oder anderen Verträgen der gekennzeichneten Art zwischen tarifgebundenen Theaterveranstaltern und Bühnenangestellten sowie zwischen solchen nichttarifgebundenen Parteien, deren Verhältnisse sich aus anderen Gründen nach dem genannten Tarifvertrag regeln und die sich durch schriftlichen Einzelarbeitsvertrag der tariflichen Schiedsgerichtsbarkeit unterworfen haben (vgl. in diesem Zusammenhang auch Riepenhausen, Das Arbeitsrecht der Bühne, 2. Aufl., 1956, S. 9, 15 ff.).“

Danach macht das Bundesarbeitsgericht auch keinen Unterschied mehr, ob das materielle Tarifrecht im Sinne des § 110 AGG in Form noch einer „Tarifordnung“ vorliegen darf oder in einem „Tarifvertrag“ neueren Rechts vorliegen muß:

„Im Gegensatz zu der Auffassung beider Vorinstanzen kam es daher für die Gültigkeit der Schiedsabrede nicht darauf an, ob die materiellen Arbeitsbedingungen sich nach einem Tarifvertrag oder nach einer noch geltenden Tariffordnung bestimmen. Denn die Wirksamkeit der Schiedsabrede hängt allein davon ab, ob sie selbst in einem gültigen Tarifvertrag geregelt ist. Das aber ist hier der Fall.“

Die bisherige Begründung, die das Oberschiedsgericht gegeben hatte, um die Rechtsgültigkeit seiner Tätigkeit zu begründen (35, 36, 41/49, Hauptband S. 246), ist damit überholt, und zwar in einem die Schiedsgerichtsbarkeit formal absichernden und ihre Zweckmäßigkeit hervorhebenden Sinn. Sollte aber die Argumentation des Bundesarbeitsgerichts, daß der Tarifvertrag, nach dem sich das Arbeitsverhältnis im Sinne des § 101 II AGG zu bestimmen hat, auch ein Tarifvertrag über die Schiedsklausel selbst sein kann, angreifbar sein, so genügt jedenfalls der Nachweis, daß auch nur ein einziger Tarifvertrag über andere, das Arbeitsverhältnis selbst betreffende materielle Fragen vorliegt. Solche Tarifverträge – außerhalb des als Tarifordnung fortgeltenden Normalvertrages oder sonstigen Alttarifrechts – sind in der Bundesrepublik schon vor 1948 und in West-Berlin jedenfalls nach diesem Zeitpunkt, bzw. nach 1951 in Kraft getreten (S. 1, Hauptband S. 3, 4). Das materielle Tarifvertragswesen ist konkret praktiziert, die Schiedsklausel schwebt nicht in der Luft. Daß Gastspiel- und

Stückdauerverträge eigener Art, für die solche Tarifverträge noch nicht bestehen, in diesem Falle aus der Schiedsgerichtsbarkeit herausfallen könnten, wäre möglich, aber durch Tarifvertragsrecht reparabel. Das Bundesarbeitsgericht hat wohl die einzige Begründung gefunden, um eine solche Lücke überhaupt nicht erst auftreten zu lassen.

Die aus dem früher tarifvertraglichen Recht durch das Tarifordnungsrecht im Dritten Reich in eine allgemeine Zwangs-Schiedsgerichtsbarkeit umgewandelte Bühnenschiedsgerichtsbarkeit hat keine verfahrensmäßige Fortsetzung in der neuen, wieder tarifvertraglichen Schiedsgerichtsbarkeit vom 1. 10. 1948 gefunden. Diese hat vielmehr selbständig neu begonnen. In 7/58 lehnt das Oberschiedsgericht es ab, ein Verfahren aus 1944, also aus der Zeit der tarifordnungsrechtlichen Schiedsgerichtsbarkeit, das während des Krieges in 2. Instanz nicht mehr beendigt worden war, weiterzuführen. Es weicht damit von seiner Entscheidung 35, 36, 41/49 (Hauptband S. 246) ab, weil die dort vorausgesetzte Tarifgebundenheit beider Parteien, hier die Mitgliedschaft der Bühne beim Deutschen Bühnenverein als einem der Träger der Schiedsgerichtsbarkeit von 1924 zur Zeit des damaligen und jetzigen Verfahrens nicht gegeben war (§ 101 II 2 AGG). Auch eine einzelvertragliche Vereinbarung der Schiedsgerichtsklausel war nicht nachweisbar. So gelangt es zu dem Schluß (7/58):

„Zu Unrecht beruft sich die Klägerin darauf, daß die einmal begründete Zuständigkeit des Bühnenschiedsgerichts auch für das Berufungsverfahren fortgelte. Die Klägerin übersieht dabei, daß das Arbeitsgerichtsgesetz vom 3. 9. 1953 gemäß § 123 am 1. 10. 1953 in Kraft getreten ist und daß nach § 118 Abs. 3 die Erledigung anhängiger Verfahren wie folgt geregelt ist: ‚Verfahren in Arbeitssachen, die beim Inkrafttreten dieses Gesetzes bei anderen Behörden oder Stellen anhängig sind, gehen auf das Arbeitsgericht über, in dessen Bezirk die Stelle ihren Sitz hat, bei der das Verfahren bisher anhängig war'. Daraus ergibt sich, daß das in 1944 beim Bühnenschiedsgericht der Reichstheaterkammer – Fachschaft Bühne – anhängig gewesene Verfahren nunmehr auf das Arbeitsgericht Berlin übergegangen ist. Ein Anhängigbleiben bei den Bühnenschiedsgerichten kann aus der bloßen früheren Zuständigkeit der Bühnenschiedsgerichtsbarkeit schon deswegen nicht abgeleitet werden, weil die Bühnenschiedsgerichte der früheren Reichstheaterkammer ihrer Organisation nach völlig von den jetzt errichteten Bühnenschiedsgerichten abweichen. Es ist in diesem Zusammenhang darauf hinzuweisen, daß die Stellen, die die Schiedsrichter zu benennen hatten, oder die Organisationen, denen die Schiedsrichter zu entnehmen waren, mit dem Wegfall der Reichstheaterkammer gleichfalls in Wegfall gekommen sind (so mit Recht Herschel in BB 1949 S. 450). (Vgl. auch § 102 Abs. 1 Ziff. 2 und Abs. 4 AGG.)"

b) Zusammenhangsklage, Teilzuständigkeit

c) Verhältnis zum Tarifausschuß

Zu S. 250–253 des Hauptbandes keine Ergänzungen.

2. Klageerhebung

a) Feststellungsklage

Das Feststellungsinteresse bei Besetzungsstreitigkeiten darf sich nicht nur auf gedachte, zukünftig mögliche Streitlagen beziehen, mögen sie auch grundsätzlich klärenswert sein, sondern es setzt einen akuten Streitfall, der gegenwärtig gelöst werden muß, voraus. Es ist also nicht mehr gegeben bei Erledigung der Hauptsache durch Ausscheiden eines Bühnenmitglieds, das gegen eine Rollenübertragung geklagt hatte, aus dem Bühnenverband während des Prozesses. Für die Fortführung des Rechtsstreits auf Verlangen der beklagten Bühne, die gleichwohl ihr Interesse an der Entscheidung in der Besetzungsfrage allgemein bekundete, geben die Schiedssprüche 10 und 11/56 keinen Raum:

„Die Beklagte vertritt mit ihrem Berufungsantrag in der Sache selbst den Standpunkt, daß die Hauptsache um deswillen nicht erledigt sei, weil es sich hier um einen grundsätzlichen Streit um die Rollenbesetzung in einem Stück handele, der jederzeit in Zukunft neu entstehen könne. Dem konnte das Gericht nicht beitreten. Die Feststellungsklage erfordert nach § 256 ZPO das Vorhandensein eines rechtlichen Interesses an alsbaldiger Feststellung. Die Rechtskraft der Entscheidung im Rollenstreit kann sich immer nur auf das im Rechtsstreit befangene Mitglied erstrecken. Die Entscheidung in dieser Sache könnte also in einem neuen Streitfall mit einem anderen Mitglied nicht zum Einwand der rechtskräftig entschiedenen Sache verwertet werden, ganz abgesehen davon, daß jede Sache unter Berücksichtigung des besonderen Dienstvertrags jedes Mitglieds betrachtet werden muß. Dazu kommt, daß die Klägerin selbst ihr Interesse an der von ihr in erster Instanz gewünschten Feststellung für erledigt erklärt hat. Die Beklagte beschränkt ihr Interesse auf die Klärung einer nur gedachten Rechtsfrage. Dies reicht aber für eine Feststellungsklage nicht aus. (Vgl. Baumbach-Lauterbach ZPO 24. Aufl. Anm. 2 C zu § 256 und RGZ 107, 304; 144, 56.)"

Feststellungsklagen werden den Klagen mit Antrag auf Verurteilung zu einer bestimmten Leistung (z. B. Zahlung) vielfach dann vorgezogen, wenn die Formulierung des Leistungsantrags schwierig und andererseits es nicht Sache des Gerichts ist, die Formulierung des Antragsergebnisses im Urteil vorzunehmen. Das typische Beispiel sind die aus dem allgemeinen Tarifrecht bekannten Gehaltsgruppen-Einstufungsklagen mit Rückwirkung, bei denen im Falle eines Leistungsantrags eine genaue Ausrechnung aller zu berücksichtigenden linearen Steigerungen und etwaiger Zuschläge erfolgen müßte. Hier genügt allgemein, jedenfalls bei Körperschaften des öffentlichen Rechts als Beklagte, der summarische Feststellungsantrag, der an sich dann nicht zulässig ist, wenn ein Leistungsantrag gestellt werden könnte. Denn sonst könnte bei Nichtbeachtung eines Feststellungsurteils ein neuer Prozeß wegen Erzwingung der Leistung notwendig werden. Die entsprechende Praxis des Oberschiedsgerichts, das mit der beantragten Feststellung „angemessener" Gagen aus der saarländischen

Umstellung von Francs auf D-Mark (1959) auf Grund der Überleitungsgesetzgebung zu tun hatte und das den hier besonders zu formulierenden, in der Höhe vom Ermessen des Gerichts mit abhängigen Feststellungsantrag statt eines Leistungsantrags in bezifferter Höhe zuließ, ist vom Bundesarbeitsgericht nach den Grundsätzen der allgemeinen Rechtsprechung im Urteil 5 AZR 366/61 bestätigt worden. Dieses sagt zunächst zum Bestimmtheitserfordernis der Feststellungsklage:

„Die Rechtsprechung hat unter Billigung der Rechtslehre (vgl. statt aller: Rosenberg, Lehrbuch des DZPR, 9. Aufl., 1961, § 91 II 3 S. 447 mit vielen Nachweisen) stets den Standpunkt vertreten, daß eine Partei dem Bestimmtheitserfordernis des § 253 Abs. 2 Ziffer 2 ZPO nur insoweit zu genügen braucht, als ihr das bei Anlegung vernünftiger Maßstäbe möglich und zumutbar ist. Diese Grundsätze greifen auch dann durch, wenn, wie hier, Ansprüche in Rede stehen, die auf § 5 GEAF gestützt werden. Ein Arbeitnehmer ist regelmäßig überfordert, wenn er beziffert darlegen soll, inwieweit die sehr schwierig faßbaren Folgen der Währungsumstellung und der Neueinführung von Bundesrecht im Saarland nach näherer Maßgabe des § 5 Abs. 1 GEAF dazu geführt haben, daß sein Nettoarbeitseinkommen in seinem ‚wirtschaftlichen Wert wesentlich' von dem Nettoarbeitseinkommen abweicht, das er vor Ende der Übergangszeit bezogen hat, und inwieweit sich daraus für ihn das Recht auf eine ‚angemessene' Erhöhung ergibt. Deshalb ist für § 5 GEAF dem Bestimmtheitserfordernis genügt, wenn der Klageantrag erkennen läßt, daß mit ihm eine angemessene Erhöhung des Nettoeinkommens nach § 5 GEAF erstrebt wird und wenn dabei dem Gericht die Einzelangaben unterbreitet werden, die es seinerseits benötigt, um beurteilen zu können, inwieweit § 5 Abs. 1 Satz 1 GEAF durchgreift. Diesen Anforderungen haben die Schiedskläger in hinlänglichem Maße durch ihr umfangreiches Einzelvorbringen entsprochen."

Dann zum Feststellungsinteresse (statt einer Leistungsklage):

„Auch das Feststellungsinteresse, das für eine Schiedsklage ebenso wie für eine Klage vor einem staatlichen Gericht vorliegen muß, ist gegeben. Handelt es sich in einem Prozeß bei der beklagten Partei um eine juristische Person des öffentlichen Rechts, so ist nach ständiger Rechtsprechung des Bundesarbeitsgerichts trotz Möglichkeit einer Leistungsklage das Feststellungsinteresse immer dann zu bejahen, wenn der Rechtsstreit in gleicher Weise wie bei Erhebung einer Leistungsklage seine Erledigung findet und anzunehmen ist, daß die beklagte juristische Person des öffentlichen Rechts auf Grund der rechtskräftigen Feststellung die ihr obliegende Leistung erbringen wird (vgl. BAG AP Nr. 41 zu § 1 TVG Auslegung; BAG 6, 127 [129] = AP Nr. 12 zu § 9 TVG; BAG AP Nr. 1 zu § 6 TO.A; BAG 8, [333 334, 335] = AP Nr. 56 zu § 3 TO.A; BAG AP Nr. 1 zu § 1 RuhegeldG Hamburg). Der Grund für die erweiterte Zulässigkeit der Feststellungsklage gegenüber juristischen Personen des öffentlichen Rechts ergibt sich einmal aus der Schwierigkeit der Zwangsvollstreckung bei der öffentlichen Hand, zum anderen daraus, daß juristische Personen des öffentlichen Rechts kraft Amtspflicht zur Erfüllung der sich aus dem Feststellungsanspruch indirekt ergebenden Leistungsansprüche verpflichtet sind (BAG AP Nr. 83 zu § 611 BGB

Urlaubsrecht [Ziff. IV der Entscheidungsgründe]). Diese Gesichtspunkte gelten sinngemäß auch für schiedsgerichtliche Verfahren."

b) Leistungsklage mit unbestimmtem Antrag

Die ständige Zulassung von Zahlungsanträgen ohne fest bezifferte Höhe, also nach dem Ermessen des Gerichts, für Schadensersatzansprüche wegen unangemessener Beschäftigung durch das Oberschiedsgericht (Hauptband S. 255) findet neuerdings eine Stütze in dem Urteil des Bundesarbeitsgerichts zu 5 AZR 366/61 (Zitat S. 158), in welchem die Grenzen des Bestimmtheitserfordernisses einer Klage abgesteckt werden. Was dort für einen Feststellungsantrag gesagt wird, gilt sicherlich auch für den Leistungsantrag, der nicht anders hätte gestellt werden können.

c) Widerklage

Zu S. 255–256 des Hauptbandes keine Ergänzungen.

3. Berufung

Dies Kapitel ist neu eingefügt. Der frühere Titel „Wiedereinsetzung in den vorigen Stand" ist nachstehend unter b) einbezogen.

a) Zulässigkeit und Umfang

Die Berufungsfrist von zwei Wochen seit Zustellung des Schiedsspruchs erster Instanz verlängert sich bzw. beginnt erneut, wenn der Schiedsspruch nachträglich berichtigt und eine erneute, berichtigte Ausfertigung des Schiedsspruchs den Parteien zugestellt wird. In 4/60 war die erste Instanz hierbei nicht korrekt vorgegangen. Die Berichtigung des Datums der Klageerhebung war in den Entscheidungsgründen schreibfehlerhaft um ein Jahr zu spät angegeben und wegen der besonderen Bedeutung der Zeitangabe in dem Zusammenhang des Falles von Wichtigkeit. Die „Verspätung" der Berufung gegen den ursprünglich zugestellten Schiedsspruch vor dessen Berichtigung blieb schadlos:

„Die Berufung ist nach Ablauf der Frist von zwei Wochen seit Zustellung des Schiedsspruchs erster Instanz eingegangen. Es war indessen der Beklagten darin zuzustimmen, daß die Zustellung des Schiedsspruchs, durch welchen die Berufungsfrist in Lauf gesetzt wurde, um deswillen nicht ordnungsgemäß erfolgt ist, weil in § 27 Ziff. 1 und 2 der BSCHO bestimmt ist, daß die Berichtigung auf der Urschrift am Rande neben der Urteilsformel vermerkt und unter Beifügung von Ort und Zeit von den Schiedsrichtern unterschrieben und erneut eine berichtigte Ausfertigung des Schiedsspruchs den Parteien zugestellt werden muß.

Im vorliegenden Fall ist der Berichtigungsbeschluß nur von dem Obmann unterschrieben und die Berichtigung nicht erneut mit dem Schiedsspruch zugestellt, wie sie in § 27 Ziff. 2 der BSCHO vorgeschrieben ist. Es bestehen deshalb Bedenken gegen die Ordnungsmäßigkeit der Zustellung des angefochtenen Schiedsspruchs. Die prozeßrechtliche Lage ist insofern anders als nach § 517 ZPO, wonach die Berufungsfrist ohne Rücksicht auf einen Berichtigungsbeschluß mit Zustellung des später berichtigten Urteils in Lauf gesetzt wird. Man wird auch der Beklagten zugeben müssen, daß die Berichtigung des Datums der Klageerhebung insofern von wesentlicher Bedeutung ist, weil sie materiell die Frage der Verwirkung und damit die Berufungsaussichten berührt. Aus diesem Grunde war die von der Beklagten eingelegte Berufung als rechtzeitig anzusehen."

Die vom Deutschen Bühnenverein mit der Vereinigung deutscher Opernchöre erfolgte Gründung einer Bühnenschiedsgerichtsbarkeit neben der bisherigen mit der Genossenschaft Deutscher Bühnen-Angehörigen (S. 11) ist in Etappen vor sich gegangen, so daß die Einlegung einer Berufung bei einem zunächst noch fehlenden Oberschiedsgericht mehr als zwei Wochen brauchte, um wirksam werden zu können. Im Schiedsspruch 2/62 dieses Oberschiedsgerichts heißt es:

„Die in dem Tarifvertrag vom 17. 2. 1961 niedergelegte Bühnenschiedsgerichtsordnung (BSCHO) sieht gegen Schiedssprüche das Rechtsmittel der Berufung vor. Die Berufung war nach § 30 BSCHO statthaft, weil sie von dem Bühnenschiedsgericht ausdrücklich zugelassen war. Der Schiedsspruch wurde der Beklagten am 27. 12. 1961 zugestellt. Die Berufungsfrist von zwei Wochen (§ 31 BSCHO) ist zwar nicht gewahrt, denn die Berufung konnte nach § 32 BSCHO nur durch Einreichung einer Berufungsschrift beim Oberschiedsgericht wirksam eingelegt werden. Eingegangen ist die Berufungsschrift jedoch beim Obmann des Oberschiedsgerichtes, nachdem sie diesem vom Bühnenschiedsgericht zugeleitet worden war, erst am 19. 5. 1962. Indessen wurde die Berufungsfrist durch Zustellung des Schiedsspruches nicht in Lauf gesetzt, weil in diesem Zeitpunkt die Tarifparteien ein Oberschiedsgericht noch nicht eingerichtet hatten. Der Obmann wurde erst unter dem 6. 4. 1962 bestellt, die Geschäftsstelle unter dem 20. 6. 1962 eingerichtet. Bis dahin war das Verfahren gemäß § 245 ZPO, der nach § 39 BSCHO anwendbar ist, unterbrochen, so daß die Berufungsfrist nicht vor Übernahme der Geschäfte durch das Oberschiedsgericht in Lauf gesetzt werden konnte. Die am 19. 5. 1962 beim Obmann eingegangene Berufung war daher rechtzeitig. Die Berufung ist deshalb zulässig."

Wird die Einlegung der Berufung wegen schwebender Entscheidung über den weiteren Rechtsschutz der Berufsorganisation mit der Bitte verknüpft, die Gegenseite möge sich einstweilen noch nicht anwaltlich in zweiter Instanz melden, so bedeutet dies nach 4/63 keine sog. b e d i n g t e B e r u f u n g, die unzulässig wäre:

„Die Berufung ist form- und fristgerecht eingelegt. Sie ist nach dem Wortlaut des am 2. 4. 1963 beim Bühnenoberschiedsgericht eingegangenen Berufungsschreibens auch nicht von einer Bedingung abhängig gemacht. Denn dort sollte offensichtlich die Gegenpartei nur gebeten werden, sich vorerst nicht als vertreten zu melden. Sie ist demnach zulässig."

Die Anforderung eines G e r i c h t s k o s t e n v o r s c h u s s e s und einer S i c h e r h e i t s l e i s t u n g für die gegnerischen Anwaltskosten im Verlustfall sieht § 13 III BSchGO für Parteien vor, die n i c h t M i t -

glieder der die Bühnenschiedsgerichtsbarkeit tragenden Tarifverbände sind oder die Mitgliedschaft während des Verfahrens verlieren. In 1/61 ist diese Voraussetzung durch Einholung einer Auskunft des betreffenden Tarifverbandes geklärt und die Berufung alsdann nach § 13 Ziff. 5 BSchGO ohne mündliche Verhandlung als unzulässig verworfen worden, da die betreffende Partei den Gerichtskostenvorschuß und die Sicherheit innerhalb der vom Obmann des Oberschiedsgerichts gesetzten und einmal verlängerten Frist bei der Geschäftsstelle des Gerichts nicht geleistet hatte. So auch in 12/57, nachdem ein Antrag des Beklagten, ihn von der Zahlung zu befreien und ihm einen Anwalt im Armenrecht beizuordnen, mit folgendem Beschluß zurückgewiesen worden war:

„Im Schiedsgerichtsverfahren vor den Bühnenschiedsgerichten ist die Beiordnung eines Armenanwalts auch im Falle der nachgewiesenen Armut einer Partei nicht vorgesehen. Die Kosten eines Prozeßbevollmächtigten müssen also immer von der Partei aufgebracht werden, sofern dieselbe nicht als Mitglied der Genossenschaft Deutscher Bühnenangehörigen Rechtsschutz genießt und die Kosten von der Genossenschaft übernommen werden. Der Bühnenschiedsgerichtsbarkeit stehen keinerlei Mittel zur Bezahlung eines Armenanwalts zur Verfügung.

Zur Befreiung des Berufungsklägers von der Beibringung des angeforderten Gerichtskostenvorschusses liegt nach der Prozeßlage kein Anlaß vor. Aus diesem Grunde war gemäß § 13 Ziff. 5 der Bühnenschiedsgerichtsordnung das Gesuch abzulehnen."

Danach die Verwerfung der Berufung:

„Da der Beklagte nicht Mitglied der Genossenschaft Dt. Bühnenangehöriger ist, wurde ihm durch den Obmann die Zahlung eines Gerichtskostenvorschusses von 260,– DM bis 21. 9. 1957 aufgegeben. Sein Antrag auf Befreiung von der Zahlung und Beiordnung eines Armenanwalts ist durch begründeten Beschluß vom 20. 9. 1957 zurückgewiesen worden.

Gemäß § 13 Ziff. 5 Bühnenschiedsgerichtsordnung war auf den Antrag der Klägerinnen die Berufung zu verwerfen."

Andererseits ist die Verwerfung der Berufung nicht schon dann schlechthin unvermeidbar geworden, wenn die Zahlungsfrist abgelaufen ist. Solange die Verwerfung nicht erfolgt und kein Antrag hierauf gestellt ist, kann die nachträgliche Zahlung diese Folge abwenden. In 7/61 lehnt das Oberschiedsgericht zwar die Auffassung ab, die Verwerfung der Berufung nach § 13 Ziff. 5 BSchGO komme nur bei Nichtleistung der Sicherheit für außergerichtliche Kosten und nicht des Gerichtsvorschusses in Betracht:

„Vor allem aber würde bei der Auslegung des Beklagten keine Handhabe gegeben sein, einer säumigen Partei, die den Gerichtskostenvorschuß nicht zahlt, irgendwelche Sanktionen deswegen auferlegen zu können. Es würde also praktisch darauf hinauslaufen, daß diese ganze Vorschrift ohne Rechtsnachteil unbeachtet bleiben könnte. Allenfalls wäre nach Ansicht des Beklagten das Bühnen-

Oberschiedsgericht lediglich nach dem GKG in der Lage, einen Termin zur mündlichen Verhandlung von der Zahlung abhängig zu machen. Damit würde aber gerade, wie hier, einem Beklagten, der in erster Instanz unterlegen ist, die Möglichkeit geschaffen, die Fortsetzung des Verfahrens in der Berufungsinstanz und damit eine vollstreckbare Entscheidung auf unbestimmte Zeit hinauszuschieben. Dieses Ergebnis wäre praktisch unhaltbar und kann deshalb nicht von den Tarifparteien beabsichtigt gewesen sein."

Aber es unterläßt gleichwohl die Verwerfung der Berufung aus folgenden Gründen:

„Nach § 231 Abs. 2 ZPO konnte, solange nicht der Antrag auf Verwerfung der Berufung gestellt und die mündliche Verhandlung über diesen Antrag geschlossen war, die versäumte Prozeßhandlung nachgeholt werden. Da im vorliegenden Fall der Kostenvorschuß bis 8. 9. 1961 eingegangen, die mündliche Verhandlung aber erst auf den 14. 9. anberaumt und der Antrag auf Verwerfung der Berufung am 12. 9. 1961 eingegangen war, war die verspätete Einzahlung des Kostenvorschusses unschädlich."

Eine Frist zur Begründung der Berufung ist in der Bühnenschiedsgerichtsordnung nicht festgelegt. Sie wird gemäß § 32 III BSchGO jeweils vom Obmann des Oberschiedsgerichts gesetzt. Ihre Überschreitung führt jedoch nicht zwangsläufig zum Verlust des Rechtsmittels durch seine Verwerfung, sondern sie ist eine richterliche Frist (§ 224 II ZPO), deren Verletzung in Verbindung mit §§ 272 a, 356, 529 ZPO nachteilige Folgen haben kann, aber nicht muß. In 5/55 wird hierin großzügig verfahren:

„Die Berufung ist form- und fristgerecht eingelegt und dem Streitwert nach zulässig. Der Berufungsklägerin war zwar durch Auflage vom 25. 7. 1955 eine Frist zur Begründung der Berufung gestellt, die bei Annahme des Eingangs dieses Schreibens vom 26. 7. 1955 am 16. 8. 1955 ablief. Die Berufungsbegründung ging jedoch erst am 9. 10. 1955 ein. Der Prozeßbevollmächtigte der Klägerin hat jedoch durch Abschrift eines Schriftsatzes vom 27. 7. 1955 nachgewiesen, daß er eine Verlängerung der Frist zur Begründung der Berufung unter diesem Datum beim Bühnen-Oberschiedsgericht beantragt hatte. Dieser Antrag ist aus ungeklärten Gründen nicht beim Bühnen-Oberschiedsgericht eingegangen. Es ist deshalb festzustellen, daß ohne Verschulden des Vertreters der Berufungsklägerin die rechtzeitig beantragte Verlängerung der Berufungsbegründungsfrist nicht ausgesprochen wurde. Demgemäß war das Vorbringen in der Berufungsbegründung zuzulassen und zu würdigen."

Eine Wiedereinsetzung in den vorigen Stand (S. 164) gibt es bei Versäumung der Berufungsbegründungsfrist wegen ihres Charakters als einer nur richterlichen Frist im bühnenschiedsgerichtlichen Verfahren nicht. In jedem Fall kann nach Lage der Akten unter Berücksichtigung des Vorbringens in 1. Instanz, da das Schiedsgerichtsverfahren ein einheitliches ist, entschieden werden (Hauptband S. 258, 271).

Bei Erledigung der Hauptsache vor Einlegung der Berufung

entsteht die Frage, ob die Berufung nur zum Zwecke und mit dem Antrag der Erledigungserklärung eingelegt werden darf, wobei sie auf eine bloße Abänderung der Kostenentscheidung 1. Instanz hinausliefe, also unzulässig wäre (§ 99 I ZPO). Sehr genau grenzt das Oberschiedsgericht dies in 10 und 11/56 anläßlich einer Besetzungsstreitigkeit ab und räumt keineswegs ein, daß der Entscheidungsantrag ein verkappter Antrag auf Erledigungserklärung sei:

„Im vorliegenden Streitfall ist aber die Frage, ob und wann die Hauptsache erledigt war, unter den Parteien noch in der mündlichen Verhandlung streitig gewesen. Zwar ist der Anstellungsvertrag der Klägerin inzwischen mit dem Ablauf der Spielzeit beendet. Diese Beendigung war aber im Zeitpunkt der Berufungseinlegung (1. 6. 1956) noch keineswegs eingetreten. Es konnte also damals noch eine, wenn auch entfernte Möglichkeit bestehen, daß im Falle einer sofortigen anderweitigen Entscheidung des Bühnen-Oberschiedsgerichts die Oper noch am Schluß der laufenden Spielzeit auf den Spielplan gesetzt wurde und der Besetzungsstreit weiter aktuell blieb. Jedenfalls war dies für die Beklagte noch nicht übersehbar und sie deshalb nicht genötigt, diese Möglichkeit auszuschließen und bei ihrem Berufungsantrag zu berücksichtigen. Ihr Berufungsantrag ging bei Berufungseinlegung, wie auch in der mündlichen Verhandlung, auf Klageabweisung in der Hauptsache. Man kann bei der vorliegenden Sachlage nicht gut annehmen, daß dieser Antrag nicht ernstlich gemeint war und nur deshalb gestellt wurde, um mit der Berufung lediglich die Kostenentscheidung anzugreifen und § 99 (1) ZPO zu umgehen. Zutreffend hat das Reichsgericht sich gegen eine solche ‚Seelenforschung' gewandt und ausgeführt, man dürfe bei Stellung eines Berufungsantrags zur Hauptsache nicht unterstellen, er sei nicht ernst gemeint, wenn keine ganz klare Sachlage vorliege. (Vgl. RGZ 102, 290 und Stein-Jonas-Schönke ZPO 18. Aufl. Anm. 13 zu § 99.)"

Das Oberschiedsgericht verweist in diesem Zusammenhang auf eine Entscheidung des Bundesgerichtshofes in BGHZ Bd. 1 S. 29, wonach in Übereinstimmung mit dem Reichsgericht eine spätere Erledigung der Hauptsache nach Einlegung der Berufung diese nicht mehr unzulässig mache. Der Streitfall führte alsdann zur Erklärung der Erledigung der Hauptsache durch das Oberschiedsgericht, da das weitere Feststellungsinteresse der beklagten Bühne an einer Entscheidung, die sich nicht mehr auf die inzwischen aus dem Bühnenverband ausgeschiedene Klägerin beziehen konnte, also in der betreffenden Besetzungs-Fachfrage nur noch von allgemein-theoretischem Interesse war, seine prozeßrechtliche Bedeutung verloren hatte (S. 51).

Obwohl das aus zwei Instanzen bestehende Bühnenschiedsgerichtsverfahren, wie oben erwähnt, ein einheitliches ist, folgt das Oberschiedsgericht der aus der Berufungsbegründung ersichtlichen Abgrenzung der Beschwerdepunkte und läßt alles andere aus der 1. Instanz außerhalb seiner Nachprüfung, wenn dies als Begehren des Berufungsführers klar zum Ausdruck kommt. Es heißt in 4/60:

„Die Beklagte hat ausdrücklich die Berufung insoweit beschränkt, als der Einwand der Verwirkung durch die erste Instanz zurückgewiesen worden ist. Es braucht deshalb auf die Frage, ob der Schadensersatzanspruch sachlich begründet ist, nicht eingegangen zu werden, vielmehr war der Schiedsspruch erster Instanz insoweit als zutreffend anzusehen. Es kam deshalb nur noch darauf an, ob der Schadensersatzanspruch der Klägerin verwirkt ist."

Im Sinne der Einheitlichkeit des Schiedsgerichtsverfahrens dürfte es liegen, daß eine völlige Überprüfung des gesamten Streitstoffes der 1. Instanz erfolgen muß, wenn dies in der Berufungsbegründung nicht erkennbar ausgeschlossen oder sogar, evtl. auch nur pauschal unter Bezugnahme auf das Vorbringen in 1. Instanz, begehrt wird.

Im Zeichen dieser Einheitlichkeit des Verfahrens steht die Praxis des Oberschiedsgerichts, im Einvernehmen mit den Parteien ohne mündliche Verhandlung zu entscheiden, wobei die Verhandlung 1. Instanz als notwendige Voraussetzung einer vorausgegangenen mündlichen Verhandlung gilt. § 46 II AGG schließt das schriftliche Verfahren ohne mündliche Verhandlung für die 1. Instanz aus.

Für die Anschlußberufung, die gelegentlich vorkommt (6/56), gilt im Schiedsgerichtsverfahren nichts besonderes.

b) Wiedereinsetzung in den vorigen Stand

Dies Kapitel wurde früher allein unter der Ziffer 3 geführt.

Falsche Rechtsmittelbelehrung, mit der Folge, daß die Berufung an die Geschäftsstelle des unzuständigen Oberschiedsgerichts der beiden Oberschiedsgerichte gesandt und dadurch die Berufungsfrist versäumt worden war, bildet nach § 233 ZPO einen unabwendbaren Zufall, so daß die in der Notfrist von zwei Wochen seit Kenntnis der Fehlleitung nachgebrachte Berufung zugelassen wurde (3, 4/62 des Oberschiedsgerichts des Deutschen Bühnenvereins und der Vereinigung deutscher Opernchöre).

An dem unabwendbaren Ereignis als Voraussetzung einer Wiedereinsetzung in den vorigen Stand nach Ablauf der Berufungsfrist fehlt es, wenn der erkrankte Rechtsanwalt nicht für verantwortliche Vertretung sorgt. Sein Verschulden belastet seine Partei. Das Oberschiedsgericht legt in 6/55 unter Ablehnung der Wiedereinsetzung und bei Verwerfung der Berufung als unzulässig dar:

„Die Beklagte hat zwar um Wiedereinsetzung gegen die Versäumung der Berufungsfrist gebeten, dieser Antrag war indessen unbegründet. Die Wiedereinsetzung in den vorigen Stand bei Versäumung einer Rechtsmittelfrist kann nach § 233 ZPO nur dann gewährt werden, wenn die Partei durch Naturereignisse oder andere unabwendbare Zufälle an der Einhaltung der Frist verhindert worden ist. Ein unabwendbarer Zufall ist ein Ereignis, das nach den Umständen des Falles durch die äußerste, verständiger Weise aufzuwendende Sorgfalt weder abgewehrt noch in seinen schädlichen Folgen verhindert werden konnte. Die

Partei muß dabei ein Verschulden ihres Rechtsanwalts als ihres Vertreters nach § 232 (2) ZPO gegen sich gelten lassen."

Einen besonderen Fall der Wiedereinsetzung gibt § 4 KSchG, nämlich die nachträgliche Zulassung einer Kündigungswiderrufsklage im Falle der Versäumung der gesetzlichen 3-Wochenfrist für die Klage nach ordentlicher oder außerordentlicher Kündigung (§§ 3, 11 KSchG). Obwohl es sich hierbei um eine Wiedereinsetzungsmöglichkeit für die Klageerhebung, nicht die Berufung handelt und obwohl die 3-Wochenfrist für die Klageerhebung bei den typischen Bühnendienstverträgen auf festbestimmte Zeitdauer neuerdings gegenstandslos geworden ist (S. 104), sei hier die Entscheidung 13/57 erwähnt, die sich auf die frühere Zeit erstreckt und in der das Oberschiedsgericht über die Notwendigkeit gewisser Rechts-Mindestkenntnisse eines Arbeitnehmers im heutigen sozialen Rechtsstaat Grundsätze von allgemeiner Bedeutung auch in anderen Zusammenhängen entwickelt. Ein Bühnenmitglied hatte eine fristlose Entlassung beim Arbeitsgericht statt beim zuständigen Bühnenschiedsgericht innerhalb jener 3-Wochenfrist durch Klageerhebung bekämpft, die Klage jedoch alsdann auf die gegnerische Einrede gemäß § 102 AGG, das Bühnenschiedsgericht sei zuständig, zurückgenommen, weil ein „Verweisung" vom Arbeitsgericht an das Bühnenschiedsgericht nicht stattfindet (S. 12, Hauptband S. 8, 9). Die Klage wurde erst nach dem inzwischen eingetretenen Ablauf der 3-Wochenfrist beim Schiedsgericht neu eingereicht. Auf den Hinweis des Gerichts, daß die Klagerücknahme beim Arbeitsgericht den Prozeß als nicht anhängig geworden ausgeräumt habe (§ 271 III 1 ZPO) und die Unterbrechung der Frist hinfällig geworden sei (§ 212 BGB), fährt es zu den Fragen der Wiedereinsetzung durch nachträgliche Klagezulassung fort (13/57):

„Aus diesem Grund kommt es auf den Antrag der Klägerin, mit dem sie die nachträgliche Zulasssung der verspäteten Klage erbeten hat, an. Dieser Antrag ist nach § 4 KSchG nur dann begründet, wenn sie nach erfolgter Kündigung trotz Anwendung aller ihr nach Lage der Umstände zuzumutenden Sorgfalt verhindert war, die Klage innerhalb der Dreiwochenfrist beim Schiedsgericht zu erheben. Dies ist zu verneinen.

Die Klägerin meint zwar, sie habe zweifellos ohne eigene Sachkenntnis gehandelt. Sie übersieht jedoch, daß grundsätzlich Rechtsunkenntnis allein niemals eine nachträgliche Zulassung rechtfertigen kann. Das ist schon im Wiedereinsetzungsverfahren nach § 233 ZPO anerkannt und muß auch nach dem gleichgearteten Verfahren gemäß § 4 KSchG gelten..

Es ist deshalb bedenklich, wenn im angefochtenen Beschluß die Ansicht vertreten wird, es sei davon auszugehen, daß eine Bühnenangehörige Rechtsvorschriften nicht zu kennen brauche. Rechtsunkenntnis geht zu Lasten dessen, dem hieraus Nachteile erwachsen. Sonst wären alle Formvorschriften praktisch gegenstandslos. (Herschel-Steinmann, KSchG 2. Aufl. Anm. 1 zu § 4; Hueck KSchG 3. Aufl. Anm. 2 zu § 4; LAG Frankfurt a. M. ‚Arbeitger.' 1952 S. 348; Hannover ‚Betrieb' 1954 S. 348).

Die Klägerin mußte wissen oder zum mindesten damit rechnen, daß durch Erhebung der Schiedsgerichtseinrede die Anrufung des Arbeitsgerichts hinfällig wurde. Das geht aus ihrem an Kammersänger G. gerichteten Schreiben vom 28. 12. 1956 (Bl. 11 der Beschwerdeakten) hervor. In diesem schreibt sie: ‚Ich bin mir durchaus über die Tatsache klar, daß das Bühnenschiedsgericht die erste Instanz ist, an die ich mich zu wenden habe.' Sie hätte daher neben der vorsorglich erhobenen Arbeitsgerichtsklage fristgemäß auch eine Klage beim Bühnenschiedsgericht erheben müssen. Sie konnte dies auch trotz Verweigerung des Rechtsschutzes durch ihre Organisation.

Richtig ist allerdings, daß ein unabwendbarer Zufall im Sinne des § 4 KSchG dann vorhanden ist, wenn eine Partei alle ihr nach Lage der Umstände zumutbare Schritte getan hat, um sich Gewißheit über die Rechtsvorschriften zu verschaffen, und ohne eigenes Verschulden hierbei durch falsche Rechtsauskunft irregeführt worden ist (Hueck KSchG 2. Aufl. Anm. 2 zu § 4 und Herschel-Steinmann KSchG 2. Aufl. Anm. 1 zu § 4). In dieser Hinsicht war die Klägerin aber nicht frei von Verschulden.

Es ist von einem Arbeitnehmer zu verlangen, daß er sich die wichtigsten Fristen, die sein Arbeitsverhältnis betreffen, merkt oder sich zum mindesten gegebenenfalls über sie in geeigneter Weise erkundigt. Es ist nicht glaubhaft, daß die Klägerin, die seit längerer Zeit an einer Reihe von Bühnen tätig und Mitglied der GDBA ist, über die Klagefrist in Unkenntnis war. Sie hätte sich im Zweifelsfalle rechtzeitig über die Notwendigket der fristgemäßen Klage beim Schiedsgericht durch Rückfrage bei der GDBA unterrichten können. Daß sie von dieser Seite falsch unterrichtet worden sei, hat sie selbst nicht geltend, geschweige denn glaubhaft gemacht. Damit ist nicht dargetan, daß die Fristversäumung trotz aller nach Lage der Umstände zuzumutenden Sorgfalt nicht hätte verhindert werden können."

Ob allerdings das Mitglied bei noch nicht verweigertem Rechtsschutz der Berufsorganisation, von dem vorstehend die Rede ist, sondern bei noch schwebender, aber beantragter Entscheidung über den Rechtsschutz, also im Bewußtsein derzeit anderweitiger Verantwortlichkeit sich den gleichen Vorwurf der verfahrensmäßigen Untätigkeit zuzieht, ist hier nicht entschieden.

Die hier erörterten Gesichtspunkte objektiver und subjektiver Behinderung in der Wahrnehmung von Prozeßhandlungen sind nicht nur für den speziell behandelten Anwendungsfall der Klageerhebung, sondern auch für die Einlegung der Berufung von Bedeutung, zumal kein Anwaltszwang besteht und sich also auch hierfür Situationen entsprechender Art ergeben können. Daher ist die weitere Wiedergabe der Rechtsprechung des Oberschiedsgerichts an Hand der Entscheidung 13/57 von Interesse, die die nachzuholende Prozeßhandlung (hier Klage) binnen zwei Wochen „seit Behebung des Hindernisses", gleichzeitig verbunden mit dem Wiedereinsetzungsantrag, betrifft (§ 4 II, III KSchG). Geht man davon aus, daß jene Rechtsunwissenheit des Bühnenmitglieds über das anzurufende Schiedsgericht beachtlich gewesen wäre, so würde sich die 2-Wochenfrist ab Belehrung oder sonstiger Erkenntnis der richtigen Rechtslage errechnen. Als einen solchen Zeitpunkt bezeichnet das Oberschiedsgericht die Erhebung der gegnerischen Einrede der Zuständigkeit des Bühnenschiedsgerichts vor dem zunächst in Anspruch genommenen Arbeitsgericht, wonach die Klägerin zwei Wochen Zeit gehabt hätte, um sich von der Richtigkeit der Einrede zu überzeugen. In 13/57 heißt es:

„Nun ergibt sich aus den arbeitsgerichtlichen Akten, daß die Beklagte bereits mit Schriftsatz vom 21. 12. 1956 die Einrede des Schiedsgerichts unter Hinweis auf die Tarifgebundenheit der Parteien angekündigt hatte. Dieser Schriftsatz ist der Klägerin am 27. 12. 1956 zugesandt worden. Sie hatte im Gütetermin vom 3. 1. 1957, spätestens lt. ihrem Schriftsatz vom 16. 1. 1957 (Bl. 10) nach ihrer eigenen Erklärung Kenntnis von der Notwendigkeit, daß das Bühnenschiedsgericht angerufen werden mußte. Damit war spätestens von diesem Zeitpunkt an das Hindernis für die Anrufung des Schiedsgerichts behoben, die ungeachtet des Verfahrens vor dem Arbeitsgericht erfolgen konnte und mußte. Subjektive Unkenntnis über das von ihr einzuschlagende Verfahren bei Stellung des Zulassungsantrags ist rechtlich bedeutungslos, da die Frist zur Stellung des Antrags auf Zulassung unter gleichzeitiger Anrufung des Schiedsgerichts spätestens am 30. 1. 1957 ablief und eine Wiedereinsetzung wegen Versäumung dieser Zweiwochenfrist – etwa wegen Unkenntnis über das Zulassungsverfahren – gibt es nicht. (LAG Kiel vom 16. 12. 1953 AP zu § 4 KSchG.) Aus diesem Grunde kommt es auf alle weiteren Umstände, insbesondere auf die Zurücknahme der Klage beim Arbeitsgericht vom 21. 1. 1957, die Kenntnis ihres Prozeßbevollmächtigten von diesem Umstand und die Möglichkeit einer Benutzung der Arbeitsgerichtsklage im Einverständnis aller Beteiligten, die durch Zurücknahme der Klage ausgeschlossen wurde, nicht an."

Allerdings hätte wohl die Zuständigkeitseinrede nicht schon im vorbereitenden Schriftsatz der Gegenseite, und auch nicht im Gütetermin vor dem Arbeitsgericht, sondern erst in einem streitigen Termin vor diesem Gericht als „erhoben" zugrunde gelegt werden dürfen.

c) Beweisaufnahme

Die etwaige Notwendigkeit einer Aussagegenehmigung durch die vorgesetzte Dienststelle für Bühnenmitglieder nach Normalvertrag als Zeugen (§ 383 I Nr. 5 ZPO) ist bereits in Verbindung mit der Frage des öffentlichen Dienstes an Hand des Zwischenschiedsspruchs 4/62 erörtert worden. Auf den ablehnenden Standpunkt des Gerichts wird verwiesen (S. 15). Andererseits reicht gelegentlich eine schriftlich eingereichte Zeugenaussage aus, insbesondere wenn ihre Verwertung mit einer Parteivernehmung gekoppelt und dadurch lebendig ergänzt werden kann, wie in 4/61:

„Die Beklagte hat zwar der Verwertung der schriftlichen Aussage des Zeugen widersprochen. Dieser Widerspruch ist dadurch gegenstandslos, daß einmal nach

§ 377 Abs. 3 ZPO eine zeugenschaftliche Auskunft der vorliegenden Art verwertet werden kann, und die Klägerin zusätzlich als Partei zur Klärung des Sachverhalts nach § 448 ZPO vernommen werden konnte. Sie hat glaubhaft den vorliegenden Sachverhalt in Übereinstimmung mit dem Zeugen anschaulich dargelegt, so daß das Bühnen-Oberschiedsgericht die Überzeugung von der Richtigkeit dieses Sachverhalts gewonnen hat."

Aber auch das Oberschiedsgericht kapituliert einmal vor der Undurchdringlichkeit des Tatbestandes und begnügt sich mit einer abgekürzten Feststellung oder mit der Anwendung eines Gesichtspunktes, der die vollständige Ermittlung der Wahrheit erübrigt, nämlich dann, wenn es auch der Bühne, die eine fürsorgekritische Entscheidung über die Engagementsverlängerung zu treffen hat, nicht zuzumuten ist, die gleichen Beweiserhebungen – und dazu noch mit weniger Autorität – durchzuführen. Das liegt ebenso im Rahmen der allgemeinen Entscheidungs- und Verfahrensgrundsätze, z. B. bei fristloser Entlassung, wie der besonderen Möglichkeiten des Schiedsgerichtsverfahrens (Hauptband S. 11). Dieser Fall 7/60 ist in anderem Zusammenhang näher geschildert (S. 125).

Zur Ermittlung eines allgemeinen Bühnenbrauchs hat das Oberschiedsgericht bisher kein Verfahren entwickelt, das Anspruch darauf erhebt, als Muster zu gelten. Das hat in der Seltenheit neuer, bisher nicht durchgesetzter Bräuche seinen Grund (Hauptband S. 8). Immerhin ist zu erkennen, wie das Gericht in einem solchen Falle vorzugehen beginnt, nämlich zuerst durch Befragung namhafter einzelner Bühnen mit der Erwägung, daß schon bei deren Fehlanzeigen der Beweis eines allgemeinen Bühnenbrauchs als gescheitert anzusehen ist. Ob eine solche Befragung nicht zugleich an die lokalen Obmänner der Genossenschaft Deutscher Bühnen-Angehöriger zu richten wäre, sei hier angemerkt. Ein Beispiel für das Vorgehen des Gerichts in 2/62:

„Die eingezogenen Auskünfte haben weder einen Bühnenbrauch in positivem noch in negativem Sinne bestätigt. Eingezogen wurden Auskünfte von den repräsentativen Bühnen der einzelnen Bundesländer. Von diesen hat die Mehrzahl fremdsprachliche Aufführungen entweder überhaupt nicht dargeboten oder jedenfalls einen Bühnenbrauch nicht bestätigen können. Nur in wenigen Fällen kamen Aufführungen in italienischer Sprache in Frage (z. B. Badisches Staatstheater in Karlsruhe und Hamburgische Staatsoper des ‚Don Giovanni'), bei denen weder an Solisten noch an Chormitglieder Sondervergütungen gezahlt wurden. In einigen anderen Fällen handelte es sich um Aufführungen in lateinischer Sprache (Staatstheater Braunschweig und Städt. Theater Mainz, ‚Carmina burana', ‚Oedipus rex'). Auch in diesen Fällen wurden Sondervergütungen hierfür nicht gezahlt."

Entgegen der Regel, daß ein Verzicht auf die Vernehmung schon benannter und geladener Zeugen in 1. Instanz auch in der 2. Instanz fortwirkt, hat das Oberschiedsgericht unter besonderen Voraussetzungen die nachträgliche Vernehmung solcher Zeugen in seiner Instanz zugelassen. Um die Nuancen des Tatbestandes nicht zu gefährden, seien die Ausführungen des Gerichts, die mit der Frage des Verzichts auf Zeugen (§ 399 ZPO) zugleich diejenige der Prozeßverschleppung (§ 529 II ZPO) verbinden, vollständig wiedergegeben (17/56):

„Es ist richtig, daß die Parteien ausweislich des Verhandlungsprotokolls vom 24. 10. 1956 ‚nicht weiter auf Vernehmung' der zu diesem Termin erfolglos geladenen Direktor T. und Bühnenleiter S., welche im Termin zur Verhandlung nicht erschienen waren, ‚bestanden haben'. Die Klägerin meint, dieser Sachverhalt rechtfertige die nach § 399 ZPO solchenfalls nach sich ziehende Nichtzulassung der Beweiserhebung in der Berufungsinstanz. Nach § 529 Abs. 2 ZPO sind neue Beweismittel, die im ersten Rechtszug hätten geltend gemacht werden können und deren Berücksichtigung die Erledigung des Rechtsstreits verzögern würde, nur zuzulassen, wenn nach der freien Überzeugung des Gerichts die Partei das Vorbringen im ersten Rechtszug weder in der Absicht den Prozeß zu verschleppen, noch aus grober Nachlässigkeit unterlassen hatte. Nach der freien Überzeugung des Gerichts liegen diese Voraussetzungen in zweifacher Hinsicht nicht vor. Aus den Protokollen erster Instanz ergibt sich eindeutig, daß die Beklagte die Erhebung der jetzt in Rede stehenden Beweise von Anfang an angeboten hatte und auch vom Bezirksbühnenschiedsgericht Erhebung durch Beweisbeschluß angeordnet war. Die Beklagte hatte daher zunächst ihre Pflicht zum Beweisantritt erfüllt. Im Beweistermin erschienen der Vertreter T. und der Zeuge S. trotz ordnungsgemäßer Ladung nicht. Aus ihrer Entschuldigung, die nach dem Termin vom 24. 10. 1956 bei Gericht am 27. 10. 1956 einging (Blatt 32 d. A.), ergab sich, daß sie den Terminstag irrtümlicherweise verwechselt hatten. An deren Wahrheit zu bezweifeln besteht kein Anlaß. Jedenfalls war das Ausbleiben nicht erweislich in der Absicht der Prozeßverschleppung geschehen. Wenn dann in dem Beweistermin der Prozeßbevollmächtigte der Beklagten nicht weiter auf der Vernehmung bestanden hat, so kann diese Erklärung wohl als ein Verzicht auf Vernehmung in der Instanz, nicht aber auch für die Berufung aufgefaßt werden. Daß diese Erklärung nicht in der Absicht der Prozeßverschleppung abgegeben worden ist, ergibt sich ohne weiteres daraus, daß das Ausbleiben der Beweismittel durch menschlichen Irrtum verursacht war. Es lag auch keine grobe Nachlässigkeit des Prozeßvertreters vor, wenn der Verzicht dem Ausbleiben Rechnung trug, wohl in der Annahme, auch ohne Beweiserhebung zu einem günstigen Entscheid zu gelangen. Eine Verzögerung des Rechtsstreits ist dadurch nicht eingetreten, da auch in erster Instanz die Beweiserhebung nur in einem neuen Termin hätte vonstatten gehen können, weil sich der Zeuge S. am Terminstag nicht gemeldet hatte, sondern nur der Vertreter T. nach der Verhandlung erschienen war. In der Berufungsinstanz standen die Beweismittel im ersten Termin zur Verfügung. Die Beweiserhebung war deshalb zuzulassen."

Das Gericht verteidigt die bereits zum ersten Berufungstermin erfolgte Ladung von Zeugen, die erstmals in der Berufungsbegründung genannt worden sind, in 5/62 gerade im Hinblick auf den Einwand der Gegenseite, die Benennung hätte schon in 1. Instanz erfolgen können und es handele sich um eine P r o z e ß v e r s c h l e p p u n g, unter den Gesichtspunkten der Vorbereitungspflicht des Vorsitzenden und der Prozeßbeschleunigung:

„Zu Unrecht hat der Kl. einen Verfahrensmangel insofern gerügt, als er geltend machte, die Ladung der Zeugen des Bekl. und die Auswahl der Zeugen beeinträchtige seine prozessuale Rechte. Nach den §§ 18 Abs. 3 BSchO, 56 AGG, 272 b ZPO ist dem Obmann zur Pflicht gemacht, die streitige Verhandlung so vorzubereiten, daß sie möglichst in einem Termin zu Ende geführt werden kann. Diese Bestimmung verfolgt den Zweck, der in Arbeitsprozessen gebotenen Beschleunigung des Verfahrens gerecht zu werden. Daß zu diesem Zweck die Ladung von Zeugen angeordnet werden kann, steht außer Zweifel. Die Ladung der von dem Bekl. in der Berufungsbegründung angebotenen Zeugen war aber gerade im Hinblick auf die vom Kl. angekündigte Zurückweisung der neuen Beweismittel wegen Verspätung unerläßlich. Denn nach der höchstrichterlichen Rechtsprechung (vgl. die bei Wieczorek ZPO Bd. III zu § 529 C III a angeführten Entscheidungen des BGH vom 11. 11. 1954 und 15. 12. 1956 – IV ZR 160/56 – LM ZPO Nr. 2 u. 3 zu § 272 b) ist bei einem Streit über die Rechtzeitigkeit des Vorbringens in der Berufungsinstanz davon auszugehen, daß nach § 529 (2) neue Angriffs- und Verteidigungsmittel sowie Beweismittel, die im ersten Rechtszug hätten geltendgemacht werden können und deren Berücksichtigung die Erledigung des Rechtsstreits verzögern würden, nur zuzulassen sind, wenn nach der freien Überzeugung des Gerichts die Partei das Vorbringen im ersten Rechtszug weder in der Absicht den Prozeß zu verschleppen noch aus grober Nachlässigkeit unterlassen hatte. Geht man übereinstimmend mit dem Schiedsspruch erster Instanz davon aus, daß aus den dort angeführten Gründen die jetzigen Angriffs- und Beweismittel des Bekl. in erster Instanz in Verschleppungsabsicht oder aus grober Nachlässigkeit nicht vorgebracht worden sind, so würde trotzdem noch bei der Entscheidung über ihre Zurückweisung nach der angeführten Bestimmung vom BerG die Feststellung getroffen werden müssen, daß die Berücksichtigung des neuen Vorbringens die Erledigung des Rechtsstreits verzögern würde. Nach einer Entscheidung des RG vom 10. 12. 1939 (RGZ 162, 282) wird der Streit nicht verzögert, wenn über das neue Vorbringen sogleich entschieden werden kann. Nach der erwähnten Rechtsprechung des BGH liegt ein Verstoß gegen § 529 Abs. 2 ZPO vor, wenn das BerG einen von der Partei in der Berufungsschrift angebotenen Zeugenbeweis wegen Verspätung zurückweist ohne darzulegen, daß die Erledigung des Rechtsstreits auch dann verzögert worden wäre, wenn die Zeugen nach § 272 Abs. 2 ZPO rechtzeitig zum Termin über die Verhandlung der Berufung geladen worden wären. Um dem BerG notfalls eine Entscheidung über die Verzögerung des Rechtsstreits wegen verspäteten Vorbringens zu ermöglichen, war sonach die Ladung der Zeugen des Bekl. geboten."

Gelegentlich nimmt das Oberschiedsgericht die Rechtshilfe der Arbeitsgerichte oder – je nach dem Wohnsitz der Zeugen – der Amtsgerichte für die Vernehmung von Zeugen in Anspruch, die allgemein möglich und bei Beeidigung von Zeugen geboten ist (§ 106 II AGG). Als es bei einer derartigen Mammut-Beweisaufnahme von 30 Zeugen vor dem ersuchten Richter eines Arbeitsgerichts zu einem Streit vor dem Oberschiedsgericht kam, ob die Vernehmungen ordnungsgemäß durchgeführt worden seien, holte das Gericht eine Auskunft des ersuchten Richters ein und verwertete diese als zusätzliches Beweismittel. Aus dem Schiedsspruch erkennt man zugleich die Fragwürdigkeit schriftlicher Bekundungen von Zeugen, die eine mündliche, mit Fragen und Vorhalten vervollständigte Aussage nicht gut ersetzen können. Es heißt in 22/57:

„Die Beklagte hat das Beweisverfahren erster Instanz gerügt mit der Behauptung, daß die Zeugen nicht ordnungsgemäß vernommen worden seien, sondern vor der Beweisaufnahme von dem ersuchten Richter aufgefordert worden seien, ihre Aussage schriftlich niederzulegen, und dieser geraten habe, während der Wartezeit außerhalb des Gerichtssaales auf hierzu vom Gericht zur Verfügung gestelltem Papier Notizen über ihre Aussage zu machen. Dadurch seien die Zeugen veranlaßt worden, sich gegenseitig über ihre Aussage zu verständigen und seien derart beeinflußt worden, daß sie bereits vor ihrer Vernehmung ein bestimmtes verfälschtes Erinnerungsbild von dem Ablauf der streitigen Vorgänge schriftlich fixiert und zum Gegenstand ihrer Vernehmung gemacht hätten.

Diese Rüge geht fehl. Der vernehmende Richter ist um eine dienstliche Äußerung über den Hergang der Vernehmung ersucht worden und hat erklärt, es sei nicht richtig, daß er den Zeugen geraten habe, sich Notizen über ihre folgenden Aussagen zu machen. Soviel er sich entsinne, habe er den Zeugen anheimgestellt, ihre Aussage zu dem Beweisthema in dreifacher Ausfertigung schriftlich zu machen, um sich dann bei der Vernehmung auf die schriftliche Aussage beziehen zu können. Die von den Zeugen schriftlich niedergelegten Aussagen hätten jedoch dem gestellten Beweisthema nicht genügt, so daß es erforderlich gewesen sei, jede mündliche Aussage zu protokollieren.

Aus dieser Auskunft, die als Beweismittel gemäß § 272 b Abs. 2 Ziff. 2 ZPO verwertet werden kann und nicht unter die Regel des Urkundenbeweises fällt, sondern der freien Beweiswürdigung unterliegt (vgl. Rosenberg, Lehrbuch des deutschen Zivilprozeßrechts, 7. Aufl. S. 521 sowie BGH, Urteil vom 17. 4. 1951 I ZR 34/50), ergibt sich die Ordnungsmäßigkeit der Beweisaufnahme. Sie wird weiter erhärtet durch den Inhalt des Protokolls vom 5. 7. 1957, aus dem sich ergibt, daß die Zeugen einzeln bei ihrer Vernehmung sich nicht auf schriftliche Notizen bezogen haben, sondern gemäß § 396 ZPO veranlaßt worden sind, dasjenige, was den Zeugen über den Gegenstand ihrer Vernehmung bekannt war, im Zusammenhang anzugeben. Es ergibt sich weiterhin aus dem Inhalt der in erster Instanz vernommenen 30 Zeugen, daß deren Aussagen durchaus nicht gleichlautend waren, sondern teilweise nicht unerheblich voneinander abwichen, so daß für die Annahme einer vorherigen Abstimmung der Aussagen kein ersichtlicher Anlaß vorliegt. Die Tatsache allein, daß die Zeugen Gelegenheit hatten, vor der Vernehmung in der Wartezeit über das Beweisthema miteinander zu reden, ist noch kein ausreichender Anlaß für eine Verfahrensrüge."

d) Verspätetes Vorbringen

Einen Fall scheinbarer Prozeßverschleppung (§ 529 II ZPO) hat das Oberschiedsgericht in 17/56 von diesem Verdacht freigestellt und in Verbindung mit der Frage des erstinstanzlichen Verzichtes auf Zeugen entschieden (S. 169). Ähnlich liegt der Schiedsspruch 5/62 bei erstmaliger Nennung von Zeugen in der Berufungsbegründung, die das Gericht sofort zum ersten Termin geladen hat, um seine Pflicht zur Vorbereitung und Prozeßverkürzung zu erfüllen.

4. Prozeßkosten

a) Allgemeines

Zur Anforderung des Gerichtskostenvorschusses und der Sicherheitsleistung für außergerichtliche Kosten vgl. S. 161.

Über das Verhältnis der gesetzlichen und schiedsgerichtlichen Kostenregelung zueinander äußert sich das Oberschiedsgericht in 8/57:

„§ 61 ArbGG gilt für das Arbeitsgerichtsverfahren, nicht aber schlechthin für alle Arbeitsstreitigkeiten, wenn sie durch andere Gerichte entschieden werden. Für das Schiedsgerichtsverfahren in Arbeitssachen gelten die §§ 104–110 ArbGG. Dort ist eine dem § 61 ArbGG entsprechende Regelung für das schiedsgerichtliche Verfahren, insbesondere für den Inhalt von Schiedssprüchen nicht getroffen. Vielmehr ist die Regelung insoweit dem freien Ermessen der Tarifverbände überlassen. Dieses freie Ermessen ist durch die Bühnenschiedsgerichtsordnung näher ausgeübt. Aus § 13 BSchO ergibt sich eindeutig, daß die Parteien zur Erstattung auch der außergerichtlichen Kosten verpflichtet sind und hiervon bezüglich der Anwaltskosten keine Ausnahme gemacht ist."

Die Möglichkeit, die Kosten nach § 13 III BSchGO niederzuschlagen, nimmt das Gericht auch aus wirtschaftlichen Rücksichten gegenüber einem vor ihm gescheiterten, anwaltlich nicht vertretenen Kläger in 10/62 wahr:

„Die Niederschlagung der Kosten war in Übereinstimmung mit der ersten Instanz mit Rücksicht auf die Vermögens- und Einkommensverhältnisse des Klägers vom Bühnen-Oberschiedsgericht gebilligt."

Läßt sich die Rechtzeitigkeit der sofortigen Beschwerde in Kostensachen nicht genau feststellen, so unterstellt das Gericht dies kurzerhand zugunsten des Beschwerdeführers in 8/57, was im Rahmen der Ermessensfreiheit des schiedsgerichtlichen Verfahrens (Hauptband S. 11) zulässig erscheint.

b) Rücknahme der Klage oder Berufung, Erledigung der Hauptsache

Haben die Parteien einen die Kosten des Schiedsgerichtsverfahrens erfassenden Vergleich vor dem Arbeitsgericht geschlossen, an das der Rechtsstreit vom Schiedsgericht zuständigkeitshalber abgegeben worden war (Hauptband S. 8), so sind die etwa festzusetzenden Parteikosten des Schiedsgerichtsverfahrens rechtskräftig ausgeschieden und nicht mehr zu berücksichtigen, da § 98 ZPO nach der Entscheidung 7/62 den Vorrang vor § 271 ZPO hat. Hier ist nicht nur die Erledigung der Hauptsachen selbst, sondern auch die der Kostensache außerschiedsgerichtlich eingetreten.

Erklärt das Gericht selbst unter Zurückweisung der gegenteiligen Auffassung einer Partei die Hauptsache durch Schiedsspruch als aus irgendwelchen Gründen erledigt, wie in 10/56 wegen Wegfalls des Feststellungsinteresses einer Sängerin an der Frage einer Partieübertragung, da sie inzwischen aus der Bühne ausgeschieden war, so hält sich das Gericht hier an die allgemeinen Grundsätze (§ 91 ZPO):

„Hinsichtlich der Kostenentscheidung kam es darauf an, welche Partei unterlegen wäre, wenn die Hauptsache nicht ihre Erledigung gefunden hätte."

und befaßt sich überdies eingehend damit, wie die Fachfragen der richtigen Besetzung zu beantworten gewesen wären, wenn der Prozeß in der Hauptsache nicht seine Erledigung gefunden hätte. In diesem Fall hatte die Sängerin die Kosten zu tragen. Im prozessual gleichgelagerten Fall 11/56 wurden die Kosten der Bühne auferlegt, da dort eine andere Sängerin in ihrer Besetzungsfrage recht bekommen hätte, wenn sie die Bühne nicht inzwischen verlassen hätte.

c) Ermessensentscheidung nach § 287 ZPO

Mögen sich in allen Entscheidungen des Oberschiedsgerichts unter Einschluß der in Hauptband S. 263 erwähnten auch differenzierbare Möglichkeiten der Kostenverteilung bei Ermessensentscheidungen zur Betragshöhe von Schadensersatzansprüchen, insbesondere wegen unangemessener Beschäftigung, im Sinne des § 13 BSchGO abzeichnen, so kann wohl als Regel gelten, wenn es in 3/57 heißt:

„Da die Klägerin in beiden Instanzen keinen bestimmten Zahlenantrag gestellt hatte, sondern die Feststellung des Schadensbetrages in das Ermessen des Gerichts gestellt hatte, waren die gesamten Kosten der Beklagten aufzuerlegen."

In diesem Fall hatte die 1. Instanz 2000 DM, die 2. Instanz auf Berufung der Bühne nur 1600 DM zugesprochen. Gleichwohl erfolgte die Belastung der Bühne mit den gesamten Kosten, obwohl auch in 2. Instanz der Streitwert 2000 DM blieb. Anders 3/63 (S. 173).

Zur Frage der Streitwerte vgl. S. 176 Anm. 1.

d) Kostenfestsetzung

Zu S. 263–264 des Hauptbandes keine Ergänzungen.

5. Streitwert

a) Feststellungsklage

Neue Schiedssprüche haben bei Streitigkeiten über das Bestehen von Engagementsverträgen das Verhältnis der Streitwertfestsetzung nach § 3 ZPO und § 12 VI AGG, den das Oberschiedsgericht in der Entscheidung 9/54 nur als Richtlinie für das Schiedsgerichtsverfahren hat gelten lassen, geklärt. Während für die sachliche Zuständigkeit weiterhin Spielraum nach § 3 ZPO über die 3-Monatsgagen-Grenze des § 12 VI AGG hinaus gelassen wird, soll diese Grenze zur Kostenberechnung auch im Schiedsgerichtsverfahren maßgeblich sein, so daß insoweit die Streitwertfestsetzung der 1. Instanz für diesen Zweck in 2. Instanz, ganz im Sinne der Einheitlichkeit dieses Verfahrens (Hauptband S. 271), rückwirkend geändert werden kann. Jetzt heißt es in 6/56:

„Bei der Streitwertfestsetzung war allerdings zu berücksichtigen, daß nach § 12 Abs. 6 AGG für die Wertberechnung bei Klagen, die das Bestehen oder Nichtbestehen eines Arbeitsverhältnisses zum Gegenstand haben, höchstens der Betrag des für die Dauer eines Vierteljahres zu leistenden Arbeitsentgelts maßgebend ist. Es ist in Schrifttum und Rechtsprechung streitig, ob diese Bestimmung für den lediglich zum Zwecke der Kostenberechnung festzusetzenden Streitwert gültig ist oder ob der Streitwert auch nach den Bestimmungen der ZPO hiervon beeinflußt wird (siehe Rüstig in ArbuR Heft 4/56 S. 112). Die I. Instanz hat den Streitwert schlechthin für die Feststellungsklage auf 3000 DM festgesetzt und offensichtlich gemäß § 3 ZPO nach freiem Ermessen auf Grund des Interesses der Klägerin festgesetzt. Folgt man der wohl zutreffenden Auffassung, daß § 12 Abs. 6 nur für die Kostenberechnung bestimmt ist, so würde sich ergeben, daß für die Frage der Zulässigkeit der Berufung und evtl. einer Revision, die im Falle einer Anfechtung des Schiedsspruchs nach § 110 AGG praktisch werden könnte, der Streitwert nach der ZPO anders zu berechnen ist als zum Zwecke der Kostenberechnung.

Da der von der I. Instanz festgesetzte Streitwert an sich unabänderlich ist, konnte insoweit eine Neufestsetzung nicht erfolgen. Eine abweichende Streitwertfestsetzung für die Kostenberechnung ist aber immer dann möglich, wenn sie nach anderen Grundsätzen als nach der ZPO zu erfolgen hat.

Demgemäß war für die Kostenberechnung der Streitwert auf die dreifache Monatsgage zu errechnen, die nach dem überreichten Gehaltsstreifen mit 400 DM monatlich einzusetzen ist. In der I. Instanz betrug deshalb der Streitwert 1600 DM, in der II. Instanz 1200 DM + 1540 DM, wobei der Bruttobetrag der Gagenforderung zugrunde zu legen war."

Wenn der Streitwert in 1. Instanz um 400 DM und in 2. Instanz um 1540 DM höher eingesetzt wurde als lediglich 1200 DM (3 Monatsgagen), so deshalb, weil insoweit ein zusätzlicher Zahlungsantrag wegen rückständiger Gage neben dem Feststellungsantrag bezüglich der fristlosen Entlassung, der mit 1200 DM bewertet wurde, vorlag. Auf denselben Erwägungen und ohne nähere Erläuterung der Streitwertfestsetzung beruht der Schiedsspruch 7/59. Hier wird der Streitwert von 3000 DM gebildet aus je 1500 DM für das Feststellungsinteresse wegen der fristlosen Entlassung (3 Monatsgagen zu 500 DM) und für den Antrag auf Zahlung von zunächst 3 Monatsgagen. Das ist eine Folgerung aus der Beschränkung auf die Linie des § 12 VI AGG beim Feststellungsinteresse. Hiernach müßte eine Erhöhung dieses Interesses etwa aus den Gesichtspunkten der unangemessenen Beschäftigung oder des Makels wegen unberechtigter fristloser Entlassung (S. 62, 115) in entsprechende Zusatzanträge auf Leistung gefaßt werden, um streitwertmäßig zusätzlich berücksichtigt zu werden, jedenfalls zum Zwecke der Kostenberechnung. Noch in 24/50 (Hauptband S. 264) hatte das Oberschiedsgericht die Nichtbeschäftigung der Klägerin wegen fristloser Entlassung zu dem Streitwert des Interesses an der Feststellung der Unwirksamkeit dieser Maßnahme hinzugerechnet.

Man wird nicht fehlgehen, wenn man annimmt, daß das Oberschiedsgericht nunmehr auch bei Feststellungsklagen wegen unwirksamer Nichtverlängerungsmitteilung mit automatischer Vertragsverlängerung gemäß Tarifvertrag vom 10. 10. 1947 in Abweichung von dem Schiedsspruch 9/54 (Hauptband S. 264) so verfährt wie neuerdings in den Entscheidungen zur fristlosen Entlassung. Im Schiedsspruch 7/61 ging es allerdings um eine Nichtverlängerungsmitteilung, deren Unzulässigkeit nur zum gleichzeitig hilfsweise geltend gemachten Schadensersatz, nicht zur Vertragsverlängerung verpflichtete, da die Bühne nicht tarifgebunden und der Bühnenbrauch automatischer Vertragsverlängerung noch nicht festgestellt worden war (S. 118). Hier wurde der in das Ermessen des Gerichts gestellte Schadensbetrag in Höhe von 6 Monatsgagen Streitwert der 2. Instanz, da sich die Berufung der Bühne nur gegen ihn zu richten hatte. Das hierüber hinausgehende Feststellungsinteresse des Klägers, der in 1. Instanz auf Vertragsverlängerung abgezielt hatte, war in 1. Instanz zusätzlich mit 100 DM bewertet worden.

b) Leistungsklage

Eine bemerkenswerte Klarstellung der Streitwertfragen in der Verbindung von Leistungs- und Feststellungsklagen ist durch die bereits besprochenen Entscheidungen 6/56, 7/59 und 7/61 erfolgt, worauf verwiesen wird (S. 174).

Steht hinter dem unbezifferten Leistungsklageantrag auf einen „angemessenen" Schadensersatzbetrag die zum Ausdruck gebrachte und gar mit Begründung versehene Forderung eines bestimmten Mindestbetrages, so kann dieser zum Streitwert werden und eine Kostenverteilung zur Folge haben, da der vom Gericht zuerkannte Betrag darunter geblieben ist (3/63):

> „Der Streitwert wird auf 2700,– DM festgesetzt, da der Kläger offenbar von drei Monatsverdiensten ausgegangen ist."

Bei Klagen auf Zahlung einer in das Ermessen des Gerichts gestellten Schadensersatzsumme (z. B. bei unangemessener Beschäftigung) gelten die üblichen Grundsätze, wie etwa beim Schmerzensgeld. Danach wird in der Regel der vom Gericht zuerkannte Betrag Streitwert[1]). Vgl. Hauptband S. 266.

Bei einem Zwischen-Schiedsspruch zur Frage der schiedsgerichtlichen Zuständigkeit innerhalb einer Leistungsklage wegen Schadensersatz verlangt das Oberschiedsgericht die Festsetzung eines Streitwertes (nach aller Regel ein Bruchteilbetrag des Hauptinteresses). Im Schiedsspruch 8/58–3/59 bemängelt es, daß dies trotz § 61 AGG und § 39 BSchGO nicht geschehen sei, obwohl zur Klärung der Zulässigkeit der Berufung notwendig. Es brauchte aber die Streitwertfestsetzung nicht nachzuholen, da auch in der Hauptsache Berufung eingelegt und eine Verbindung beider Berufungen mit einheitlichem Streitwert herbeigeführt werden konnte. Welchen Bruchteil es für den Streitwert des Interesses an der schiedsgerichtlichen Zuständigkeit zugrunde gelegt hätte, ist nicht zu erkennen.

6. Wirksamkeit und Rechtskraft des Schiedsspruchs

Zwischen-Schiedssprüche werden vom Obmann und den Beisitzern wie sonstige Haupt-Schiedssprüche unterzeichnet und den Parteien zugestellt, womit sie wirksam werden. Ein solcher wurde zur Aussagegenehmigung für Zeugen erlassen (4/62 S. 15). Sie sind auch für Vorbehalts- und Grundentscheidungen (§§ 302, 304 ZPO) oder als Teil-Schiedssprüche (§ 301 ZPO) denkbar. Sie dürften ebenfalls dem arbeitsgerichtlichen Aufhebungsverfahren unterliegen.

Über die wiederholte Zustellung eines Schiedsspruchs im Falle seiner Berichtigung vgl. S. 159.

II. ÜBERGANG INS ARBEITSGERICHTLICHE VERFAHREN

Dies Kapitel lautete früher „Arbeitsgerichtliches Aufhebungsverfahren".
Die jetzige Änderung ergibt sich aus der vom Bundesarbeitsgericht neuerdings festgestellten Erledigung des schiedsgerichtlichen Verfahrens und des Wegfalls der Schiedsgerichtsbarkeit bei Aufhebung des Schiedsspruchs im Zuge der Arbeitsgerichtsbarkeit, wie dies unter nachfolgender Ziffer 2. dargelegt wird. Damit ist auch das bisherige Kapitel „III. Schiedsgerichtliches Nachverfahren" mit den Abschnitten „1. Zuständigkeit, 2. Bindung an

[1]) Hillach, Handbuch des Streitwertes in bürgerlichen Rechtsstreitigkeiten 1954 § 14 A I 3 unter Berücksichtigung von Abweichungen; Betriebs-Berater 1963 S. 1447, Rechtsfragen zur unbezifferten Schmerzensgeldforderung. Eine derartige Abweichung liegt in 3/63 vor, weil der Kläger erkennbar einen zu hohen Betrag angestrebt hatte und daher einen Kostenteil tragen mußte.

Aufhebungsurteil, 3. Prozeßkosten des schiedsgerichtlichen Vorverfahrens" überholt.

1. Beschlußverfahren

Zu den der Arbeitsgerichtsbarkeit vorbehaltenen Entscheidungen beschlußmäßiger Art (S. 11) gehören diejenigen nach § 103 III 1 AGG wegen Befangenheit des richterlichen Vorsitzenden oder von Beisitzern der Bühnenschiedsgerichte.

Der Entscheidung des Arbeitsgerichts Stuttgart zu 2 Ca 760/62 liegt die Ablehnung des Vorsitzenden des Oberschiedsgerichts durch den Kläger zugrunde, weil er bereits als Vorsitzender eines anderen Oberschiedsgerichts mit Beisitzern einer anderen Arbeitnehmer-Organisation desselben Berufsgebietes (Bühnenchor) in einer tatsächlich und rechtlich ganz ähnlich gelagerten Sache tätig gewesen war und außerdem erklärt hatte, er halte die Personalunion zwischen den Vorsitzenden der beiden Oberschiedsgerichte im Interesse der „Rechtseinheit" für zweckmäßig. Der Kläger leitete daraus ab, der Vorsitzende werde grundsätzlich dazu neigen, wiederum so wie im ersten Falle zu entscheiden. Doch teilt das Arbeitsgericht diese grundsätzlichen Bedenken nicht:

„Erkennbar unrichtig ist der Ausgangspunkt des Ablehnungsgesuches, der abgelehnte Obmann habe bereits in gleicher Sache mit entschieden. Das stimmt nicht. Er hat in der Entscheidung einer gleichgelagerten Rechtsfrage mitgewirkt. Daß dies nicht zur Ablehnung berechtigt, bedarf überhaupt keiner Ausführung. Es ist auch gar nicht erkennbar, weshalb der Obmann voreingenommen gegen den Kläger/Berufungsbeklagten sein sollte, nur deshalb, weil er den Vorsitz in zwei Schiedsgerichten führt. Daß dies zulässig ist, ist unbestreitbar.

Ob die persönliche und sachliche Unabhängigkeit eines Schiedsrichters weniger weit geht als die eines staatlichen Richters ist dabei ganz ohne Belang. Ob es zweckmäßig und erwünscht ist, daß eine Person den Vorsitz in mehreren Schiedsgerichten führt, ist von den bestellenden Tarifpartnern im Zeitpunkt der Bestellung zu prüfen. Mit der Frage, ob ein solcher Vorsitzender gegenüber der Partei eines bestimmten Rechtsstreits befangen ist, hat das nichts zu tun.

Einen Ablehnungsgrund gibt auch nicht die Ansicht des Vizepräsidenten K., er halte im Interesse der Rechtseinheit eine Personalunion im Vorsitzendenamt für wünschenswert. Eine solche von allgemeinen Überlegungen getragene Ansicht macht ihn nicht im mindesten dem Kläger/Berufungsbeklagten gegenüber parteiisch."

Gleichfalls zerstreut der Beschluß des Arbeitsgerichts Wiesbaden zu 4 HA 12/62 die Besorgnis eines beklagten Landes, ein Beisitzer der Arbeitnehmerseite erscheine befangen, weil ihn die zur Entscheidung stehende Frage auch in seiner eigenen Berufsstellung angehen könne:

„Die Ablehnung des Technischen Direktors W. H. von den städtischen Bühnen in Frankfurt (Main) als Arbeitnehmer-Beisitzer ist nicht begründet, denn das beklagte Land hat keinen subjektiv berechtigten vernünftigen Grund dargetan, der eine Ablehnung gemäß §§ 39 BSchGO, 42 ZPO rechtfertigen könnte.

Die Besorgnis der Befangenheit verlangt einen vom Streitgegenstand ausgehenden sachlichen Grund, der das beklagte Land auch bei objektiver Betrachtungsweise befürchten lassen kann, der Beisitzer werde nicht unparteiisch entscheiden. Der abgelehnte Beisitzer bekleidet zwar in Frankfurt (Main) die gleiche Position wie der Kläger in Wiesbaden. Es ist deshalb nicht zu verkennen, daß die gerade in dem anhängigen Verfahren streitige Frage den Beisitzer aus seiner beruflichen Stellung heraus interessiert.

Dieser Umstand allein ist aber nicht geeignet, bei dem beklagten Land den Eindruck entstehen zu lassen, auf Grund der gleichen beruflichen Stellung des Beisitzers und des Klägers bestünden derartige Beziehungen, die seine Unbefangenheit gegenüber dem beklagten Land beeinträchtigen könnten. Insbesondere ist eine solche Besorgnis auch deshalb nicht gegeben, weil der Beisitzer an dem Ausgang der vorliegenden Streitfrage kein persönliches Interesse hat, da die gleiche Frage in seinem Arbeitsvertrag mit der Stadt Frankfurt (Main) dahin geregelt ist, daß alle ihm zumutbaren Dienstleistungen in einer erhöhten Gage abgegolten sind.

Nach Lage dieser Umstände sieht die Kammer keinen Anlaß, eine Befangenheit des Beisitzers H. befürchten zu müssen."

Solche Beschlüsse des Arbeitsgerichts sind jeweils nach § 49 III AGG unanfechtbar. Zu ihrer Herbeiführung ist das Arbeitsgericht zuständig, das bei mangelnder Bühnenschiedsgerichtsbarkeit für den Rechtsstreit zuständig wäre. Eine tarifrechtlich vereinbarte einheitliche Zuständigkeit wie für Aufhebungsverfahren (S. 11) gibt es hier nicht.

2. Aufhebungsverfahren

Soweit Arbeitsgerichte, Landesarbeitsgerichte und das Bundesarbeitsgericht materielle Rechtsfragen oder solche prozessualer Art, die auch die Bühnenschiedsgerichtsbarkeit angeht, im Aufhebungsverfahren geklärt haben, ist dies in den entsprechenden sachlichen Zusammenhängen mit den Ergebnissen der Bühnenschiedsgerichtsbarkeit jeweils erörtert worden (z. B. Fragen der Vertragsinhalte, S. 20, des Feststellungsinteresses, S. 158, der Zuständigkeit der Bühnenschiedsgerichtsbarkeit, S. 153). Hier geht es nur um die Darstellung, welche Voraussetzungen, Möglichkeiten und Folgen das Aufhebungsverfahren nach § 110 I AGG hat, durch das ein Schiedsspruch unter Wahrung einer Klagefrist von zwei Wochen seit seiner Zustellung (§ 110 III AGG) beseitigt und etwa durch ein arbeitsgerichtliches Urteil in der Sache selbst ersetzt werden kann.

a) Zuständigkeit

Allein zuständig für Aufhebungsklagen der Bühnenschiedsgerichtsbarkeit ist das Arbeitsgericht in Frankfurt (Main) (mit anschließendem Instanzenzug über das Landesarbeitsgericht Frankfurt [Main] an das Bundesarbeitsgericht), während für das Beschlußverfahren nach § 103 III 1 AGG anderes gilt (S. 177). Diese alleinige Zuständigkeit ist in § 38 BSchGO in Ergänzung zu § 110 II AGG verankert und vom Arbeitsgericht Frankfurt (Main) im Anschluß an eine Entscheidung zu 1 A 1088/53, die das im Hauptband S. 3 Anm. 2 erwähnte Verfahren wegen Unkündbarkeit von Betriebsratsmitgliedern betraf, erneut unter 1/2 A 732/54 (S. 11) bestätigt worden:

„Nach § 48 Abs. II ArbGG ist hier die Vereinbarung eines an sich örtlich unzuständigen Gerichts zulässig. Eine solche Vereinbarung ist in dem Tarifvertrag vom 1. 10. 1948 auch getroffen worden.

Diese Zuständigkeitsvereinbarung hat auch ihre Wirksamkeit nicht dadurch verloren, daß § 100 ArbGG alter Fassung – auf den in dem oben zitierten § 38 der Tarifvereinbarung Bezug genommen wird – durch den von dieser Vorschrift zum Teil abweichenden § 110 des ArbGG vom 3. 9. 1953 ersetzt worden ist. Die Zuständigkeitsvereinbarung könnte nur dann unwirksam geworden sein, wenn sich aus ihrem Wortlaut oder dem Sinn der Vereinbarung schließen ließe, daß sie ausschließlich für Aufhebungsklagen und das dafür vorgesehene Verfahren des § 100 ArbGG alter Fassung gelten sollte, aber nicht mehr dann, wenn sich die Anforderungen an die Möglichkeit der Erhebung der Aufhebungsklage oder das hierfür vorgesehene Verfahren ändern sollten. Ein solcher Wille der Parteien der Tarifvereinbarung ist hier aber nicht ersichtlich. (Wird ausgeführt.)“

Die gegen dieses über die Zuständigkeit ergangene Zwischenurteil eingelegte Berufung wurde zurückgenommen. In einem anderen Verfahren hat das Landesarbeitsgericht Frankfurt (Main) zu V LA 22/57 kurz die gleiche Auffassung bekundet. Auch das Bundesarbeitsgericht hat im Urteil zu 5 AZR 366/61 keine Veranlassung gesehen, diese Frage aufzugreifen. Nur für West-Berlin gilt die dortige Zuständigkeit des Aufhebungsverfahrens (ebenfalls bis zum Bundesarbeitsgericht wie im Falle 5 AZR 283/63).

Bisher sind nur Aufhebungsverfahren gegen die Schiedssprüche des Oberschiedsgerichts bekannt geworden. Sicherlich kann dies Verfahren auch unmittelbar gegen einen Schiedsspruch erster Instanz (Bühnenbezirksschiedsgericht) eingeleitet werden, jedenfalls bei mangelnder Berufungsfähigkeit an das Oberschiedsgericht, während andernfalls die Einrede der Schiedsgerichtsbarkeit (§ 102 AGG) fortwirken mag, solange die Schiedsgerichtsbarkeit nicht durch Befassung des Oberschiedsgerichts mit der Sache ausgeschöpft ist. Nicht angängig ist allerdings eine gegen den Schiedsspruch des Oberschiedsgerichts und zugleich gegen „den ihm zugrunde liegenden Schiedsspruch erster Instanz“ gerichtete Aufhebungsklage. Sie kann nur den Schiedsspruch der zweiten Instanz angreifen und ist insoweit zulässig, im übrigen unzulässig (Arbeitsgericht Frankfurt [Main] zu 7 Sa 84/61).

Bei Häufung mehrerer Klagen verschiedener Kläger in einem verbundenen Schiedsgerichtsverfahren kann der ergangene Spruch durch einzelne Kläger ins Aufhebungsverfahren gebracht werden, sei es, daß dies einige Kläger selbst verfolgen, sei es, daß die Gegenseite es nur gegen einzelne Kläger als nunmehrige Aufhebungs-Beklagte richtet. So das Landesarbeitsgericht Frankfurt (Main) zu 4 Sa 33/61:

„Den Beklagten kann auch insoweit nicht gefolgt werden, als sie meinen, die Aufhebungsklagen seien unzulässig, weil nicht auch die Opernsängerin Frau W. (Klägerin zu 1) des Schiedsverfahrens) verklagt worden sei. Die Klägerin hat mit Recht darauf hingewiesen, daß es sich bei dem hier zu beurteilenden Schiedsverfahren bzw. bei den anhängigen Aufhebungsklagen um einen Fall subjektiver Klagenhäufung gemäß § 60 ZPO handelt, da die Ansprüche der Beklagten gleichartig sind und auf einem gleichartigen tatsächlichen und rechtlichen Grund beruhen. Es handelt sich um eine Mehrheit voneinander unabhängiger Prozesse und Prozeßrechtsverhältnisse, die lediglich zu einem Verfahren verbunden worden sind. Die Streitgenossen unterliegen daher in jeder Hinsicht, sowohl was ihre Person wie die von ihnen und gegen sie vorgenommenen Prozeßhandlungen anlangt, selbständiger Beurteilung.

... Da die Klage der Frau W. vom Bühnenoberschiedsgericht abgewiesen worden ist, war die Klägerin durch den Schiedsspruch insoweit nicht beschwert. Einer etwaigen Aufhebungsklage gegen Frau W. hätte daher das Rechtsschutzinteresse gefehlt, und sie wäre als unzulässig abzuweisen gewesen. Die Aufhebungsklagen können daher nicht, wie die Beklagten meinen, wegen Unterlassung einer unzulässigen Klage selbst unzulässig sein. Die Beklagten irren, wenn sie meinen, der vorliegende Schiedsspruch könne nur einer einheitlichen Betrachtung unterliegen. Der Schiedsspruch hat über sechs rechtlich selbständige Klagebegehren entschieden. Bei dieser subjektiven Klagenhäufung ist die Sicherheit einer einheitlichen Entscheidung nicht gewährleistet (vgl. Stein-Jonas-Schönke, a. a. O., Vorb. I 2 vor § 59)."

b) Umfang der Nachprüfung

Stets ist der gesamte materiellrechtliche Inhalt des Schiedsspruchs Gegenstand der Überprüfung, mag das Begehren auch nur auf einen Teil der in ihm erörterten Ansprüche beschränkt sein[1]). So verfährt das Landesarbeitsgericht Frankfurt (Main) in V LA 22/57:

„Es kann nur auf eine einheitliche Aufhebung eines Schiedsspruchs geklagt werden, denn eine nur teilweise Aufhebung findet, wie die Beklagte zutreffend vorgetragen hat, in § 110 ArbGG keine Stütze. Denn nach der Fassung des Ge-

[1]) Wlotzke, Zur gerichtlichen Nachprüfung von Schiedssprüchen über die Auslegung von Tarifnormen, Recht der Arbeit 1960 S. 211, stellt folgende Gruppen der Nachprüfbarkeit auf: a) materielles Gesetzesrecht sowie Gewohnheitsrecht, b) kollektivrechtliche Normen eines Tarifvertrages oder einer Betriebsvereinbarung, c) Rechtsgrundsätze der richtigen Rechtsanwendung; u. a. allgemeine Erfahrungssätze, Denkgesetze, Subsumtion der festgestellten Tatsachen unter die Norm, Auslegungsregeln von Willenserklärungen (§ 133 BGB), d) Verfahrensgrundsätze des Schiedsgerichtsverfahrens, sofern nicht ohnehin unzulässig nach § 110 I Nr. 1 AGG. Auch Neumann, Zur Anfechtung von Schiedssprüchen nach § 110 Arbeitsgerichtsgesetz, Recht der Arbeit 1958 S. 379. Nach BAG – 1 AZR 559/55 vom 12. 4. 1957 in AP Nr. 3 zu § 9 TVG ist Aufhebungsklage auch bei Verletzung einer Tarifnorm durchführbar.

setzes hat das Arbeitsgericht das gesamte Vorbringen der Klägerin daraufhin zu prüfen, ob sich aus ihm das Vorliegen einer der Aufhebungsgründe des § 110 ArbGG ergibt."

Dies unterstreicht das Bundesarbeitsgericht im Urteil eines anderen Verfahrens zu 5 AZR 283/62 im Zusammenhang mit seinen grundlegenden Ausführungen über die revisionsähnliche Bedeutung der Aufhebungsklage:

„Auf Grund des Wortlauts des § 110 Abs. 1 Ziffer 2 ArbGG und der – vom Gesetzgeber offenbar nicht unbeabsichtigten – terminologischen Übereinstimmung dieser Vorschrift mit den Bestimmungen der ZPO (§ 549 ZPO) und des ArbGG (§ 73 Abs. 1 ArbGG) über die Revisionsgründe ist mit der in Lehre und Rechtsprechung vertretenen Ansicht davon auszugehen, daß die Aufhebungsklage ihrer Funktion nach, insbesondere soweit sie auf die Ziffer 2 des § 110 Abs. 1 ArbGG gestützt wird, einen revisionsähnlichen Charakter hat (Stein-Jonas-Pohle, ZPO, 18. Aufl., § 1041 VI 2 b; Dersch-Volkmar-Müller, a. a. O., § 110 Anm. 4; Dietz-Nikisch, a. a. O., § 110 Anm. 6; Hueck-Nipperdey, a. a. O., Bd. I, 7. Aufl., 1963, § 104 VI 2, Note 19; Fitting, BABl. 1953, 579; derselbe in BB 1955, 321 ff. [323]; Sahmer, Der Betrieb 1958, 685; Wlotzke, RdA 1960, 211). Durch die in § 110 ArbGG geregelte Aufhebungsklage wird die der Sicherung der Parteien dienende Rechtskontrolle des Staates gegenüber der Schiedsgerichtsbarkeit ausgelöst. Eine solche Kontrolle schien dem Gesetzgeber um so notwendiger, je mehr die Schiedsgerichte bei ihrer Rechtsfindung an das materielle Recht gebunden wurden.
Entsprechend anwendbar ist u. a. hinsichtlich des Umfangs der Prüfung, ob der Schiedsspruch i. S. von § 110 Abs. 1 Ziffer 2 ArbGG auf der Verletzung einer Rechtsnorm beruht, die Bestimmung des § 559 S. 2 ZPO. Das bedeutet, daß die Gerichte für Arbeitssachen nicht auf die Prüfung der im Aufhebungsverfahren geltend gemachten Aufhebungsgründe beschränkt sind, sondern den Schiedsspruch insgesamt auf die Gesetzmäßigkeit seiner Begründung nachzuprüfen haben (so auch Dersch-Volkmar-Müller, a. a. O., § 110 Anm. 2; a. A.: Dietz-Nikisch, a. a. O., § 110 Anm. 10)."

Enger sind die Verfahrensrügen zu beurteilen:

„Für sie gilt entsprechend den Vorschriften für das Revisionsverfahren, daß nur die in der Aufhebungsklage vorgebrachten Verfahrensmängel nachzuprüfen sind, es sei denn, daß es sich um Verfahrensmängel handelt, die auch in der Revisionsinstanz von Amts wegen zu berücksichtigen sind."

Die Aufhebungsklage, die hier die Anzweiflung der Gültigkeit der Bühnenschiedsgerichtsbarkeit betraf, wurde vom Bundesarbeitsgericht unter Aufhebung eines gegenteiligen Urteils des Landesarbeitsgerichts Berlin abgewiesen (S. 153).

c) Sachentscheidung

Bei Abweisung einer Aufhebungsklage verbleibt es bei dem Schiedsspruch. Im Falle der Aufhebung des Schiedsspruchs ist unter endgültiger Klärung widersprechender Meinungen und Praktiken (Hauptband S. 271) nunmehr durch das Bundesarbeitsgericht zu 5 AZR 366/61 entschieden worden, daß die Parteien nicht etwa erneut das Bühnenschiedsgericht anzurufen haben, um eine Entscheidung in der Sache selbst herbeizuführen, die wegen bloßer Beseitigung des Schiedsspruchs weder in dem einen noch in dem anderen Sinne geklärt ist[1]). Es heißt in dem Urteil:

„Mit der Aufhebung eine Schiedsspruches wird ein solcher unwirksam. War der Schiedsvertrag für einen Einzelfall abgeschlossen, so erlischt nach herrschender Meinung mit dem Aufhebungsurteil auch der Schiedsvertrag. Die Klage kann nunmehr vor den staatlichen Gerichten erhoben werden; sie kann auch bereits mit der Aufhebungsklage verbunden werden (vgl. statt aller: Baumbach-Schwab, Schiedsgerichtsbarkeit, 2. Aufl., 1960, Kapitel 42 C V S. 329; Baumbach-Lauterbach, ZPO, 26. Aufl., 1961, § 1041 Anm. 3 B; Rosenberg, Lehrbuch des DZPR, 9. Aufl., 1961, § 167 II 3 S. 872 mit weiteren Nachweisen)."

Die Sachverständigkeit im Fachlichen des Tatbestandes ist dabei den staatlichen Gerichten nicht mehr vorenthalten. Das Bundesarbeitsgericht sagt hierzu im Urteil 1 AZR 469/62 (vgl. vorige Anmerkung):

„Wenn das LAG unterstützend zur Rechtfertigung seiner Ansicht auf den Sinn und Zweck des § 101 ArbGG (Übertragung der Entscheidung auf eine besondere sachkundige Stelle) hinweist, so übersieht es, daß die beim Schiedsgericht vorauszusetzende besondere Sachkunde in aller Regel bereits in dessen erster Entscheidung, soweit es auf sie nach den Besonderheiten des Einzelfalles ankommt, ihren Niederschlag finden wird. Dadurch wird dem staatlichen Gericht bei seiner Entscheidung der von besonderer Sachkunde getragene Teil des Schiedsspruchs bekannt. Es kann sich somit dieser Sachkunde bedienen und wird das im Zweifelsfall auch tun."

Der Aufhebungskläger, der gegen einen ihn auch als ursprünglichen Kläger nicht befriedigenden Schiedsspruch vorgeht, wird demnach die Aufhebungsklage zweckmäßigerweise mit einem Antrag auf Sachentscheidung koppeln, da er nicht nur den Schiedsspruch aufzuheben wünscht, sondern zugleich den von Anfang an begehrten Erfolg in der Sache selbst, für die nun die Arbeitsgerichtsbarkeit zuständig geworden ist, weiterhin erstrebt. Das Landesarbeitsgericht Frankfurt (Main) empfiehlt dies ausdrücklich in V LA 22/57:

„Es ist nicht notwendig, aber aus prozeß-ökonomischen Gründen begrüßenswert, wenn mit der Aufhebungsklage die Klage in der Sache selbst verbunden wird."

Umgekehrt, wenn die unterlegene, beklagte Partei des Schiedsgerichtsverfahrens Aufhebungsklage einreicht, ist es für sie evtl. zweckmäßig, den Aufhebungsantrag mit einem Sachantrag zu verbinden, der zwar kein förm-

---

[1]) So auch – für das Seemannsschiedsgericht – BAG – 1 AZR 469/62 vom 23. 8. 1963 in NJW 1964 S. 268.

licher Klageabweisungsantrag sein kann, weil kein gegnerischer Sachantrag, sondern nur ihr eigener Aufhebungsantrag vorliegt, aber der doch in der Form einer negativen Feststellungsklage möglich sein sollte, um den Streit über das zunächst im Schiedsspruch anerkannte Sachbegehren gleichzeitig auszuräumen. Dagegen ist es für die obsiegende Partei des Schiedsspruchs als Beklagte im Aufhebungsverfahren zweckmäßig, für den Fall der Beseitigung des Schiedsspruchs vorsorglich einen Hilfs-Widerklage-Antrag im Sinne einer anderweitigen Sachentscheidung zu stellen. Bei einem arbeitsgerichtlichen Instanzenzug kann die Sache dann unter Umständen sofort entschieden werden, ohne daß nach etwaiger Aufhebung des Schiedsspruchs wieder beim Arbeitsgericht (jedenfalls nicht mehr beim Schiedsgericht) anzufangen ist. Auch können Gesichtspunkte fortdauernder Rechtshängigkeit ohne Unterbrechung des Verfahrens aus Verjährungsgründen oder dgl. eine Rolle spielen. Das Bundesarbeitsgericht läßt eine solche Eventual-Sach-Klage laut 5 AZR 366/61 zu:

„Sie kann auch als Hilfswiderklage, wie im vorliegenden Fall, erhoben werden, da hier für die Aufhebungsbeklagten im Aufhebungsverfahren keine andere Möglichkeit der Geltendmachung des sachlichen Anspruches besteht."

Hierbei ging es um die Festsetzung der von Francs auf D-Mark umzustellenden Gagen im Saargebiet (1959), die die Kläger für den Fall der Aufhebung des von ihnen erstrittenen und von der beklagten Stadt mit dem Aufhebungsverfahren bekämpften Schiedsspruchs der Entscheidung des Arbeitsgerichts mit dem Hilfs-Widerklage-Antrag überlassen hatten. Das Bundesarbeitsgericht hob zwar den Schiedsspruch wegen der ihm nicht zutreffend erscheinenden Berechnungsgrundlage der Gagenumstellung auf, verwies ihn aber auf den Hilfsantrag der Kläger zur Sachentscheidung an das Arbeitsgericht Frankfurt (Main) zurück, das alsdann in seiner Sachentscheidung vom Landesarbeitsgericht Frankfurt (Main) rechtskräftig bestätigt wurde (4 Sa 369/63). Die Endentscheidung dieses alles in allem mit vorausgegangener Bühnenschiedsgerichtsbarkeit sieben Instanzen währenden, allerdings prozessual und materiell bedeutsamen Verfahrens war noch wesentlich günstiger für die Kläger als der Schiedsspruch des Oberschiedsgerichts, mit dem sich die Kläger ihrerseits hatten begnügen wollen. Das gegen diesen Schiedsspruch von der Stadt eingeleitete Aufhebungsverfahren hat sich auf Grund des Hilfs-Widerklage-Antrags der ursprünglichen Kläger und anschließenden Aufhebungs-Beklagten gegen die Aufhebungs-Klägerin selbst ausgewirkt[1]). Vgl. hierzu S. 182.

---

[1]) Herschel in AP Nr. 5 zu § 611 BGB „Bühnenengagementsvertrag" rügt eine „rückwirkende" Kündigung eines öffentlich-rechtlichen Theaters (vgl. S. 105 Anm. 2) und meint, es „paßt aber leider zu dem Bild, das sich auch sonst bietet, paßt z. B. zu der Tatsache, daß ... die ins Kraut geschossenen Streitigkeiten des öffentlichen Dienstes das BAG geradezu blockieren."

d) Kostentragung

Während die Kosten des Aufhebungsverfahrens die in ihm unterlegene Partei zu tragen hat, stellt das Bundesarbeitsgericht hinsichtlich der vorausgegangenen Prozeßkosten des zur Aufhebung gelangten Schiedsgerichtsverfahrens im Urteil zu 5 AZR 366/61 lediglich fest, daß das Oberschiedsgericht auf Antrag in der Lage ist,

„auf Antrag eine neue Kostenentscheidung zu treffen, die sich nur über den Teil des Schiedsspruchs verhält, der durch das Aufhebungsverfahren unberührt blieb."

Das betrifft den Fall, daß das Aufhebungsverfahren nur einen Teil der ursprünglichen Parteien erfaßt hat (verbundene Klagenhäufung). Über die schiedsgerichtlichen Kosten im übrigen, also soweit das Aufhebungsverfahren eingegriffen hat, sagt das Urteil nichts. Es handelt sich um einen mit einem Sachantrag verbindbaren materiellen Nebenanspruch (Hauptband S. 274). Wer mit der Aufhebungsklage den Antrag auf „Klageabweisung" in der Sache selbst, also in der Form der vorerwähnten negativen Feststellungsklage (S. 183), koppelt, um nach bloßer Aufhebung des Schiedsspruchs nicht nochmals einer gegnerischen Klage beim Arbeitsgericht mit neuer Begründung ausgesetzt werden zu können, wird diesen Kostenerstattungsanspruch des Schiedsgerichtsverfahrens wohl als gesondert zu beziffernden Nebenanspruch stellen können. Befindet er sich in der Lage des Hilfs-Widerbeklagten in der Sache selbst, ohne seinerseits einen derartigen „Klageabweisungsantrag" mit dem Aufhebungsantrag verbunden zu haben, so bietet sich die Möglichkeit einer Hilfs-Wider-Widerklage. Das Landesarbeitsgericht Frankfurt (Main) erwähnt sie in 4 Sa 33/61:

„Da die Beklagten zu 3) und 4) ihre materiellen Ansprüche zulässigerweise im Wege der Eventualwiderklage geltend gemacht haben, hätte die Klägerin die Möglichkeit gehabt, soweit ihr durch den aufgehobenen Schiedsspruch zu Unrecht Gerichtskosten auferlegt worden oder außergerichtliche Kosten entstanden sind, diese im Wege der Eventualwider-Widerklage geltend zu machen. Sie hat einen solchen Antrag jedoch nicht gestellt."

Bei nicht rechtzeitiger Berücksichtigung jenes Kosten-Nebenanspruchs aus dem schiedsgerichtlichen Vorverfahren bleibt dieserhalb eine gesonderte Geltendmachung sicherlich möglich, aber wohl nur noch vor dem Arbeitsgericht, da sie in das Aufhebungsverfahren, das den ganzen Streitfall der Schiedsgerichtsbarkeit entzogen hat, hätte einbezogen werden können. Es wird dabei auf den endgültigen Erfolg einer Partei in der Hauptsache abzustellen sein. Das Arbeitsgericht wird nicht mehr als Aufhebungsgericht, sondern in normaler Zuständigkeit nach dem Arbeitsverhältnis tätig, so daß es auf die tarifrechtlich alleinige Zuständigkeit des Arbeitsgerichts Frankfurt (Main) (§ 38 der Bühnenschiedsgerichtsordnung) nicht mehr ankommen kann. Urteile hierzu liegen nicht vor, wie überhaupt Aufhebungsverfahren in der Bühnenschiedsgerichtsbarkeit zu den seltenen Ausnahmen gehören, deshalb allerdings eine um so größere Aufmerksamkeit verdienen; seit 1945 ist dabei nur ein Schiedsspruch des Oberschiedsgerichts (1/60) trotz Bestätigung wichtiger Entscheidungsteile zur Aufhebung gelangt, nämlich der im saarländischen Gagen-Umstellungsprozeß mit dem über den Schiedsspruch hinausgehenden Endergebnis (S. 182, 183).

Anhang

1. Bühnenarbeitsrechtliche Bestimmungen in der Bundesrepublik Deutschland mit West-Berlin

(Fortsetzung der im Anhang des Hauptbandes S. 275 ff. gebrachten Auswahl dei wichtigsten Regelungen)

Tarifrecht nach 1945:

Solopersonal

Bühnentechniker-Tarifvertrag (BTT)

vom 25. Mai 1961 (TarifReg. Nr. XXX/Ü/11/ii)

Zwischen dem Deutschen Bühnenverein e. V., Köln – vertreten durch den geschäftsf. Direktor – einerseits, und der Genossenschaft Deutscher Bühnen-Angehörigen, Hamburg – vertreten durch den Hauptvorstand – andererseits, wird folgender Tarifvertrag für technische Angestellte mit künstlerischer oder überwiegend künstlerischer Tätigkeit an Bühnen – Bühnentechniker-Tarifvertrag – BTT – geschlossen:

§ 1

Betrieblicher Geltungsbereich

Dieser Tarifvertrag gilt für die Theater und Bühnen innerhalb der Bundesrepublik einschl. West-Berlin, die von einem Land oder von einer Gemeinde oder mehreren Gemeinden oder von einem Gemeindeverband ganz oder überwiegend wirtschaftlich oder rechtlich getragen werden, mit Ausnahme der Landesbühnen.

Protokollnotiz:

Landesbühnen im Sinne dieses Tarifvertrages sind die Bühnen, für die der Tarifvertrag vom 4. 10. 1956 oder die an seine Stelle tretenden tarifvertraglichen Regelungen gelten.

§ 2

Persönlicher Geltungsbereich

(1) Unter diesen Tarifvertrag fallen:

1. Technische Direktoren und technische Leiter,
2. Oberinspektoren und Inspektoren als technische Leiter,
3. Leiter des Beleuchtungswesens und Beleuchtungs-(ober-)inspektoren als Leiter des Beleuchtungswesens,
4. Vorstände der Malsäle,
5. Leiter der Kaschierwerkstätten,
6. Chefmaskenbildner,
7. Assistenten der technischen Leiter und der Leiter des Beleuchtungswesens,
8. Leiter der Ausstattungswerkstätten,
9. Tonmeister.

(2) Unter diesen Tarifvertrag fallen ferner folgende Angestellte, wenn sie überwiegend künstlerisch tätig sind:

10. Technische Oberinspektoren und Inspektoren, soweit nicht technische Leiter,
11. Beleuchtungs-(ober-)inspektoren, soweit nicht Leiter des Beleuchtungswesens,
12. Theater- und Kostümmaler,
13. Maskenbildner,
14. Kascheure (Theaterplastiker),

15. Leiter des Kostümwesens, die nicht überwiegend eine Verwaltungstätigkeit ausüben,
16. Assistenten der Leiter des Kostümwesens, die nicht überwiegend eine Verwaltungstätigkeit ausüben,
17. Gewandmeister.

Ob der Angestellte überwiegend eine künstlerische Tätigkeit auszuüben hat, ist im Dienstvertrag zu vereinbaren.

Protokollnotiz:

Unter dem Leiter der Ausstattungswerkstätten ist nicht der Leiter (Vorstand) einer einzelnen Werkstatt (z. B. Tapezier-, Requisiten-, Rüstwerkstatt), sondern der Leiter aller Dekorationswerkstätten des Theaters zu verstehen.

§ 3

Ausnahmen vom persönlichen Geltungsbereich

Auf Angestellte (§ 2), deren Dienstverhältnisse sich bis zum Inkrafttreten dieses Tarifvertrages nach der TO. A oder nach der TO. A entsprechenden Grundsätzen oder nach dem BAT gerichtet haben, findet dieser Tarifvertrag keine Anwendung. Dies gilt nicht mehr, wenn im Dienstvertrag vereinbart wird, daß auf das Dienstverhältnis dieser Tarifvertrag Anwendung findet.

§ 4

Normalvertrag

Der Normalvertrag – Solo findet mit Ausnahme des § 3 Abs. 2, 3 und 4 sowie der §§ 6, 9, 12, 18 und 20 sinngemäß Anwendung.

§ 5

Arbeitszeit

(1) Die regelmäßige Arbeitszeit beträgt, ausschließlich der Pausen, im Durchschnitt von höchstens 4 Wochen 45 Stunden wöchentlich. Sie kann um 6 Stunden wöchentlich verlängert werden.

(2) Die Arbeitszeit darf nur in Ausnahmefällen, wenn es der Betrieb erfordert, auf mehr als zwei Zeitabschnitte des Tages verteilt werden.

(3) Der Angestellte ist an Sonn- und Feiertagen ebenso zur Dienstleistung verpflichtet wie an Werktagen.

a) In jeder Woche steht dem Angestellten ein freier Tag zu. Dieser soll mindestens in jeder siebenten Woche auf einen Sonntag oder Feiertag fallen.
b) Die freien Tage sollen unter Berücksichtigung der Bedürfnisse des Betriebes möglichst gleichmäßig innerhalb des Kalendermonats verteilt werden.
c) Als ganzer freier Tag gilt auch, wenn zwei halbe freie Tage sich zeitlich aneinander anschließen. Für diesen Fall darf auch der Sonntagvormittag als halber freier Tag gerechnet werden.
d) Innerhalb des Kalendermonats können, wenn es aus betrieblichen Gründen erforderlich ist, anstelle von 2 ganzen freien Tagen 4 halbe freie Tage gewährt werden.
e) Die halben freien Tage beginnen, wenn es sich um einen Nachmittag handelt, mit dem Schluß des Vormittagsdienstes, spätestens jedoch um 14.00 Uhr. Die

dienstplanmäßige Arbeitszeit darf an halben Tagen je 4½ Stunden nicht überschreiten.

f) Wird auf Anordnung an einem Wochenfeiertag gearbeitet, so wird dafür innerhalb von acht Wochen ein ungeteilter freier Arbeitstag gewährt; ist dies aus betrieblichen Gründen nicht möglich, so wird für die an dem Wochenfeiertag geleistete Arbeit der Jahresurlaub um einen Tag verlängert. Diese Tage sind Urlaubstage im Sinne des Urlaubstarifvertrages vom 1. 4. 1960.

Protokollnotiz:

Über den Urlaubstarifvertrag vom 1. 4. 1960 hinaus gewährter Urlaub kann durch betriebliche oder dienstvertragliche Vereinbarungen auf die nach Buchstabe f) zustehenden freien Arbeitstage angerechnet werden.

§ 6

Theaterbetriebszulage

(1) Der Angestellte, dessen regelmäßige Arbeitszeit gemäß § 5 Abs. 1 Satz 2 verlängert ist, erhält eine Theaterbetriebszulage bis zu 115,– DM monatlich, deren Höhe im Dienstvertrag zu vereinbaren ist.

(2) Durch die Theaterbetriebszulage werden abgegolten:

a) die mit dem Dienst am Theater verbundenen Aufwendungen und die besonderen Erschwernisse, die die nicht nur gelegentliche Sonn- und Feiertagsarbeit und die üblicherweise unregelmäßige tägliche Arbeitszeit mit sich bringen,
b) die die allgemeine regelmäßige Arbeitszeit (§ 5 Abs. 1 Satz 1) bis zu sechs Stunden in der Kalenderwoche überschreitende Arbeitszeit,
c) Sonn- und Feiertagsarbeit,
d) Nachtarbeit.

§ 7

Überstunden

(1) Die auf Anordnung über die regelmäßige Arbeitszeit (§ 5 Abs. 1 Satz 1 und 2) hinaus geleisteten Arbeitsstunden sind Überstunden. Sie dürfen nur angeordnet werden, wenn ein außerordentliches dringendes dienstliches Bedürfnis besteht oder die besonderen Verhältnisse des Theaterbetriebes es erfordern. Überstunden, deren Notwendigkeit voraussehbar ist, sollen spätestens am Vortage angesagt werden.

Bei Dienstreisen gilt nur die Zeit der dienstlichen Inanspruchnahme am auswärtigen Geschäftsort als Arbeitszeit. Es wird jedoch für jeden Tag, einschließlich der Reisetage, mindestens die dienstplanmäßige Arbeitszeit berücksichtigt.

(2) Überstunden sind innerhalb von 8 Wochen durch Dienstbefreiung auszugleichen. Ist der Ausgleich innerhalb dieser Frist nicht möglich, so ist jede nicht ausgeglichene Überstunde mit $1/200$ der Monatsvergütung zu bezahlen. Der Berechnung ist das feste Gehalt (§ 3 Abs. 1 des Normalvertrages – Solo) zugrunde zu legen.

Durch Nebenabrede zum Dienstvertrag kann eine Überstundenpauschalvergütung vereinbart werden.

Diese Nebenabrede kann mit einer Frist von 3 Monaten zum 31. 3. eines jeden Jahres und zum Ende jeder Spielzeit schriftlich gekündigt werden.

§ 8

Ruhezeit

(1) Nach dem Ende des Abenddienstes oder nach der Heimkehr von auswärtigen Gesamtgastspielen zur Nachtzeit ist eine angemessene Ruhezeit zu gewähren. Angemessen sind 11 Stunden.

Dies gilt nicht bei vorübergehenden Arbeiten in Notfällen und in außergewöhnlichen Fällen, die unabhängig vom Willen der Betroffenen eintreten und deren Folgen nicht auf andere Weise zu beseitigen sind.

(2) Außer bei Haupt-, General- und technischen Proben ist zwischen dem Ende des Vormittagsdienstes und dem Beginn des Abenddienstes eine zweistündige Ruhezeit zu gewähren, es sei denn, daß Spielplan- oder Betriebsstörungen oder Gastspiele am Theater eine Verkürzung dieser Ruhezeit notwendig machen.

§ 9

Nachtdienstentschädigung

(1) Für die bei Nachtarbeit üblicherweise entstehenden Mehraufwendungen wird an Angestellte, die auf Anordnung in der Zeit von 0.00 Uhr – jedoch nicht vor Ende des Abendvorstellungsdienstes – bis 7.00 Uhr arbeiten und keine Theaterbetriebszulage erhalten, eine Aufwandsentschädigung gezahlt. Sie beträgt für jede Stunde $^1/_{800}$ der Monatsvergütung: § 7 Abs. 2 Satz 3 findet entsprechend Anwendung.

(2) Die Nachtdienstentschädigung wird für jede Nacht berechnet. Eine angebrochene Stunde wird als volle Stunde gerechnet, wenn sie eine halbe Stunde übersteigt; im übrigen bleibt sie unberücksichtigt.

(3) Die Nachtdienstentschädigung wird nicht gewährt für Nächte, für die Übernachtungsgeld zusteht, ohne daß eine Unterkunft in Anspruch genommen wird.

§ 10

Ausnahmen von §§ 5, 6, 7 und 9

Die Vorschriften des § 5 Abs. 1 und 2 und der §§ 6, 7, 9 gelten nicht

a) für die in § 2 Ziff. 1–3 aufgeführten Angestellten und

b) für die übrigen in § 2 aufgeführten Angestellten, die nach ihrem Dienstvertrag der Bühnenleitung unmittelbar unterstellt sind.

Diesen Angestellten ist für die Mitwirkung bei einer Doppelvorstellung der an ihrem Theater übliche Satz zu vergüten, wenn ihre Mitwirkung im Einzelfall von der Bühnenleitung angeordnet ist. Im übrigen gelten die von ihnen geleisteten Überstunden als durch das feste Gehalt (§ 3 Abs. 1 Normalvertrag – Solo) abgegolten.

§ 11

Änderung des Urlaubstarifvertrages[1])

§ 5 Abs. 2 des Urlaubstarifvertrages vom 1. 4. 1960 in der Fassung des § 11 des Bühnentechnikertarifvertrages – BTT – vom 25. 5. 1960 wird ab Buchst. c) wie folgt neu gefaßt:

---

[1]) Fassung des Tarifvertrages vom 3. 11. 1961 (TarifReg. Nr. XXX/Ü/11/II).

„c) die unter die Bühnentechnikertarifverträge – BTT und BTTL – fallenden Angestellten das feste Gehalt (§ 4 BTT, bzw. Normalvertrag – Solo) sowie ein Anteil der Theaterbetriebszulagen (§ 6 BTT bzw. § 6 BTTL) und der Überstundenvergütungen (§ 7 BTT bzw. § 7 BTTL).

Der Spielgeldanteil (Buchst. a und b) und der Anteil der Theaterbetriebszulagen und der
Überstundenvergütungen (Buchst. c)
betragen 10 v. H. der Spielgelder bzw. der Theaterbetriebszulagen und Überstundenvergütungen, die in dem dem Urlaub zugrunde liegenden Vertragszeitraum (§ 3) angefallen sind."

§ 12

Schiedsgerichtsbarkeit

Für alle Streitigkeiten und Ansprüche aus dem Dienstverhältnis, das sich nach diesem Tarifvertrag bestimmt, sind unter Ausschluß der Arbeitsgerichtsbarkeit die von dem Deutschen Bühnenverein und der Genossenschaft Deutscher Bühnen-Angehörigen eingesetzten Schiedsgerichte nach Maßgabe der Schiedsgerichtsordnung zuständig.

§ 13

Übergangsregelungen

(1) Bei den in § 2 Abs. 2 genannten Angestellten, deren Dienstverhältnisse sich am 31. März 1961 nach dem Techniker-Tarifvertrag vom 12. Februar 1955 i. d. F. vom 5. Juni 1959 gerichtet haben oder nach einer vor dem 1. April 1961 getroffenen Vereinbarung für eine Zeit nach dem 31. März 1961 gerichtet hätten, gilt bis zum Ablauf des Dienstverhältnisses durch Nichtverlängerungsmitteilung nach dem Mitteilungspflicht-Abkommen vom 10. Oktober 1947 als im Dienstvertrag vereinbart, daß diese Angestellten überwiegend eine künstlerische Tätigkeit auszuüben haben. Dies gilt nicht mehr, wenn im Dienstvertrag vereinbart wird, daß auf das Dienstverhältnis der BAT Anwendung findet.

(2) Bei den in Abs. 1 genannten Angestellten gilt bis zum Ablauf ihres Dienstverhältnisses durch Nichtverlängerungsmitteilung die Theaterbetriebszulage als in dem festen Gehalt enthalten. Die Nachtarbeit ist in diesem Falle jedoch nicht abgegolten.

(3) Bis zum Ablauf ihrer Dienstverhältnisse durch Nichtverlängerungsmitteilung gilt § 10 für die in § 2 Ziff. 4–17 aufgeführten Angestellten auch dann, wenn sie bei Inkrafttreten dieses Tarifvertrages der Bühnenleitung zwar unmittelbar unterstellt sind, diese Unterstellung jedoch im Dienstvertrag nicht vereinbart ist.

(4) Die in den Abs. 1–3 genannten Angestellten sind berechtigt, bis zum 15. Januar 1962 zu verlangen, daß wegen der überwiegend künstlerischen Tätigkeit (Abs. 1 in Verbindung mit § 2 Abs. 2), der Theaterbetriebszulage (Abs. 2 in Verbindung mit § 6) oder der Unterstellung (Abs. 3 in Verbindung mit § 10) mit dem Ziel einer Änderungsvereinbarung für die Zeit ab Beginn der Spielzeit 1962/63 verhandelt wird. Kommt eine solche Änderungsvereinbarung bis zum 10. Februar 1962 nicht zustande, ist der Angestellte berechtigt, bis zum 15. Februar 1962 das Dienstverhältnis ohne Rücksicht auf dessen Dauer zum Ende der Spielzeit 1961/62 schriftlich zu kündigen.

(5) Bisher bestehende günstigere einzelvertragliche Regelungen werden durch diesen Tarifvertrag nicht außer Kraft gesetzt.

§ 14

Inkrafttreten

(1) § 13 Abs. 1 tritt mit Wirkung vom 1. April 1961 in Kraft. Im übrigen tritt dieser Tarifvertrag mit Beginn der Spielzeit 1961/62 in Kraft. Er kann mit einer Frist von 6 Monaten zum 31. Juli eines jeden Jahres, erstmals zum 31. Juli 1965, schriftlich gekündigt werden.

(2) Mit dem Inkrafttreten dieses Tarifvertrages tritt für seinen Geltungsbereich der Techniker-Tarifvertrag vom 18. Februar 1955 i. d. F. des Tarifvertrages vom 5. Juni 1959 außer Kraft.

Bühnentechniker (Landesbühnen) – Tarifvertrag (BTTL)

vom 3. November 1961 (TarifReg. Nr. XXX/Ü/11/kk)

Zwischen dem Deutschen Bühnenverein e. V., Köln – vertreten durch den Vorstand –, einerseits, und der Genossenschaft Deutscher Bühnenangehörigen, Hamburg – vertreten durch den Hauptvorstand –, andererseits, wird folgender Tarifvertrag für technische Angestellte mit teilweise künstlerischer Tätigkeit an Landesbühnen – BTTL – geschlossen:

§ 1

Betrieblicher Geltungsbereich

Dieser Tarifvertrag gilt für die Landesbühnen innerhalb der Bundesrepublik einschl. West-Berlin.

Protokollnotiz:

Landesbühnen im Sinne dieses Tarifvertrages sind folgende Bühnen:

Schleswig-Holstein:

1. Nordmark-Landestheater (Stadttheater Schleswig)
2. Landesbühne Schleswig-Holstein GmbH, Rendsburg

Niedersachsen:

3. Landesbühne Niedersachsen-Nord GmbH, Wilhelmshaven
4. Landesbühne Niedersachsen-Süd, Hannover
5. Städtebund-Theater Niedersachsen, Verden/Aller

Rheinland-Westfalen:

6. Westfälisches Landestheater e. V., Castrop-Rauxel
7. Rheinisches Landestheater e. V., Neuß/Rhein
8. Landestheater Detmold (Theaterverein Detmold)
9. Theater am Niederrhein e. V., Kleve

Hessen:

10. Landesbühne Rhein–Main, Frankfurt/Main

Rheinland-Pfalz:

11. Landesbühne Rheinland-Pfalz, Neuwied/Rhein

Württemberg-Baden:

12. Württembergische Landesbühne, Esslingen a. N.

13. Landestheater Württemberg-Hohenzollern, Tübingen
14. Landesbühne Neckar-Rhein-Main (Unterländer Volksbühne), Bruchsal

Bayern:

15. Schwäbisches Landesschauspiel, Memmingen
16. Nordostoberfränkisches Städtebundtheater, Hof

§ 2

Persönlicher Geltungsbereich

(1) Unter diesen Tarifvertrag fallen:

1. Technische Leiter
2. Leiter des Beleuchtungswesens
3. Theatermeister
4. Beleuchtungsmeister
5. Vorstände der Malsäle
6. Chefmaskenbildner
7. Assistenten der technischen Leiter und der Leiter des Beleuchtungswesens
8. Tonmeister und Tontechniker
9. Theater- und Kostümmaler
10. Maskenbildner
11. Kascheure und Requisiteure
12. Leiter des Kostümwesens (Gewandmeister).

(2) Auf künstlerische Bühnenvorstände (z. B. Kostüm- oder Bühnenbildner), die überwiegend die Tätigkeit eines bühnentechnischen Angestellten nach den vorstehenden Bestimmungen auszuüben verpflichtet sind oder tatsächlich ausüben, finden die Vorschriften dieses Tarifvertrags sinngemäß Anwendung.

§ 3

Sonderregelung für unter den BAT fallende Landesbühnen

Bei Landesbühnen, die unter den Bundesangestelltentarifvertrag – BAT – fallen oder die die Grundsätze des BAT ganz oder teilweise auf ihr Personal anwenden, bestimmt sich der persönliche Geltungsbereich nach § 2 des Bühnentechnikervertrags vom 25. Mai 1961. Zusätzlich gelten für diese Angestellten dessen §§ 3, 13 Abs. 1 und 14 Abs. 1 Satz 1.

§ 4

Normalvertrag und Wanderbühnenabkommen

Der Normalvertrag „Solo“ mit Ausnahme des § 3 Abs. 2, 3 und 4 sowie der §§ 6, 9, 12 und 20 sowie das Wanderbühnenabkommen vom 19. 4. 1924 finden sinngemäß Anwendung.

§ 5

Arbeitszeit

(1) Die regelmäßige Arbeitszeit beträgt, ausschließlich der Pausen, im Durchschnitt von höchstens 4 Wochen 45 Std. wöchentlich. Sie kann um 6 Std. wöchentlich verlängert werden.

(2) Die Arbeitszeit soll in der Regel, wenn es der Betrieb nicht anders erfordert, auf nicht mehr als 2 Zeitabschnitte des Tages verteilt werden.

(3) Der Angestellte ist an Sonn- und Feiertagen ebenso zur Dienstleistung verpflichtet wie an Werktagen.

a) In jeder Woche steht dem Angestellten ein freier Tag zu. Dieser soll mindestens in jeder siebenten Woche auf einen Sonntag oder Feiertag fallen.

b) Die freien Tage sollen unter Berücksichtigung der Bedürfnisse des Betriebes möglichst gleichmäßig innerhalb des Kalendermonats verteilt werden.

c) Als ganzer freier Tag gilt auch, wenn zwei halbe freie Tage sich zeitlich aneinander anschließen. Für diesen Fall darf auch der Sonntagvormittag als halber freier Tag gerechnet werden.

d) Innerhalb des Kalendermonats können, wenn es aus betrieblichen Gründen erforderlich ist, anstelle von 2 ganzen freien Tagen 4 halbe freie Tage gewährt werden.

e) Die halben freien Tage beginnen, wenn es sich um einen Nachmittag handelt, mit dem Schluß des Vormittagsdienstes, spätestens jedoch um 14.00 Uhr. Die dienstplanmäßige Arbeitszeit darf an halben Tagen je $4^1/_2$ Stunden nicht überschreiten, sofern nicht die betrieblichen Verhältnisse im Einzelfall eine Überschreitung erfordern.

f) Wird auf Anordnung an einem Wochenfeiertag gearbeitet, so wird dafür innerhalb von acht Wochen ein ungeteilter freier Arbeitstag gewährt; ist dies aus betrieblichen Gründen nicht möglich, so wird für die an dem Wochenfeiertag geleistete Arbeit der Jahresurlaub um einen Tag verlängert. Diese Tage sind Urlaubstage im Sinne des Urlaubstarifvertrages vom 1. 4. 1960.

Protokollnotiz:

Über den Urlaubstarifvertrag vom 1. 4. 1960 hinaus gewährter Urlaub kann durch betriebliche oder dienstvertragliche Vereinbarung auf die nach Buchstabe f) zustehenden freien Arbeitstage angerechnet werden.

§ 6

Theaterbetriebszulage

(1) Der Angestellte, dessen regelmäßige Arbeitszeit gemäß § 5 Abs. 1 Satz 2 verlängert ist, erhält eine Theaterbetriebszulage von mindestens DM 50,–, höchstens DM 100,–, deren Höhe im Dienstvertrag zu vereinbaren ist.

(2) Durch die Theaterbetriebszulage werden abgegolten:

a) die mit dem Dienst am Theater verbundenen Aufwendungen und die besonderen Erschwernisse, die die nicht nur gelegentliche Sonn- und Feiertagsarbeit und die üblicherweise unregelmäßige tägliche Arbeitszeit mit sich bringen,

b) die die allgemeine regelmäßige Arbeitszeit (§ 5 Abs. 1 Satz 1) bis zu sechs Stunden in der Kalenderwoche überschreitende Arbeitszeit,

c) Sonn- und Feiertagsarbeit,

d) Nachtarbeit.

§ 7

Überstunden

(1) Die auf Anordnung über die regelmäßige Arbeitszeit (§ 5 Abs. 1 Satz 1 und 2) hinaus geleisteten Arbeitsstunden sind Überstunden. Sie dürfen nur an-

geordnet werden, wenn ein außerordentliches dringendes dienstliches Bedürfnis besteht oder die besonderen Verhältnisse des Theaterbetriebes es erfordern. Überstunden, deren Notwendigkeit voraussehbar ist, sollen spätestens am Vortage angesagt werden.

Bei Dienstreisen gilt nur die Zeit der dienstlichen Inanspruchnahme am auswärtigen Geschäftsort als Arbeitszeit. Es wird jedoch für jeden Tag, einschließlich der Reisetage, mindestens die dienstplanmäßige Arbeitszeit berücksichtigt.

Fahrten des Ensembles oder eines Teiles des Ensembles zu den Spielorten gelten nicht als Dienstreisen. Die bei solchen Fahrten anfallenden Fahrtzeiten gelten zur Hälfte als Arbeitszeit. Hierbei wird eine Entfernung von 50 km einer Stunde gleichgesetzt. Betrieblich können unter Berücksichtigung der vorstehenden Bestimmungen Vereinbarungen über eine Pauschalierung der anfallenden Überstundenvergütung getroffen werden. § 5 Abs. 3 Buchst. e) Satz 2 gilt sinngemäß.

(2) Überstunden sind innerhalb von 8 Wochen durch Dienstbefreiung auszugleichen. Ist der Ausgleich innerhalb dieser Frist nicht möglich, so ist jede nicht ausgeglichene Überstunde mit $^{1}/_{200}$ der Monatsvergütung zu bezahlen. Der Berechnung ist das feste Gehalt (§ 3 Abs. 1 des Normalvertrages - Solo -) zugrunde zu legen.

Durch Nebenabrede zum Dienstvertrag kann eine Überstundenpauschalvergütung vereinbart werden.

Diese Nebenabrede kann mit einer Frist von 3 Monaten zum Ende jedes Rechnungsjahres schriftlich gekündigt werden.

§ 8

Ruhezeit

(1) Nach dem Ende des Abenddienstes oder nach der Heimkehr von auswärtigen Gesamtgastspielen zur Nachtzeit ist eine angemessene Ruhezeit zu gewähren. Sie soll nicht weniger als 10 Std. betragen.

Dies gilt nicht bei vorübergehenden Arbeiten in Notfällen und in außergewöhnlichen Fällen, die unabhängig vom Willen der Betroffenen eintreten und deren Folgen nicht auf andere Weise zu beseitigen sind.

(2) Außer bei Haupt-, General- und technischen Proben ist zwischen dem Ende des Vormittagsdienstes und dem Beginn des Abenddienstes eine zweistündige Ruhezeit zu gewähren, es sei denn, daß Spielplan- oder Betriebsstörungen oder Gastspiele am Theater eine Verkürzung dieser Ruhezeit notwendig machen.

§ 9

Nachtdienstentschädigung

(1) Für die bei Nachtarbeit üblicherweise entstehenden Mehraufwendungen wird an Angestellte, die auf Anordnung in der Zeit von 0.00 Uhr – jedoch nicht vor Ende des Abendvorstellungsdienstes oder der Rückkehr an den Sitz der Landesbühne – bis 7.00 Uhr arbeiten und keine Theaterbetriebszulage erhalten, eine Aufwandsentschädigung gezahlt. Sie beträgt für jede Stunde $^{1}/_{800}$ der Monatsvergütung; § 7 Abs. 2 Satz 3 findet entsprechend Anwendung.

(2) Die Nachtdienstentschädigung wird für jede Nacht berechnet. Eine an-

gebrochene Stunde wird als volle Stunde gerechnet, wenn sie eine halbe Stunde übersteigt; im übrigen bleibt sie unberücksichtigt.

(3) Die Nachtdienstentschädigung wird nicht gewährt für Nächte, für die Übernachtungsgeld zusteht, ohne daß eine Unterkunft in Anspruch genommen wird.

§ 10

Technische Leiter

Auf technische Leiter nach § 2 Ziff. 1 Nr. 1, die der Bühnenleitung für den gesamten technischen Betrieb unmittelbar verantwortlich sind, finden § 5 Abs. 1 und 2 sowie der § 7 keine Anwendung.

§ 11

Schiedsgerichtsbarkeit

Für alle Streitigkeiten und Ansprüche aus dem Dienstverhältnis, das sich nach diesem Tarifvertrag bestimmt, sind unter Ausschluß der Arbeitsgerichtsbarkeit die von dem Deutschen Bühnenverein und der Genossenschaft Deutscher Bühnen-Angehörigen eingesetzten Schiedsgerichte nach Maßgabe der Schiedsgerichtsordnung zuständig.

§ 12

Übergangsregelungen

(1) Bei den im Zeitpunkt des Inkrafttretens dieses Tarifvertrags an Landesbühnen beschäftigten technischen Angestellten gilt bis zum Ablauf ihres Dienstverhältnisses durch Nichtverlängerungsmitteilung die Theaterbetriebszulage als in dem festen Gehalt enthalten. Die Nachtarbeit ist in diesem Falle jedoch nur abgegolten, wenn eine besondere Pauschalvergütung für Erschwernisse aller Art schon seither gezahlt wird.

(2) Die in Abs. 1 genannten Angestellten sind berechtigt, bis zum 15. Januar 1962 zu verlangen, daß wegen der Theaterbetriebszulagen (Abs. 1 in Verbindung mit § 6) mit dem Ziel einer Änderungsvereinbarung für die Zeit ab Beginn der Spielzeit 1962/63 verhandelt wird. Kommt eine solche Änderungsvereinbarung bis zum 10. Februar 1962 nicht zustande, ist der Angestellte berechtigt, bis zum 15. Februar 1962 das Dienstverhältnis ohne Rücksicht auf dessen Dauer zum Ende der Spielzeit 1961/62 schriftlich zu kündigen.

(3) Bisher bestehende günstigere vertragliche Regelungen werden durch diesen Tarifvertrag nicht außer Kraft gesetzt.

§ 13

Inkrafttreten

Dieser Tarifvertrag tritt am 1. 1. 1962 in Kraft. Er kann mit einer Frist von 6 Monaten zum 31. Juli eines jeden Jahres, erstmals zum 31. Juli 1965, schriftlich gekündigt werden.

Mit dem Inkrafttreten dieses Tarifvertrages treten der Technikertarifvertrag vom 18. 2. 1955 in der Fassung des Tarifvertrags vom 5. Juni 1959 sowie der Tarifvertrag vom 4. 10. 1956 über Ausnahmen vom Geltungsbereich des Tarifvertrages über technische Bühnenvorstände außer Kraft.

Gagenanpassungs-Rahmentarifvertrag

vom 5. Juli 1962 (TarifReg. Nr. XXX/Ü/11/oo)

Zwischen dem Deutschen Bühnenverein e. V., Köln – vertreten durch den Vorstand – einerseits, und der Genossenschaft Deutscher Bühnen-Angehörigen, Hamburg – vertreten durch den Hauptvorstand – andererseits, wird folgender Tarifvertrag abgeschlossen:

§ 1

Dieser Tarifvertrag gilt

a) für die Bühnenmitglieder im Sinne des § 1 Abs. 2 des Normalvertrages – Solo – vom 1. Mai 1924 in der Fassung des Tarifvertrages vom 14. April 1961,
b) für die unter den Bühnentechniker-Tarifvertrag – BTT – vom 15. Mai 1961 fallenden Angestellten und
c) für die unter den Tarifvertrag für technische Angestellte mit teilweise künstlerischer Tätigkeit an Landesbühnen – BTTL – vom 3. November 1961 fallenden Angestellten.

an Theatern innerhalb der Bundesrepublik und West-Berlins, die von einem Land oder einer Gemeinde oder mehreren Gemeinden oder von einem Gemeindeverband ganz oder überwiegend wirtschaftlich oder rechtlich getragen werden.

§ 2

(1) Werden die Bezüge (Grundvergütungen, Ortszuschläge) der unter den Bundesangestelltentarifvertrag – BAT – vom 23. Februar 1961 fallenden Angestellten des Bundes rechtsverbindlich allgemein geändert, so sind die festen Gehälter der in § 1 genannten Personen diesen Änderungen durch Tarifvertrag sinngemäß anzupassen. Der tarifvertraglichen Regelung unterliegen Umfang und Inkrafttreten der Anpassung.

(2) Dies gilt nicht für die Mitglieder, die im Zeitpunkt des Inkrafttretens des nach Abs. 1 abzuschließenden Tarifvertrages

a) noch nicht eine Spielzeit auf Normalvertrag an demselben Theater beschäftigt sind, es sei denn, daß der Vertrag schon ein Jahr vor der laufenden Spielzeit abgeschlossen ist,
b) zwar bereits eine Spielzeit an demselben Theater beschäftigt sind, deren festes Gehalt aber für die laufende Spielzeit neu vereinbart ist, es sei denn, daß die Neuvereinbarung bereits ein Jahr vor der laufenden Spielzeit getroffen oder einzelvertraglich vereinbart ist, daß das neuvereinbarte feste Gehalt ganz oder teilweise an der Erhöhung gemäß Abs. 1 Satz 2 teilnimmt,
c) einen Anspruch auf einen Gastierurlaub von mehr als insgesamt 45 Tagen innerhalb der laufenden Spielzeit haben,
d) auf Teilspielzeitvertrag bis zu 8 Monaten angestellt sind,
e) auf Gastspielvertrag im Sinne des § 20 des Normalvertrags – Solo – verpflichtet sind.

§ 3

Dieser Tarifvertrag tritt am 1. Juli 1962 in Kraft. Er kann mit einer Frist von 6 Monaten zum Ende eines jeden Kalenderjahres, frühestens zum 31. Dezember 1964 schriftlich gekündigt werden.

1. Durchführungstarifvertrag zur Gagenanpassung

vom 12. September 1962 (TarifReg. Nr. XXX/Ü/11/pp)

zwischen dem Deutschen Bühnenverein, Köln, vertreten durch den Vorstand, einerseits, und der Genossenschaft Deutscher Bühnen-Angehörigen, Hamburg, vertreten durch den Hauptvorstand, andererseits.

Zur Durchführung des Anpassungsrahmentarifvertrages vom 5. Juli 1962 wird folgender Tarifvertrag abgeschlossen:

§ 1

Die festen Gehälter der in § 1 des Anpassungsrahmentarifvertrages vom 5. Juli 1962 genannten Personen werden mit Beginn der Spielzeit 1962/63 um 5 v. H. erhöht; dies gilt nicht für die nach § 2 Abs. 2 des Anpassungsrahmentarifvertrages ausgenommenen Mitglieder.

§ 2

Dieser Tarifvertrag tritt mit Beginn der Spielzeit 1962/63 in Kraft.

2. Durchführungstarifvertrag zur Gagenanpassung

vom 11. Juni 1963 (TarifReg. Nr. XXX/Ü/11/ww)

Zwischen dem Deutschen Bühnenverein, Köln, vertreten durch den Vorstand, einerseits und der Genossenschaft Deutscher Bühnen-Angehörigen, Hamburg, vertreten durch den Hauptvorstand, andererseits,
wird zur Durchführung des Anpassungsrahmentarifvertrages vom 5. Juli 1962 folgendes vereinbart:

§ 1

(1) Die festen Gehälter der in § 1 des Anpassungsrahmentarifvertrages vom 5. Juli 1962 genannten Personen werden wie folgt erhöht:

a) Von Beginn der Spielzeit 1963/64 an wird ein Erhöhungsbetrag von 35,– DM monatlich gezahlt.
b) Für die Zeit vom 1. Juni 1964 an werden die nach Buchst. a erhöhten Gagen um 3 v. H. erhöht.
c) Für die Zeit vom Beginn der Spielzeit 1963/64 bis zum 31. Mai 1964 wird ein weiterer Erhöhungsbetrag von 12,– DM monatlich gezahlt.

(2) Pfennigbeträge, die sich bei den Berechnungen nach Abs. 1 Buchst. b ergeben, werden bis zu 49 Pf. auf volle Deutsche Mark abgerundet, sonst aufgerundet.

(3) Absatz 1 gilt nicht für die nach § 2 Abs. 2 des Anpassungsrahmentarifvertrages ausgenommenen Mitglieder.

§ 2

Dieser Tarifvertrag tritt mit Beginn der Spielzeit 1963/64 in Kraft.

Chor- und Tanzpersonal

Tarifvertrag über Chorgagenklassen

vom 11. Juni 1963 (TarifReg. Nr. XXX/Ü/11/uu)[1])

Zwischen dem Deutschen Bühnenverein, Köln, vertreten durch den Vorstand, einerseits und der Genossenschaft Deutscher Bühnen-Angehörigen, Hamburg, vertreten durch den Hauptvorstand, andererseits,
wird folgendes vereinbart:

§ 1

Dieser Tarifvertrag gilt für die Mitglieder von Opernsingchören, die an den Bühnen innerhalb der Bundesrepublik Deutschland und des Landes Berlin auf Normalvertrag angestellt sind. Als Opernsingchöre gelten nicht Chöre an solchen Theatern, die Opern nur gelegentlich spielen. Ein gelegentliches Spielen liegt vor, wenn in einer Spielzeit nicht mehr als zwei Opern-Neueinstudierungen herausgebracht werden.

§ 2

(1) Die Gagen der Mitglieder von Opernsingchören werden wie folgt erhöht:

a) Für die Zeit vom 1. April 1963 bis zum 31. März 1964:
die für den Monat März 1963 zustehenden Gagen werden um 33,– DM erhöht.

b) Für die Zeit vom 1. April 1964 bis zum 30. September 1964:
die für den Monat März 1964 zustehenden Gagen werden um 2 v. H. erhöht.

c) Für die Zeit vom 1. Oktober 1964 an:
die für den Monat September 1964 zustehenden Gagen werden um 1 v. H. erhöht.

(2) Pfennigbeträge, die sich bei den Berechnungen nach Absatz 1 Buchst. b und c ergeben, werden bis zu 49 Pf. auf volle Deutsche Mark abgerundet, sonst aufgerundet.

§ 3

(1) Es werden folgende Chorgagenklassen festgelegt:

a) Für die Zeit vom 1. April 1963 bis zum 31. März 1964
Klasse A ab 885,– DM
Klasse B von 785,– bis 884,– DM
Klasse C von 675,– bis 784,– DM
Klasse D von 602,– bis 674,– DM
Klasse E von 534,– bis 601,– DM
Klasse F von 485,– bis 533,– DM

b) Für die Zeit vom 1. April 1964 bis zum 30. 9. 1964
Klasse A ab 903,– DM
Klasse B von 801,– bis 902,– DM
Klasse C von 688,– bis 800,– DM
Klasse D von 614,– bis 687,– DM
Klasse E von 545,– bis 613,– DM
Klasse F von 495,– bis 544,– DM

---

[1]) Den gleichen Tarifvertrag hat der Deutsche Bühnenverein am gleichen Tag mit der Vereinigung Deutscher Opernchöre abgeschlossen (TarifReg. Nr. XXX/Ü/11/uu/1).

c) Für die Zeit vom 1. Oktober 1964 an
Klasse A ab 912,- DM
Klasse B von 809,- bis 911,- DM
Klasse C von 695,- bis 808,- DM
Klasse D von 620,- bis 694,- DM
Klasse E von 550,- bis 619,- DM
Klasse F von 500,- bis 549,- DM

(2) Die Opernsingchöre bleiben weiterhin in derjenigen Chorgagenklasse, der sie am Tage vor dem Inkrafttreten dieses Tarifvertrages zugehört haben.

(3) Die Gagen des Abs. 1 gelten spätestens nach drei Anfängerjahren. Bei Opernsingchören anderer Theater verbrachte Dienstjahre werden angerechnet.

§ 4

Werden die Bezüge (Grundvergütungen, Ortszuschläge) der unter den Bundesangestelltentarif - BAT - vom 23. Februar 1961 fallenden Angestellten des Bundes rechtsverbindlich allgemein geändert, so sind die Gagen der Mitglieder von Opernsingchören und die Rahmenbeträge der Chorgagenklassen diesen Änderungen durch Tarifvertrag sinngemäß anzupassen. Der tarifvertraglichen Regelung unterliegen Umfang und Inkrafttreten der Anpassung.

§ 5

Unter Gage im Sinne dieses Tarifvertrages ist das feste Gehalt gemäß § 3 Abs. 2 des Normalvertrages Chor und Tanz in der Fassung vom 19. Juni 1924 zu verstehen.

§ 6

(1) Die Mitglieder der Opernsingchöre erhalten zu ihren Gagen einen monatlichen Kinderzuschlag für jedes Kind nach Maßgabe der für Verwaltungsangestellte ihres jeweiligen Rechtsträgers geltenden Bestimmungen.

(2) Erhalten Chormitglieder für das der Reihenfolge der Geburt nach zweite und etwaige weitere Kinder Kindergeld oder Ersatzleistungen nach der Kindergeldgesetzgebung, so wird für diese Kinder nur der Unterschied zwischen dem Kindergeld oder der Ersatzleistung und den Kinderzuschlägen nach Abs. 1 gewährt.

§ 7

(1) Dieser Tarifvertrag tritt mit Wirkung vom 1. April 1963 in Kraft. Er kann mit einer Frist von sechs Monaten zum Ende eines Kalenderjahres, frühestens zum 31. Dezember 1965, schriftlich gekündigt werden.

(2) Mit dem Inkrafttreten dieses Tarifvertrages tritt der Tarifvertrag vom 12. September 1962 außer Kraft.

Tarifvertrag über die Anpassung der Ballettgagen an die Chorgagen

vom 1. April 1960 in der Fassung vom 11. Juni 1963

(TarifReg. Nr. XXX/Ü/11/z und vv)

Zwischen dem Deutschen Bühnenverein, Köln, vertreten durch den Vorstand, einerseits, und der Genossenschaft Deutscher Bühnen-Angehörigen, Hamburg,

vertreten durch den Hauptvorstand, andererseits,
wird folgendes vereinbart:

§ 1

(1) Dieser Tarifvertrag gilt für die Mitglieder von Ballettgruppen, die an Bühnen mit Opernsingchören im Sinne des Chorgagenklassentarifvertrages vom 11. Juni 1963 oder der an seine Stelle tretenden Tarifverträge angestellt sind.

(2) Als Mitglieder einer Ballettgruppe gelten auch Gruppentänzer und Gruppentänzerinnen mit Soloverpflichtung.

§ 2

(1) Die Ballettgagen müssen spätestens ab Spielzeit 1961/62 mindestens 85 v. H. der jeweiligen Chorgagen betragen. Dies gilt nicht für Ballettmitglieder, die das zweite Anfängerjahr noch nicht vollendet haben. Jedoch sind die Gagen für die Ballettmitglieder im ersten und zweiten Anfängerjahr bei einer Änderung der Ballettgagen auf Grund des Satzes 1 so zu ändern, daß sie zu den geänderten Ballettgagen in dem bisherigen Verhältnis stehen.

(2) Als Chorgage gilt das feste Gehalt gemäß § 3 Abs. 2 des Normalvertrages für Chor und Tanz in der Fassung vom 19. Juni 1924 einschließlich der tarifvertraglich hierzu vereinbarten Zuschläge ohne Kinderzuschläge.

(3) Neben der Ballettgage werden Kinderzuschläge nach Maßgabe der für die Mitglieder der Opernsingchöre jeweils geltenden Bestimmungen gewährt.

§ 3

Dieser Tarifvertrag tritt mit Wirkung vom 1. April 1963 in Kraft. Er kann mit einer Frist von sechs Monaten zum Ende eines Kalenderjahres, erstmalig zum 31. Dezember 1965, schriftlich gekündigt werden.

Gesamtpersonal

Tarifvertrag über die Zahlung von Bezügen und Zuschüssen im Krankheitsfall vom 14. April 1961 (TarifReg. Nr. XXX/Ü/11/gg/1)[1])

Zwischen dem Deutschen Bühnenverein e. V., Köln – vertreten durch den Vorstand – einerseits, und der Genossenschaft Deutscher Bühnen-Angehörigen, Hamburg – vertreten durch den Hauptvorstand – andererseits, wird folgender Tarifvertrag vereinbart:

§ 1

§ 8 Abs. 1 und 2 des Normalvertrages für Solopersonal und § 6 Abs. 1 und 2 des Normalvertrages für Chor und Tanz (beide Normalverträge in der Fassung des Tarifvertrages vom 15. September 1955) erhalten folgende Fassung:

1. Im Falle einer durch Unfall oder Krankheit verursachten Dienstunfähigkeit werden Krankenbezüge gewährt, es sei denn, daß sich das Mitglied die Dienst-

---

[1]) Den gleichen Tarifvertrag hat der Deutsche Bühnenverein am gleichen Tag mit der Vereinigung Deutscher Opernchöre abgeschlossen (TarifReg. Nr. XXX/Ü/11/gg) mit ausdrücklicher Beschränkung auf Chor (TarifReg. Nr. XXX/Ü/11/mm).

Die Absätze 3 des § 8 NV-Solo bzw. des § 6 NV-CT sind bereits durch Tarifvertrag vom 15. 9. 1955 gestrichen (vgl. Hauptband S. 313). Die Bezifferung der Absätze 4 ff. in den Normalverträgen ist dadurch nicht geändert.

unfähigkeit vorsätzlich oder grob fahrlässig oder bei einer nicht genehmigten Nebentätigkeit zugezogen hat. Krankenbezüge werden nicht über die Beendigung des Dienstverhältnisses hinaus gezahlt.

Wenn der Dienstvertrag mindestens für die Dauer einer Spielzeit abgeschlossen ist, werden

a) den nichtkrankenversicherungspflichtigen Mitgliedern die vertraglich vereinbarten festen Bezüge für sechs Wochen in voller Höhe und für weitere sechs Wochen zur Hälfte gezahlt,

b) den krankenversicherungspflichtigen Mitgliedern für sechs Wochen die vollen vertraglich vereinbarten festen Bezüge und für weitere sechs Wochen ein Krankengeldzuschuß in Höhe des Unterschiedsbetrages zwischen den Barleistungen der für das Theater zuständigen Allgemeinen Ortskrankenkasse bzw. Betriebskrankenkasse und den Nettobezügen gezahlt, die das Mitglied erhalten würde, wenn es in dieser Zeit Dienst geleistet hätte. Bei Krankenhausbehandlung ist der Krankengeldzuschuß nach den Barleistungen zu bemessen, die die Pflichtkrankenkasse gewähren würde, wenn keine Krankenhausbehandlung vorliegen würde. Bei Mitgliedern von Ersatzkassen werden die Barleistungen der sonst zuständigen Pflichtkrankenkasse als Bemessungsgrundlage für den Unterschiedsbetrag zugrunde gelegt, gleichgültig, welche Barleistungen die Ersatzkasse gewährt. Nettobezüge sind die vertraglich vereinbarten festen (Brutto-)Bezüge zuzüglich etwaiger Kinderzuschläge, vermindert um die gesetzlichen Abzüge (Steuern und Sozialversicherungsbeiträge) und den Arbeitnehmeranteil zur Versorgungsanstalt der Deutschen Bühnen. Der Krankengeldzuschuß darf in keinem Fall 49 v. H. der vertraglich vereinbarten festen Bezüge zuzüglich etwaiger Kinderzuschläge bzw. 99 v. H. der zustehenden Barleistungen der zuständigen Pflichtkrankenkasse übersteigen.

Wenn der Dienstvertrag für einen kürzeren Zeitraum als acht Monate abgeschlossen ist, so mindern sich die Fristen zu a) und b) entsprechend.

Hat das Mitglied nach einer Erkrankung den Dienst ohne Vorlage einer ärztlichen Bescheinigung über seine Arbeitsfähigkeit wieder angetreten und erkrankt es innerhalb von vier Wochen nach dem Diensteintritt erneut an derselben Krankheit, so werden Krankenbezüge für beide Erkrankungen nur für die Dauer der oben zu Buchst. a) und b) vorgesehenen Zeit gewährt.

2. Ist die Dienstunfähigkeit durch einen von einem Dritten zu vertretenden Umstand herbeigeführt, so beschränken sich die Ansprüche aus Abs. 1 auf den Zeitraum eines Tages. Das Mitglied erhält darüber hinaus einen Vorschuß gemäß Abs. 1, wenn es

a) dem Unternehmer unverzüglich die Umstände mitteilt, unter denen die Dienstunfähigkeit herbeigeführt worden ist, und

b) die Ansprüche auf Schadenersatz wegen der Dienstunfähigkeit an den Unternehmer abtritt und erklärt, daß es noch nicht über sie verfügt hat.

Soweit von dem Dritten Schadenersatz erlangt wird, gelten die Vorschüsse des Unternehmers als zurückgezahlt. Soweit von dem Dritten Schadenersatz nicht erlangt wird, verzichtet der Unternehmer auf Rückzahlung der Vorschüsse, wenn die Nichterlangung des Schadenersatzes nicht auf das Verhalten oder auf Handlungen des Mitglieds zurückzuführen ist. Übersteigt der erlangte Schadenersatz den Betrag der vom Unternehmer gezahlten Vorschüsse, so erhält den Unterschiedsbetrag das Mitglied; bei der Verfolgung des Schadenersatzanspruches durch den Unternehmer darf ein über den Anspruch des Unternehmers hinausgehender, nicht offensichtlich ungerechtfertigter Anspruch des Mitglieds nicht vernachlässigt werden.

Die Verpflichtung aus Buchst. a) und b) entfällt, wenn das Mitglied die Rückzahlung der Vorschüsse des Unternehmers auf andere Weise sicherstellt.

§ 2

Der Tarifvertrag tritt ab Spielzeit 1961/62 in Kraft.

Tarifvertrag über den Erholungsurlaub der Bühnenmitglieder

vom 1. April 1960 in der Fassung vom 25. Mai 1961 und 12. September 1962

(TarifReg. Nr. XXX/Ü/11/aa, ii und tt)[1])

Zwischen dem Deutschen Bühnenverein, Köln – vertreten durch den Vorstand – einerseits und der Genossenschaft Deutscher Bühnen-Angehörigen – vertreten durch den Hauptvorstand – andererseits, wird folgender Tarifvertrag vereinbart:

§ 1[2])

Dieser Tarifvertrag gilt für die auf Normalvertrag angestellten Mitglieder der Bühnen – mit Ausnahme der Privattheater – innerhalb des Gebietes der Bundesrepublik und West-Berlins.

§ 2

Die Mitglieder erhalten Erholungsurlaub unter Fortzahlung der Bezüge (§ 5 Abs. 2). Der Urlaub ist grundsätzlich durch Freizeit zu gewähren. Der Urlaubsanspruch darf nur in den Fällen des § 8 durch Zahlung der Urlaubsvergütung abgegolten werden.

§ 3

Der Urlaub beträgt bei einem Dienstvertrag

bis zu	3 Monaten	je 3 Kalendertage monatlich
von mindestens	4 Monaten	12 Kalendertage jährlich
von mindestens	5 Monaten	15 Kalendertage jährlich
von mindestens	6 Monaten	18 Kalendertage jährlich
von mindestens	7 Monaten	20 Kalendertage jährlich
von mindestens	8 Monaten	23 Kalendertage jährlich
von mindestens	9 Monaten	25 Kalendertage jährlich
von mindestens	10 Monaten	29 Kalendertage jährlich
von mindestens	11 Monaten	33 Kalendertage jährlich
von mindestens	12 Monaten	35 Kalendertage jährlich.

[1]) Den gleichen Tarifvertrag in letzter Fassung hat der Deutsche Bühnenverein am gleichen Tag mit der Vereinigung Deutscher Opernchöre abgeschlossen (TarifReg. Nr. XXX/Ü/11/tt/1). Ob die Landesbühnengruppe dem Tarifrecht in letzter Fassung inzwischen zugestimmt hat, war bei Drucklegung noch ungeklärt. Bühnentechniker: Vgl. § 11 BTT, S. 191.

[2]) Die Neufassung betrifft nicht die Privattheater, für deren Mitglieder daher noch die Urlaubsordnung von 1940 (Hauptband S. 304 ff.) gelten dürfte; vgl. S. 4.

§ 4

(1) Der Urlaub soll grundsätzlich zusammenhängend gewährt und genommen werden. Er kann aus betrieblichen Gründen in zwei Teilen gewährt werden; in diesem Falle soll ein Urlaubsteil mindestens vier Fünftel des dem Mitglied zustehenden Urlaubs betragen.

(2) Der Urlaub ist tunlichst bei Jahresverträgen in der Zeit vom 1. Juni bis 31. August und bei kürzeren Verträgen innerhalb der Vertragszeit im Anschluß an die Beschäftigung zu geben. Den Zeitpunkt des Urlaubsantritts bestimmt der Unternehmer unter möglichster Berücksichtigung der Wünsche der Mitglieder.

(3) Bei geteiltem Urlaub kann der kleinere Teil auch zu anderer Zeit gewährt werden. Der Zeitpunkt des Antritts dieses Urlaubsteils ist spätestens 6 Wochen vorher unter möglichster Berücksichtigung der Wünsche des Mitglieds festzulegen.

§ 5

(1) Die Urlaubsvergütung ist vor Antritt des Urlaubs zu zahlen.

(2) Als Urlaubsvergütung ist zu zahlen an

a) Solomitglieder:
   1. Das feste Gehalt,
   2. Sondervergütungen, die in Monatsbeträgen festgelegt sind,
   3. ein Anteil der Spielgelder,
   4. ein Anteil sonstiger regelmäßig angefallener Sondervergütungen;

b) Chor- und Tanzmitglieder:
   1. Das feste Gehalt,
   2. Sondervergütungen, die in Monatsbeträgen festgelegt sind,
   3. ein Anteil der Spielgelder und der Sondervergütungen für solistischen Einsatz,
   4. ein Anteil sonstiger regelmäßig angefallener Sondervergütungen;

c) die unter den Bühnentechniker-Tarifvertrag – BTT – fallenden Angestellten:
   1. Das feste Gehalt,
   2. die Theaterbetriebszulage,
   3. Zulagen, die in Monatsbeträgen festgelegt sind,
   4. ein Anteil der nicht in Monatsbeträgen festgelegten Überstundenvergütungen.

(3) Die nach Abs. 2 zu zahlenden Anteile betragen je 10 v. H. der Vergütungen, die in dem dem Urlaub zugrunde liegenden Vertragszeitraum (§ 3) angefallen sind.

(4) Als regelmäßig angefallen gilt jede der nach Abs. 2 Buchst. a) Nr. 4 und Buchst. b) Nr. 4 zu berücksichtigenden Sondervergütungen nur dann, wenn sie für sich in dem dem Urlaub zugrunde liegenden Vertragszeitraum (§ 3) mindestens sechsmal angefallen ist.

(5) Zu den Sondervergütungen im Sinne des Abs. 2 gehören nicht Entschädigungen für Aufwendungen (z. B. Schminkgelder, Frackgelder, Ballkleider, Reisekostenentschädigungen und dergl.), gleichviel, ob sie einzeln abgerechnet werden oder in Monatsbeträgen festgelegt sind.

(6) Der Anspruch auf die Urlaubsvergütung kann weder abgetreten noch verpfändet werden.

§ 6

Die Zeit, während der das Mitglied durch eine Erkrankung oder einen Arbeitsunfall oder infolge eines von einem Träger der Sozialversicherung, einer anderen öffentlichen Vesicherung oder Versorgungseinrichtung verordneten Kuraufenthalts an der Dienstleistung verhindert ist, darf auf den Urlaub nicht angerechnet werden.

§ 7

(1) Während des Urlaubs darf das Mitglied nicht ohne Erlaubnis gegen Entgelt arbeiten. Anderenfalls entfällt der Anspruch auf die Urlaubsvergütung; eine bereits gezahlte Urlaubsvergütung ist zurückzuzahlen.

(2) Dies gilt nicht für den Fall, daß das Mitglied infolge Engagementswechsels seine Tätigkeit an einer anderen Bühne vor Beendigung seines Urlaubs beginnen muß.

§ 8

(1) Der Urlaubsanspruch ist durch Zahlung der Urlaubsvergütung abzugelten, wenn der Urlaub aus zwingenden betrieblichen Gründen, wegen dauernder Erwerbsunfähigkeit oder infolge Berufswechsels des Mitglieds nicht bis zum Ende der Spielzeit einschließlich der Theaterferien oder bis zu einer früheren Beendigung des Dienstvertrages gewährt werden konnte.

(2) Dies gilt nicht, wenn das Mitglied auf Grund eigenen Verschuldens fristlos entlassen ist oder wenn es das Arbeitsverhältnis unberechtigt vorzeitig gelöst hat.

§ 9

Dieser Tarifvertrag gilt nicht für Gastspielverträge im Sinne von § 20 Abs. 2 und 3 des Normalvertrages Solo.

§ 10

Dieser Tarifvertrag darf nicht zum Anlaß genommen werden, bisherige günstigere Urlaubsbedingungen zu verschlechtern. Bereits übertariflich gewährter Urlaub wird auf die nach diesem Tarifvertrag verbesserte Urlaubsregelung angerechnet.

§ 11

Mit dem Inkrafttreten dieses Tarifvertrages tritt für seinen Geltungsbereich die Urlaubsordnung für die deutschen Theater in der Fassung vom 6. Februar 1940 (RABl. IV S. 425) außer Kraft.

§ 12

Dieser Tarifvertrag tritt mit Beginn der Spielzeit 1960/61 in Kraft. Er kann mit einer Frist von 6 Monaten zum 31. Juli jeden Jahres, erstmalig zum 31. Juli 1965, schriftlich gekündigt werden.

Tarifvertrag über erweiterten Mutterschutz

vom 12. September 1962 (TarifReg. Nr. XXX/Ü/11/ss)

zwischen dem Deutschen Bühnenverein, Köln, vertreten durch den Vorstand, einerseits, und der Genossenschaft Deutscher Bühnen-Angehörigen, Hamburg, vertreten durch den Hauptvorstand, sowie der Vereinigung Deutscher Opernchöre, Köln, vertreten durch den Geschäftsführer, andererseits.

§ 1

Dieser Tarifvertrag gilt

a) für Bühnenmitglieder im Sinne des § 1 Abs. 2 des Normalvertrages Solo vom 1. Mai 1924,
b) für die unter den Bühnentechniker-Tarifvertrag – BTT – vom 25. Mai 1961 fallenden Angestellten,
c) für die unter den Tarifvertrag für technische Angestellte mit teilweise künstlerischer Tätigkeit an Landesbühnen – BTTL – vom 3. November 1961 fallenden Angestellten,
d) für die unter den Normalvertrag Chor und Tanz vom 19. Juni 1924 fallenden Chor- und Tanzmitglieder

an Theatern innerhalb der Bundesrepublik und des Landes Berlin, welche von einem Land oder einer Gemeinde oder mehreren Gemeinden oder von einem Gemeindeverband ganz oder überwiegend wirtschaftlich oder rechtlich getragen werden.

§ 2

Wenn die Theaterleitung die vertragsmäßige Leistung eines arbeitsfähigen, schwangeren Bühnenmitglieds wegen der Schwangerschaft nicht mehr entgegennehmen will, obwohl die Beschäftigung nach dem Mutterschutzgesetz nicht verboten ist, behält das Mitglied den Anspruch auf die Gage.

§ 3

Die Theaterleitung kann dem Mitglied im Falle des § 2 eine außervertragsmäßige, aber nach seiner Ausbildung und vertraglichen Tätigkeit angemessene und zumutbare Tätigkeit im Hause anbieten.

Das Mitglied kann dieses Angebot ablehnen. In diesem Fall entfällt der Anspruch nach § 2.

§ 4

Das Mitglied ist verpflichtet, seine Schwangerschaft und den mutmaßlichen Tag der Niederkunft seiner Theaterleitung mitzuteilen, sobald es sichere Kenntnis von seinem Zustand hat.

§ 5

Die Rechte des Mitglieds nach dem Mutterschutzgesetz und nach § 8 NV Solo sowie § 6 NV Chor und Tanz bleiben unberührt.

§ 6

Dieser Tarifvertrag tritt mit Beginn der Spielzeit 1962/63 in Kraft. Er kann mit einer Frist von sechs Monaten jeweils zum Ende eines Kalenderjahres, frühestens zum 31. Dezember 1964, schriftlich gekündigt werden.

Tarifvertrag über die Fortzahlung der Gage an Hinterbliebene (Sterbegeld)

vom 12. September 1962 (TarifReg. Nr. XXX/Ü/11/rr)

zwischen dem Deutschen Bühnenverein, Köln, vertreten durch den Vorstand, einerseits, und der Genossenschaft Deutscher Bühnen-Angehörigen, Hamburg, vertreten durch den Hauptvorstand, sowie der Vereinigung Deutscher Opernchöre, Köln, vertreten durch den Geschäftsführer, andererseits.

§ 1

(1) Dieser Tarifvertrag gilt

a) für Bühnenmitglieder im Sinne des § 1 Abs. 2 des Normalvertrags Solo vom 1. Mai 1924,
b) für die unter den Bühnentechniker-Tarifvertrag – BTT – vom 25. Mai 1961 fallenden Angestellten,
c) für die unter den Tarifvertrag für technische Angestellte mit teilweise künstlerischer Tätigkeit an Landesbühnen – BTTL – vom 3. November 1961 fallenden Angestellten.
d) für die unter den Normalvertrag Chor und Tanz vom 19. Juni 1924 fallenden Chor- und Tanzmitglieder

an Theatern innerhalb der Bundesrepublik und des Landes Berlin, welche von einem Land oder einer Gemeinde oder mehreren Gemeinden oder von einem Gemeindeverband ganz oder überwiegend wirtschaftlich oder rechtlich getragen werden.

(2) Er gilt nicht für Personen, die

a) auf Gastspielvertrag (§ 20 NV Solo) verpflichtet sind,
b) von Fall zu Fall beschäftigt werden,
c) für eine Zeit von nicht mehr als vier Monaten eingestellt worden sind; mehrere ohne Unterbrechung aneinandergereihte Dienstverhältnisse bei demselben Unternehmer werden zusammengerechnet.

§ 2

(1) Hinterläßt eine der in § 1 genannten Personen einen Ehegatten oder Kinder, für die ihm Kinderzuschlag ganz oder teilweise zusteht oder zustehen würde, wenn er unter eine Regelung über die Gewährung von Kinderzuschlag an die Verwaltungsangestellten seines Rechtsträgers fallen würde, so erhalten diese Hinterbliebenen für die restlichen Tage des Sterbemonats und zwei weitere Monate das feste Gehalt (§ 3 Abs. 1 NV Solo, § 3 Abs. 1 NV Chor und Tanz) des Verstorbenen als Sterbegeld. Das monatliche Sterbegeld darf jedoch die Beitragspflichtgrenze (§ 22 Abs. 3 der Satzung der Versorgungsanstalt der deutschen Bühnen) in der jeweiligen Höhe nicht überschreiten. Sind an den Verstorbenen Bezüge über den Sterbetag oder Vorschüsse über den Sterbemonat hinaus bereits gezahlt, so werden diese auf die an die Hinterbliebenen zu zahlenden Bezüge angerechnet. Zahlung an einen der Hinterbliebenen bringt den Anspruch der übrigen gegen den Arbeitgeber zum Erlöschen. Sind Hinterbliebene im Sinne des Satzes 1 nicht vorhanden, so werden über den Sterbetag hinaus gezahlte Bezüge für den Sterbemonat nicht zurückgefordert.

(2) Stand dem Verstorbenen nach § 8 NV Solo oder § 6 NV Chor und Tanz das feste Gehalt nicht oder nicht mehr in voller Höhe zu, so erhalten die Hinterbliebenen, falls das Dienstverhältnis im Zeitpunkt des Todes noch bestand, das feste Gehalt für den Sterbemonat vom Sterbetag ab und für zwei weitere Monate.

(3) Das Sterbegeld nach Abs. 1 und 2 verringert sich um den Betrag, den die

Hinterbliebenen als Sterbegeld aus einer zusätzlichen Alters- und Hinterbliebenenversorgung oder aus einer Ruhegeldeinrichtung erhalten. Dies gilt nicht, wenn die zusätzliche Alters- und Hinterbliebenenversorgung oder die Ruhegeldeinrichtung einen Arbeitnehmerbeitrag vorsieht.

§ 3

Dieser Tarifvertrag tritt mit Beginn der Spielzeit 1962/63 in Kraft. Er kann mit einer Frist von sechs Monaten jeweils zum Ende eines Kalenderjahres, frühestens zum 31. Dezember 1964, schriftlich gekündigt werden.

Tarifvereinbarung für die Bühnenschiedsgerichte

(Bühnenschiedsgerichtsordnung)[1][2])

vom 1. Oktober 1948 (TarifReg. Nr. XXX/Ü/1) in der Fassung der im Text angemerkten Änderungen

(abgeschlossen zwischen dem Deutschen Bühnenverein und der Genossenschaft Deutscher Bühnen-Angehörigen).

Deutscher Bühnenverein und Genossenschaft Deutscher Bühnen-Angehörigen haben die Wiedereinführung der Bühnenschiedsgerichtsbarkeit vereinbart und durch den Tarifausschuß folgende Bühnenschiedgerichtsordnung beschlossen:

I. Teil

ALLGEMEINES

§ 1

Geltungsbereich

1. Über bürgerliche Rechtsstreitigkeiten zwischen Theaterveranstaltern und Bühnenangestellten im Sinne des Artikels 2 des Arbeitsgerichtsgesetzes entscheiden unter Ausschluß der Arbeitgerichtsbarkeit ständige Schiedsgerichte.

---

[1]) Zur Geschichte der Bühnenschiedsgerichtsbarkeit seit 1846 liegen neuere Übersichten vor: Rehbinder, Zur Kompetenz der Bühnenschiedsgerichte und zur Abgrenzung der Vertragstypen im Bühnenarbeitsrecht, Ufita Bd. 41 S. 292; Riepenhausen, Bühnenrecht – damals, Die Bühnengenossenschaft 1964 S. 219 ff. und Grundzüge des Arbeitsrechts der Bühnenkünstler, Ufita Bd. 24 S. 27 (auch in der Schriftenreihe der GDBA).

[2]) Diese Schiedsgerichtsordnung betrifft Solo, Chor und Tanz der Genossenschaft Deutscher Bühnen-Angehörigen. Das für Chor zusätzlich vom Deutschen Bühnenverein und der Vereinigung Deutscher Opernchöre gebildete Schiedsgerichtsverfahren gemäß Tarifvertrag vom 17. 2. 1961 (TarifReg. Nr. XXX/Ü/11/dd) sieht in Abweichung von der im Text abgedruckten Verfahrensordnung lediglich vor, daß der erste Rechtsgang für die Bundesrepublik und West-Berlin ausschließlich in Köln (Schiedsgericht), der zweite Rechtsgang (Oberschiedsgericht), Niederlegung des Schiedsspruchs und Aufhebungsklage beim Arbeitsgericht ebenfalls in Köln erfolgen (§§ 2, 3, 4, 28, 38). Eine Protokollnotiz zu §§ 2, 3 lautet: „Die Tarifvertragspartner verpflichten sich, das Oberschiedsgericht dem Bühnenoberschiedsgericht in Frankfurt am Main anzuschließen, sobald die technischen Voraussetzungen hierfür vorliegen." Gemeint ist damit das Oberschiedsgericht des DBV und der GDBA.

2. Bühnenangestellte im Sinne dieser Tarifordnung sind alle kulturell schaffenden Personen an deutschen Theatern. Hierzu gehören: Einzeldarsteller, Kapellmeister, Spielleiter, Dramaturgen, Singchordirektoren, Repetitoren, Inspizienten, Souffleure und Personen ähnlicher Stellung, technische Vorstände (die Vorstände des Maschinenwesens, des Dekorations- und Kostümwesens und Personen in ähnlicher Stellung, soweit sie dem Betrieb verantwortlich vorstehen), ferner künstlerische Beiräte, Mitglieder des Chors und der Tanzgruppe und Theaterfriseure.

3. Bühnenangestellter im Sinne dieser Tarifordnung ist nicht der Bühnenleiter.

4. Die Tarifordnung gilt für das Gebiet des Deutschen Reiches.

§ 2

1. Die Schiedsgerichte sind gemeinsame Einrichtungen des Deutschen Bühnenvereins und der Genossenschaft Deutscher Bühnenangehörigen und werden von diesen unterhalten.

2. Schiedsgerichte sind:

a) die Bezirksschiedsgerichte (erster Rechtsgang),
b) das Oberschiedsgericht (zweiter Rechtsgang).

§ 3

Sitz der Schiedsgerichte

1. Die Bezirksschiedsgerichte werden in folgenden Städten gebildet:
   1. Berlin
   2. Hamburg
   3. Köln
   4. Frankfurt am Main
   5. München
2. Das Oberschiedsgericht hat seinen Sitz in Frankfurt am Main.

§ 4

Örtliche Zuständigkeit[1])

1. Es sind zuständig

1. Das Bezirksschiedsgericht Berlin für die Stadt Berlin;
2. das Bezirksschiedsgericht Hamburg für den Bezirk der Länder Niedersachsen, Schleswig-Holstein, Hamburg und Bremen;
3. das Bezirksschiedsgericht Köln für den Bezirk der Länder Nordrhein-Westfalen und Rheinland-Pfalz;
4. das Bezirksschiedsgericht Frankfurt am Main für den Bezirk der Länder Baden-Württemberg und Hessen sowie für das Saarland;
5. das Bezirksschiedsgericht München für den Bezirk des Landes Bayern.

2. Im übrigen gelten die Bestimmungen der Zivilprozeßordnung über den Gerichtsstand (§§ 12 ff.) entsprechend.

---

[1]) Fassung mit den Änderungen der Tarifverträge vom 12. 2. 1954, 5. 6. 1959 und 12. 2. 1960 (TarifReg. Nr. XXX/U/1/a, d und e).

§ 5

Besetzung der Schiedsgerichte[1])

Für jedes Schiedsgericht werden ein Obmann, ein stellvertretender Obmann und 12 Beisitzer berufen. Je 6 Beisitzer müssen Theaterveranstalter (oder von ihnen oder von einer Gesamtheit von Theaterveranstaltern bestellte Vertreter) und Bühnenangehörige sein. Für Streitigkeiten zwischen Theaterveranstaltern und Chorsängern oder Tänzern werden außerdem für jedes Bezirksschiedsgericht und das Oberschiedsgericht je ein ständiger und je ein nichtständiger Beisitzer aus dem Chor- und dem Ballettpersonal berufen.

§ 6

Berufung der Obmänner und der Beisitzer[2])

Die Obmänner, ihre Stellvertreter und die Beisitzer werden von den beteiligten Tariforganisationen zunächst für ein Jahr, danach jeweils für drei Jahre berufen; die Obmänner und ihre Stellvertreter müssen die Befähigung zum Richteramt haben und dürfen nicht Angestellte oder Beamte von Theaterveranstaltern oder Städten sein.

§ 7

Zusammensetzung

1. Die Schiedsgerichte werden in der Besetzung mit dem Obmann und je 2 Beisitzern der Theaterveranstalter und der Bühnenangestellten tätig. Bei Streitigkeiten zwischen Theaterveranstaltern und Chorsängern oder Tänzern ist das Bezirksschiedsgericht und das Oberschiedsgericht auf seiten der Bühnenangestellten mit 2 Chorsängern oder Tänzern besetzt.
2. Die Heranziehung der Beisitzer zu den einzelnen Sitzungen ist Sache der beteiligten Verbände[3]).

§ 8

Verpflichtung der Beisitzer

Die Beisitzer sind vor ihrer ersten Dienstleistung durch den Obmann auf eine gewissenhafte Erfüllung ihrer Obliegenheiten zu verpflichten.

---

[1]) Fassung des Tarifvertrages vom 10. 12. 1950 (TarifReg. Nr. XXX/Ü/1/b). Die frühere Fassung lautete: „Für jedes Schiedsgericht werden ein Obmann, ein stellvertretender Obmann, vier ständige und acht nichtständige Beisitzer berufen. Das Oberschiedsgericht besteht aus sechs ständigen und zwölf nichtständigen Beisitzern. Je zwei ständige und vier nichtständige Beisitzer müssen Theaterveranstalter (oder von ihnen oder von einer Gesamtheit von Theaterveranstaltern bestellte Vertreter, insbesondere Bühnenleiter) und Bühnenangestellte sein."

[2]) Mit Tarifvertrag vom 10. 12. 1950 (vgl. vorige Anmerkung) ist der frühere § 6 II gestrichen worden, der lautete: „Die Beisitzer, die aus dem Kreis der Theaterveranstalter berufen werden, sollen zur Hälfte aus Personen der Theaterverwaltung entnommen werden."

[3]) Der bereits erwähnte Tarifvertrag vom 10. 12. 1950 änderte den früheren Wortlaut: „ist Sache des Obmanns".

§ 9

Rechtshilfe

Die Bezirksschiedsgerichte haben einander und dem Oberschiedsgericht Rechtshilfe zu leisten.

§ 10

Geschäftsstelle

Bei jedem Schiedsgericht besteht eine Geschäftsstelle, deren Einrichtung und Unterhaltung von den Tariforganisationen bestimmt wird.

§ 11

Zustellung

1. Zustellungen erfolgen durch eingeschriebenen Brief mit Rückschein.
2. Bescheinigt eine Partei selbst oder durch ihren Vertreter den Empfang des Schriftstücks, so gilt dies als Nachweis der Zustellung.
3. Ladungen vor das Schiedsgericht können formlos erfolgen.

§ 12

Öffentliche Zustellung

1. Ist der Aufenthalt einer Partei unbekannt, so muß die Zustellung durch zweimalige Bekanntmachung in dem amtlichen Mitteilungsblatt erfolgen, das für den Bezirk zuständig ist. Bei Ladungen muß die Bekanntmachung enthalten: das Gericht, die Parteien, den Gegenstand des Rechtsstreites, den Antrag, die Ladung, ihren Zweck sowie Zeit und Ort für das Erscheinen des Geladenen, ferner die Aufforderung an die Partei, binnen einer Frist von höchstens zwei Wochen ab zweiter Bekanntmachung ihren Aufenthaltsort anzugeben, da andernfalls weitere Ladungen nicht mehr erfolgen und der Schiedsspruch nach Lage der Akten erlassen wird.
2. Das gleiche gilt, wenn eine Zustellung im Ausland keinen Erfolg verspricht.
3. Wird der Aufenthaltsort einer Partei im Laufe des Verfahrens unbekannt, so unterbleiben alle weiteren Zustellungen an sie bis auf die Zustellung des Schiedsspruchs. Der Schiedsspruch gilt in diesem Fall als zugestellt, wenn er ohne Tatbestand und Entscheidungsgründe unter Angabe des Schiedsgerichts einmal in den vorgenannten amtlichen Mitteilungen bekanntgemacht worden ist.
4. Der Aufenthalt einer Partei gilt nicht als unbekannt, wenn sie einen Prozeßbevollmächtigten oder Zustellungsbevollmächtigten bestellt hat. An ihn erfolgen die für die Partei bestimmten Zustellungen.

§ 13

Kosten des Verfahrens

1. Die Kosten des Verfahrens einschließlich der außergerichtlichen Kosten trägt die unterliegende Partei. In dem Schiedsspruch kann in besonderen Fällen über die Tragung der Kosten etwas anderes bestimmt werden.
2. Die Kosten des Schiedsgerichts betragen bei den Bezirksschiedsgerichten 4 v. H. des Streitwerts, im Falle einer Beweisaufnahme 1 v. H. mehr, bei dem

Oberschiedsgericht 5 v. H., im Falle einer Beweisaufnahme 1 v. H. mehr. Kommt ein Vergleich zustande, so betragen die Kosten nur 1 v. H. des Streitwertes. Bei Rücknahme der Klage nach streitiger Verhandlung werden die Kosten auf die Hälfte ermäßigt. Die Kosten betragen mindestens 20,– DM.

3. Das Schiedsgericht kann die Gerichtskosten ganz oder teilweise niederschlagen.

4. Bei Rücknahme der Klage vor streitiger Verhandlung werden keine Gerichtskosten erhoben.

5. Ist der Kläger oder Berufungskläger nicht Mitglied der Tariforganisationen oder verliert er im Verlauf des Verfahrens die Mitgliedschaft, so hat er einen Gerichtskostenvorschuß zu zahlen. Der Vorschuß wird vom Obmann festgesetzt und eingefordert; in geeigneten Fällen kann davon abgesehen werden. Auf Antrag der Gegenpartei ist in den Fällen des Satzes 1 auch wegen der außergerichtlichen Kosten Sicherheit durch Hinterlegung bei der Geschäftsstelle des Schiedsgerichts in bar zu leisten. Die Höhe der Sicherheit und die Frist, in der sie zu leisten ist, bestimmt der Obmann. Bei der Festsetzung ist der Betrag zu berücksichtigen, den die Gegenpartei voraussichtlich aufwenden muß. Nach fruchtlosem Fristablauf ist die Klage auf Antrag des Beklagten als zurückgenommen zu erklären oder die Berufung zu verwerfen.

6. Die Kosten, die die unterliegende Partei erstatten muß, sollen möglichst sofort nach Verkündigung des Schiedsspruchs ziffernmäßig festgesetzt werden. Erfolgt die Festsetzung nicht im Schiedsspruch, so entscheidet der Obmann im Beschlußverfahren über das Festsetzungsgesuch. Über Erinnerungen gegen den Festsetzungsbeschluß entscheidet das Schiedsgericht durch Beschluß. Die Entscheidung kann auch ohne vorgängige mündliche Verhandlung erfolgen.

§ 14

Prozeßvertretung

1. Prozeßbevollmächtigte oder Beistände können sein:

1. Rechtsanwälte,
2. Angestellte und Beamte der Theaterveranstalter sowie Vertreter der Verbände[1]).

2. Ist ein Vertreter bestellt, so erfolgen Ladungen, Benachrichtigungen und Zustellungen nur an den Vertreter.

II. Teil

VERFAHREN VOR DEN BEZIRKSSCHIEDSGERICHTEN

§ 15

Erhebung der Klage, Mitteilung der Klage an den Beklagten und Klagebeantwortung

1. Die Erhebung der Klage erfolgt durch Einreichung einer Klageschrift bei dem zuständigen Bezirksschiedsgericht. Sie muß enthalten:

1. die Bezeichnung der Parteien;

---

[1]) Die Worte „sowie Vertreter der Verbände“ sind durch Tarifvertrag vom 10. 12. 1950 (TarifReg. Nr. XXX/Ü/1/b) hinzugefügt. worden.

2. die bestimmte Angabe des Gegenstandes und des Grundes des erhobenen Anspruchs;
3. einen bestimmten Antrag.

2. Sie kann auch mündlich zur Niederschrift des Schiedsgerichts erhoben werden.

3. Der Obmann hat die Klage dem Beklagten zur Rückäußerung binnen einer angemessenen Frist mit der Erklärung zuzustellen, daß das Bezirksschiedsgericht berechtigt ist, nach Lage der Akten zu entscheiden, wenn innerhalb der Frist keine Erklärung eingeht, der Beklagte im Termin nicht erscheint und der Sachverhalt für eine derartige Entscheidung hinreichend geklärt erscheint.

4. Die Klagebeantwortung soll einen bestimmten Antrag enthalten.

5. Klage, Klagebeantwortung sowie alle weiteren Schriftsätze sind in dreifacher Ausfertigung einzureichen.

§ 16

Widerklage

Die Erhebung einer Widerklage ist zulässig, wenn der Gegenanspruch mit dem in der Klage geltend gemachten Anspruch oder mit den gegen denselben vorgebrachten Verteidigungsmitteln in Zusammenhang steht.

§ 17

Wahrheitspflicht

Die Parteien haben ihre Erklärungen über tatsächliche Umstände vollständig und der Wahrheit gemäß abzugeben.

§ 18

Anberaumung und Vorbereitung des Verhandlungstermins

1. Die Anberaumung eines Verhandlungstermins erfolgt unverzüglich nach Einreichung der Klage.

2. Streitigkeiten über die Verpflichtung zur Darstellung einer Rolle oder Partie und Streitigkeiten über die Einwilligung zu einer Nebenbeschäftigung sind vom Obmann auf die Tagesordnung der nächsten Sitzung zu setzen. Erforderlichenfalls ist ein besonderer Termin anzuberaumen.

3. Der Obmann hat die streitige Verhandlung so vorzubereiten, daß sie möglichst in einem Termin zu Ende geführt werden kann. Er kann zu diesem Zweck insbesondere die Ladung von Zeugen und Sachverständigen veranlassen, amtliche Äußerungen herbeiführen, schriftliche Unterlagen beiziehen und das persönliche Erscheinen der Parteien anordnen; von diesen Maßnahmen soll er die Parteien benachrichtigen.

4. Die Parteien sind von dem Obmann des Schiedsgerichts zum Termin zu laden.

§ 19

Öffentlichkeit

Die Verhandlungen vor dem Bezirksschiedsgericht einschließlich der Beweisaufnahme und der Verkündung der Entscheidungen ist öffentlich. Das Schiedsgericht kann die Öffentlichkeit ausschließen, wenn es im Interesse der Parteien oder im allgemeinen Interesse liegt oder wenn es aus Zweckmäßigkeitsgründen angebracht erscheint.

§ 20

Verhandlungsleitung

1. Der Obmann führt den Vorsitz und leitet die Verhandlung. Er sorgt für die Stellung sachgemäßer Anträge und für erschöpfende Darstellung der Sache. Er verkündet die Entscheidungen.

2. Jeder Beisitzer ist berechtigt, Fragen an die erschienenen Personen zu stellen.

3. Wird eine auf die Sachleitung bezügliche Anordnung des Obmanns oder eine von ihm oder einem Beisitzer gestellte Frage von einer bei der Verhandlung beteiligten Person beanstandet, so entscheidet das Bezirksschiedsgericht.

§ 21

Einigungsversuch

Das Bezirksschiedsgericht soll sich jederzeit um eine gütliche Erledigung des Rechtsstreites bemühen und in geeigneten Fällen den Parteien einen Vergleichsvorschlag unterbreiten.

§ 22

Persönliches Erscheinen der Parteien

Der Obmann und das Bezirksschiedsgericht können in jeder Lage des Verfahrens das persönliche Erscheinen der Parteien anordnen, auch wenn ein Vertreter bestellt ist.

§ 23

Beweisaufnahme

1. Die Beweisaufnahme erfolgt nach Möglichkeit sofort. Ist dies aus besonderen Gründen nicht durchführbar, so wird sie durch einen Beweisbeschluß angeordnet. Der Beweisbeschluß enthält u. a. die Bezeichnung der streitigen Tatsachen und der Beweismittel.

2. Kann der Beweisbeschluß nicht vor dem Bezirksschiedsgericht oder durch Ersuchen eines anderen Bezirksschiedsgerichts erledigt werden, so ersucht das Bezirksschiedsgericht um Vornahme der Beweiserhebung das Arbeitsgericht oder, falls dies aus Gründen örtlicher Lage zweckmäßiger ist, das Amtsgericht, in dessen Bezirk die Beweisaufnahme erfolgen soll. Entsprechend ist zu verfahren, wenn das Bezirksschiedsgericht die Vereidigung eines Zeugen oder Sachverständigen zur Herbeiführung einer wahrheitsgemäßen Äußerung für notwendig erachtet.

3. Die Absendung des Ersuchens kann von der Einzahlung eines entsprechenden Auslagenvorschusses abhängig gemacht werden.

§ 24

Säumnisverfahren

1. Bleibt eine Partei im Verhandlungstermin aus, so können die tatsächlichen

Behauptungen der Gegenpartei, soweit die ausgebliebene Partei sich dazu nicht schriftlich erklärt hat, als zugestanden angenommen werden.

2. Bezüglich der Versäumnis von Prozeßhandlungen und der Wiedereinsetzung in den vorigen Stand gelten die §§ 230 bis 238 ZPO entsprechend.

§ 25

Abstimmung

1. Beratung und Abstimmung sind nicht öffentlich.

2. Jeder Schiedsrichter hat seine Stimme unter Berücksichtigung des Gesamtinhalts der Verhandlung und des Ergebnisses einer Beweisaufnahme nach freier Überzeugung abzugeben.

3. Der Obmann stimmt zuletzt ab.

4. Die Mehrheit der Stimmen entscheidet.

5. Im übrigen gilt § 196 Abs. 2 GVG entsprechend.

§ 26

Schiedsspruch

1. Der Schiedsspruch ist vom Obmann zu entwerfen und von ihm und den Beisitzern zu unterschreiben. Der Schiedsspruch ist zu verkünden oder den Parteien zuzustellen; der Tag der Verkündung ist anzugeben.

2. Der Schiedsspruch enthält:

a) die Bezeichnung der Parteien, ihrer gesetzlichen Vertreter, ihrer Prozeßbevollmächtigten und ihrer Beistände nach Namen, Berufsstand, Wohnort und Parteistellung;
b) die Bezeichnung des erkennenden Bezirksschiedsgerichts und die Schiedsrichter, welche bei dem Schiedsspruch mitgewirkt haben;
c) die Urteilsformel;
d) äußerlich gesondert von der Urteilsformel eine gedrängte Darstellung des Sach- und Streitstandes auf der Grundlage des Vorbringens der Parteien unter Hervorhebung der gestellten Anträge (Tatbestand), wobei eine Bezugnahme auf den Inhalt der Schriftsätze und der Verhandlungsniederschriften zulässig ist;
e) äußerlich gesondert vom Tatbestand die Entscheidungsgründe, die erkennen lassen müssen, welche Würdigung das Vorbringen der Parteien und die Beweisaufnahme gefunden hat.
f) den Wert des Streitgegenstandes;
g) die Erklärung über die Zulässigkeit der Berufung, falls das Bezirksschiedsgericht die Berufung wegen der grundsätzlichen Bedeutung des Rechtsstreites zulassen will;
h) die Rechtsmittelbelehrung.

3. Eine schriftliche Begründung des Schiedsspruches ist nicht erforderlich, wenn die Parteien ausdrücklich darauf verzichten.

§ 27

Berichtigung und Ergänzung des Schiedsspruchs

1. Schreibfehler, Rechenfehler und ähnliche Unrichtigkeiten und Flüchtigkeits-

versehen, welche in dem Schiedsspruch vorkommen, sind jederzeit auf Antrag oder von Amts wegen zu berichtigen. Über die Berichtigung kann ohne mündliche Verhandlung entschieden werden. Die Berichtigung wird auf der Urschrift am Rande neben der Urteilsformel vermerkt und unter Beifügung von Ort und Zeit von den Schiedsrichtern unterschrieben.

2. In gleicher Weise erfolgt die Berichtigung auf den Ausfertigungen des Schiedsspruchs, die erforderlichenfalls von den Parteien und den Niederlegungsstellen einzufordern sind. Der berichtigte Spruch ist von neuem zuzustellen und ninderzulegen.

3. Ist ein von einer Partei geltend gemachter Haupt- oder Nebenanspruch ganz oder teilweise übergangen, so ist eine Ergänzung des Schiedsspruches nur auf Antrag einer Partei zulässig. Der Antrag muß binnen einer Woche nach der Zustellung des Schiedsspruchs bei dem Bezirksschiedsgericht schriftlich gestellt werden. Die Entscheidung auf den Antrag erfolgt, und zwar auch im Falle der Ablehnung, durch einen zweiten Schiedsspruch, auf welchen die Vorschriften über den Schiedsspruch, dessen Ergänzung beantragt ist, Anwendung finden.

§ 28

Zustellung und Niederlegung des Schiedsspruchs[1])

Der Obmann des Bezirksschiedsgerichtes stellt eine von ihm unterschriebene Ausfertigung des Schiedsspruchs den Parteien zu. Weiterhin übersendet er eine von ihm unterschriebene Ausfertigung an die Geschäftsstelle des Oberschiedsgerichts in Frankfurt a. M., das die Niederlegung des Schiedsspruchs bei dem Arbeitsgericht in Frankfurt a. M. vornimmt.

§ 29

Verhandlungsniederschrift

1. Über jede mündliche Verhandlung ist eine Niederschrift aufzunehmen. Sie enthält:
a) den Ort und den Tag der Verhandlung;
b) die Namen der Schiedsrichter;
c) die Bezeichnung des Rechtsstreites;
d) die Namen der erschienenen Parteien, gesetzlichen Vertreter, Bevollmächtigten und Beistände;
e) den wesentlichen Gang der Verhandlung.

2. Die Niederschrift ist den Beteiligten durch Verlesung oder Übersendung einer Abschrift zur Kenntnis zu bringen.

3. Die Niederschrift ist von dem Obmann und einem Beisitzer zu unterschreiben. Ist der Obmann verhindert, so unterschreibt für ihn der dem Lebensalter nach älteste Beisitzer.

---

[1]) Eingefügt durch Tarifvertrag vom 2. 4. 1949 zu TarifReg. Nr. XXX/Ü/1, da versehentliche Auslassung des § 28 in der Bühnenschiedsgerichtsordnung vom 1. 10. 1948.

III. Teil

VERFAHREN VOR DEM OBERSCHIEDSGERICHT

§ 30

Berufung

1. Gegen die Schiedssprüche der Bezirksschiedsgerichte ist die Berufung an das Oberschiedsgericht zulässig, wenn der vom Bezirksschiedsgericht festgesetzte Wert des Streitgegenstandes den Betrag von DM 300,–, bei dem Schiedsgericht für Chor und Tanz den Wert von DM 150,– erreicht oder wenn das Bezirksschiedsgericht im Schiedsspruch die Berufung wegen der grundsätzlichen Bedeutung des Rechtsstreites zugelassen hat.

2. Die Anfechtung der Entscheidung über den Kostenpunkt ist unzulässig, wenn nicht gegen die Entscheidung in der Hauptsache Berufung eingelegt wird.

3. Ist die Hauptsache durch eine auf Grund eines Anerkenntnisses ausgesprochene Verurteilung erledigt, so kann die Entscheidung über den Kostenpunkt selbständig angefochten werden.

4. Gegen die Festsetzung des Wertes des Streitgegenstandes und gegen die Entscheidung über die Zulassung der Berufung wegen grundsätzlicher Bedeutung des Rechtsstreites findet ein Rechtsmittel nicht statt.

5. Die Einlegung der Berufung schiebt die Vollstreckung des Schiedsspruches auf.

§ 31

Berufungsfrist

Die Frist für die Einlegung der Berufung beträgt 2 Wochen. Sie ist eine Notfrist im Sinne der ZPO und beginnt mit der Zustellung des Schiedsspruchs.

§ 32

Einlegung der Berufung

1. Die Einlegung der Berufung erfolgt durch Einreichung eines Schriftsatzes in dreifacher Ausfertigung bei dem Oberschiedsgericht mit genauer Bezeichnung des Schiedsspruchs, gegen den die Berufung gerichtet wird, und der Erklärung, daß gegen diesen Schiedsspruch Berufung eingelegt wird.

2. Eine Ausfertigung der Berufungsschrift stellt der Obmann des Oberschiedsgerichts der Gegenpartei zu.

3. Nach Einlegung der Berufung fordert der Obmann des Oberschiedsgerichts die Akten von dem Bezirksschiedsgericht an und fordert den Berufungskläger auf, seine Berufung innerhalb bestimmter Frist schriftlich zu begründen.

§ 33

Anschlußberufung

Der Berufungsbeklagte kann sich der Berufung anschließen, auch wenn er auf die Berufung verzichtet hat oder wenn die Berufungsfrist verstrichen ist. Der Anschluß verliert seine Wirkung, wenn die Berufung zurückgenommen oder als unzulässig verworfen wird. Hat sich der Berufungsbeklagte innerhalb der Berufungsfrist der Berufung angeschlossen, so wird es so angesehen, als habe er die Berufung selbständig eingelegt.

§ 34

Weiteres Verfahren vor dem Oberschiedsgericht

Auf das weitere Verfahren finden die für das Verfahren vor den Bezirksschiedsgerichten geltenden Vorschriften entsprechende Anwendung.

§ 35

Befristete Beschwerde

Hat das Bezirksschiedsgericht eine Entscheidung in der Hauptsache nicht getroffen, so findet gegen die Entscheidung über den Kostenpunkt Beschwerde an das Oberschiedsgericht innerhalb einer Frist von 2 Wochen seit Zustellung statt, wenn die Beschwerdesumme den Betrag von DM 50,– übersteigt. Die Beschwerdefrist ist eine Notfrist im Sinne der ZPO. Vor der Entscheidung ist dem Gegner Gelegenheit zur Stellungnahme zu geben.

IV. Teil

SCHLUSSBESTIMMUNGEN

§ 36

Rechtskraft

1. Der Schiedsspruch ist rechtskräftig mit der Verkündung oder, falls die Entscheidung schriftlich ergeht, mit der Zustellung an beide Parteien, soweit die Berufung oder Beschwerde nicht zulässig ist, und mit Ablauf der Frist zur Einlegung der Berufung oder Beschwerde, soweit diese zulässig sind.
2. Der Nachweis der Rechtskraft eines Schiedsspruchs wird, wenn die Rechtskraft nicht im Schiedsspruch selbst ausgesprochen ist, durch eine Bescheinigung des Obmanns des Bezirksschiedsgerichts oder des Oberschiedsgerichts geführt.
3. Der rechtskräftige Schiedsspruch hat unter den Parteien die Wirkung eines rechtskräftigen Urteils.

§ 37

Zwangsvollstreckung[1])

Die Zwangsvollstreckung findet aus dem Schiedsspruch oder aus einem vor dem Schiedsgericht geschlossenen Vergleich nur statt, wenn der Schiedsspruch oder der Vergleich von dem Vorsitzenden des Arbeitsgerichts, das für die Geltendmachung des Anspruchs zuständig wäre, für vollstreckbar erklärt worden ist. Das weitere Verfahren richtet sich nach § 109 Abs. 1 Satz 2 und 3 und Abs. 2 des Arbeitsgerichtsgesetzes.

[1]) Fassung des Tarifvertrages vom 1. 6. 1960 (TarifReg. Nr. XXX/Ü/1/f). Die frühere Fassung sah die ausschließliche Zuständigkeit des Arbeitsgerichts Frankfurt am Main vor und war gesetzlich unzulässig.

§ 38

Aufhebung des Schiedsspruchs

Gegen einen rechtskräftigen Schiedsspruch ist nur die Klage auf Aufhebung nach § 110 AGG, und zwar ausschließlich bei dem Arbeitsgericht Frankfurt am Main, zulässig.

§ 39

Allgemeines

Soweit nicht in dieser Tarifvereinbarung etwas anderes bestimmt ist, gelten die Bestimmungen des Gerichtsverfassungsgesetzes, des Arbeitsgerichtsgesetzes und der Zivilprozeßordnung entsprechend.

§ 40

Beginn und Zeitdauer

Diese Vereinbarung ist mit Wirkung vom 1. 10. 1948 in Kraft und nicht vor dem 31. 7. 1958 kündbar.

2. Bühnenarbeitsrecht in deutschen Gebieten außerhalb der Bundesrepublik Deutschland mit West-Berlin

Das Saarland ist seit 1959 bühnenrechtlich in die allgemeinen deutschen Regelungen einbezogen worden (S. 2).

Für den Raum Mitteldeutschland unterbleibt derzeit eine weitere, die Darstellung des Kollektivrechts der Bühnenmitglieder im Hauptband (S. 314 ff.) etwa ergänzende Berichterstattung, da die weitere Entwicklung nicht verfolgt worden und erst ein verhältnismäßig kurzer Zeitraum hinzugekommen ist.

3. Bühnenarbeitsrecht in kartellvertragsverbundenen Ländern

Das Recht in Österreich und in der Schweiz (Hauptband S. 136 ff.) ist durch einen für Österreich geltenden Kollektivvertrag vom 18. Januar 1960 über die Ensemble-Darbietungen der Bühnenmitglieder im Hörrundfunk und Fernsehfunk unter Sicherung unmittelbarer Rechtsbeziehungen zwischen den Sendeunternehmen und den Bühnenmitgliedern abgeschlossen worden. Eine entsprechende Handhabung erfolgt in der Schweiz.

4. Verzeichnis der Schiedssprüche

Die Anzahl der im Ergänzungsband berücksichtigten Schiedssprüche von Solo, Chor und Tanz beträgt für die Zeit ab 1955 (4/55) bis 1964 (18–21/63 bzw. 3,4/62 VDO) insgesamt 65. Die im folgenden nicht erwähnten Aktenzeichen beziehen sich auf Vergleiche, sonstige Erledigungen ohne Sachentscheidungen bzw. auf inhaltliche Doppelentscheidungen oder auf einige noch aus den Jahren 1962–1964 schwebende Verfahren, auf deren Abschluß nicht aus sachlichen Gründen gewartet zu werden brauchte.

Die Prozeßergebnisse der Berichtszeit des Ergänzungsbandes verteilen sich wie folgt:

Von den entschiedenen Prozessen endeten im Solo 20 zugunsten der Bühnenmitglieder, 18 zugunsten der Bühnen, in Chor und Tanz 6 zugunsten der Bühnenmitglieder und 6 zugunsten der Bühnen. Die restlichen 15 Entscheidungen verteilen den Erfolg etwa gleichmäßig oder sind z. T. nur verfahrens- oder kostenrechtlicher Art.

Die Aktenzeichen werden in der nachfolgenden Aufstellung wie im Text unter Fortlassung der Vorzeichen („O.", „BOSch." oder wie jetzt regelmäßig „O.Sch.") wiedergegeben.

Die Parteien der Prozesse werden aus grundsätzlichen Erwägungen nicht genannt. Die Parteistellung (Kläger oder Beklagter) geht aus den Text-Zitaten der Schiedssprüche hervor.

Die Seitenverweisungen (Ziffern nach der Angabe des Datums des Schiedsspruchs) ermöglichen es, den Schiedsspruch in seinen Zitaten zu verfolgen und seinen inhaltlichen Zusammenhang zu erkennen.

Solo, Chor und Tanz

Bühnenoberschiedsgericht des Deutschen Bühnenvereins und der Genossenschaft Deutscher Bühnen-Angehörigen

Chor

Oberschiedsgericht für Opernchöre des Deutschen Bühnenvereins und der Vereinigung deutscher Opernchöre

5. Paragraphen-Verzeichnis

Die römischen Ziffern bedeuten die Absätze der Paragraphen, die Ziffern nach dem Doppelpunkt die Seiten. Wegen der hier nicht erwähnten, im Text weniger zitierten Gesetze, Tarifbestimmungen usw. wird auf das Stichwort-Verzeichnis verwiesen.

Tarifrecht des Solopersonals, Normalvertrag (NV)

Tarifrecht des Chor- und Tanzpersonals, Normalvertrag (NV)

Tarifvertragsgesetz (TVG)

Bundesurlaubsgesetz (BUG)

Kündigungsschutzgesetz (KSchG)

Betriebsverfassungsgesetz (BVG)

Grundgesetz (GG)

6. Stichwort-Verzeichnis

Berücksichtigt sind die Einleitung und die Teile 1 bis 3 (ohne Anhang)

A

F

G

T

Kolibri 360 GmbH
Ferdinand-Jühlke-Straße 7
99095 Erfurt, Deutschland
produktsicherheit@kolibri360.de